H. Kaiser · Bracker | Die Staatsanwaltsklausur im Assessorexamen

Die Staatsanwaltsklausur im Assessorexamen

Von

Horst Kaiser
Vorsitzender Richter am LG Lübeck a.D.
Ehem. Arbeitsgemeinschaftsleiter für Referendare
Ehem. Mitglied des gemeinsamen Prüfungsamtes Nord für das Assessorexamen
Seminarleiter bei den Kaiserseminaren

Ronald Bracker
Richter am Landgericht Lübeck a.D.
Ehem. Arbeitsgemeinschaftsleiter für Referendare
Ehem. Seminarleiter bei den Kaiserseminaren

9., neu bearbeitete Auflage 2024

Verlag Franz Vahlen

Zitiervorschlag: Kaiser/Bracker StA-Klausur Rn. 1

vahlen.de

ISBN 978 3 8006 7416 9

Wilhelmstraße 9, 80801 München
Druck und Bindung: Himmer GmbH Druckerei & Verlag
Steinerne Furt 95, 86167 Augsburg

Satz: R. John + W. John GbR, Köln
Umschlag: Martina Busch, Grafikdesign, Homburg Saar

vahlen.de/nachhaltig

Gedruckt auf säurefreiem, alterungsbeständigem Papier
(hergestellt aus chlorfrei gebleichtem Zellstoff)

Vorwort zur 9. Auflage

Auch in dieser Auflage ging es darum, prozessuale Probleme, die in den Examensklausuren seit dem Erscheinen der Vorauflage wiederholt auftauchten und deshalb besonders examensrelevant sind, vertieft darzustellen. Überarbeitet und aktualisiert wurden insbesondere Teile der Darstellungen zu den Verfahrenshindernissen, den §§ 136, 136a und 52, 53, 252 StPO sowie zu den §§ 102 ff. und 97 ff. StPO. Daneben stellen Hinweise auf aktuelle Entwicklungen in der Rechtsprechung einen weiteren Schwerpunkt auch dieser Auflage dar.

Ich danke den Lesern der Vorauflage für wertvolle Hinweise.

Lübeck, im Mai 2024 Ronald Bracker

Vorwort zur 1. Auflage

Dieses Begleitbuch zu meinem im Rahmen der **Kaiserseminare** ausgerichteten Wochenendseminar „Die Staatsanwaltsklausur“ soll der Vorbereitung auf die Strafrechtsklausur im Zweiten Examen dienen, in der von Ihnen unter anderem die Anfertigung einer Anklageschrift gefordert wird. Ziel ist es, Ihnen das Bewältigen der häufigsten Klausurprobleme zu erleichtern. Natürlich kann im Rahmen einer derartigen Darstellung nicht jedes denkbare Problem erörtert werden. Ihnen soll vielmehr die Angst vor diesem Klausurentyp genommen werden. Zu diesem Zweck werden Ihnen Strategien aufgezeigt, Lösungsvorschläge und Formulierungsbeispiele angeboten. Dieses Buch erhebt nicht den Anspruch, eine wissenschaftliche Abhandlung zu sein, weshalb ich auch weitgehend auf Zitate verzichtet habe. Lediglich wichtige Entscheidungen vor allem des Bundesverfassungsgerichts und des Bundesgerichtshofs, die meist neueren Datums sind, habe ich genannt. Im Übrigen habe ich mich weitgehend auf Zitate aus den Kommentaren von Fischer zum Strafgesetzbuch und von Meyer-Goßner zur StPO beschränkt, weil Sie diese in den meisten Bundesländern im Klausurexamen zur Hand haben. Auch den Anspruch auf Vollständigkeit will ich nicht erheben. Dieses Buch konzentriert sich ganz und gar auf typische Klausurprobleme und soll Ihnen das für das Bestehen des Examens erforderliche Basiswissen vermitteln.

Mit den im ersten Teil dieses Buches („Gutachten“) dargestellten Problemen können Sie auch in der Urteils-, in der Anwalts- und in der Revisionsklausur konfrontiert werden, sodass die angebotenen Lösungsvorschläge Ihnen auch in diesen Klausurtypen weiterhelfen werden.

Für Anregungen und Kritik bin ich (*bracker.kaiserseminare@email.de*) jederzeit dankbar.

Lübeck, im Juli 2009 Ronald Bracker

Der Verfasser war Richter in einer Strafkammer am Landgericht Lübeck und erfahrener Referendarausbilder, der über 15 Jahre lang verschiedene Arbeitsgemeinschaften im Strafrecht sowie Klausurenkurse leitete. Zudem führt er seit 1995 Fortbildungsveranstaltungen für Staatsanwälte und Richter aus vielen Bundesländern durch.

Der Verfasser hat viele Jahre Wochenendseminare zur Vorbereitung auf die Examensklausuren veranstaltet. Nähere Informationen erhalten Sie unter:

KAISERSEMINARE

www.kaiserseminare.com

eMail: info@kaiserseminare.com

Inhaltsverzeichnis

Abkürzungsverzeichnis

aaO .... am angegebenen Ort
Abs. .... Absatz
AG .... Amtsgericht
AKB .... Allgemeine Bedingungen für die Kraftfahrtversicherung
Allgem.. .... allgemein
AO .... Abgabenordnung
Art. .... Artikel

BAK .... Blutalkoholkonzentration
BDSG .... Bundesdatenschutzgesetz
BGH .... Bundesgerichtshof
BGHR .... Systematische Sammlung der Entscheidungen des Bundesgerichtshofes in Strafsachen
BGHSt .... Amtliche Sammlung des Bundesgerichtshofs in Strafsachen
Bl. .... Blatt
BeckRS .... Beck-Rechtsprechung (Rechtsprechungs-Datenbank in beck-online)
Beschl. .... Beschluss
BT-Drs. .... Bundestagsdrucksache
BtMG .... Betäubungsmittelgesetz
BVerfG .... Bundesverfassungsgericht
BVerfGE .... Entscheidungen des Bundesverfassungsgerichts

d.A. .... der Akte(n)
dh .... das heißt

EB .... Empfangsbekenntnis
EBE .... Eildienst bundesgerichtlicher Entscheidungen
EMRK .... Europäische Menschenrechtskonvention

f./ff. .... folgende

GG .... Grundgesetz
ggf. .... gegebenenfalls
GrS .... Großer Senat für Strafsachen
GVG .... Gerichtsverfassungsgesetz

hM .... herrschende Meinung
Hs. .... Halbsatz

InsO .... Insolvenzordnung
iSd .... im Sinne des (der)
iÜ .... im Übrigen
iVm .... in Verbindung mit

JA .... Juristische Arbeitsblätter (Zeitschrift)
JGG .... Jugendgerichtsgesetz
Js .... Ermittlungsverfahren in Strafsachen
JURA .... Juristische Ausbildung (Zeitschrift)
JuS .... Juristische Schulung (Zeitschrift)
JVA .... Justizvollzugsanstalt

Ls .... Strafverfahren vor dem Schöffengericht

MDR .... Monatsschrift für Deutsches Recht
MiStra .... Anordnung über die Mitteilungen in Strafsachen
mAnm .... mit Anmerkung
mkritAnm .... mit kritischer Anmerkung
mwN .... mit weiteren Nachweisen

NJW .... Neue Juristische Wochenschrift
Nr. .... Nummer
NStZ .... Neue Zeitschrift für Strafrecht
NStZ-RR .... Neue Zeitschrift für Strafrecht – Rechtsprechungsreport

OLG .... Oberlandesgericht

Rn. .... Randnummer
RiStBV .... Richtlinien für das Straf- und Bußgeldverfahren

S. .... Satz
SGB .... Sozialgesetzbuch
sog. .... sogenannte(r)
StA .... Staatsanwaltschaft
StGB .... Strafgesetzbuch
StPO .... Strafprozessordnung
StR .... Revisionen in Strafsachen beim Bundesgerichtshof
StraFo .... Strafverteidiger Forum (Zeitschrift)
StrEG .... Gesetz über die Entschädigung für Strafverfolgungsmaßnahmen
StV .... Strafverteidiger (Zeitschrift)
StVG .... Straßenverkehrsgesetz

U-Haft .... Untersuchungshaft
u.m.A. .... urschriftlich mit Akte(n)
Urt .... Urteil
usw. .... und so weiter
UVollzO .... Untersuchungshaftvollzugsordnung

Var. .... Variante
vE .... verdeckter Ermittler
VerpflG .... Gesetz über die förmliche Verpflichtung nichtbeamteter Personen (Verpflichtungsgesetz)
vgl. .... vergleiche
V-Leute .... Vertrauensleute
Vors. .... Vorsitzende(r)
VP .... Vertrauensperson

wistra .... Zeitschrift für Wirtschafts- und Steuerstrafrecht
Ws .... Beschwerden in Straf- und Bußgeldsachen bei den Oberlandesgerichten
wv .... wieder vorlegen

zB .... zum Beispiel
ZPO .... Zivilprozessordnung
ZU .... Zustellungsurkunde

Literaturverzeichnis

Fischer, T., Strafgesetzbuch, 71. Aufl. 2024 (zit.: Fischer)

Hannich, R. (Hrsg.), Karlsruher Kommentar zur Strafprozessordnung und zum Gerichtsverfassungsgesetz, 9. Aufl. 2023 (zit.: KK-StPO/Bearbeiter)

Laufhütte, H. W./Rissing-van Saan, R./Tiedemann, K. (Hrsg.), Leipziger Kommentar Strafgesetzbuch: StGB, 12. Aufl. 2006–2015 (zit.: LK-StGB/Bearbeiter)

Löwe, E./Rosenberg, W. (Begr.), Die Strafprozessordnung und das Gerichtsverfassungsgesetz, 26. Aufl. 2006–2013 (zit.: Löwe/Rosenberg/Bearbeiter)

Meyer-Goßner, L./Schmitt, B., Strafprozessordnung, 67. Aufl. 2024 (zit.: Meyer-Goßner/Schmitt/Bearbeiter)

Weber, K., Kornprobst, H., Maier, S., Betäubungsmittelgesetz, 6. Aufl. 2021 (zit.: Weber/Kornprobst/Maier/Bearbeiter)

1. Teil. Examensvorbereitung

Nachdem das Erste Examen nach langer Büffelei glücklich geschafft ist, ist der Wunsch, die Zügel etwas schleifen zu lassen, nur allzu verständlich. Auch wenn Sie dieser Versuchung schließlich nicht nachgeben, weil Sie ein ordentliches Zweites Examen hinlegen und während des Referendariats Ihre Ausbilder überzeugen wollen, liegt es angesichts der Fülle des neuen Stoffes nahe, sich auf Schwerpunkte zu konzentrieren. Dabei gerät vielen Referendaren leider das Strafrecht aus den Augen. Diese Gefahr ist in den Ausbildungsordnungen der Länder angelegt. Während Sie sich nämlich mit dem Zivilrecht fast bis zum letzten Tag Ihrer Ausbildung befassen müssen, sei es in der Gerichtsstation, sei es in der Anwaltsstation, kommen Sie mit dem Strafrecht regelmäßig nur am Anfang Ihrer Ausbildung in Kontakt. Haben Sie die Station bei einer Staatsanwaltschaft oder einem Strafrichter erst einmal hinter sich und dazu kein besonderes Faible für das Strafrecht, dann war es das. Das Wissen, dass das Strafrecht ein überschaubares Rechtsgebiet ist, tut ein Übriges. 1

Machen Sie auf keinen Fall den Fehler, sich erst kurz vor dem Examen wieder dem Strafrecht zu widmen. Es sollte Ihnen aus der Ersten Juristischen Prüfung in Erinnerung geblieben sein, wie schwierig sich auch im Strafrecht die materielle Rechtslage darstellen kann. Im Umgang mit prozessualen Problemen werden Sie im Zweifel nicht geübt sein, die Zeit der praktischen Ausbildung ist viel zu kurz. Es wäre schon ein großer Zufall, wenn Sie in der ersten Station mit allen examensrelevanten Problemen konfrontiert worden wären. Waren Sie in Ihrer Ausbildung einem Strafrichter zugewiesen, haben Sie den Abschluss von Ermittlungen mit entsprechender Verfügung und Anklageerhebung vielleicht nicht oder nur unzureichend üben können. Und dann sind da ja auch noch die speziellen Schwierigkeiten einer Strafrechtsklausur, die sich aus dem Missverhältnis von großer Stofffülle und wenig Zeit ergeben.

A. Klausuren üben!

Für Sie kann und darf es deshalb nur eine Konsequenz geben: Beginnen Sie so früh wie möglich mit der regelmäßigen Teilnahme an den überall angebotenen Klausurenkursen. Eine Strafrechtsklausur werden Sie nur nach viel Übung sicher in den Griff bekommen. Sie müssen ein Gefühl dafür entwickeln, was von Ihnen in der Klausur erwartet wird.

Nur die Masse macht's

Das Schreiben der wöchentlichen/monatlichen Klausur sollte Ihnen zur Pflicht werden. Den sicheren Umgang mit den gängigen Problemen werden Sie nur lernen, wenn Sie bis zum Examen ständig in Übung bleiben. So werden Sie immer wieder mit neuen Fallkonstellationen konfrontiert, die Sie im Examen dann nicht mehr erschüttern können.

Schummeln zählt nicht!

Übungsklausuren müssen unter examensähnlichen Bedingungen geschrieben werden. Zur Lösung Ihnen nicht bekannter Probleme dürfen Sie nur auf die im Examen zur Verfügung stehenden Kommentare zurückgreifen. Eine Klausur wird „**in Klausur**" geschrieben, Kontakt zu Kollegen gibt es während der fünf Stunden nicht. Sie sollen lernen, sich allein zu helfen, wenn Sie einmal nicht mehr weiter wissen. Eine „Büchereimeinung" hat Sie nicht zu interessieren.

Eine Klausur dauert zudem immer nur fünf Stunden, keine Sekunde länger. Zu Übungszwecken dürfen Sie die Zeit sogar verkürzen, das schafft im Ernstfall Luft. Meinen Sie, während der Klausur Ihren Arbeitsplatz verlassen zu müssen, dann läuft die Zeit natürlich weiter. Im Examen können Sie auch keine Auszeit nehmen.

Jede Note ist Motivation!

Lassen Sie sich weder durch schlechte Noten demotivieren noch durch eine gute Note vom weiteren Üben abhalten. Schlechte Noten bedeuten, dass Sie Ihre Anstrengungen intensivieren müssen. Gute Noten bedeuten nicht viel, schon die nächste Klausur kann Ihnen ungeahnte Schwierigkeiten bereiten. Im Übrigen sollte Ihnen eine gute Note Ansporn sein, Ihre Leistung zu wiederholen oder gar noch weiter zu verbessern.

Die Besprechung ist Pflicht!

Das sollte sich von selbst verstehen. Eine Klausur kann noch so gut korrigiert worden sein, was letztendlich von Ihnen gefordert wurde, werden Sie nur im Besprechungstermin erfahren. Haken Sie dort nach, wenn Sie etwas nicht verstehen. Geht es nicht voran? Bitten Sie den Klausurleiter doch um seine Hilfe, fragen Sie ihn, woran es liegt.

Nacharbeit erforderlich!

Nach dem Besprechungstermin müssen Sie die angesprochenen Rechtsprobleme noch einmal nacharbeiten. Im Vordergrund sollten dabei die Ihnen aus dem Studium weniger geläufigen prozessualen Probleme stehen. Das vertieft Ihr Wissen und wird sich positiv auf Ihr Erinnerungsvermögen auswirken.

B. Zeitschriftenlektüre

Keine aktuelle Entwicklung in der Rechtsprechung darf an Ihnen vorbeigehen. Für Sie ist es deshalb Pflicht, einmal monatlich jeweils die neueste Ausgabe zumindest einer der drei wichtigsten Strafrechtszeitschriften (StV, NStZ und NStZ-RR) auf examensrelevante Entscheidungen und Aufsätze zu durchforsten. Vor dem mündlichen Examen darf es auch mehr sein. Natürlich gehört auch zumindest eine der ausbildungsorientierten Zeitschriften (JA, JuS, JURA) zu Ihrer Pflichtlektüre.

C. Arbeitsgemeinschaft

Warum suchen Sie sich nicht Kollegen für eine private Arbeitsgemeinschaft? In der Ausgestaltung der Arbeitsgemeinschaft sind Sie völlig frei, jede Beschäftigung mit dem Thema ist besser als keine! „Pushen“ Sie sich gegenseitig. Es ist wie beim Joggen oder Radfahren: Müssen Sie sich selbst in die Pflicht nehmen, wird sich leicht eine Ausrede finden. Schmerzt nicht wieder die Achillessehne, wird es nicht gleich regnen? Eine feste Verabredung, das Bewusstsein, andere sonst hängen zu lassen, wird Ihnen auf die Beine helfen. Das gilt auch für das juristische Training.

D. Aktenvorträge

Üben Sie Aktenvorträge und zwar vor allem in dem von Ihnen anvisierten Wahlfach. Auch das sollte unter möglichst examensähnlichen Bedingungen in einer privaten Arbeitsgemeinschaft geschehen. Drücken Sie sich aber auch nicht, wenn Vorträge in der begleitenden Arbeitsgemeinschaft angeboten werden. Sie müssen lernen, ohne Hemmungen vor einer größeren Runde frei zu sprechen. Also keine Angst! Jeder Fehler, den Sie in Ihrer Ausbildung machen, wird Ihnen im Zweifel im Examen nicht mehr unterlaufen. Drängen Sie schließlich auch darauf, dass Ihnen Ihr Ausbilder die Möglichkeit gibt, Vorträge zu üben.

2. Teil. Einstieg in die Klausurtechnik

Häufig ist nicht die fehlende Rechtskenntnis der Kandidaten Ursache für das Scheitern in der Strafrechtsklausur. Natürlich kann es vorkommen, dass man mit seiner Lösung eines einzelnen oder auch mehrerer rechtlicher Probleme daneben liegt, diese vielleicht gar nicht erkennt. Doch sind in den meisten Klausuren so viele verschiedene Tatbestände zu prüfen, dass sich viele Fehler zumindest wieder ausgleichen lassen. Nein, die meisten Kandidaten scheitern eher, weil es ihnen nicht gelingt, eine hinreichende Struktur in ihr Gutachten zu bringen. Sie verzetteln sich in der Vielzahl der Handlungsabschnitte und Tatbestände, in der Beweiswürdigung und den vermeintlichen Ungereimtheiten des Sachverhalts sowie in prozessualen Problemen. Den Rest erledigt der Zeitdruck. 2

Ihr Ziel im Examen hat natürlich die perfekte Klausur zu sein, die jeder Kandidat anstreben muss – auch wenn er seine eigene Leistungsfähigkeit als eher bescheiden einschätzt. Jedoch kann Ihnen im Examen niemand richtige Lösungen garantieren. Deshalb müssen Sie in der Lage sein, dem Korrektor im Notfall zu zeigen, dass Sie – unabhängig von der Lösung einzelner rechtlicher Probleme – Ihr Handwerkszeug nicht nur kennen, sondern mit traumwandlerischer Sicherheit beherrschen. Zeigen Sie dem Korrektor, dass Sie trotz falscher Lösung oder Lösungsteile eigentlich in der Lage sind, Klausuren zu schreiben. Sie sind nur auf dem richtigen Weg, wenn der Korrektor beim Lesen Ihrer Klausur jeden Fehler, auf den er stößt, bedauert und diesen nicht als folgerichtig hinnimmt. Das bedarf eines durchdachten Aufbaus, des sicheren Umgangs mit stilistischen Mitteln und nicht zuletzt des gekonnten Herangehens an eine Beweiswürdigung. Ferner gehört dazu der sichere Umgang mit den wichtigsten prozessualen Problemen, deren Zahl überschaubar ist und die damit beherrschbar sind.

Ein gelungenes Gutachten erfordert:

- das Erfassen des Sachverhalts,
- einen durchdachten Aufbau,
- sprachliche Richtigkeit,
- den richtigen Einsatz von Urteils- und Gutachtenstil,
- eine überzeugende Beweiswürdigung,
- richtige Rechtsanwendung,
- konsequente Subsumtion.

A. Zeiteinteilung und Bedeutung der einzelnen Abschnitte

3 Im Gegensatz zum Ersten Examen wird im Zweiten Examen von Ihnen am Ende der Klausur eine praktische Lösung erwartet. Diesen praktischen Teil der Arbeit dürfen Sie auf gar keinen Fall unterschätzen, er fließt mit entscheidendem Gewicht in die Gesamtnote ein.

Zeitmangel ist keine Ausrede, sondern genau der Fehler, den es zu vermeiden gilt!

Denken Sie immer daran, dass eine Absicht hinter dem auf den ersten Blick kaum zu bewältigenden Umfang der Arbeit steht. Die Klausuren sind in der Regel nämlich darauf angelegt, Sie in zeitliche Bedrängnis zu bringen.

Sie sollen zeigen, dass Sie unter Zeitdruck zu einer in der Praxis vertretbaren rechtlichen und tatsächlichen Bewertung eines Sachverhalts (A-Gutachten) und nach Erörterung der prozessual erforderlichen Schritte (B-Gutachten) zu einer brauchbaren Umsetzung in ein praktisches Ergebnis (Verfügung und Anklageschrift) kommen können.

Das bedeutet, dass für die Benotung das A-Gutachten und der prozessuale Teil etwa gleichwertig nebeneinander stehen. Dennoch wird es meistens unvermeidlich sein, den größeren Teil der zur Verfügung stehenden Zeit auf das Gutachten zu verwenden, schon allein deshalb, weil es einfach mehr Schreibarbeit zu bewältigen gibt. Ein festes Zeitminimum, das Ihnen nach der Fertigstellung des A-Gutachtens für die Anfertigung des prozessualen Teils zur Verfügung stehen muss, lässt sich nicht nennen. Dafür sind die Aufgaben zu unterschiedlich. Es wird Klausuren geben, in denen 60 Minuten ohne Weiteres ausreichen, in anderen Klausuren werden dagegen 90 Minuten schon zu knapp bemessen sein. Im Examen müssen Sie auf Ihre in vielen Übungsklausuren erworbene Erfahrung mit der Zeiteinteilung vertrauen können.

Viele Arbeiten haben einen erschreckenden Umfang. Den Korrektor Ihrer Klausur werden Sie damit nicht beeindrucken können – im Gegenteil! Meist bestätigt sich beim Lesen einer besonders umfangreichen Klausurlösung sehr schnell der anfängliche Verdacht, der Kandidat habe seine Klausur vor dem Niederschreiben nicht ausreichend durchdacht und deshalb nicht die richtigen Schwerpunkte gesetzt, sondern sich beim Ausformulieren wenig zielorientiert von den eigenen Gedanken treiben lassen. Auch für die Strafrechtsklausur gilt:

Gute Arbeiten zeichnen sich durch einen begrenzten Umfang aus!

B. Erfassen des Sachverhalts

Nachdem Sie Ihre Klausurtexte erhalten haben, geht es für Sie zunächst darum, den Sachverhalt zu erfassen. Verfallen Sie nicht gleich in Panik, wenn der Aktenauszug aus vielen und noch dazu eng beschriebenen Seiten besteht. Auch einen umfangreichen Sachverhalt können Sie durch eine systematische Herangehensweise ohne Weiteres in den Griff bekommen. Eine zeitliche Vorgabe für das Erfassen des Sachverhalts gibt es nicht, der Umfang der Aktenauszüge ist zu unterschiedlich. 4

Wichtig: Lesen Sie unbedingt zunächst den Bearbeitervermerk, bevor Sie sich in den Aktenauszug vertiefen!

Der Bearbeitervermerk enthält über die Standardanweisungen hinaus oft sehr wichtige Hinweise. Häufig werden Sie nämlich gar nicht die Strafbarkeit aller Tatverdächtigen prüfen müssen. Mit diesem Wissen im Hinterkopf wird sich mancher Sachverhalt schon viel einfacher lesen und erfassen lassen. Deutliche Hinweise enthalten die Sachverhalte zu den von Ihnen zu lösenden prozessualen Problemen: Wurde der Beschuldigte vorläufig festgenommen oder ist er bereits in Haft, wird von Ihnen ersichtlich eine Auseinandersetzung mit den Haftvoraussetzungen verlangt. Verlangt er ausdrücklich bei ihm sichergestellte Gegenstände heraus, werden sie sich mit den Voraussetzungen einer Beschlagnahme von Beweismitteln oder zur Sicherung der späteren Einziehung auseinandersetzen müssen. Widersprüche gegen die Verwertung einzelner Beweiserkenntnisse bedeuten, dass Sie die Voraussetzungen möglicher Verwertungsverbote zu prüfen haben.

Natürlich werden Sie zum Erfassen des Sachverhalts mehr Zeit benötigen als während einer Strafrechtsklausur im Studium. Es geht nicht mehr um konstruierte Fälle, sondern um echte Lebenssachverhalte.

Achtung: Sie werden deshalb auch immer wieder auf kleinere Ungenauigkeiten und Ungereimtheiten stoßen, die in der Praxis fast zwangsläufig sind. Häufig geben etwa von Polizeibeamten aufgenommene Strafanzeigen, mit denen die Klausursachverhalte meistens beginnen, das Geschehen ungenau oder unvollständig wieder, weil diese nur eine grobe Zusammenfassung der ihnen geschilderten Sachverhalte darstellen. Die wirklichen Beobachtungen des Zeugen werden Sie erst den nachfolgenden förmlichen Vernehmungen entnehmen können. Das ist dann die für Sie maßgebende Aussage. Kommen Sie in einer derartigen Konstellation wegen der vermeintlichen Widersprüche zu dem Ergebnis, der Zeuge habe gelogen, befinden Sie sich höchstwahrscheinlich auf einem Irrweg.

Sie können zwar sicher sein, dass Ihnen damit niemand bewusst eine Falle stellen will. Trotzdem können derartige Ungenauigkeiten auf den falschen Weg führen. Seien Sie also aufmerksam!

Manche Sachverhalte sind vom Klausurverfasser etwas aufgearbeitet. So werden manche Sachverhalte rechtlich etwas entschärft, in andere werden Rechtsprobleme eingearbeitet. Auch das kann einen Klausursachverhalt unrund machen. Das Gefühl für die richtige Interpretation des Sachverhalts können Sie nur durch ständige Übung und die regelmäßige Teilnahme an Klausurbesprechungen erwerben.

Geraten Sie auch dann nicht in Panik, wenn Sie schon beim Durchlesen des Aktenauszuges erkennen, dass das Gutachten auf die Prüfung lauter ungewöhnlicher und Ihnen völlig unbekannter Straftatbestände hinauslaufen wird. Denn in diesem Klausurtyp wird es nicht auf eine umfassende Erörterung der klassischen Klausurprobleme ankommen, sondern um sorgfältige Beweiswürdigung und Subsumtion gehen. Außerdem haben Sie einen Kommentar zur Hand.

C. Gedankliche Strukturierung

5 Schon beim ersten Durchlesen des Sachverhalts sollten Sie diesen gedanklich strukturieren und chronologisch aufgebaut in einzelne Handlungsabschnitte gliedern. Damit verschaffen Sie nicht zuletzt sich selbst eine bessere Übersicht.

Auf die Bedeutung dieser Strukturierung des Sachverhalts für den Aufbau des Gutachtens komme ich unten noch einmal ausführlicher zurück.

D. Das äußere Erscheinungsbild

6 Bevor Sie das erste Wort zu Papier bringen, sollten Sie sich noch einmal in Erinnerung rufen, wie wichtig für die Endnote auch das äußere Erscheinungsbild Ihrer Klausur ist.

Bedenken Sie immer, dass der Korrektor Ihrer Arbeit die Klausur nicht etwa probeweise selbst schreibt. Er wird also ohne Weiteres davon ausgehen, dass es Ihnen bei richtiger Schwerpunktbildung gelingen muss, die Lösung in fünf Stunden in angemessener Form zu Papier zu bringen. Muss er bereits gegen Ende des materiellen Gutachtens nur noch stichwortartige, mit Plus- und Minuszeichen versehene Tatbestandsmerkmale lesen, wird er daraus für Sie negative Schlüsse ziehen. Er wird davon ausgehen, dass Sie falsche Schwerpunkte gesetzt, wegen mangelnder Rechtskenntnisse zu lange nachgedacht oder zu lange Zeit gebraucht haben, den Sachverhalt zu erfassen. Stichwortartige Lösungen stellen nie eine vollwertige Leistung dar. Sie haben Ihre Gedanken in vollständigen Sätzen zu formulieren.

Sie wollen eine möglichst hohe Punktzahl erreichen.
Werben Sie deshalb auch mit dem äußeren Erscheinungsbild Ihrer Klausur darum!

- Die schönste Gedankenführung nützt nichts, wenn der Prüfer Ihre **Schrift** nicht lesen kann. Eine lesbare Schrift müssen Sie schon im Rahmen Ihrer Examensvorbereitung üben.
- Lassen Sie unbedingt den erforderlichen **Korrekturrand**.
- Von stringenter Gedankenführung werden Sie den Korrektor nur dann wirklich überzeugen, wenn diese sich auch im äußeren Erscheinungsbild Ihrer Arbeit widerspiegelt. **Vermeiden Sie** deshalb möglichst **Einschübe** mit Sternchen und Nummern sowie **Verweisungen** von vorne nach hinten oder hinten nach vorne.
- Auch das nachträgliche **Streichen** ganzer Passagen zeugt nicht eben von großer Sicherheit. Bevor eine Seite völlig unleserlich wird, schreiben Sie diese lieber noch einmal.
- Das Ende eines Prüfungsabschnittes sollten Sie immer durch einen kleinen **Absatz** kenntlich machen. Nichts liest sich beim Korrigieren schlimmer als ein Gutachten ohne Absätze.
- **Stichworte** gehören **nicht** in ein Gutachten. Stichwortartige Darstellungen beinhalten keine vollwertige Leistung und zeigen dem Korrektor auf den ersten Blick an, dass mit Ihrem Zeitmanagement etwas nicht gestimmt haben kann, mithin an Ihrer Arbeit etwas faul sein dürfte.
- **Nummerieren Sie die Blätter** Ihrer Arbeit.
- Denken Sie bei der Abgabe an die richtige **Reihenfolge** der einzelnen Klausurteile. Das Gutachten gehört vor den prozessualen Teil, es folgen prozessuales Gutachten und Abschlussverfügung. An das Ende gehört die Anklageschrift.

3. Teil. Das Gutachten

Auf keinen Fall dürfen Sie gleich nach dem Erfassen des Sachverhalts mit dem Niederschreiben des Gutachtens beginnen. Sie sind nämlich mit den Vorarbeiten noch lange nicht fertig.

A. Der Aufbau

Jetzt gilt es für Sie, sich intensiv mit dem Aufbau des Gutachtens zu beschäftigen. Eine durchdachte Gliederung zeigt dem Korrektor auf den ersten Blick, dass Sie in der Lage sind, den Sachverhalt konsequent zu durchdenken und dass Sie nicht blind mit dem Schreiben des Gutachtens begonnen haben. Zudem wird eine durchdachte Gliederung Sie vor vielen möglichen Fehlern bewahren. 7

Nehmen Sie sich deshalb unbedingt die Zeit, zunächst eine zumindest grob gegliederte Lösungsskizze auf einem Schmierzettel zu entwerfen!

Die Zeit, die Sie auf den Entwurf der Lösungsskizze verwenden, werden Sie beim Niederschreiben des Gutachtens mehr als zurückgewinnen!

I. Handlungsabschnitte

Jedes Gutachten sollte in Handlungsabschnitte gegliedert werden. Selten einmal ist das überflüssig. Wenn Sie meiner Anregung folgend den Sachverhalt bereits beim ersten Durchlesen gedanklich in Abschnitte zerlegt haben, wird es Ihnen leichter fallen, nunmehr eine grobe Gliederung zu Papier zu bringen. 8

Diese Grobgliederung wird Ihnen helfen, die Übersicht zu behalten. Denn es ist erheblich einfacher, alle in Betracht kommenden Straftatbestände innerhalb eines eng begrenzten Handlungsabschnittes als innerhalb eines mehraktigen und komplexen Gesamtgeschehens zu erkennen. Zudem ist der Aufbau innerhalb eines Handlungsabschnittes wegen der begrenzten Zahl in Betracht kommender Straftatbestände weniger anspruchsvoll. Unter wenigen Straftatbeständen fallen die mit der höheren Strafandrohung, die im Gutachten zuerst zu prüfen sind, viel eher ins Auge.

Als Mindestanforderung gilt:

Zumindest selbstständige prozessuale Taten müssen in selbstständigen Handlungsabschnitten geprüft werden.

Die Handlungsabschnitte müssen das Geschehen in der richtigen zeitlichen Abfolge abbilden.

Die einzelnen Handlungsabschnitte sind mit einer kurzen und prägnanten Überschrift zu versehen.

Im Zweifel sollten Sie jedoch noch viel übersichtlichere Abschnitte bilden.

Eine elegante Gliederung erfordert eine Vorabbewertung des tatsächlichen Geschehens und der Rechtslage. Nur mit einer Gliederung, die unter Berücksichtigung der Rechtslage das Geschehen zeitlich richtig abbildet, werden Sie den Prüfer wirklich überzeugen.
Die Gliederung dient also nicht nur der eigenen gedanklichen Klarheit, sondern soll dem Prüfer zugleich zeigen, dass Sie in der Lage sind, souverän mit der Materie umzugehen.

Fall 1: Der Beschuldigte entwendet unter Alkoholeinfluss einen Pkw, mit dem er nach dem Aufbrechen wegfährt. Als die Polizei die Verfolgung aufnimmt, rammt er eines der Polizeifahrzeuge.

Danach kann er seine Flucht in dem Pkw noch einige Kilometer fortsetzen, bevor er in einen Graben fährt. Auf der Flucht zu Fuß bedroht er einen Polizeibeamten mit einem Messer, das er bei Verlassen des Fahrzeugs an sich genommen hat, um diesen dadurch von der weiteren Verfolgung abzuhalten.

Diesen kleinen Beispielsfall, der einen examenstypischen Sachverhalt wiedergibt, sollten Sie in zumindest drei überschaubare Handlungsabschnitte gliedern.

1. Handlungsabschnitt: Das Verschaffen des Autos
2. Handlungsabschnitt: Die Flucht vor der Polizei
3. Handlungsabschnitt: Die weitere Flucht zu Fuß

Handlungsabschnitte sollten möglichst dort beginnen und enden, wo Tatmehrheit zum vorangegangenen oder nachfolgenden Handlungsabschnitt in Betracht kommt. Sie dürfen auch Hauptabschnitte für jeweils selbstständige prozessuale Taten bilden und innerhalb dieser Hauptabschnitte tatmehrheitlich verwirklichtes Geschehen in **Unterabschnitten** prüfen.

Der in den ersten beiden Handlungsabschnitten verwirklichte § 316 StGB kann diese wegen seines geringen Gewichts und den in beiden Abschnitten verwirklichten schwereren Delikten auch als Dauerdelikt nicht zur Tateinheit verklammern. Dagegen sollten Sie das Rammen des Polizeifahrzeugs und die sich daran anschließende Weiterfahrt nicht in selbstständigen Handlungsabschnitten prüfen, weil in derartigen Fällen regelmäßig kein neuer Entschluss zur – von vornherein beabsichtigten – Weiterfahrt gefasst wird und deshalb keine Zäsur, die zur Tatmehrheit führen würde, vorliegt. Diesem Ergebnis, das voraussehbar ist, sollten Sie von Anfang an durch den zuvor dargestellten Aufbau Rechnung tragen.

Noch einmal: **Das Gutachten ist chronologisch aufzubauen!**

Fall 2: Die Beschuldigten A und B überfallen eine Bank. Beide haben Waffen in der Hand. Während A das Geld aus dem Tresor nimmt, bedroht B die Bankangestellten weiter. Als beide die Bank verlassen wollen, steht bereits die Polizei vor der Tür. A bringt daraufhin die Angestellte C in seine Gewalt und droht der Polizei für den Fall des Erstürmens der Bank mit der Tötung der Geisel. B fordert 10 Minuten später von der Polizei 100.000 EUR und ein Fluchtfahrzeug, sonst werde der Geisel etwas geschehen. Später gelingt den Beschuldigten mittels des Fluchtfahrzeugs und unter Mitnahme der Geisel zunächst die Flucht.

In dieser Examensklausur scheiterten viele Kandidaten schon daran, dass Sie den Sachverhalt nicht sorgfältig genug lasen und deshalb die zeitliche Zäsur von 10 Minuten vor der Forderung nach weiterem Geld und dem Fluchtfahrzeug nicht bemerkten.

Der Beispielsfall 2 zeigt, dass sich die Gliederung in Handlungsabschnitte auch dann anbietet, wenn im Endergebnis die verwirklichten Tatbestände in Tateinheit stehen werden. Das Geschehen nach dem eigentlichen Überfall diente den Beschuldigten nämlich im Wesentlichen zur Beutesicherung, die Bedrohungslage dauerte bis zum Ende an, was für die Annahme von Tateinheit spricht. Gleichwohl sollten Sie das Geschehen in drei Abschnitte gliedern, um sich so die Suche nach den in Betracht kommenden Straftatbeständen zu erleichtern und diese sauber abarbeiten zu können. Die mögliche Kritik, der Sachverhalt gäbe für diese Aufteilung nichts her, werden Sie leichter verschmerzen können als den Vorwurf, Sie hätten nicht alle verwirklichten Tatbestände gesehen oder falsch subsumiert.

Es bietet sich die Gliederung in die folgenden drei Handlungsabschnitte an:

1. Handlungsabschnitt: Der Überfall
2. Handlungsabschnitt: Die Forderung, die Bank nicht zu stürmen
3. Handlungsabschnitt: Die Forderung nach Geld und Fluchtfahrzeug

Bei Ihren Vorüberlegungen sollte nicht nur die Suche nach Zäsuren im Geschehen eine Rolle spielen. Sie sollten auch taktische Überlegungen anstellen. Eine der Grundregeln des Klausurschreibens ist, dass sog. **Inzidentprüfungen als klassische Fehlerquellen vermieden werden müssen**. Immer wird sich das vielleicht nicht machen lassen. Jedoch ist das Gliedern in Handlungsabschnitte vielfach ein probates Mittel, um Inzidentprüfungen zu umgehen. Entwendet der Beschuldigte etwa ein angeschlossenes Fahrrad und wird er beim Wegfahren von einem

Zeugen ertappt, den er schlägt, müssten Sie mit § 252 StGB als schwerstem Delikt beginnen und inzident § 242 StGB erörtern. Das lässt sich vermeiden, wenn Sie die Wegnahme und die Gewalt in jeweils selbstständigen Handlungsabschnitten entsprechend der zeitlichen Abfolge prüfen.

II. Straftatbestände

1. Reihenfolge

Innerhalb der jeweiligen Handlungsabschnitte sind die einzelnen Straftatbestände zu prüfen. 9
Das versteht sich von selbst. Sie haben zunächst Stoff – in diesem Fall Straftatbestände – zu sammeln und diesen Stoff innerhalb des jeweiligen Handlungsabschnittes in die richtige Reihenfolge zu bringen. Dabei haben Sie sich an der Arbeitsweise des Staatsanwalts zu orientieren und innerhalb des jeweiligen Handlungsabschnittes die schwersten in Betracht kommenden Tatbestände vor den weniger schweren zu prüfen. Deshalb gehören regelmäßig auch die Qualifikationstatbestände vor die Grundtatbestände, es sei denn, der jeweilige Qualifikationstatbestand ist erkennbar nicht gegeben. Die Schwere eines Tatbestandes richtet sich nach der Höhe der angedrohten Strafe. Nur zur Erinnerung: Die schwerere Strafandrohung ist nicht die mit der höheren Mindeststrafe, sondern die mit der höheren Höchststrafandrohung.

Die Gliederung nach zu prüfenden Straftatbeständen sollte mit arabischen Ziffern erfolgen. Die Gliederung in **Fall 1** könnte dann wie folgt aussehen:

1. **Handlungsabschnitt: Das Verschaffen des Autos**
   1. **§ 244 I Nr. 1a, b StGB**
   2. **§§ 242, 243 I Nr. 1 StGB**
   3. **§ 248b I, III StGB**
   4. **§§ 303, 303c StGB**
   5. **§ 316 I, II StGB**
   6. **Konkurrenzen**
2. **Handlungsabschnitt: Die Flucht vor der Polizei**
   1. **§§ 315b I Nr. 2, 3, III, 315 III Nr. 1b StGB**
   2. **§§ 224 I, 22, 23 StGB**
   3. **§§ 114 I, II, 113 I, II Nr. 1 StGB**
   4. **§ 240 StGB**
   5. **§ 315c I Nr. 1a StGB**
   6. **§ 305a I Nr. 2 StGB**
   7. **§ 142 I Nr. 1 StGB**
   8. **§§ 303, 303c StGB**
   9. **§ 316 I, II StGB**
   10. **Konkurrenzen**
3. **Handlungsabschnitt: Die weitere Flucht zu Fuß**
   1. **§§ 224 I, 22, 23 StGB**
   2. **§ 113 I, II Nr. 1 Alt. 2 StGB**
   3. **§ 240 StGB**
   4. **§ 241 I StGB**
   5. **Konkurrenzen**

Schauen Sie wegen der Schwere der Delikte immer wieder in das Gesetz. Ist Ihnen klar, dass § 303 StGB eine viel höhere Strafe als § 316 StGB androht? § 305a StGB führt zwar ein Schattendasein, gehört aber selten an das Ende eines Handlungsabschnittes, weil die Vorschrift eine Höchststrafe von immerhin fünf Jahren androht. Im ersten Handlungsabschnitt des Gutachtens werden Sie § 248b StGB natürlich nicht erwähnen, wenn Sie zuvor im Rahmen der Prüfung der §§ 242, 243 StGB die Zueignungsabsicht bereits bejaht haben.

Jeden Handlungsabschnitt, in dem Sie den hinreichenden Verdacht der Verwirklichung mehrerer Straftatbestände bejaht haben, sollten Sie mit der Erörterung der **Konkurrenzen** unter der entsprechenden Überschrift beenden. Im Übrigen sind auch Straftatbestände, die ersichtlich der Gesetzeskonkurrenz (Spezialität, Subsidiarität, Konsumtion) zum Opfer fallen werden, zu prüfen. Weil derartige Tatbestände schon allein deshalb nicht den Schwerpunkt einer Klausur darstellen können, sollten Sie diese nur in der gebotenen Kürze bejahen und auch das Verhältnis zu vorrangigen Delikten nur komprimiert darstellen. Im Zweifel lässt sich das mit einem Satz erledigen.

Wichtig: Vergessen Sie die Erörterung der Konkurrenzen nicht!

Anfängerhaft und deshalb überflüssig ist es dagegen, nach dem Bejahen der Vollendung noch auf den Versuch einzugehen oder nach der Annahme von Täterschaft noch die Anstiftung eines späteren Mittäters zu prüfen.

Aufpassen müssen Sie ferner, wenn Sie die Strafbarkeit mehrerer Beschuldigter zu untersuchen haben. Sie sollten es sich zur Regel machen, **bei mehreren Beschuldigten den hinreichenden Tatverdacht gegen jeden Beschuldigten selbstständig zu prüfen**. Zwar mag es im Einzelfall auch gut gehen, wenn Sie die Strafbarkeit mehrerer Beschuldigter zusammen erörtern. Erfahrungsgemäß führt das aber viel häufiger zu Ungenauigkeiten oder sogar schweren Fehlern.

Innerhalb eines Handlungsabschnittes sollten Sie immer mit dem hinreichenden Tatverdacht gegen den tatnächsten Beteiligten beginnen. Das ist bei zwei oder mehr Beschuldigten, die als Mittäter in Betracht kommen, im Zweifel derjenige, der alle Tatbestandsmerkmale eigenhändig erfüllt hat. Dieser Aufbau macht die spätere Zurechnung über § 25 II StGB einfacher. Tatnäher als Anstifter und Gehilfe ist natürlich der Täter.

Für **Fall 2** bedeutet das:

1. Handlungsabschnitt: Der Überfall
- I. Hinreichender Tatverdacht gegen den Beschuldigten A
  - 1. §§ 250 II Nr. 1, 249 StGB
  - 2. § 241 I StGB
  - 3. § 123 StGB
- II. Hinreichender Tatverdacht gegen den Beschuldigten B
  - 1. §§ 250 II Nr. 1, 249, 25 II StGB
  - 2. § 241 I StGB
  - 3. § 123 StGB

2. Handlungsabschnitt: Die Forderung, die Bank nicht zu stürmen
- I. Hinreichender Tatverdacht gegen den Beschuldigten A
  - 1. § …
  - 2. § …
- II. Hinreichender Tatverdacht gegen den Beschuldigten B
  - 1. § …
  - 2. § …

3. Handlungsabschnitt: Die Forderung nach Geld und Fluchtfahrzeug
- I. …

Auch in diesem Beispielsfall müssen die Abschnitte am Ende jeweils Ausführungen zu den Konkurrenzverhältnissen enthalten.

Beim späteren Niederschreiben des Gutachtens denken Sie bitte daran, dass sich ein Tatverdacht immer nur *gegen* einen Beschuldigten richten kann. Liest ein Prüfer gleich am Anfang eines Gutachtens, dass Sie den *„hinreichenden Verdacht für den Beschuldigten“* oder den *„hinreichenden Verdacht des Beschuldigten“* prüfen wollen, wird sein Wohlwollen sofort auf eine harte Probe gestellt.

Wichtig: Vermeiden Sie **umständliche** Einleitungssätze!

Viele Prüfer und Ausbilder sehen es gerne, wenn Sie die Prüfung der einzelnen Tatbestände mit einem einleitenden Satz beginnen, in dem der zu untersuchende Sachverhalt grob umrissen wird. So müsste es in Beispiel 1 etwa heißen:

> Indem der Beschuldigte in angetrunkenem Zustand mit dem Pkw die …-Straße befuhr, könnte er sich einer vorsätzlichen Trunkenheit im Verkehr gem. § 316 I StGB hinreichend verdächtig gemacht haben.

Ich halte derartige Einleitungssätze in den meisten Fällen für überflüssig. Denn immer dann, wenn Sie meiner Anregung folgend den Sachverhalt in übersichtliche Handlungsabschnitte gegliedert und diese entsprechend mit einer Überschrift versehen haben, wird völlig klar sein, welches Verhalten Sie gerade auf seine Strafbarkeit hin untersuchen. Lange Einleitungssätze stellen nur überflüssige Schreibarbeit dar, die sich summiert.

Etwas anderes sollte nur gelten, wenn Sie innerhalb eines Handlungsabschnittes ein mehraktiges Geschehen untersuchen wollen. Dann mögen Sie sich aber die Frage gefallen lassen, ob Sie Ihre Handlungsabschnitte klug genug gewählt haben.

Vermeiden Sie im Übrigen auch folgenden typischen Fehler: „*Indem der Beschuldigte die Geschädigte mit dem Messer bedrohte, könnte er sich eines schweren Raubes gem. § 250 II Nr. 1 StGB hinreichend verdächtig gemacht haben.*“ Die Antwort darauf kann nur sein: Ganz sicher nicht! Denn bekanntlich ist für einen Raub neben einer Bedrohung auch die Wegnahme einer Sache erforderlich! Wenn Sie also längere Einleitungssätze formulieren, dann bitte sinnvolle und vollständige.

Ungeschickt ist zudem die Einleitung mit einem „Indem-Satz“, wenn das Verhalten des Beschuldigten nicht feststeht, sondern erst im Rahmen einer Beweiswürdigung ermittelt werden muss. Dann sollten Sie den Einleitungssatz besser mit einem „wenn“ beginnen.

Ein Einleitungssatz in einer derartigen Konstellation könnte auch wie folgt aussehen:[1]

> Die Angaben des Zeugen B, der Beschuldigte A habe ihm eine Ohrfeige versetzt, geben Anlass zur Prüfung einer Körperverletzung nach § 223 StGB.

Vergessen Sie nicht, nach dem ersten von Ihnen formulierten Einleitungssatz dem Leser mitzuteilen, dass der erforderliche **hinreichende Tatverdacht** gegeben ist, **wenn bei vorläufiger Tatbewertung unter Berücksichtigung des gesamten Akteninhalts die Verurteilung des Beschuldigten mit Wahrscheinlichkeit zu erwarten ist.**[2]

2. Sonderfall: Wahlfeststellung

Auf eine Wahlfeststellung werden Sie in einer Klausur nur selten zurückgreifen müssen. Wenn 10
dann aber wirklich einmal eine Wahlfeststellung in Betracht kommt, haben viele Kandidaten große Probleme mit der Herangehensweise und dem Aufbau der Klausur.

Der 2. Senat des BGH[3] forderte zuletzt für eine wahldeutige Verurteilung eine gesetzliche Grundlage, weil diese eine materiellrechtlich strafbegründende Wirkung habe und deshalb der Geltung des Gesetzesvorbehalts unterliege. Nachdem auf einen Anfragebeschluss bereits die anderen Senate erklärt hatten, an der bisherigen Rechtsprechung, die von der Zulässigkeit der Wahlfeststellung ausging, festhalten zu wollen, entschied schließlich auch der Große Senat für Strafsachen[4] entsprechend. Bei der ungleichartigen Wahlfeststellung handelt es sich um eine richterrechtliche prozessuale Entscheidungsregel, die nicht dem Gesetzesvorbehalt unterliegt. Die Strafbarkeit folgt aus den in Betracht kommenden, vorab gesetzlich normierten Straftatbeständen. Die Rechtsfigur hält sich zudem im Rahmen zulässiger richterlicher Rechtsfortbildung und hat zudem die Billigung des Gesetzgebers, der bewusst davon abgesehen hat, die Voraussetzungen und Grenzen von wahldeutigen Schuldfeststellungen zu normieren. Diese Rechtsprechung hat auch das Bundesverfassungsgericht bestätigt.[5]

1 Hinweise für die Aufsichtsarbeiten der Landesjustizprüfungsämter Niedersachsen und Sachsen-Anhalt.
2 Meyer-Goßner/Schmitt/Schmitt StPO § 170 Rn. 1; mehr dazu unten → Rn. 31.
3 BGH BeckRS 2015, 20998.
4 BGH NJW 2017, 2842.
5 BVerfG NJW 2019, 2837.

a) Wahlfeststellung, Postpendenz und Stufenverhältnis

11 Klassischer Fall ist die Wahlfeststellung zwischen Diebstahl und Hehlerei. Rechtlich bereitet die Wahlfeststellung den Kandidaten regelmäßig keine größeren Probleme, weil die Voraussetzungen bekannt sind. Schwierigkeiten bereitet jedoch immer wieder die Abgrenzung zur Postpendenzfeststellung, als problematisch stellt sich zudem der Aufbau dar.

Merke: Die Wahlfeststellung setzt voraus, dass innerhalb des von § 264 StPO gezogenen Rahmens die vorgeworfene Tat nach Erschöpfung aller Beweismöglichkeiten nicht so eindeutig aufzuklären ist, dass ein bestimmter Tatbestand festgestellt werden kann, aber sicher festzustellen ist, dass der Täter einen von mehreren möglichen Tatbeständen verwirklicht hat und andere als die wahlweise festgestellten Handlungen ausgeschlossen sind.

12 Während die Wahlfeststellung eine **„zweiseitige Sachverhaltsungewissheit"** erfordert, geht es bei der **Postpendenzfeststellung** um eine nur **„einseitige Sachverhaltsungewissheit"**.

Merke: Eine Postpendenzfeststellung ist möglich, wenn von zwei Sachverhalten der zeitlich frühere nur möglicherweise, der zeitlich spätere aber sicher gegeben ist.[6] Die Möglichkeit der eindeutigen Verurteilung in Fällen der Postpendenz schließt eine Wahlfeststellung aus.

So wird wegen Hehlerei bestraft, wem **nachzuweisen ist**, dass er sich in Kenntnis der Herkunft aus einer Straftat einen Beuteanteil aus einem Vermögens- oder Eigentumsdelikt verschafft hat, **wenn lediglich ungewiss bleibt**, ob er schon an der Vortat beteiligt war. Einer eindeutigen Verurteilung steht nach der Rechtsprechung in einem solchen Fall nicht einmal entgegen, dass Mittäter der Vortat nicht Täter einer Hehlerei sein können.

Dazu folgender

Fall:[7] Die D beging eine räuberische Erpressung, bei der sie eine mit Geld gefüllte Geldbombe erbeutete. Ob die A bereits an dieser räuberischen Erpressung beteiligt war, konnte nicht sicher festgestellt werden. Dagegen konnten zum weiteren Geschehen folgende Feststellungen getroffen werden: Entweder fuhren die beiden Frauen nach dem Überfall gemeinsam zur Wohnung der D, wo Letztere sich nur kurz aufhielt, ohne sich noch um die Tasche mit der Geldbombe zu kümmern, und dann von der A zu einem Lokal gefahren wurde; oder die D fuhr, nachdem sie den Überfall allein verübt hatte, sogleich zu ihrer Wohnung und zeigte der A die Geldbombe mit dem Bemerken, sie könne sie nicht öffnen. Nachdem der A die Öffnung gelungen war, teilte man die Beute hälftig auf.

Der ungeklärten, aber möglichen Beteiligung der A an der räuberischen Erpressung stand also die sichere – wenn auch alternative – Feststellung gegenüber, dass die A sich einen Teil der Beute nachträglich verschafft hatte. Die A konnte damit über die Postpendenzfeststellung wegen Hehlerei verurteilt werden.

Beachte: Kein Raum für eine Wahlfeststellung ist auch dann, wenn die alternativ verwirklichten Delikte in einem Stufenverhältnis stehen. Ein Stufenverhältnis liegt vor, wenn der dem Täter günstigere Sachverhalt als ein rechtliches Minus in dem sonst in Betracht kommenden ungünstigeren Sachverhalt bereits enthalten ist

Ein derartiges Stufenverhältnis besteht etwa zwischen Privilegierungs-, Regel- und Qualifikationstatbeständen, Versuch und Vollendung, Täterschaft und Beihilfe, Vorsatz- und Fahrlässigkeitstaten. Sollten Sie einmal nicht sicher sein, ob der Beschuldigte eines „Raubes" die Sache weggenommen hat oder sich hat geben lassen, dürfen Sie nicht wahlweise Raub oder räuberische Erpressung anklagen, sondern müssen erkennen, dass der nach der Rechtsprechung speziellere Raub zur allgemeineren räuberischen Erpressung in einem Stufenverhältnis steht, denn die Wegnahme schließt die Nötigung eines anderen zur Duldung der Wegnahme ein. Die Anklage **muss** dann wegen der jedenfalls gegebenen räuberischen Erpressung erhoben werden.[8]

6 Fischer StGB § 1 Rn. 45.
7 BGHSt 35, 89 = NJW 1988, 921.
8 BGH NStZ 2014, 640.

b) Aufbau und Darstellung

Ergeben Ihre Vorüberlegungen, dass es tatsächlich um eine **Wahlfeststellung** gehen wird, müssen Sie sich entscheiden, wie Sie das Gutachten schlüssig aufbauen und das Problem darstellen. 13

Zur Veranschaulichung folgender kleiner

Fall: Dem Geschädigten wurde ein teures Fahrrad gestohlen, das er mit einem Schloss angeschlossen hatte. Das Fahrrad wurde wenige Tage später leicht verändert, unter anderem wurde die Fahrradnummer unkenntlich gemacht, bei dem Beschuldigten gefunden. Die Werkzeuge, mit denen diese Veränderungen vorgenommen wurden, wurden ebenfalls bei dem Beschuldigten sichergestellt. Dieser lässt sich nicht zur Sache ein.

Sie erkennen auf den ersten Blick, dass entweder ein Diebstahl gem. §§ 242, 243 StGB oder eine Hehlerei gem. § 259 StGB in Betracht kommt. Zudem übersehen Sie, dass Sie dem Beschuldigten weder den Diebstahl noch die Hehlerei werden nachweisen können und es im Gutachten auf eine Wahlfeststellung hinauslaufen wird. Das darf Sie aber keinesfalls zu dem Fehler verleiten, Ihr Gutachten nun sofort mit der Erörterung der Wahlfeststellung zu beginnen. Vielmehr muss das Gutachten logisch entwickelt werden: 14

Zunächst haben Sie zu prüfen, ob sich der Beschuldigte eines Diebstahls gem. §§ 242, 243 StGB hinreichend verdächtig gemacht hat. Dass es sich bei dem Fahrrad um eine für den Beschuldigten fremde, bewegliche Sache gehandelt hat, werden Sie im Urteilsstil feststellen können. Dieses wurde dem Geschädigten, wie sich aus seiner Anzeige ergeben wird, auch weggenommen. Sie haben nun zu prüfen, ob das durch den Beschuldigten geschehen ist. Vorsicht! Beschränken Sie sich dabei nicht auf die schlichte Feststellung, niemand habe den Beschuldigten bei der Tatausführung gesehen, sodass ihm die Tat nicht nachzuweisen sei. Überlegen Sie vielmehr sehr genau, ob es nicht vielleicht ausreichend Beweisanzeichen dafür gibt, dass der Beschuldigte das Fahrrad selbst weggenommen haben könnte. Vielleicht stellt sich dabei heraus, dass Ihre Vorüberlegung Sie auf den falschen Weg gebracht hat und sich der hinreichende Verdacht eines Diebstahls doch begründen lässt. Dann wäre für eine Wahlfeststellung kein Raum. Nur wenn Sie zu dem Ergebnis kommen, dem Beschuldigten die Tat nicht nachweisen zu können, befinden Sie sich weiterhin auf dem Weg zur Wahlfeststellung. Sie sollten nicht schon an dieser Stelle erörtern, ob gegebenenfalls die übrigen Tatbestandsmerkmale erfüllt wären. Diese Überlegung ist logisch nachrangig. Dafür ist erst später Raum, nachdem Sie auch bezüglich der Hehlerei den hinreichenden Tatverdacht abgelehnt haben. 15

Anschließend haben Sie also eine Hehlerei gem. § 259 StGB zu prüfen. Den hinreichenden Tatverdacht werden Sie deshalb ablehnen müssen, weil nach der Beweislage der abgeleitete Erwerb vom Vortäter nicht festzustellen ist. Der Beschuldigte kann auch Täter des Diebstahls sein. Damit ist für Sie auch die Erörterung der Hehlerei zunächst abgeschlossen. 16

Erst jetzt sollte erstmals der Begriff „Wahlfeststellung" fallen. Sie sollten die Voraussetzungen einer Wahlfeststellung zunächst definieren.

Achtung: Keinesfalls haben Sie nunmehr die mögliche Wahlfeststellung gegenüber der Postpendenzfeststellung oder einem Stufenverhältnis abzugrenzen. Diese Abgrenzung haben Sie allein im Rahmen Ihrer gedanklichen Vorarbeiten zu leisten. Haben Sie sich an die vorstehenden Aufbauhinweise gehalten, sind Sie nämlich in Fällen der Postpendenz oder des Stufenverhältnisses bereits zu dem Ergebnis der Strafbarkeit des Beschuldigten gekommen.

Die Feststellung, dass nach Ausschöpfen aller Beweismittel weder der Diebstahl noch die Hehlerei nachzuweisen ist, wird Ihnen keine Schwierigkeiten mehr bereiten. Anschließend müssen Sie erörtern, ob hinreichend sicher festzustellen ist, dass der Beschuldigte entweder den einen oder den anderen Tatbestand verwirklicht hat. In diesem Zusammenhang haben Sie zu prüfen, ob der Beschuldigte unter der Prämisse, er habe das Fahrrad weggenommen, eines Diebstahls und unter der Prämisse, er sei nicht der Dieb, einer Hehlerei hinreichend verdächtig wäre. Der Diebstahl wird ohne Weiteres zu bejahen sein. Im Rahmen der Hehlerei werden Sie in derartigen Konstellationen immer zu erörtern haben, ob der Beschuldigte die deliktische Herkunft des Gegenstandes kannte. Das wäre im Beispielsfall zu bejahen, weil nur das die von dem Beschuldigten an dem Fahrrad vorgenommenen Manipulationen erklärt. 17

18 Vergessen Sie auf keinen Fall die Feststellung, dass andere Handlungen, durch die sich der Beschuldigte in den Besitz des Fahrrades gebracht haben könnte, nicht in Betracht kommen.

Sodann haben Sie sich mit der **rechtsethischen und psychologischen Vergleichbarkeit** der wahlweise anzunehmenden Delikte auseinanderzusetzen. Diese ist gegeben, wenn die Schuldvorwürfe eine im Wesentlichen gleiche seelische Beziehung des Täters zu den Verhaltensalternativen aufweisen und ihn mit einer im Wesentlichen gleichen ethischen Missbilligung belasten. Sicherheit darüber, ob das der Fall ist, wird Ihnen nur ein Blick in die Übersicht im Ihnen vorliegenden Kommentar[9] verschaffen. Bei alternativer Verwirklichung der §§ 242 und 259 StGB ist diese jedenfalls gegeben.

An der rechtsethischen und psychologischen Vergleichbarkeit fehlt es im Übrigen auch nicht deshalb, weil der Beschuldigte im Beispielsfall in der Diebstahlsvariante zugleich ein Regelbeispiel gem. § 243 I Nr. 1 StGB verwirklicht hätte.

Beachte: Vergleichbare Grundtatbestände verlieren ihre Vergleichbarkeit nicht dadurch, dass strafschärfende Umstände hinzutreten, die nur bei dem einen Tatbestand zu einer gesetzlichen Straferhöhung führen. Es kommt dann nur auf die Vergleichbarkeit der Kerntatbestände an.

Gleichwohl müssen Sie der Wahlfeststellung auf der einen Seite den schweren Diebstahl gem. §§ 242, 243 I Nr. 1 StGB zugrunde legen. Jedoch darf die Strafe nur dem Gesetz mit dem milderen Strafrahmen entnommen werden. Darauf sollten Sie am Ende Ihrer Ausführungen zur Wahlfeststellung unbedingt hinweisen.

Eine Wahlfeststellung kann auch zwischen Delikten mit unterschiedlichen Strafandrohungen – etwa Diebstahl und Pfandkehr – erfolgen, jedoch bestimmt sich der Strafrahmen dann ebenfalls nach dem milderen Gesetz.

Mit wenigen Sätzen sollten Sie entsprechend meinen einleitenden Hinweisen auch darauf eingehen, ob eine Wahlfeststellung nach der derzeitigen Gesetzeslage überhaupt zulässig ist.

Zusammenfassend wäre das Gutachten in dem **Beispielsfall** wie folgt aufzubauen:

Das Verschaffen des Fahrrads
1. Diebstahl, §§ 242, 243 StGB
   Täterschaft nicht nachweisbar
2. Hehlerei, § 259 StGB
   Täterschaft nicht nachweisbar
3. Wahlfeststellung
   a) Zulässigkeit der Wahlfeststellung
   b) Eindeutige Feststellung nicht möglich
   c) Jede Möglichkeit muss zusammen mit dem eindeutigen Sachverhalt Gesetz verletzen
      aa) Diebstahl im Übrigen verwirklicht?
      bb) Hehlerei im Übrigen verwirklicht?
   d) Ausschluss jeder weiteren Möglichkeit
   e) Psychologische und rechtsethische Vergleichbarkeit
   f) Ggf. Ausführungen zum Strafrahmen

III. Gliederung innerhalb des jeweiligen Straftatbestandes

19 Prozessvoraussetzungen oder Verfahrenshindernisse sind stets vor dem Tatbestand zu erörtern.

Dabei kann es um Verjährung, Strafklageverbrauch und Strafantrag gehen.[10] Allerdings müssen Sie zwischen absoluten Antragsdelikten, bei denen der Antrag an den Anfang des Abschnitts gehört, und relativen Antragsdelikten[11], bei denen der Antrag und das den Antrag

9 Fischer StGB § 1 Rn. 42–44.
10 Näheres zu den Verfahrenshindernissen bei → Rn. 57a ff.
11 Fischer StGB Vor § 77 Rn. 3 will die Begriffe absolutes und relatives Antragsdelikt anders verstanden wissen; vgl. Fn. 29.

ersetzende besondere öffentliche Verfolgungsinteresse nach hM am Ende des Abschnitts zu prüfen sind, unterscheiden.

Innerhalb des jeweiligen Tatbestandes bleibt es bei der klassischen Gliederung in objektiven und subjektiven Tatbestand, Rechtswidrigkeit und Schuld, an die sich im Abschnitt „Strafe" gegebenenfalls die Erörterung einer Rücktrittsproblematik oder möglicherweise erfüllter Regelbeispiele, die nicht in zum Tatbestand gehören, anschließen sollte.

Nicht ganz so einfach lässt sich die Frage beantworten, wie Sie mit dem vertypten Strafmilderungsgrund des § 21 StGB und den unbenannten Milderungsgründen, den minder schweren Fällen (zB § 250 III oder § 306 II StGB), umzugehen haben. Die meisten der vertypten Milderungsgründe, wie etwa §§ 13 II, 23 II, 27 II StGB, sind bereits im Abschnitt „Tatbestand" zu prüfen. Auch bei § 21 StGB handelt es sich um eine Vorschrift des materiellen Rechts, die damit im A-Gutachten unter „Strafe" erörtert werden kann. Das ist jedoch nicht in jedem Bundesland ein vertretbarer Weg. Verschiedene Landesjustizprüfungsämter lassen in ihren Hinweisen für die Anfertigung strafrechtlicher Arbeiten die Erörterung des § 21 StGB wie auch der unbenannten Strafmilderungsgründe nur im B-Gutachten im Zusammenhang mit der Gerichtszuständigkeit zu.[12] Diesem Weg wird hier gefolgt.

In Ihrer Lösungsskizze sollten Sie die jeweiligen Abschnitte am besten mit einer stichwortartigen Überschrift versehen. Der Fehler, zwischen objektiven und subjektiven Tatbestandsmerkmalen nicht sauber zu trennen, dürfte Ihnen dann nicht unterlaufen. In dem eigentlichen Gutachten sollten Sie dagegen besser auf derartige Überschriften verzichten, weil viele Prüfer diese für anfängerhaft und deshalb überflüssig halten. Ein Absatz zwischen den einzelnen Abschnitten muss jedoch sein.

Häufig wird es sich anbieten, Rechtswidrigkeit und Schuld zusammenzufassen.

Formulierungsbeispiel:
Der Beschuldigte handelte auch rechtswidrig und schuldhaft.

Erwähnen sollten Sie Rechtswidrigkeit und Schuld auf jeden Fall, auch wenn es in einigen Anleitungen zu Strafrechtsklausuren heißt, darauf könne gegebenenfalls auch verzichtet werden. Das verleitet allerdings zur Oberflächlichkeit.

Schon hier einmal folgender Hinweis: Beweisergebnisse dürfen Sie nicht auf diese Art und Weise offen lassen!

IV. Darstellung der einzelnen Tatbestandsmerkmale

Konsequent wäre es, auch innerhalb der einzelnen Abschnitte schulmäßig zu gliedern. Doch 20
wird das kaum einmal wirklich erforderlich sein, zumal Sie unzweifelhaft vorliegende Tatbestandsmerkmale – im Urteilsstil – zusammengefasst darstellen dürfen bzw. müssen. Wichtig ist es nur, den Leser unmissverständlich darüber zu informieren, welches Merkmal Sie untersuchen. Zu keinem Zeitpunkt darf sich der Korrektor fragen: Was prüft der Kandidat hier eigentlich?

Merke: Müssen Sie in den Gutachtenstil, haben Sie jedes zu prüfende Tatbestandsmerkmal einleitend zu nennen.

Formulierungsbeispiel:
Indem der Beschuldigte mit dem Pkw … die …-Straße befuhr, hat er ein Kraftfahrzeug im Straßenverkehr geführt.
Fraglich ist, ob er infolge des Genusses alkoholischer Getränke **nicht in der Lage war, das Fahrzeug sicher zu führen**.

Ausnahmsweise ist es zulässig, vorrangig zu prüfende Tatbestandsmerkmale zu überspringen und auf ein nachrangiges Tatbestandsmerkmal einzugehen, wenn dieses ersichtlich nicht erfüllt

12 So die Hinweise der Justizprüfungsämter Niedersachsen und Sachsen-Anhalt.

ist. Wenn das Ergebnis allerdings so offensichtlich ist, sollten Sie sich die Kontrollfrage stellen, ob es dann überhaupt erforderlich ist, auf den Tatbestand einzugehen.

Keinesfalls dürfen Sie die Erörterung eines Straftatbestandes einleitend mit der Wiederholung des Gesetzeswortlauts beginnen. Dem Korrektor ist der Wortlaut der zu prüfenden Norm bekannt. Halten Sie sich im Übrigen einmal vor Augen, was das für Sie an zusätzlicher Schreibarbeit bedeutet. In Strafrechtsklausuren sind durchaus mal 20 und mehr einzelne Straftatbestände anzuprüfen. So kämen leicht zwei oder noch mehr Seiten an überflüssiger Schreibarbeit auf Sie zu. Rechnen Sie das einmal in die dabei verschwendete Zeit um!

B. Gutachten- und Urteilsstil

Gleichgültig, ob Sie einzelne Passagen im Gutachten- oder Urteilsstil schreiben, es kommt auf klaren und verständlichen Ausdruck und grammatikalische Richtigkeit an. 21

- Nicht nur in einem Urteil, auch in einem Gutachten sind Bandwurmsätze verboten. Der Praktiker und somit der Korrektor Ihrer Arbeit liebt kurze und knackige Sätze. Bandwurmsätze legen zudem den Schluss auf eine unklare Gedankenführung nahe.
- Verstärkende Begriffe wie „*offensichtlich*" und „*unzweifelhaft*" sind sowohl in der Anklageschrift als auch im Gutachten fehl am Platz. Ist ein Tatbestandsmerkmal *offensichtlich erfüllt*, machen Sie das schon durch den Gebrauch des Urteilsstils deutlich. *Fehlt* es *offensichtlich* an einem Tatbestandsmerkmal, ist im Zweifel schon jedes Wort zu diesem Tatbestand überflüssig.
- Zur Rechtswidrigkeit und Schuld lese ich immer wieder: „*Gegen Rechtswidrigkeit und Schuld bestehen keine Bedenken.*" Das ist Unsinn. Richtig muss es heißen:

  Der Beschuldigte hat auch rechtswidrig und schuldhaft gehandelt.

- Kommen Sie zu dem Ergebnis, dass der Beschuldigte nicht tatverdächtig ist, weil ein Tatbestandsmerkmal nicht erfüllt ist, darf es nicht heißen: „*Der hinreichende Tatverdacht entfällt.*" Denn tatsächlich hat ein hinreichender Tatverdacht, der entfallen könnte, nie vorgelegen. Richtig ist:

  Der Beschuldigte ist … nicht hinreichend verdächtig.

I. Urteilsstil

Für den Urteilsstil im Gutachten sind keine besonderen Regeln zu beachten. Sie bedienen sich des Urteilsstils bei der Subsumtion unter die gesetzlichen Merkmale, die offensichtlich erfüllt sind. Machen Sie von dieser Möglichkeit ausreichend Gebrauch, denn es wirkt nicht nur anfängerhaft, sondern *es ist anfängerhaft*, derartige Merkmale breit auszuwalzen. 22

II. Gutachtenstil

Leider unterliegen viele Referendare der Fehlvorstellung, den Gutachtenstil mit dem Eintritt in die zweite Ausbildungsphase vergessen zu können. Und so gleichen viele Strafrechtsklausuren eher Besinnungsaufsätzen denn juristischen Gutachten. Von diesem Irrglauben müssen Sie sich lösen, sonst werden Sie im Examen zwangsläufig scheitern. 23

Es gilt die Faustregel: Müssen Sie selbst darüber nachdenken, ob ein Tatbestandsmerkmal erfüllt ist, ist dieses in der Klausur im Gutachtenstil zu untersuchen.

Gutachtenstil bedeutet, dass Sie zu Beginn das zu prüfende Merkmal nennen, damit der Korrektor weiß, worum es geht. Nebenbei dient das auch Ihrer eigenen gedanklichen Klarheit, weil Sie so zwangsläufig die einzelnen Merkmale sauber gegeneinander abgrenzen.

Haben Sie das zu prüfende Merkmal genannt, folgen ein definierender Obersatz und anschließend die erläuternden Untersätze. Im Zweifel darf erst unter diese subsumiert werden.

Formulierungsbeispiel:
Der Beschuldigte könnte die Schnapsflasche **weggenommen** haben.
Wegnahme bedeutet den **Bruch fremden und die Begründung neuen, nicht notwendig tätereigenen Gewahrsams**.
Gewahrsam ist die von einem **Herrschaftswillen getragene tatsächliche Herrschaftsmacht**.
Der geschädigte Ladeninhaber hat in diesem Sinne Gewahrsam an allen … Fraglich ist, ob der Beschuldigte diesen Gewahrsam schon dadurch gebrochen hat, dass er die Flasche in die Innentasche seiner Jacke steckte. Zweifelhaft könnte das sein, weil …

Zwei typische Fehler beim Gebrauch des Gutachtenstils:

24 - Sehr häufig wird in Klausuren der Fehler gemacht, den ein Tatbestandsmerkmal definierenden Obersatz zu formulieren, dann aber ohne nähere Erörterung ein Ergebnis zu behaupten. Beispiel: *„Bei der Fahrzeugidentifizierungsnummer müsste es sich um eine Urkunde handeln. Eine Urkunde ist eine verkörperte menschliche Gedankenerklärung, die bestimmt und geeignet ist, im Rechtsverkehr Beweis zu erbringen und die ihren Aussteller erkennen lässt. Die FIN ist ein Beweiszeichen und deshalb eine Urkunde.“* Damit kann niemand etwas anfangen, denn es fehlt die Subsumtion. Warum fällt ein Beweiszeichen unter den Begriff der Urkunde, welche Gedankenerklärung ist verkörpert, was soll im Rechtsverkehr bewiesen werden?

25 - Die einleitenden Worte *„problematisch“* oder *„zweifelhaft“* sollten keine Füllworte sein, sondern nur dort eingesetzt werden, wo wirklich ein Problem zu erörtern ist. Der Leser, der mit der Einleitung, *„Problematisch ist, ob es sich bei dem Schmuck um eine fremde bewegliche Sache handelt“*, an ein vermeintliches Problem herangeführt wird, dürfte überrascht sein, im nächsten Satz zu lesen: *„Der Schmuck ist eine fremde bewegliche Sache, weil er nicht dem Beschuldigten gehört.“* Hier gab es also gar kein Problem, eine Feststellung im Urteilsstil hätte ausgereicht. Diese Feststellung sollte dann auch sachlich richtig sein, denn wenn eine Sache nicht dem Beschuldigten gehört, heißt das nicht automatisch, dass diese iSd § 242 StGB fremd ist. Sie könnte auch herrenlos sein. Um das auszuschließen, müsste der Satz heißen:

> Der Schmuck ist eine für den Beschuldigten fremde bewegliche Sache, weil er im Eigentum des … steht.

26 Stoßen Sie auf ein Problem, das ausnahmsweise die Erörterung eines Streitstandes erforderlich macht, so hat das schulmäßig abzulaufen. Jede der zur Diskussion stehenden Ansichten ist kurz darzustellen. Dann ist zu untersuchen, zu welchen Ergebnissen die verschiedenen Ansichten nach einer Subsumtion führen. Nur wenn die verschiedenen Ansichten am Ende zu unterschiedlichen Ergebnissen führen, ist der Streitstand zu entscheiden. Verschwenden Sie nicht zu viel Zeit darauf! Niemand erwartet von Ihnen, dass Sie das Rad neu erfinden. Denn immer werden Sie damit durchkommen, dass Sie wichtige Argumente der einen Seite aufgreifen und damit die Argumentation der anderen Seite aushebeln. Eigene und neue Argumente fließen in die Entscheidung also nicht ein. Welche neuen Argumente sollten Ihnen zu der seit vielen Jahren diskutierten Frage, ob § 255 StGB eine Vermögensverfügung erfordert, auch ausgerechnet in einer Examensklausur einfallen! Verschießen Sie Ihr Argumentationspulver deshalb nicht schon bei der Darstellung der Ansicht, der Sie im Ergebnis folgen wollen, sondern heben Sie sich Argumente für den Streitentscheid zugunsten der höchstrichterlichen Rechtsprechung, an die der Staatsanwalt für die Anklageerhebung gebunden ist,[13] auf.

27 Machen Sie es sich aber zur Regel, allenfalls die klassischen Streitstände auf diese Weise darzustellen und das auch nur in Klausuren, in denen die Erörterung ersichtlich von Ihnen erwartet wird. Im Übrigen müssen Sie die **Darstellung von Streitständen möglichst vermeiden**. Das ist in der Strafrechtsklausur des Zweiten Examens nicht Ihre Aufgabe. In den Kommentaren werden zu fast jedem Tatbestandsmerkmal zwei oder auch mehr abweichende Ansichten zitiert. Das können Sie nicht jedes Mal ausdiskutieren. Es reicht deshalb aus, wenn Sie Problembewusstsein zeigen und die abweichende Meinung in einem auf das Problem zuführenden Einleitungssatz aufgreifen, sich jedoch sofort darauf der Rechtsprechung anschließen.

13 Zur Bindung an die höchstrichterliche Rspr.: BGHSt 15, 155 = BeckRS 9998, 117151.

C. Beweiswürdigung

In jeder Strafrechtsklausur werden Sie irgendwann an den Punkt stoßen, an dem eine Beweiswürdigung erforderlich wird. Unterschätzen Sie deren Bedeutung niemals. Jeder Prüfer wird es als selbstverständlich voraussetzen, dass Sie den Gutachtenstil sicher beherrschen und auch die materielle Rechtslage in den Griff bekommen. Denn das ist es schließlich, was Sie über Jahre im Studium gelernt haben. Dagegen stellt der Umgang mit einem streitigen Sachverhalt ein wirklich neues Element dar. Sie sollen nachweisen, dass Sie dieses neue Element beherrschen. 28

Die Beweiswürdigung ist ein Schwerpunkt einer jeden Klausur! Mit einer gelungenen Beweiswürdigung können Sie deshalb für die Gesamtwertung wichtige Punkte gutmachen.

I. Grundregeln

Bevor ich im Einzelnen auf die Darstellung der Beweiswürdigung eingehe, müssen Sie sich zunächst einige Grundregeln einprägen. 29

Regel 1: Eine Beweiswürdigung darf nur an dem Tatbestandsmerkmal erfolgen, für dessen Verwirklichung diese von Bedeutung ist. 30

Keinesfalls dürfen Sie die Beweiswürdigung vor die Klammer ziehen. Das heißt, Sie dürfen die Beweiswürdigung nicht etwa dem objektiven Tatbestand voranstellen, um so losgelöst von konkreten Tatbestandsmerkmalen zunächst einmal den beweisbaren Sachverhalt zu klären. Schon häufig habe ich in Klausuren folgende Sätze gelesen: „*Der Beschuldigte könnte sich eines Diebstahls nach § 242 StGB hinreichend verdächtig gemacht haben, indem er ... Dann müsste er Täter sein. Das ist zweifelhaft, weil er bestritten hat ...*“ Ob der Beschuldigte Täter eines Diebstahls ist, werden Sie auch nach der Beweiswürdigung nicht wissen, denn dann haben Sie immer noch kein einziges Tatbestandsmerkmal geprüft. Im Übrigen ist zu diesem Zeitpunkt doch noch gar nicht absehbar, auf welches Verhalten des Beschuldigten es für die Tatbestandsverwirklichung überhaupt ankommt.

Formulierungsbeispiel:
Der Beschuldigte könnte sich eines Diebstahls nach § 242 StGB hinreichend verdächtig gemacht haben, indem er ...
Bei der Schnapsflasche handelte es sich um eine für den Beschuldigten fremde bewegliche Sache. Diese müsste er weggenommen haben. Wegnahme ist der Bruch fremden und die Begründung neuen ... Gewahrsams. Gewahrsam ist die von einem Herrschaftswillen getragene tatsächliche Herrschaftsmacht. Nach allgemeiner Ansicht liegt eine Wegnahme auch dann schon vor, wenn der Beschuldigte sich zwar noch in den Räumen des letzten Gewahrsamsinhabers befindet, die Sache aber bereits in die körpereigene Gewahrsamssphäre ... **Der Beschuldigte hat allerdings bestritten**, die Schnapsflasche in seine Jacke gesteckt zu haben, ...

Regel 2: Das Ergebnis der Beweiswürdigung soll nicht Ihre sichere Überzeugung sein. Ihre Aufgabe ist lediglich, die **hinreichende Wahrscheinlichkeit** eines bestimmten Sachverhalts festzustellen. Diese ist für die Anklageerhebung ausreichend. Der Zweifelsgrundsatz gilt im Ermittlungsverfahren deshalb nur sehr eingeschränkt. 31

Sie dürfen an den Grad der Überzeugungsbildung keine zu hohen Anforderungen stellen. Der Staatsanwalt hat im Ermittlungsverfahren eine **Prognoseentscheidung** zu treffen, die sich daran zu orientieren hat, ob mit **den vorhandenen Beweismitteln eine Verurteilung des Beschuldigten hinreichend wahrscheinlich** sein wird. **Für den hinreichenden Tatverdacht reicht ein schlichtes Überwiegen der Verurteilungswahrscheinlichkeit aus.** Das wird von vielen Kandidaten leider verkannt.[14]

14 Sie sollten unbedingt einmal die Entscheidung BGH NStZ-RR 2009, 90 lesen: Der Zweifelsgrundsatz gilt ohnehin nicht für einzelne Elemente der Beweiswürdigung und schon gar nicht für entlastende Indiztatsachen.

32 **Regel 3:** Verwenden Sie die richtigen Begriffe.

Glaubhaft oder **unglaubhaft** kann nur eine Einlassung oder Aussage sein, während ein Zeuge oder ein Beschuldigter **glaubwürdig** oder **unglaubwürdig** sein können.

Ein Beschuldigter wird sich im Zweifel zur Sache **einlassen**, er kann **gestehen**, sich **geständig einlassen**, Tatsachen **einräumen** oder **bestreiten** und **vorgeben**.

Zeugen **sagen aus**, **bekunden** oder **schildern**.

In diesem Zusammenhang ein weiterer Hinweis: Es ist eine stilistische Unart, an Stelle der möglichen Aktivform die Passivform zu benutzen. Es darf nicht heißen: *„Von dem Zeugen ist eine Aussage getätigt worden."* Denn tatsächlich **hat er ausgesagt.**

33 Noch einmal: Ungeschickt ist es, den Beschuldigten im Rahmen der Beweiswürdigung bereits als **Täter** zu bezeichnen, wenn Sie nach der Beweiswürdigung noch weitere Tatbestandsmerkmale zu prüfen haben. Sind Sie beim Betrugstatbestand gerade bei der Täuschung angekommen und wollen Sie nun prüfen, ob der Beschuldigte auch der Täuschende war, dann darf es nicht heißen: *„Fraglich ist, ob D als Täter feststeht."* Das mag zwar wirklich fraglich sein, nur werden Sie das allein durch die Beweiswürdigung nicht beantworten können, wenn danach noch weitere Tatbestandsmerkmale zu prüfen sind. Noch schlimmer wird es, wenn ein Kandidat dann am Ende dieser Beweiswürdigung auch noch zu dem Ergebnis kommt: *„Damit steht D als Täter fest."*

34 **Regel 4:** Die Wiedergabe des Inhalts von Einlassungen und Aussagen erfolgt grundsätzlich im Konjunktiv.

Wollen Sie den Inhalt einer Einlassung oder Aussage darstellen, muss dies im **Konjunktiv** und der Zeitform Perfekt geschehen. Benutzen Sie den Indikativ, vermittelt das den Eindruck, als ginge es Ihnen um eine bereits feststehende Tatsache. Diesen Eindruck müssen Sie vermeiden, weil ja erst die nachfolgende Würdigung zu diesem Ergebnis führen kann. Zudem werden Sie durch den Gebrauch des Konjunktivs nicht aus den Augen verlieren, dass die Einlassung oder Aussage keineswegs als inhaltlich richtig feststeht, sondern noch zu würdigen ist. Denn an den Satz im Konjunktiv muss sich stets die Feststellung anschließen: „Das ist un-/glaubhaft."

Sprachlich unrichtig ist der folgende Satz: *„Nach der Aussage des Zeugen hat der Beschuldigte ihm in das Gesicht geschlagen."* Richtig muss es heißen:

> Der Zeuge hat bekundet, er sei von dem Beschuldigten in das Gesicht geschlagen worden. Diese Aussage ist glaubhaft, …

Unrichtig ist auch das: *„Der Beschuldigte sagt aus, dass er die Flasche nicht eingesteckt hat."* Richtig heißt es:

> Der Beschuldigte hat sich dahin eingelassen, er habe die Flasche nicht eingesteckt.

Auch die folgenden Formulierungen wären nicht zu beanstanden:

> Der Beschuldigte hat sich dahin eingelassen, die Flasche nicht eingesteckt zu haben.
>
> (oder:)
>
> Der Beschuldigte hat bestritten, die Flasche eingesteckt zu haben.
>
> (oder:)
>
> Der Beschuldigte hat die Vorwürfe bestritten. Er will die Flasche nicht eingesteckt haben.

35 **Regel 5:** Vermeiden Sie bei der Würdigung von Einlassungen und Aussagen Leerformeln.

Schildert ein Zeuge, er habe gesehen, wie der Beschuldigte die Flasche eingesteckt habe, wird es kaum einen Leser Ihrer Klausur überzeugen, wenn Sie dem Zeugen glauben wollen, weil diese Aussage *„frei von Widersprüchen und in sich schlüssig"* sei. Dass mag zwar richtig sein, aussagekräftig wird das aber nur bei komplexen und umfangreichen Aussagen sein. Zu den klassischen Leerformeln, vor denen Sie sich in der Klausurlösung hüten sollten, gehört auch der Begriff „Belastungstendenz". Wenn Sie nichts weiter für die Würdigung einer Aussage in der Hand haben, wird es meist ausreichen festzustellen, dass der Zeuge für eine falsche Aussage **kein Motiv** habe.

Regel 6: Die Wiedergabe von Aussageinhalten ersetzt keine Beweiswürdigung. 36

Ihre Aufgabe bei der Beweiswürdigung besteht nicht darin, die Inhalte von Einlassungen und Aussagen umfangreich wiederzugeben, sondern diese zueinander und zu anderen Umständen in Beziehung zu setzen. Sie haben also die Frage zu beantworten, ob eine Einlassung oder Aussage durch andere Einlassungen oder Aussagen sowie andere Umstände gestützt oder widerlegt wird. Auch insoweit kann das mögliche Motiv für das Aussageverhalten eine wichtige Rolle spielen.

Regel 7: Die eigentliche Beweiswürdigung erfolgt im Urteilsstil. 37

Im Rahmen der Beweiswürdigung begründen Sie Ihre „Überzeugung". Greifen Sie deshalb auf den Urteilsstil zurück. Keinesfalls dürfen Sie die Beweiswürdigung damit einleiten, dass eine bestimmte Aussage glaubhaft sei und im Anschluss an diese Feststellung sofort wieder Zweifel an deren Richtigkeit äußern. Das ist unlogisch.

II. Erforderlichkeit der Beweiswürdigung

Grundsatz: Eine Beweiswürdigung ist immer dann erforderlich, wenn es um **erhebliche** Tatsachen geht, die von dem Beschuldigten – sei es einfach, sei es qualifiziert – bestritten werden oder zu denen er sich nicht eingelassen hat. In seltenen Fällen kann auch ein Geständnis/eine geständige Einlassung des Beschuldigten **kritisch** zu würdigen sein. 38

Von der eigentlichen Beweiswürdigung sind die Fälle zu unterscheiden, in denen Sie dem Korrektor mitteilen sollten, auf welche Erkenntnisquelle Sie sich stützen, wenn Sie Tatsachen ohne Weiteres als erwiesen ansehen und dem weiteren Gutachten zugrunde legen wollen. Mit anderen Worten:

Dem Leser ist mitzuteilen, mit welchen Beweismitteln Sie den von Ihnen ermittelten Sachverhalt in der Hauptverhandlung nachweisen wollen.

Formulierungsbeispiel:
Die Höhe des Schadens ergibt sich aus dem nachvollziehbaren schriftlichen Gutachten des Sachverständigen M.
Die Blutalkoholkonzentration ergibt sich aus dem Gutachten …

Ob der Sachverständige sein Gutachten in der Hauptverhandlung persönlich und mündlich zu erstatten hat oder ob sein schriftliches Gutachten verlesen werden kann, sollten Sie besser im B-Gutachten unter dem Stichwort „Beweismittel" erörtern.

Ein Kardinalfehler in sehr vielen Klausuren ist die **allzu kritiklose Übernahme der Beschuldigteneinlassungen**. Während den meisten Kandidaten klar ist, dass eine Beweiswürdigung erforderlich wird, wenn der Beschuldigte eine Tat insgesamt und ausdrücklich bestreitet, wird dies bei teilbestreitenden Einlassungen, die nicht auf den ersten Blick erkennbar im Gegensatz zu anderen Beweisergebnissen stehen, häufig übersehen. Hüten Sie sich davor!

Ein **Beispiel:** Der Beschuldigte findet verlorene Ausweispapiere eines anderen, der ihm täuschend ähnlich sieht, und steckt diese ein. Wochen später weist er sich mit diesen Papieren anlässlich einer Polizeikontrolle nach einer Trunkenheitsfahrt aus. Seine Einlassung, er habe vergessen, die Papiere – wie beabsichtigt – zurückzugeben, wird ungeprüft übernommen. Dabei ist bei genauem Hinsehen völlig klar, dass Zweifel an der Richtigkeit dieser Einlassung angebracht sind. Die Ähnlichkeit, der Umstand, dass die Papiere nicht zurück-

gegeben wurden und deren Vorlage bei der Kontrolle lassen es nahe liegend erscheinen, dass der Beschuldigte die Papiere nur zu diesem Zweck eingesteckt hat. Gleichgültig, ob Sie am Ende tatsächlich zu diesem Ergebnis kommen oder die Einlassung des Beschuldigten trotzdem als unwiderlegbar ansehen, muss das erörtert werden.
Weiter im **Beispiel:** Aufgrund der Vorlage der falschen Papiere wird gegen deren tatsächlichen Inhaber ein Strafverfahren durchgeführt. Der Beschuldigte lässt sich dahin ein, er habe ein derartiges Verfahren nicht gewollt und zudem darauf vertraut, dass der Schwindel auffliegen würde, weil die Polizeibeamten den vermeintlichen Täter nicht wiedererkennen würden. Auch diese Einlassung wurde durchweg ungeprüft übernommen.
Dabei ist seine Einlassung schon deshalb unglaubhaft, weil die Durchführung des Verfahrens gegen den Inhaber der Papiere die zwingende Folge des Verhaltens des Beschuldigten war und zum Erreichen seines Zieles auch gewollt sein musste. Wie soll der Beschuldigte darauf vertraut haben können, der Schwindel werde bei einer späteren Gegenüberstellung auffliegen, wenn es ihm aufgrund der Ähnlichkeit mit dem Inhaber der Papiere gelungen war, die Polizeibeamten schon im Rahmen der Kontrolle zu täuschen? Auch das muss erörtert werden!

Sie dürfen es sich auch nicht leicht machen und eine Beweiswürdigung dadurch umgehen, dass Sie die Glaubhaftigkeit einer Zeugenaussage offen lassen, weil der Beschuldigte sich auf der Basis seiner Einlassung ebenfalls strafbar gemacht hätte. Auf diese Argumentation darf keine Anklage und keine Verurteilung gestützt werden. Im Strafverfahren steht die Wahrheitsermittlung im Vordergrund, der Anklageerhebung darf keine erkennbar falsche Einlassung zugrunde gelegt werden.

Sie haben den **wahren Sachverhalt** zu ermitteln!

III. Darstellung der Beweiswürdigung

39 Im Rahmen der Beweiswürdigung können Sie von vier Grundkonstellationen ausgehen:

- Gestehen,
- Schweigen,
- Bestreiten,
- Teilbestreiten.

1. Der Beschuldigte gesteht

40 Diese Konstellation ist einfach zu bewältigen. Denn selten gibt es Anlass, an der Richtigkeit einer geständigen Einlassung oder eines Geständnisses zu zweifeln. Sie können den eingeräumten Sachverhalt ohne Weiteres zugrunde legen, sollten aber nicht vergessen, den Leser gegebenenfalls darauf hinzuweisen, welche Erkenntnisse auf dem Geständnis des Beschuldigten beruhen.[15] Dabei sollten sie nicht formelhaft den Hinweis auf dessen Glaubhaftigkeit wiederholen.

Formulierungsbeispiel:
Der Beschuldigte hat in seiner polizeilichen Vernehmung eingeräumt, die Flasche in seine Jacke gesteckt zu haben. Es gibt keinen Anlass, an der Richtigkeit seiner geständigen Einlassung zu zweifeln.

Sollte der Sachverhalt tatsächlich einmal Hinweise enthalten, die Zweifel an der Richtigkeit einer geständigen Einlassung oder eines Geständnisses begründen könnten, könnten Sie Ihre Überlegungen wie folgt einleiten:

Formulierungsbeispiel:
Der Beschuldigte hat eingeräumt, ... Diese geständige Einlassung ist glaubhaft, denn sie wird durch die Aussage des Zeugen H. bestätigt, der bekundet hat, ... Zwar hat der Zeuge V ... angegeben, ... Das ändert jedoch an der Glaubhaftigkeit der geständigen Einlassung nichts, denn ...

15 Denken Sie bitte daran, sprachlich zwischen „Geständnis" in richterlichen Vernehmungen und „geständigen Einlassungen" in polizeilichen Vernehmungen zu unterscheiden!

(oder:)

Zwar hat der Beschuldigte U eingeräumt, ... Angesichts der Aussage des Zeugen V, ..., erscheint es aber zweifelhaft, ob der Beschuldigte tatsächlich ... Der Zeuge hat in seiner polizeilichen Vernehmung geschildert, ... Das ist glaubhaft, weil ...

2. Der Beschuldigte schweigt

Dass ein Beschuldigter von seinem Schweigerecht Gebrauch macht, wird in Klausursachverhalten eher selten geschehen. Auf den ersten Blick wird Ihnen diese Konstellation sehr einfach erscheinen, weil Sie sich nicht mit einer zu widerlegenden Einlassung auseinandersetzen müssen. Doch Vorsicht, lassen Sie sich nicht zu oberflächlichem Arbeiten verleiten. Die Beweise müssen genauso sorgfältig wie im Fall eines bestreitenden Beschuldigten gewürdigt werden. Der Klausurverfasser erwartet von Ihnen eine echte Leistung. Anderenfalls hätte er nämlich ohne Weiteres ein kurzes Vernehmungsprotokoll, in dem der Beschuldigte alle Vorwürfe einräumt, in den Klausursachverhalt stellen können. 41

Formulierungsbeispiel:
Fraglich ist, ob der Beschuldigte auf den Geschädigten eingeschlagen hat. Der Beschuldigte hat sich nicht zur Sache eingelassen. Er wird jedoch durch die Aussage des Geschädigten überführt werden. Dieser hat bekundet, ... Diese Aussage ist glaubhaft, weil sie mit der Aussage des Zeugen M ... übereinstimmt, der geschildert hat ... Im Übrigen erklärt die Aussage des Geschädigten die Verletzungen, die dieser nach dem ärztlichen Attest des ... am 12.3.1999 hatte. Das Attest kann in der Hauptverhandlung gem. § 256 I Nr. 2 StPO verlesen werden.

Achtung: Auf gar keinen Fall sollten Sie sich bei einem schweigenden Beschuldigten mit den Grundlagen seines Schweigerechts auseinandersetzen. Das wäre anfängerhaft!

3. Der Beschuldigte bestreitet

Auf diese Konstellation werden Sie sehr häufig stoßen. Weil eine Beweiswürdigung nur am konkreten Tatbestandsmerkmal erfolgen darf und sich damit immer nur auf einzelne bestrittene Tatsachen bezieht, werden Sie möglicherweise an verschiedenen Stellen Ihres Gutachtens würdigen müssen. Denken Sie daran, dass mit dem Widerlegen einer Einlassung des Beschuldigten nicht automatisch die zur Erfüllung eines Tatbestandsmerkmals erforderlichen Tatsachen bewiesen sind. 42

Als Ergebnis der Beweiswürdigung müssen Sie sich auf *einen bestimmten* Sachverhalt festlegen. Wenn sich der hinreichende Tatverdacht sowohl aufgrund eines vom Beschuldigten geschilderten Sachverhalts als auch aufgrund eines von einem Zeugen geschilderten anderen Sachverhalts ergibt, müssen Sie deshalb entscheiden, wem Sie glauben wollen. Sie dürfen sich nicht auf die Feststellung beschränken, schon nach der Einlassung des Beschuldigten bestehe ein hinreichender Tatverdacht. Denn dann hätten Sie keinen bestimmten Sachverhalt ermittelt, den Sie der Anklage zugrunde legen könnten. Von einer Tatsachenalternativität dürften Sie nur im Rahmen einer unechten Wahlfeststellung ausgehen, wenn der wahre Sachverhalt nicht zu ermitteln ist. Auch das erfordert aber einen Versuch der Wahrheitsermittlung im Rahmen der Beweiswürdigung.

Achtung: Schreiben Sie die Beweiswürdigung auf keinen Fall nieder, bevor Sie diese nicht gedanklich durchgespielt und strukturiert haben.

Anderenfalls läuft Ihre Darstellung nämlich Gefahr, chaotisch und für den Leser nicht mehr nachvollziehbar zu werden. 43

Ihre Vorüberlegungen können zu zwei verschiedenen Ergebnissen führen:

- Sie legen die Einlassung des Beschuldigten Ihrem Gutachten zugrunde,
  - weil Sie diese nicht widerlegen können,
  - weil Sie diese glauben.
- Sie glauben diese nicht.

44 Mit Bedacht ist im ersten Obersatz nicht davon die Rede, dass Sie dem Beschuldigten *glauben*. Natürlich können Sie zu diesem Ergebnis kommen, nur müssen Sie zuvor sehr sorgfältig unterscheiden. Denn nicht immer legen Sie die Einlassung eines Beschuldigten deshalb Ihrem weiteren Gutachten zugrunde, weil Sie dieser Glauben schenken. Zum selben Ergebnis können Sie nämlich auch kommen, wenn Sie zwar Zweifel an der Richtigkeit der Einlassung haben, diese aber nicht widerlegen können. Das wird in Klausuren häufig nicht sauber genug herausgearbeitet. Für den Praktiker ist deshalb oft überraschend zu lesen, was die Kandidaten den Beschuldigten alles glauben.

Auf die *Unwiderlegbarkeit* einer Einlassung wird eine Beweiswürdigung meist hinauslaufen, wenn diese weder eindeutig widerlegt noch bestätigt wird aber immerhin gewisse Anhaltspunkte für deren Richtigkeit sprechen.

Beispiel: Bricht der Beschuldigte ein Auto auf und behauptet nach seiner späteren Festnahme, er habe es später zurückbringen wollen, so ist das im Zweifel nicht glaubhaft. Behauptet er zudem, das Fahrzeug vorübergehend benötigt zu haben, um einen Streit mit seiner in einem anderen Ort wohnenden Freundin beizulegen und bekunden Polizeibeamte, er sei vor seiner Festnahme in Richtung auf den Tatort gefahren, so wird man weiterhin Zweifel an der Richtigkeit seiner Einlassung haben, diese aber wohl nicht widerlegen können. Es könnte dann im Gutachten nach Erörterung der Zueignungsproblematik heißen:

Formulierungsbeispiel:
Der Beschuldigte hat sich dahin eingelassen, er habe das Fahrzeug in B ... nur deshalb an sich gebracht, weil er nach einem Streit zu seiner Freundin in M ... habe fahren wollen, um sich wieder mit ihr zu vertragen. Er habe das Fahrzeug anschließend zurückbringen wollen. Auch wenn Zweifel an der Richtigkeit dieser Einlassung bestehen, weil der Beschuldigte das Fahrzeug aufgebrochen hat und bei seiner Rückkehr an den Tatort mit seiner Entdeckung oder gar Festnahme rechnen musste, wird sie **letztlich nicht zu widerlegen** sein, zumal die ermittelnden Polizeibeamten bekundet haben, dass er mit dem Fahrzeug aus M ... kommend in Fahrtrichtung B ... gefahren sei.

Ist die bestreitende Einlassung des Beschuldigten wirklich glaubhaft, dann müssen Sie das im Gutachten zum Ausdruck bringen.

Formulierungsbeispiel:
Die Einlassung des Beschuldigten, er sei zur Tatzeit nicht Fahrer des Fahrzeugs gewesen, ist glaubhaft. Denn der unbeteiligte Zeuge, dessen Aussage keinen Anlass zu Zweifeln an deren Richtigkeit gibt, hat bekundet, das Fahrzeug sei von einer Frau geführt worden.

Sehr häufig werden Sie in Klausuren jedoch bestreitende Einlassungen des Beschuldigten widerlegen können und müssen. Beschränken Sie sich dabei nicht auf die Gegenüberstellung von Einlassungen und Zeugenaussagen.

Wichtig: Das gesamte Ermittlungsergebnis kann und muss gegebenenfalls in die Beweiswürdigung einfließen!

45 Der Inhalt von Urkunden und Sachverständigengutachten wird oftmals große Bedeutung haben. Auch einfache Auskünfte von Polizeibeamten und Zeugen, der Inhalt von Ermittlungsberichten und Vermerken, selbst Hinweise aus dem Bearbeitervermerk müssen gegebenenfalls berücksichtigt werden. Einlassungen und Aussagen sind auf deren Plausibilität abzuklopfen. **Wichtig im Rahmen der Beweiswürdigung ist auch die Frage nach möglichen Motiven des Beschuldigten für die Tat und eines Zeugen für ein bestimmtes Aussageverhalten.** Dagegen spielen persönliche Eindrücke von Beschuldigten und Zeugen in der Klausur naturgemäß keine Rolle. Eher selten werden Sie deshalb Gelegenheit haben, Ihre im Referendariat erworbenen Kenntnisse der Aussagepsychologie anzuwenden.

Formulierungsbeispiel:
Der Beschuldigte hat zwar bestritten, das Fahrzeug geführt zu haben. Er wird jedoch durch die Aussage des Zeugen ... überführt werden. Der Zeuge hat bekundet ... Diese Aussage ist glaubhaft. Der Zeuge hatte kein erkennbares Motiv ... Im Übrigen wird die Aussage durch die Angaben des Zeugen ... gestützt. Dagegen hatte der Beschuldigte durchaus ein Motiv, ...

Keinesfalls dürfen Sie sich auf die schlichte Feststellung beschränken, es stehe **„Aussage gegen Aussage“**, ein hinreichender Tatverdacht liege deshalb nicht vor. Das ist keine Beweiswürdigung! Diese Konstellation ist ohnehin eher selten, denn streng genommen geht es nur dann darum, wenn es für die belastende Aussage keine stützenden Indizien gibt.

4. Der Beschuldigte gesteht und bestreitet teilweise

Für diese Konstellation kann auf die vorstehenden Ausführungen verwiesen werden, weil es weder für den gestehenden noch für den bestreitenden Teil der Einlassung Besonderheiten zu beachten gibt. 46

> **Formulierungsbeispiel:**
> Der Beschuldigte hat glaubhaft eingeräumt, ... zu haben. Soweit er sich dahin eingelassen hat, er habe ..., ist dies unglaubhaft. Denn die Zeugen haben übereinstimmend und deshalb glaubhaft bekundet, ...

Möglicherweise können Sie allerletzte Zweifel am Ende nicht ausräumen. Das steht der Annahme des hinreichenden Verdachts und damit der Anklageerhebung jedoch nicht entgegen, weil die sichere Überzeugung nur zur Verurteilung erforderlich ist. Sätze, wie *„Das Ausräumen letzter Zweifel muss der Hauptverhandlung vorbehalten bleiben“*, haben im Gutachten jedoch nichts zu suchen.

IV. Die Beweismittel

1. Einlassung des Beschuldigten

Ausgangspunkt der Beweiswürdigung wird regelmäßig die Einlassung des Beschuldigten sein, die sowohl im Verfahren gegen ihn selbst als auch gegen Mitbeschuldigte eine Rolle spielen kann. 47

Wollen Sie die Einlassung eines Beschuldigten gegen einen Mitbeschuldigten verwerten, müssen Sie zeigen, dass Sie sich des regelmäßig **geringeren Beweiswerts** einer belastenden Aussage bewusst sind. Manch Beschuldigter neigt nun einmal dazu, sich zulasten eines anderen Beschuldigten eine Strafmilderung verdienen zu wollen, selbst wenn das auf Kosten der Wahrheit geht. Auf jeden Fall sollte in Ihrem Gutachten das Stichwort **Beweiswert** fallen.

Denken Sie immer daran, dass den Beschuldigten keine Pflicht zur aktiven Mitwirkung im Strafverfahren trifft (Nemo-tenetur-Grundsatz). Schweigt ein Beschuldigter etwa und macht von einer nahe liegenden Entlastungsmöglichkeit keinen Gebrauch, darf das nicht zu seinen Lasten in die Beweiswürdigung einfließen. Hat er sich dagegen teilweise eingelassen, sieht das schon ganz anders aus. Beruft sich der Beschuldigte darauf, im Besitz entlastender Beweismittel zu sein, die er dann nicht vorlegt oder beruft er sich zur Untermauerung seiner Einlassung auf Zeugen, deren Namen er dann verschweigt, dürfen aus diesem Verhalten für ihn nachteilige Schlüsse gezogen werden.

2. Zeugen

Häufigstes Beweismittel in Ihren Klausuren wird der Zeuge sein. 48

Beachten Sie im Rahmen der Beweiswürdigung immer das sich aus § 250 StPO ergebende **„Unmittelbarkeitsprinzip“**.

> Beruht der Beweis einer Tatsache auf der Wahrnehmung einer Person, so ist diese zu vernehmen.

Keinesfalls dürfen Sie die Reichweite dieses Grundsatzes überdehnen. Denn der Unmittelbarkeitsgrundsatz bedeutet lediglich den **Vorrang des Personalbeweises vor dem Urkundenbeweis.** Der Zeuge, der eine Beobachtung gemacht hat, ist also im Zweifel zu vernehmen. Diese Vernehmung darf, soweit sich **nicht** ausnahmsweise aus den §§ 251 ff. StPO etwas anderes ergibt, nicht durch Verlesung eines Vernehmungsprotokolls oder einer schriftlichen Erklärung des Zeugen **ersetzt werden. Ein weitergehender Grundsatz, nach dem immer das** 49

sachnächste Beweismittel benutzt werden müsste, lässt sich nach der Rechtsprechung aus § 250 StPO nicht ableiten.[16] Zeugen vom Hörensagen dürfen also vernommen werden, wenn die von ihnen wahrgenommenen Äußerungen als Indiz für die Richtigkeit der ihnen mitgeteilten Tatsachen dienen sollen.[17]

50 Für Sie erwachsen in der Staatsanwaltsklausur daraus keine besonderen Probleme. **Sie sollten sich an der Aufklärungspflicht des Gerichts orientieren, die regelmäßig die Vernehmung des sachnächsten Beweismittels gebieten wird.** Andererseits sollten Sie nie aus den Augen verlieren, dass Sie für die Anklageerhebung nur einen hinreichenden Verdacht benötigen. Greifen Sie also, soweit das möglich ist, auf das sachnächste Beweismittel zurück. Ist der Zeuge noch nicht als solcher vernommen worden, sondern liegen Ihnen nur Vermerke eines Polizeibeamten über formlose Zeugenbefragungen oder schriftliche Angaben eines Zeugen vor, würdigen Sie diese, als sei der Zeuge vernommen worden und benennen Sie den Zeugen anschließend in der Anklage.

51 Zum Schluss sei auf einen häufigen, leicht vermeidbaren Fehler hingewiesen: Schildert ein Zeuge seine Beobachtung eines Geschehens und gibt er dabei seiner Überzeugung Ausdruck, der Täter habe vorsätzlich oder absichtlich gehandelt, so dürfen Sie das dem weiteren Gutachten nicht einfach als Tatsache zugrunde legen. Es darf nicht heißen: *„Nach der Aussage des Zeugen hat der Beschuldigte vorsätzlich gehandelt."* Denn tatsächlich handelt es sich nicht um eine Wahrnehmung, sondern nur um einen Schluss des Zeugen. Ob aufgrund der Beobachtungen des Zeugen dieser Schluss gerechtfertigt ist, haben nur Sie selbst zu beurteilen. Das ist ein wesentlicher Teil der Aufgabe, die Sie im Rahmen der Beweiswürdigung zu bewältigen haben.

Beachte: In der Beweiswürdigung sind nur Wahrnehmungen eines Zeugen von Bedeutung; was dieser vermutet oder welche Rückschlüsse er zieht, spielt keine Rolle!

3. Sachverständige

52 Die Würdigung von Sachverständigengutachten wird in den Klausuren eine eher untergeordnete Rolle spielen. Soweit die Sachverhalte sachverständige Äußerungen enthalten, werden Sie diese ohne Weiteres dem Gutachten zugrunde legen können. Für eine Würdigung wird kaum je Raum sein. Am häufigsten werden Sie es mit Sachverständigengutachten zu tun haben, wenn es um das Bestimmen der Tatzeit-BAK aufgrund einer dem Beschuldigten entnommenen Blutprobe oder auf der Basis von Trinkmengenangaben des Beschuldigten oder eines Zeugen geht. Schriftliche Gutachten dazu werden die Sachverhalte nur selten enthalten. Oft werden die Klausursachverhalte Vermerke der ermittelnden Polizeibeamten über gutachterliche Äußerungen eines Sachverständigen enthalten. Sie können dann davon ausgehen, dass der Sachverständige ein entsprechendes Gutachten in der Hauptverhandlung erstatten wird. Dann ist natürlich auch nichts zu würdigen.

Vergessen Sie nicht, dass Behördengutachten und insbesondere BAK-Gutachten gem. § 256 StPO durch Verlesung eingeführt werden können.

53 Weil Sie im Rahmen der Beweiswürdigung Ihre Erkenntnisquelle immer einem bestimmten Beweismitteltyp zuordnen müssen, kann im Einzelfall die Abgrenzung zwischen Sachverständigen- und Zeugenbeweis Bedeutung erlangen. Zur Sachverständigentätigkeit gehört nicht nur die Vermittlung der Rückschlüsse, die der Sachverständige zieht, sondern auch die Vermittlung der sog. **Befundtatsachen**, die der Sachverständige für das Gutachten **aufgrund seiner Sachkunde** festgestellt hat. Demgegenüber berichtet der Sachverständige über sog. **Zusatztatsachen** und Zufallsbeobachtungen **als Zeuge**. Zusatztatsachen sind Anknüpfungstatsachen, zu deren Ermittlung der Sachverständige **ohne Sachkunde** in der Lage ist. Typischer Fall ist der Inhalt einer geständigen Einlassung, die der Beschuldigte gegenüber dem Sachverständigen abgegeben hat und über dessen Inhalt der Sachverständige als Zeuge vernommen werden muss.

16 Meyer-Goßner/Schmitt/Schmitt StPO § 250 Rn. 3.
17 BGHSt 1, 373 = BeckRS 9998, 124550.

4. Urkunden

Beim Urkundenbeweis müssen Sie auf die Abgrenzung zum Augenscheinsbeweis achten, auf die im Zusammenhang mit den in der Anklage zu benennenden Beweismitteln noch eingegangen wird. Zunächst nur so viel: 54

- Die Verlesung von Urkunden dient der Ermittlung des gedanklichen Inhalts eines Schriftstückes.
- Eine Urkunde kann auch Gegenstand des Augenscheinsbeweises sein, wenn es nicht auf ihren Inhalt, sondern auf ihr Vorhandensein und ihre Beschaffenheit ankommt.

5. Augenschein

Bei der Augenscheinseinnahme geht es um die sinnliche Wahrnehmung durch Sehen, Hören, Riechen, Schmecken oder Fühlen. Zu den Augenscheinsobjekten gehören deshalb beispielhaft auch Ton- und Videoaufnahmen sowie Urkunden, soweit deren Aussehen von Bedeutung ist. 55

Der Augenscheinsbeweis wird Ihnen im Rahmen der Beweiswürdigung keinerlei Probleme bereiten.

V. Unmittelbarkeitsgrundsatz und Durchbrechung

Häufig stellt sich in Klausuren das Problem, dass Zeugen oder Mitbeschuldigte, die eine – meist den Beschuldigten belastende – Aussage gemacht haben, in der Hauptverhandlung nicht mehr zur Verfügung stehen werden, etwa weil sie verstorben sind oder sich an unbekannten Orten oder dauerhaft im Ausland aufhalten. Viele Kandidaten ignorieren diese Umstände einfach und würdigen die Aussagen, ohne sich Gedanken über deren Einführung zu machen. 56

Der Inhalt einer Vernehmung darf in derartigen Fällen durch die Vernehmung der **Verhörsperson als Zeuge vom Hörensagen** eingeführt werden. § 250 StPO steht dem nicht entgegen.

§ 250 StPO formuliert zwar den sog. Unmittelbarkeitsgrundsatz. Dieser fordert jedoch nur den Vorrang des Personalbeweises vor dem Urkundenbeweis. Der Unmittelbarkeitsgrundsatz gebietet dagegen nicht, in der Beweisaufnahme das **sachnächste** Beweismittel zu nutzen.

Ob die Vernehmung des Zeugen vom Hörensagen ausreichen wird, hat der Staatsanwalt orientiert an der dem Gericht obliegenden **Aufklärungspflicht** zu prüfen.

Im Falle des Todes oder der Abwesenheit eines Zeugen werden Sie auch zu erörtern haben, ob dessen Angaben durch **Verlesung eines Vernehmungsprotokolls** oder ähnlicher Schriftstücke auf dem Wege des **Urkundenbeweises** eingeführt werden dürfen.

Zu unterscheiden ist zwischen

- **anderen** (polizeilichen, staatsanwaltschaftlichen) Vernehmungsniederschriften und schriftlichen Erklärungen (§ 251 I StPO), deren Verlesbarkeit an die Erfüllung **strenger** Voraussetzungen geknüpft ist,
- **richterlichen** Vernehmungsprotokollen (§ 251 II StPO), deren Verlesbarkeit an die Erfüllung **weniger strenger** Voraussetzungen geknüpft ist.

1. Nichtrichterliche Vernehmungsprotokolle, schriftliche Erklärungen

§ 251 I StPO enthält allgemeine Regelungen für alle Arten von Vernehmungsniederschriften.

Abs. 1 Nr. 1: Nichtrichterliche Vernehmungsprotokolle und Erklärungen **von Zeugen, Sachverständigen** und **Mitbeschuldigten (!)** dürfen verlesen werden, wenn der Beschuldigte als Angeklagter in der Hauptverhandlung einen Verteidiger hat und Staatsanwaltschaft, Verteidiger sowie der Angeklagte mit der Verlesung einverstanden sind. Die Protokollverlesung darf auch erfolgen, wenn das nähere Beweismittel zur Verfügung steht. Weil es um die Zustimmung des Beschuldigten in der späteren Hauptverhandlung geht, liegt diese in den Klausursachverhalten noch nicht vor. Sie werden deshalb Ihrer Beweiswürdigung den Inhalt der Vernehmungsniederschrift/schriftlichen Erklärung zugrunde legen, für die Hauptverhandlung in der Anklageschrift aber den Zeugen persönlich benennen. In der Konstellation der Nr. 1 spielt § 251 I StPO also für die Klausurlösung keine Rolle.

Achtung: Briefe des Beschuldigten selbst können ohne die sich aus § 251 I StPO ergebenden Beschränkungen schon nach § 249 StPO verlesen werden. Richterliche Geständnisse des Beschuldigten dürfen nach § 254 StPO verlesen werden. Geständige Einlassungen gegenüber der Polizei können dagegen nur durch Vernehmung der Verhörsperson eingeführt werden.

Abs. 1 Nr. 2: Auch die neu geschaffene Verlesbarkeit von Urkunden zur Bestätigung eines Geständnisses setzt die Zustimmung des Angeklagten, der anders als im Fall der Nr. 1 keinen Verteidiger haben muss, in der Hauptverhandlung voraus und spielt deshalb für die Klausurlösung keine Rolle.

Abs. 1 Nr. 3: Ist eine Vernehmung eines Zeugen, Sachverständigen oder Mitbeschuldigten **unmöglich**, kann die Verlesung auch erfolgen, ohne dass die Voraussetzungen der Nr. 1 erfüllt sind. Der Beschuldigte muss insbesondere nicht verteidigt sein. In der Klausur wird die Vernehmung meist infolge **Todes der Auskunftsperson** unmöglich sein.

Steht eine Auskunftsperson, die sich bereits in einer vorangegangenen Vernehmung oder in einer von ihr stammenden schriftlichen Erklärung geäußert hat, für eine erneute Vernehmung in der Hauptverhandlung nicht mehr zur Verfügung, weil sie etwa erkrankt ist oder sich im Ausland aufhält, müssen Sie erörtern, ob deren Angaben durch Verlesung in die spätere Hauptverhandlung eingeführt werden könnten. Selten werden die Angaben in einem richterlichen Vernehmungsprotokoll dokumentiert sein, sodass diese nach der Regelung in § 251 II Nr. 1 StPO verlesen werden könnten.

Die Anwendungsbereiche von Abs. 1 Nr. 3 und Abs. 2 Nr. 1 überschneiden sich zum Teil. Wegen der höheren Zuverlässigkeit, die der Gesetzgeber richterlichen Vernehmungsprotokollen beimisst, sind die Anforderungen an die Verlesbarkeit nach Abs. 2 Nr. 1 jedoch etwas weniger streng.[18] Während eine **nicht absehbare** Zeit iSd Abs. 1 Nr. 3 ein Vernehmungshindernis für einen längeren Zeitraum, dessen Ende nicht feststeht, erfordert, erlaubt Abs. 2 Nr. 1 die Verlesung auch dann, wenn das Vernehmungshindernis, dessen Ende bereits absehbar ist, **längere Zeit** dauert. Natürlich ist die Verlesung eines richterlichen Vernehmungsprotokolls auch dann zulässig, wenn das Ende des längeren Zeitraums **ungewiss** ist.

Die für die Verlesung nach beiden Absätzen **erforderliche tatsächliche Unerreichbarkeit darf nicht mit einer rechtlichen Unerreichbarkeit gleichgesetzt werden**, die sich ergibt, wenn ein Zeuge von seinem Auskunftsverweigerungsrecht nach § 55 StPO Gebrauch gemacht hat.[19]

Abs. 1 Nr. 4: Die Höhe eines durch die Tat verursachten **Vermögensschadens** darf ohne Weiteres durch Verlesung eines Vernehmungsprotokolls oder einer schriftlichen Erklärung festgestellt werden. Das gilt jedoch nicht für die Feststellung immaterieller Schäden. Auch Protokolle, die daneben andere Fragen betreffen, dürfen teilweise verlesen werden.

2. Richterliche Vernehmungsprotokolle

In Abs. 2 werden die Voraussetzungen für zusätzliche Verlesungsmöglichkeiten von richterlichen Vernehmungsprotokollen (Vernehmungen von Zeugen, Sachverständigen, Mitbeschul-

18 Meyer-Goßner/Schmitt/Schmitt StPO § 251 Rn. 20.
19 BGH NStZ 2008, 50 = StV 2008, 339.

digten) geregelt. Weil es regelmäßig an einem Verlesungseinverständnis iSd Abs. 2 Nr. 3 fehlen wird, werden Sie insbesondere die Voraussetzungen der Nr. 1 und 2 zu prüfen haben.

Abs. 2 Nr. 1: **Die Verlesung bei Verhinderung darf bereits dann erfolgen, wenn diese zwar längere Zeit andauern wird, deren Ende aber *absehbar* ist.**

Abs. 2 Nr. 2: Die Verlesung nach Nr. 2, die jedoch keine große Klausurbedeutung hat, ist bereits zulässig, wenn

- das Erscheinen wegen großer Entfernung nicht zumutbar ist
  und
- die Aussage von untergeordneter Bedeutung ist.

Während das richterliche Protokoll ordnungsgemäß zustande gekommen sein muss, muss das Protokoll iSd Abs. 1 keinen Formerfordernissen genügen. Deshalb kann das **fehlerhafte richterliche Protokoll – mit regelmäßig gemindertem Beweiswert – unter den Voraussetzungen des Abs. 1 verlesen werden.**

- Verweigert der Beschuldigte die Genehmigung eines richterlichen Protokolls, wird dieses dadurch nicht fehlerhaft. Die nach § 168a III, IV StPO geforderte Genehmigung ist keine Wirksamkeitsvoraussetzung für ein richterliches Protokoll. Das Fehlen beeinträchtigt allenfalls dessen Beweiswert.[20]
- In der Praxis geschieht es hin und wieder, dass sich der vernehmende Richter von dem Beschuldigten lediglich die Richtigkeit seiner Angaben in einer vorangegangenen polizeilichen Vernehmung bestätigen lässt. Diesen Fehler können Sie auch in Klausursachverhalten finden. Eine verlesbare richterliche Vernehmung liegt dann nicht vor. Dennoch ist das Verfahren nicht grundsätzlich unzulässig. Denn wenn der Richter dem Beschuldigten das polizeiliche Vernehmungsprotokoll zuvor verlesen hat und sich der Umstand dieser Verlesung ebenfalls aus dem Protokoll ergibt, liegt durchaus ein verwertbares richterliches Protokoll vor.

Sollten Sie diese Fragen ausnahmsweise nicht schon im A-Gutachten erörtern, müssen Sie sich damit zumindest im B-Gutachten auseinandersetzen, wenn sie die in der Anklageschrift zu benennenden Beweismittel auszuwählen haben.
Durchbrechungen des Unmittelbarkeitsgrundsatzes regelt auch § 256 StPO. In dieser Vorschrift geht es aber lediglich um Erleichterungen für die Beweisaufnahme in Fällen, in denen das originäre Beweismittel ebenfalls zur Verfügung steht. Deshalb sollten Sie die Vorschrift erst im B-Gutachten in den Blick nehmen.

20 BVerfG NStZ 2006, 46.

4. Teil. Häufige Rechtsprobleme im A-Gutachten

In diesem Abschnitt soll auf häufige prozessuale Rechtsprobleme und Fehlerquellen eingegangen werden. Ich möchte Sie noch einmal darauf hinweisen, dass die Darstellung dieser Rechtsprobleme keinesfalls abschließend ist. 57

Gleichzeitig mit den Rechtsproblemen werde ich die damit einhergehenden Aufbau- und Darstellungsprobleme aufzeigen. Die Ihnen angebotenen Lösungswege sollen als Anregungen verstanden werden, andere Lösungen und Lösungswege sind genauso denkbar. Die von mir vorgeschlagenen Lösungswege sind darauf angelegt, Sie mit geringstem Risiko die vor Ihnen auftauchenden Klippen umschiffen zu lassen. Die möglichen Fehlerquellen sollen minimiert werden. Rechtsprobleme müssen in Klausuren zudem nicht in ihrer vollen Tiefe ausgelotet werden, Sie sollen diese lediglich erkennen und in der erforderlichen Kürze diskutieren. Dabei sollen Ihnen die nachfolgenden Darstellungen helfen.

Im Übrigen müssen Sie sich in Ihrer Klausurlösung keinesfalls mit jeder abweichenden Meinung, auf die Sie Hinweise in der Kommentierung finden, auseinandersetzen. Das würde den Rahmen jeder Klausur sprengen. Es genügt vielmehr, dass Sie das Problem anreißen und sich dann mit einer kurzen Begründung – möglichst für die Rechtsprechung[21] – entscheiden.

A. Verfahrenshindernisse

I. Strafklageverbrauch

Die wichtigste Wirkung der **materiellen Rechtskraft**, die wiederum an der **formellen Rechtskraft** hängt, ist der **Verbrauch der Strafklage.** Der Strafklageverbrauch steht als Verfahrenshindernis der Fortführung des Verfahrens entgegen, denn nach Art. 103 III GG darf niemand wegen derselben Tat aufgrund der allgemeinen Strafgesetze mehrmals bestraft werden. Voraussetzung für diese Wirkung der materiellen Rechtskraft ist der Eintritt der formellen Rechtskraft, mit dem die frühere Entscheidung nicht mehr mit einem ordentlichen Rechtsmittel angefochten werden kann. 57a

Können Sie den Eintritt der formellen Rechtskraft in Ihrer Klausurlösung nicht feststellen, kann es als Vorstufe des Strafklageverbrauchs auch um **anderweitige Rechtshängigkeit** gehen.

Die **anderweitige Rechtshängigkeit** stellt ebenfalls ein Hindernis für ein weiteres Verfahren gegen denselben Beschuldigten dar.

1. Vorangegangenes/r Urteil/Strafbefehl

In einer Klausur kann der Strafklageverbrauch sowohl in **persönlicher** als auch in **sachlicher** Hinsicht problematisch sein.

a) Reichweite in persönlicher Hinsicht

In **persönlicher** Hinsicht kann die Reichweite des Strafklageverbrauchs problematisch sein, wenn das Verfahren gegen den Beschuldigten unter falschen Personalien geführt wurde, etwa weil sich dieser zuvor mit falschen Papieren ausgewiesen hatte. 57b

Beachte: Die Strafklage wird gegen denjenigen verbraucht, gegen den sich das Verfahren tatsächlich gerichtet hat.

Beispiel: Der auf frischer Tat betroffene Beschuldigte A weist sich mit den Papieren seines ihm sehr ähnlich sehenden verstorbenen Bruders aus, nennt aber seine eigene Adresse. Ihm

21 Vgl. → Rn. 26.

wird ein Strafbefehl mit den falschen Personalien zugestellt, gegen den er keinen Einspruch einlegt. Fliegt dieser Schwindel später auf, stellt sich die Frage, ob die Strafklage bereits verbraucht ist.

Gemäß § 410 III StPO steht ein rechtskräftiger Strafbefehl einem rechtskräftigen Urteil gleich. Es lässt sich sicher vertreten, dass sich das Verfahren tatsächlich – trotz der falschen Personalien – gegen A gerichtet hat. Richtiger dürfte dagegen sein, die materielle Rechtskraft in persönlicher Hinsicht abzulehnen.

57c Der BGH[22] hat **die Angabe falscher Personalien** für ein strafrechtliches Urteil dann **als unschädlich angesehen, wenn**

- gegen die richtige Person Anklage erhoben wurde und
- diese tatsächlich vor Gericht stand.

Jedenfalls am letzten Erfordernis fehlt es bei Erlass eines Strafbefehls aber. Damit hätten Sie den Strafklageverbrauch bereits abzulehnen.

b) Reichweite in sachlicher Hinsicht

57d Die Reichweite des Strafklageverbrauchs in sachlicher Hinsicht ist ein Standardproblem in den Klausuren. In **sachlicher** Hinsicht haben Sie bei einer im Sachverhalt vorgegebenen Vorverurteilung immer zu prüfen, ob diese bereits den Ihnen im vorliegenden Verfahren beschriebenen einheitlichen Lebenssachverhalt zum Gegenstand hat. Maßgebend ist insoweit der **Tatbegriff des § 264 StPO**. Dieser bestimmt sich nach dem von der zugelassenen – früheren – Anklage umschriebenen geschichtlichen Vorgang, innerhalb dessen der Angeklagte einen Straftatbestand verwirklicht haben soll und erstreckt sich auf das gesamte Verhalten des Täters, das nach natürlicher Auffassung ein mit diesem geschichtlichen Vorgang einheitliches Geschehen bildet.[23]

Besonders problematisch kann das sein, wenn die bereits abgeurteilte Tat ein Dauerdelikt war und der Beschuldigte während der Verwirklichung des Dauerdelikts eine weitere, meist viel schwerere Straftat beging, die Gegenstand Ihres Gutachtens ist.

Beispiel: Der Beschuldigte befand sich längere Zeit im Besitz von Drogen. Noch mit den Drogen am Körper beging er einen Raub. Anschließend war er zeitweise flüchtig. Nachdem er durch Strafbefehl rechtskräftig wegen des Drogenbesitzes – ausdrücklich auch zur Zeit des Raubs – verurteilt worden war, stellte er sich der Polizei und wandte gegen die Verfolgung wegen des Raubes Strafklageverbrauch ein.

57e Wenn mehrere Taten materiell-rechtlich zueinander im Verhältnis der Tateinheit nach § 52 I StGB stehen, kann ohne Weiteres von prozessualer Tatidentität ausgegangen werden. Geht es um mehrere sachlich-rechtlich selbstständige Handlungen iSv § 53 I StGB, fordert der BGH für eine einheitliche prozessuale Tat nicht nur eine äußere zeitliche Verknüpfung, die im Beispielsfall ohne Weiteres gegeben ist, sondern darüber hinaus eine Verknüpfung dergestalt, dass **der Unrechts- und Schuldgehalt der einen Handlung nicht ohne die Umstände, die zu der anderen Handlung geführt haben, gewürdigt werden kann.**[24]

Für die Tatidentität muss ein **innerer Beziehungs- und Bedingungszusammenhang** zwischen den Handlungen bestehen.

Das OLG Köln bezeichnet das als **Finalbeziehung.**[25]

- An dem geforderten Beziehungs- und Bedingungszusammenhang fehlt es im Beispielsfall, der dicht an einen Klausurfall angelehnt ist, der kurz nach der Entscheidung des BGH gestellt wurde. Der Raub war in keiner Weise durch den Drogenbesitz bedingt oder beeinflusst.

22 BGH NStZ-RR 1996, 9.
23 BGH BeckRS 2022, 18563; BeckRS 2023, 21974.
24 BGH NStZ 2009, 705; BeckRS 2020, 28081; BeckRS 2020, 29207 mAnm Kudlich JA 2021, 80.
25 OLG Köln StV 2022, 567.

- Anders sah es in dem Fall aus, der dem BGH[26] zur Entscheidung vorlag. Der Angeklagte war wegen einer Trunkenheitsfahrt nach § 316 StGB rechtskräftig verurteilt worden, die, wie sich später herausstellte, zum bewaffneten Transport von Drogen diente.[27]
- Mit der Forderung nach einem inneren Bedingungs- und Beziehungszusammenhang ließe sich in der Klausur auch die Konstellation lösen, dass ein wegen unerlaubten Waffenbesitzes rechtskräftig vorbestrafter Beschuldigter verdächtig ist, mit der Waffe während des von der Verurteilung erfassten Tatzeitraums aufgrund eines neuen Entschlusses einen Raubüberfall begangen zu haben. Der BGH[28] hat in einer derartigen Konstellation, wenn auch mit etwas anderer Begründung, den Strafklageverbrauch durch die Verurteilung wegen des unerlaubten Waffenbesitzes abgelehnt.

Klausurtaktisch gilt auch für den Strafklageverbrauch: Würde der Strafklageverbrauch alle im Raum stehenden Tatvorwürfe betreffen, so dass Sie zur vollständigen Verfahrenseinstellung nach § 170 II StPO kommen müssten, sollten Sie unbedingt mit dem Ziel argumentieren, ein derartiges Verfahrenshindernis abzulehnen. Beträfe dieser dagegen nur einzelne von mehreren Tatvorwürfen, sodass am Ende Stoff für eine Anklageschrift bliebe, wäre das Ergebnis offen.

2. Vorangegangene Einstellung/Beschränkung

Erörterungswürdig kann in der Klausur auch sein, ob vorangegangene Einstellungen oder Beschränkungen nach den §§ 153–154a StPO zu einem Strafklageverbrauch geführt haben. Anders als bei vorangegangenen Urteilen/Strafbefehlen wird es aber nicht um die persönliche oder sachliche Reichweite des Strafklageverbrauchs gehen, sondern Sie werden die Frage zu beantworten haben, ob Entscheidungen nach den §§ 153–154a StPO überhaupt zu einem Verbrauch der Strafklage führen können. Bei Beantwortung der Frage werden Sie zwischen staatsanwaltschaftlichen und gerichtlichen Entscheidungen zu unterscheiden haben. 57f

a) Frühere Einstellung nach § 153 StPO

Die frühere Einstellung eines Strafverfahrens wegen Geringfügigkeit durch die Staatsanwaltschaft nach § 153 I 1 StPO verbraucht die Strafklage nicht. Das gilt selbst dann, wenn die Einstellung gem. § 153 I 2 StPO mit Zustimmung des Gerichts erfolgte.[29] Eine Ausnahme wegen eines Verstoßes gegen das Willkürverbot ist in der Klausur nur schwer vorstellbar. 57g

Eine gerichtliche Einstellung gem. § 153 II StPO führt dagegen zu einem beschränkten Strafklageverbrauch. Gegen eine uneingeschränkte Wiederaufnahme des Verfahrens durch eine neue Anklage spricht schon die Regelung in § 153 II 4 StPO, nach der der Einstellungsbeschluss unanfechtbar ist. Andererseits steht selbst eine Einstellung gegen Auflagen nach § 153a StPO einer Wiederaufnahme nicht entgegen, wenn sich die vorgeworfene Tat nachträglich als ein Verbrechen herausstellt. Nichts anderes kann dann für die auflagenfreie Einstellung nach § 153 II StPO gelten. Dabei soll es keine Rolle spielen, ob sich die Tatsachenlage oder lediglich die rechtliche Bewertung geändert hat.[30]

b) Frühere Einstellung nach § 153a StPO

Im Falle einer früheren Einstellung nach § 153a StPO sind die Wirkungen im Hinblick auf den Strafklageverbrauch identisch, gleich, ob es sich um eine Einstellung durch die Staatsanwaltschaft nach Abs. 1 oder eine Einstellung durch das Gericht nach Abs. 2 handelt. Hat der Beschuldigte/Angeklagte die Auflage oder Weisung in vollem Umfang erfüllt, kommt es zu einem beschränkten Strafklageverbrauch. Eine Wiederaufnahme ist dann nur unter der bereits zuvor dargestellten Ausnahme gem. § 153a I 5 StPO möglich.

26 BGH NStZ 2009, 705.
27 Auch BGHSt 36, 151 ff. = NJW 1989, 1810 zum Strafklageverbrauch für mit Schusswaffe begangener Straftat nach bereits erfolgter Aburteilung nach dem Waffengesetz. Wegen der etwas anderen Argumentation sollten Sie auch diese Entscheidung unbedingt lesen!
28 BGHSt 36, 151 = NJW 1989, 1810.
29 Meyer-Goßner/Schmitt/Schmitt StPO § 153 Rn. 37.
30 BGH NStZ 2004, 218.

Bis zur vollständigen Erfüllung einer Auflage/Weisung besteht lediglich ein bedingtes Verfahrenshindernis, das aber ebenfalls nicht der weiteren Verfolgung der Tat als Verbrechen im Wege steht.

c) Früheres Absehen von der Verfolgung gem. § 154 I StPO

Sollte es tatsächlich einmal um eine frühere Entscheidung nach § 154 StPO gehen, kann es sich nur um ein Absehen von der Verfolgung gem. § 154 I StPO durch die Staatsanwaltschaft handeln. Denn nach einer Wiederaufnahme nach einer gerichtlichen Einstellung nach Abs. 2 ginge es direkt im Hauptverfahren weiter. Die Staatsanwaltschaft kann die Verfolgung jederzeit wieder aufnehmen, solange die Tatvorwürfe nicht verjährt sind und ein sachlich nachvollziehbarer Grund vorliegt.[31] An die Frist gemäß Abs. 4 ist sie nicht gebunden.

d) Beschränkung der Verfolgung nach § 154a StPO

Die Wiederaufnahme des Verfahrens nach einer Entscheidung gem. § 154a StPO in einem anderen Verfahren kommt in diesem Zusammenhang als Klausurproblem nicht in Betracht, weil lediglich einzelne Elemente einer Tat, die im Übrigen weiterverfolgt wurde, ausgeklammert worden wären.

II. Fehlender Strafantrag

57h Der Strafantrag (§§ 77 ff. StGB) ist **Prozessvoraussetzung**.

1. Aufbau

a) Absolute Antragsdelikte

Das Fehlen begründet ein Verfahrenshindernis. Machen Sie es sich zur eisernen Regel, bei absoluten Antragsdelikten noch vor dem Tatbestand zu erörtern, ob ein wirksamer Strafantrag gestellt wurde. Der Strafantrag gehört nicht an das Ende der Erörterungen. Kein Staatsanwalt wird die Tatbestandsvoraussetzungen eines Straftatbestands prüfen, wenn schon kein Strafantrag gestellt ist.

b) Relative Antragsdelikte

Bei den **relativen Antragsdelikten**[32] kann ein fehlender Strafantrag dadurch ersetzt werden, dass die Staatsanwaltschaft **das besondere öffentliche Interesse** an der Strafverfolgung bejaht. Nach hM sind Strafantrag und das **besondere öffentliche Interesse an der Strafverfolgung** bei relativen Antragsdelikten **nach der Schuld** zu prüfen, weil das besondere öffentliche Interesse erst nach Abschluss der Strafbarkeitsprüfung abschließend beurteilt werden kann. Diesem Aufbauansatz sollten Sie folgen, es sei denn, Sie hätten in der Arbeitsgemeinschaft Ihres Bundeslandes ausdrücklich eine andere Anweisung erhalten.

Das besondere öffentliche Interesse ist zu bejahen, wenn der Rechtsfrieden über den Lebenskreis des Verletzten hinaus gestört und die Verfolgung ein gegenwärtiges Anliegen der Allgemeinheit ist (Nr. 86 II RiStBV) oder dem Verletzten wegen seiner persönlichen Beziehung zum Beschuldigten eine Privatklage nicht zugemutet werden kann (Nr. 86 III RiStBV) oder bei Körperverletzungen unter den speziellen Voraussetzungen der Nr. 234 I RiStBV.

2. Voraussetzungen

a) Antragsberechtigung

57i Antragsberechtigt ist nach § 77 I StGB zunächst einmal der Verletzte.

Ist dieser verstorben, kann das Antragsrecht gem. § 77 II StGB an nahe Angehörige übergegangen sein, soweit das gesetzlich bestimmt ist. Hat der Antragsberechtigte vor seinem Tod

31 Meyer-Goßner/Schmitt/Schmitt StPO § 154 Rn. 21.

32 Teilweise, vgl. etwa Fischer StGB Vor § 77 Rn. 3, werden als absolute Antragsdelikte solche bezeichnet, die stets antragsbedürftig sind, etwa § 185 StGB, und als relative Antragsdelikte jene, bei denen besondere Voraussetzungen hinzutreten müssen, etwa der geringe Wert bei einem Diebstahl gem. § 248a StGB; wie hier jedoch LK-StGB/Schmid Vor § 77 Rn. 6. Im Folgenden sollen die Begriffe in der in Rn. 57h dargestellten Bedeutung verwendet werden.

einen Strafantrag gestellt, bleibt dieser wirksam, kann aber von nahen Angehörigen zurückgenommen werden, § 77d II 1 StGB.

Ist der Verletzte ein Amtsträger oder in ähnlicher Position, kann in gesetzlich ausdrücklich geregelten Fällen (bedeutsam für eine Klausurlösung etwa §§ 194 III, 230 II StGB) auch dessen Dienstvorgesetzter antragsberechtigt sein. Wer Dienstvorgesetzter ist, regelt § 77a StGB. Das Antragsrecht des verletzten Amtsträgers und seines Dienstvorgesetzten stehen nebeneinander, sodass § 77 IV StGB gilt.

b) Antragsfrist

Die Frist zur Antragstellung beträgt gem. § 77b I 1 StGB drei Monate und beginnt gem. § 77b II StGB mit Ablauf des Tages, an dem der Berechtigte **Kenntnis von der Tat und der Person des Täters** erhält. Die fristauslösende Kenntnis erfordert lediglich das Wissen von Tatsachen, die einen Schluss auf die wesentlichen Tatumstände und den Täter zulassen, sodass dem Berechtigten aus der Sicht eines besonnenen Menschen der Entschluss zugemutet werden kann, gegen den anderen mit dem Vorwurf einer strafbaren Handlung hervorzutreten und die Strafverfolgung herbeizuführen. Nicht erforderlich ist dagegen die Gewissheit über sämtliche Einzelheiten des strafrechtlichen Geschehens.[33] Für jeden Antragsberechtigten kommt es für den Fristbeginn auf die eigene Kenntnis an, die Frist ist deshalb für jeden Berechtigten gesondert zu berechnen, § 77b III StGB. Das gilt auch, wenn ein verletzter Amtsträger und sein Dienstvorgesetzter jeweils antragsberechtigt sind.

Das Fristende richtet sich nicht nach § 43 StPO, sondern bestimmt sich nach § 77b I 2 StGB. Für den Fristablauf am Wochenende entsprechen sich die Regelungen.

Weil das Vorliegen der Prozessvoraussetzungen Bedingung für die Zulässigkeit eines Sachurteils ist, müssen letzte Zweifel – aus tatsächlichen Gründen – an einem ordnungsgemäß gestellten Strafantrag sich zugunsten des Beschuldigten auswirken. Das bedeutet, dass im Zweifel ein Strafantrag nicht rechtzeitig gestellt wurde.

c) Form des Antrags

Der Strafantrag muss gem. § 158 II StPO **schriftlich** gestellt werden. Das Schriftformerfordernis verlangt zudem die **Unterschrift des Antragstellers**.[34]

Mittels einfacher, nur eine Textnachricht enthaltender E-Mail kann ein Strafantrag nicht angebracht werden.[35] Durch das Erfordernis der Schriftform soll der Verfolgungswillen des Antragstellers und Klarheit über seine Identität sichergestellt werden. Im Einzelfall kann ein Schriftstück zwar auch ohne Unterschrift diesen Zwecken gerecht werden, wenn aus dem Schriftstück in einer jeden Zweifel ausschließenden Weise ersichtlich ist, von wem die Erklärung herrührt, und feststeht, dass es sich nicht nur um einen Entwurf handelt, sondern es mit Wissen und Wollen des Berechtigten der zuständigen Stelle zugeleitet worden ist.[36] Eine E-Mail ist jedoch ein elektronisches Dokument iSd § 32a StPO, das bei einer Behörde nur nach Maßgabe dieser Vorschrift eingereicht werden kann. Diese bezieht in Abs. 3 trotz der gegenüber § 152 StPO unterschiedlichen förmlichen Anforderungen nach dem gesetzgeberischen Willen sämtliche Dokumente, für die ein Schriftformerfordernis gilt, ein, und fordere damit auch für einen Strafantrag eine qualifizierte elektronische Signatur und die Übersendung auf einem sicheren Übertragungsweg. Dass damit die für die papiergebundene Schriftform anerkannten Lockerungen nicht auf die elektronische Einreichung eines Strafantrags übertragen werden können, ist zwangsläufige Konsequenz der gesetzlichen Regelung und durch den Gesetzgeber in Kauf genommen.

Offen gelassen hat der Senat dagegen, ob ein unter Missachtung der Vorgaben des § 32a III StPO im Anhang einer einfachen E-Mail eingereichte eingescannte elektronische Kopie eines

33 BGH NStZ 2008, 411.
34 BGH NStZ-RR 2020, 367.
35 BGH NJW 2022, 2270.
36 BGH NJW 2022, 2270 Rn. 11, 12, wo auch eine ganze Reihe möglicher Ausnahmen vom Schriftformerfordernis genannt werden. Zu einer Ausnahmekonstellation auch BGH BeckRS 2023, 23885: nicht unterschriebener Strafantrag, zuvor aber Bekundung des Verfolgungswillens in audiovisueller Vernehmung.

eigenhändig unterschriebenen Dokuments durch Ausdruck und Aufnahme in die Akte zu einem formwirksamen Papierdokument werden kann.[37] In der Klausurlösung werden Sie das mit der zuvor dargestellten Argumentation ablehnen können. Entsprechend sollten Sie bei Strafanträgen und Strafanzeigen über **Internet-/Onlinewachen** vorgehen.[38]

Ein Antrag in einem Vernehmungsprotokoll kann ausnahmsweise ausreichen, wenn es unterschrieben ist und sich daraus der Verfolgungswille des Verletzten unmissverständlich ergibt.[39]

Auch die telefonische Antragstellung gegenüber einem Staatsanwalt ist nicht ausreichend. Zwar kann der Antrag zu Protokoll der Staatsanwaltschaft gestellt werden, das erfordert aber die persönliche Anwesenheit des Antragstellers.[40]

3. Reichweite

57j Der Strafantrag **erstreckt sich auf die gesamte Tat im prozessualen Sinn** (§ 264 StPO), es sei denn, einzelne Rechtsverletzungen wurden ausdrücklich ausgenommen.

Behalten Sie auch im Blick, dass das Strafantragserfordernis sich auch auf die qualifizierte Begehungsweise erstrecken kann. So gilt § 247 StGB nicht nur für den Grundtatbestand des Diebstahls nach § 242 StGB, sondern auch für alle anderen Begehungsweisen gem. §§ 243, 244, 244a StGB[41] und sogar für den Betrug und Computerbetrug (§§ 263 IV, 263a II StGB) wie auch für das Erschleichen von Leistungen und die Untreue (§§ 265a III, 266 II StGB).

Auch ohne Strafantrag kann die Tat eine rechtswidrige Haupttat sein.

4. Rücknahme

Gemäß § 77d I StGB kann der Strafantrag zurückgenommen werden. Für das Ermittlungsverfahren bestehen dafür keine zeitlichen Begrenzungen. **Die Rücknahme ist formlos möglich.**

Bei mehreren Antragsberechtigten (etwa verletzter Amtsträger und Dienstvorgesetzter) gilt auch für die Rücknahme die Selbstständigkeit der Antragsrechte (§ 77 IV StGB), sodass die Rücknahme des Strafantrags durch den einen Antragsberechtigten die Wirksamkeit des Strafantrags des anderen Antragsberechtigten nicht berührt.

III. Verjährung, §§ 78 ff. StGB

57k Verjährungsproblematiken spielen in der Klausur selten eine Rolle.

Die Länge der Verjährungsfrist hängt von der jeweils vom Gesetz angedrohten Höchststrafe ab (§ 78 III, IV StGB). Die Frist ist für jeden einzelnen verwirklichten Straftatbestand selbstständig zu bestimmen.

1. Beginn und Ende

Der Beginn der Verjährungsfrist richtet sich nach § 78a StGB und ist regelmäßig an die Beendigung der Tat oder bei später eintretendem Taterfolg, beim Betrug gem. § 263 StGB etwa mit dem Erlangen des letzten vom Tatentschluss umfassten Vermögensvorteils,[42] an diesen geknüpft. Beim Versuch kommt es für den Verjährungsbeginn auf das Ende der Tätigkeit an, die der Vollendung der Tat dienen sollte.[43] Sollte die Verjährung durch eine der in § 78c I StGB beschriebenen Handlungen unterbrochen worden sein, müssen Sie die sich aus Abs. 3 ergebende **absolute Verjährung** im Auge behalten. Diese tritt ein, wenn seit dem in § 78a StGB

37 Dazu auch Meyer-Goßner/Schmitt/Köhler StPO § 158 Rn. 11 mwN.
38 BGH BeckRS 2023, 44060: mangels Unterschrift kein wirksamer Strafantrag.
39 BGH BeckRS 2023, 44060.
40 Meyer-Goßner/Schmitt/Schmitt StPO Einl Rn. 140.
41 BGH NStZ-RR 2017, 211.
42 BGH NStZ-RR 2022, 241.
43 BGH BeckRS 2021, 21713.

genannten Zeitpunkt – also regelmäßig ab Beendigung – das Doppelte der gesetzlichen Verjährungsfrist verstrichen ist.

2. Unterbrechung

Liegen die möglichen Straftaten bereits längere Zeit zurück und kommt deshalb Verjährung in Betracht, prüfen Sie unbedingt, ob die Verjährung unterbrochen worden sein könnte. **Wichtige Unterbrechungshandlungen sind etwa Beschuldigtenvernehmungen (§ 78c I Nr. 2 StGB) sowie Beschlagnahme- und Durchsuchungsanordnungen (§ 78c I Nr. 4 StGB).** Beachten sie gegebenenfalls, dass Durchsuchungsanordnungen, die den **Mindestanforderungen** an die Konkretisierung des Tatvorwurfs nicht genügen, die Verjährung nicht zu unterbrechen vermögen.[44]

Haben Sie es in Ihrer Klausuraufgabe mit mehreren Beschuldigten zu tun, müssen Sie stets prüfen, ob sich die **Wirkrichtung einer Unterbrechungshandlung** (§ 78c IV StGB) nur gegen einen oder gegen alle Beschuldigte richtet. Nach der Rechtsprechung des BGH[45] wirkt eine Beschuldigtenvernehmung nur gegen den Vernommenen, Beschlagnahme- und Durchsuchungsanordnungen wirken dagegen gegen alle Tatverdächtigen.

In einem **Verfahren wegen mehrerer Taten** erstreckt sich die **Unterbrechungswirkung** auf alle Taten dieses Verfahrens. Das gilt ausnahmsweise nicht, wenn der **Verfolgungswille** der Staatsanwaltschaft erkennbar auf eine oder mehrere dieser Taten beschränkt ist. Der Verfolgungswille wird sich im Zweifel bereits aus dem Wortlaut der Untersuchungsanordnung ergeben, anderenfalls muss auf den Sach- und Verfahrenszusammenhang zurückgegriffen werden.[46] Ist der Tatverdacht in dem sich aus dem Klausursachverhalt ergebenden Durchsuchungsbeschluss weit gefasst, ist das nicht zu beanstanden, weil dies einem praktischen Bedürfnis im Hinblick auf die durch weitere Ermittlungen noch zu klärenden Einzelheiten entspricht.

Nach jeder Unterbrechung beginnt die Verjährung gem. § 78c III StGB von neuem. Allerdings sind die sich aus Abs. 3 ergebenden absoluten Obergrenzen zu beachten.

Achtung: Maßgebend für den möglichen Verjährungseintritt ist das sich aus dem Bearbeitervermerk ergebende Datum der staatsanwaltlichen Entschließung.

IV. Rechtsstaatswidrige Tatprovokation

Zu einem Verfahrenshindernis kann auch eine **rechtsstaatswidrige Tatprovokation** durch einen verdeckten Ermittler oder eine Vertrauensperson führen. Die Rechtsprechung ist im Hinblick auf die Rechtsfolgen einer solchen Tatprovokation noch nicht einheitlich. Die Tendenz zur Annahme eines Verfahrenshindernisses[47] sowie die Richtung einer vom Beschuldigten oder seinem Verteidiger erhobenen Beanstandung können dazu zwingen, die rechtsstaatswidrige Tatprovokation bereits unter der Überschrift Verfahrenshindernisse zu prüfen.[48] Die Bundesregierung hat am 8.5.2024 den Entwurf eines Gesetzes zur Regelung des Einsatzes von verdeckten Ermittlern und Vertrauenspersonen sowie zur Tatprovokation eingebracht.[49]

44 BGH BeckRS 2021, 21713; zu den inhaltlichen Anforderungen vgl. → Rn. 120.
45 BGH NJW 2013, 1174.
46 BGH NStZ-RR 2022, 241.
47 Richtungsweisend wohl BGH (1. Strafsenat) BeckRS 2021, 42005.
48 Zu den Einzelheiten vgl. → Rn. 136.
49 BT-Drs. 20/11312.

B. Fehlerhafte Beweiserhebung und Verwertungsverbote

58 Die meisten prozessualen Probleme, auf die Sie im A-Gutachten stoßen können, hängen unmittelbar mit der Tatsachenfeststellung zusammen.

Achtung: Jedes Beweismittel, das Sie für Ihre Beweisführung benötigen, muss auch **verwertbar** sein.

Die Probleme sind überschaubar und beschränken sich im Wesentlichen auf folgende Fragestellungen:

- Sind – frühere – **Angaben eines Beschuldigten verwertbar** und wie können diese in die Hauptverhandlung eingeführt werden?
- Ist eine – frühere – **Aussage eines angehörigen Zeugen verwertbar** und wie kann sie gegebenenfalls in die Hauptverhandlung eingeführt werden?
- Sind Erkenntnisse, die auf **sonstige Beweismittel** (Zeugenaussagen, Augenscheinsobjekte und Urkunden) gestützt werden, **verwertbar** und wie können diese gegebenenfalls in die Hauptverhandlung eingeführt werden?

Merke: Prozessuale Fragestellungen im A-Gutachten werden im Kern also meistens darauf hinauslaufen, ob ein festgestellter Verfahrensfehler im Ermittlungsverfahren ein Verwertungsverbot zur Folge hat.

I. Allgemeines

1. Verdachtslage und Verurteilungswahrscheinlichkeit

59 In den bisherigen Ausführungen zur Beweiswürdigung bin ich davon ausgegangen, dass die sich aus dem Klausursachverhalt ergebenden Beweiserkenntnisse auch verwertbar sind, habe also allein die **materielle Verdachtslage** betrachtet. Weil aber Verwertungsverbote denkbar sind und in den Examensklausuren eine bedeutende Rolle spielen, muss die materielle Verdachtslage nicht immer der **Verurteilungswahrscheinlichkeit** entsprechen. Maßgebend für die Anklageerhebung ist nicht die materielle Verdachtslage, sondern eben diese Verurteilungswahrscheinlichkeit:

Nach vorläufiger Tatbewertung muss die Verurteilung in der Hauptverhandlung **mit vollgültigen Beweisen** möglich und wahrscheinlich sein.

2. Beweisverwertungsverbote

60 Sie haben also für die Beantwortung der Frage, ob ein hinreichender Tatverdacht iSd §§ 170, 203 StPO gegen den Beschuldigten begründet ist, auch mögliche Beweisverwertungsverbote zu berücksichtigen.

Von der Einordnung möglicher Verwertungsverbote in Schubladen (absolut, relativ, selbstständig, unselbständig) sollten sie in der Klausurlösung möglichst die Finger lassen, weil diese Einordnung auch in der Rechtsprechung und der Literatur nicht immer einheitlich erfolgt und die Verwendung des jeweiligen Begriffes für die Lösung keine entscheidende Rolle spielt. Letztlich kommt es nur darauf an, ob ein Verwertungsverbot gesetzlich ausdrücklich geregelt ist oder nicht und welche Voraussetzungen für ein Verwertungsverbot erfüllt sein müssen.

a) Gesetzlich geregelte Verwertungsverbote

61 Eine Beweiserkenntnis kann zunächst einmal aufgrund eines im Gesetz ausdrücklich geregelten Beweisverwertungsverbots gesperrt sein. Besonders klausurrelevant sind die ausdrücklich geregelten Verwertungsverbote der §§ 136a, 252, 479 II StPO.

b) Gesetzlich nicht geregelte Verwertungsverbote

62 Meist werden Sie in Ihren Klausurlösungen zu untersuchen haben, ob fehlerhaft erlangte Beweiserkenntnisse durch Beweisverwertungsverbote gesperrt sein können, die im Gesetz nicht ausdrücklich geregelt sind. Weil die Verwertbarkeit eines Beweisergebnisses von der Rechts-

widrigkeit der zugrunde liegenden, staatlichen Beweiserhebung abhängt **(unselbstständiges** Verwertungsverbot)[50], müssen Sie in einem ersten Schritt stets die verfahrensfehlerhafte Beweiserhebung herausarbeiten.

Anschließend prüfen Sie, ob die fehlerhafte Beweiserhebung ein Beweisverwertungsverbot zur Folge hat. Dazu müssen Sie wissen, was sich hinter den Stichworten **Abwägungslehre** und **Widerspruchslösung** verbirgt.

aa) Abwägungslehre

Führt ein Verfahrensfehler nicht zu einem im Gesetz ausdrücklich geregelten – selbstständigen – Verwertungsverbot, müssen Sie beachten, dass mit der Rechtsprechung **eine rechtsfehlerhafte Beweiserhebung nicht automatisch zur Unzulässigkeit der Verwertung der so gewonnenen Beweise führt.**[51] 63

Weil die Strafprozessordnung keine abschließende Regelung über Verwertungsverbote enthält, muss die Frage, ob ein Beweiserhebungsverbot zu einem Verwertungsverbot führt, für jede Vorschrift und für jede Fallgestaltung besonders entschieden werden. Die Entscheidung für oder gegen ein Verwertungsverbot ist aufgrund einer umfassenden Abwägung zu treffen (**Abwägungslehre**). Im Rahmen dieser Abwägung spielt auch die sog. **Rechtskreistheorie** eine Rolle:

- Dient die Verfahrensvorschrift, die verletzt worden ist, nicht oder nicht in erster Linie dem Schutz des Beschuldigten, so liegt ein Verwertungsverbot fern.
- Andererseits liegt ein Verwertungsverbot nahe, wenn die verletzte Verfahrensvorschrift dazu bestimmt ist, die Grundlagen der verfahrensrechtlichen Stellung des Beschuldigten im Strafverfahren zu sichern.

Die Entscheidung des 5. Senats des BGH[52], der diese Grundsätze entnommen sind, sollten Sie unbedingt einmal – vollständig – gelesen haben.

Wird also von dem Beschuldigten ein unselbstständiges Verwertungsverbot behauptet und haben Sie eine verfahrensfehlerhafte Ermittlungsmaßnahme festgestellt, kann ein Verwertungsverbot nur entstanden sein, wenn Sie die folgende Frage positiv **beantworten** können (**Abwägungslehre**):

Überwiegt das Interesse an der Sicherung der Grundlagen der verfahrensrechtlichen Stellung des Beschuldigten im Strafverfahren die Wahrheitserforschungspflicht und das Interesse der Allgemeinheit am Funktionieren der Strafrechtspflege?

Im Strafverfahren stellt der Schutz des Beschuldigten einen wichtigen Aspekt dar, andererseits sind auch die Wahrheitserforschungspflicht und das Interesse am Funktionieren der Strafrechtspflege wichtige Schutzgüter. Sowohl der Bundesgerichtshof als auch das Bundesverfassungsgericht betonen deshalb immer wieder, dass die Annahme eines Verwertungsverbots wegen der Bedeutung der zuletzt genannten Schutzgüter nur ausnahmsweise in Betracht kommt. Das ist insbesondere dann der Fall, wenn die Ermittlungsbehörden willkürlich gehandelt haben.

Prägen Sie sich die vorstehenden Grundsätze ein. Mit deren Hilfe werden Sie die Frage, ob ein Verfahrensfehler zu einem Verwertungsverbot führt, auch dann vertretbar beantworten können, wenn Sie einmal auf andere Konstellationen als die nachfolgend dargestellten stoßen sollten.

Denken Sie auch klausurtaktisch: Die Annahme eines Verwertungsverbots wird regelmäßig fern liegen, wenn sich unter Berücksichtigung des Verwertungsverbots der hinreichende Tatverdacht gegen den Beschuldigten insgesamt nicht mehr begründen lassen würde. Sie sollen am Ende eine Anklageschrift anfertigen! Anders sieht es deshalb nur aus, wenn das Verwertungsverbot lediglich einen von mehreren Beschuldigten oder einen von mehreren Tatvorwürfen betrifft oder aber mangels Fernwirkung des Verwertungsverbots andere und ausreichende Beweiserkenntnisse zur Verfügung stehen.

---

50 Zur Begründung unselbstständiger Beweisverwertungsverbote eingehend und lesenswert Paul NStZ 2013, 489 ff.

51 BVerfG NStZ 2006, 46.

52 BGHSt 38, 214 ff. = NJW 1992, 1463.

bb) Widerspruchslösung

64 Nach der Widerspruchslösung muss ein verteidigter Angeklagter, will er ein unselbstständiges Verwertungsverbot geltend machen, der Verwertung der Beweiserkenntnis in der Hauptverhandlung rechtzeitig bis zu dem in § 257 StPO genannten Zeitpunkt widersprechen.[53]

(1) Entwicklung der Rechtsprechung

Ob sich ein Angeklagter mit dem Widerspruch lediglich eine Rügemöglichkeit im Revisionsverfahren erhält oder ob das Erheben des Widerspruchs eine Voraussetzung für das Entstehen eines unselbstständigen Verwertungsverbotes ist, dürfte nicht abschließend geklärt sein. Auch der BGH hat den Widerspruch durchaus schon als „Entstehungsvoraussetzung“ eines Verwertungsverbots bezeichnet.[54] In anderen Entscheidungen der letzten Jahre heißt es dagegen, es könne nicht zweifelhaft sein, dass Verwertungsverbote bereits durch den jeweiligen Gesetzesverstoß, nicht erst durch ein Untätigbleiben des Angeklagten in der Hauptverhandlung begründet würden und bei der Eröffnungsentscheidung unabhängig von einer Beanstandung durch den Angeschuldigten von Amts wegen zu beachten seien.[55] Als Konsequenz daraus soll **ein mögliches Verwertungsverbot bereits im Ermittlungsverfahren von Amts wegen zu berücksichtigen sein, ohne dass es in diesem Verfahrensstadium eines Widerspruchs bedarf.**[56]

Die Reichweite der Widerspruchslösung ist zudem mit der bereits genannten Entscheidung des 2. Senats des BGH aus dem Jahr 2017[57] in die Diskussion geraten. Während der Senat die Widerspruchslösung bei Verstößen gegen die §§ 136 I 2, 163a IV 2 StPO und fehlerhaften Gesprächsüberwachungen gem. §§ 100a, 100f StPO anerkennt, bestreitet er die Anwendbarkeit der Widerspruchslösung für unselbstständige Beweisverwertungsverbote, die aus Fehlern bei Durchsuchungen oder Beschlagnahmen resultieren können. Es fehle an der Dispositionsbefugnis des Beschuldigten bezüglich der aus Durchsuchung und Beschlagnahme erlangten **Sachbeweise**. Die Verteidigung dürfe dem staatlichen Strafverfahren sächliche Beweismittel grundsätzlich nicht entziehen, wenn sie verwertbar und dem hoheitlichen Zugriff ausgesetzt seien. Die Art und Weise der Erlangung solcher Sachbeweise durch die Ermittlungsbehörden, auf die der Beschuldigte keinen Einfluss habe, sei deshalb vom Gericht von Amts wegen aufzuklären, soweit ein Verfahrensfehler bei diesem Vorgang in Betracht komme. Auch dürften Versäumnisse der Verteidigung nicht dazu führen, dass an sich rechtswidrig erlangtes Beweismaterial ohne Weiteres zur Grundlage einer strafrechtlichen Verurteilung werden könne. In einer Entscheidung aus dem Jahr 2018[58] hat sich der 5. Senat des BGH dem entgegengestellt. In dieser Entscheidung hat der Senat zwar ebenfalls betont, dass Beweisverwertungsverbote durch den jeweiligen Gesetzesverstoß begründet würden und in jeder Lage des Verfahrens von Amts wegen zu beachten seien. Am Erfordernis eines Verwertungswiderspruchs in der Hauptverhandlung sei aber gleichwohl festzuhalten. Das Erfordernis ergebe sich jedoch nicht aus der Dispositionsbefugnis des Angeklagten, sondern zur Schonung von Justizressourcen aus dem Gedanken subsidiären Rechtsschutzes.

(2) Bedeutung für die Klausurlösung

Völlig unabhängig davon, wie sich die Rechtsprechung zur Widerspruchslösung zukünftig entwickeln wird, müssen Sie sich über diese Fragen in der Staatsanwaltsklausur keine Gedanken machen, denn schon seit langem geben die Prüfungsämter nur noch Klausursachverhalte heraus, in denen der Beschuldigte oder sein Verteidiger mögliche Verfahrensfehler bereits beanstandet und entsprechende Verwertungswidersprüche erhoben haben. Deshalb müssen Sie sich in Ihrer Klausurlösung mit der Frage, ob mögliche Verwertungsverbote im Ermittlungsverfahren von Amts wegen oder nur auf Widerspruch hin zu berücksichtigen sind, nicht aus-

53 Meyer-Goßner/Schmitt/Schmitt StPO § 136 Rn. 25 mwN.
54 BGH NStZ 2017, 367 (368).
55 BGH NJW 2017, 1828.
56 BGH NStZ 2019, 539 mit Praxiskommentar Kulhanek. OLG Koblenz BeckRS 2022, 11001 beschränkt das auf sicher anzunehmende Verwertungsverbote.
57 BGH NStZ 2017, 367 mit kritischem Praxiskommentar Basdorf. Unbedingt sollten Sie auch einmal die Entscheidung BGH NJW 1992, 1463 lesen, mit der der BGH seine Rechtsprechung zum Verwertungsverbot nach fehlender Beschuldigtenbelehrung und zur Widerspruchslösung eingeleitet hat.
37 BGH NStZ 2018, 737.

einandersetzen. Die genannte Praxis der Prüfungsämter erspart Ihnen zugleich die Suche nach relevanten Verfahrensfehlern, zumal die Erfahrung zeigt, dass in den Klausursachverhalten mit solchen Widersprüchen auch auf mögliche selbstständige Verwertungsverbote, für die die Widerspruchslösung ohnehin nicht gilt, hingewiesen wird.

II. Verwertbarkeit von Beschuldigtenangaben

Wenn es in einer Klausur um die Verwertbarkeit von Beschuldigtenangaben geht, wird dieser eingeräumt haben, die Tat begangen zu haben. Begrifflich ist dann zwischen Geständnis und geständiger Einlassung zu unterscheiden. Noch einmal: Ein Geständnis kann der Beschuldigte nur in einer richterlichen Vernehmung ablegen, während in einer polizeilichen oder staatsanwaltschaftlichen Vernehmung von einer geständigen Einlassung gesprochen wird. 65

1. Verfahrensfehlerhafte Vernehmungen

a) Regelungen der §§ 136, 163a StPO

aa) Beschuldigtenvernehmung

(1) Vernehmung

Die Belehrung hat am Beginn der **ersten Vernehmung** des Beschuldigten zu erfolgen. 66

Merke: Eine Beschuldigtenvernehmung liegt vor, wenn der Vernehmende dem Beschuldigten in amtlicher Eigenschaft gegenübertritt und in dieser Eigenschaft von ihm Auskunft verlangt.[59]

(a) Beschuldigteneigenschaft

Die Belehrungspflicht über die Aussagefreiheit besteht nur, wenn der Verdächtige zum Zeitpunkt des Auskunftsverlangens bereits Beschuldigter ist. 67

Der **Beschuldigtenbegriff enthält sowohl subjektive als auch objektive** Elemente.[60] **Subjektiv** ist der **Verfolgungswille** der Strafverfolgungsbehörden erforderlich, der sich **objektiv in einem Verfolgungsakt manifestieren** muss. 68

Sie sollten in einem ersten Schritt immer prüfen, ob es bereits zu einem Verfolgungsakt gekommen ist.

- Das ist der Fall, wenn bereits ein **förmliches Ermittlungsverfahren** gegen einen Verdächtigen eingeleitet wurde oder gegen ihn strafprozessuale Eingriffsmaßnahmen, die nur gegenüber einem Beschuldigten oder nur bei bestehendem Tatverdacht zulässig sind, ergriffen wurden.[61] Meist wird sich aus den Klausursachverhalten eine derartige Verfolgungshandlung, die bereits vor der ersten Vernehmung des Verdächtigen ergriffen wurde (etwa eine richterlich angeordnete Durchsuchung nach § 102 StPO), ergeben.
- Eine Vernehmung muss dagegen nicht notwendig bereits einen Verfolgungsakt darstellen. **Denn auch ein Verdächtiger darf im Einzelfall als Zeuge vernommen werden**, wie sich aus den §§ 55 II, 60 Nr. 2 StPO ergibt. Der Vernehmende darf dabei sogar die Verdachtslage weiter abklären. Die Verfolgungsbehörden sind – zumal bei Tötungsdelikten – erst bei einem konkreten und ernsthaften Tatverdacht zur Vernehmung des Verdächtigen als Beschuldigten verpflichtet.[62] Dies dient auch dem Schutz des Verdächtigen, der nicht vorschnell mit allen nachteiligen Konsequenzen mit einem Ermittlungsverfahren überzogen werden muss. Der Verdächtige wird durch § 55 StPO ausreichend geschützt.

Fehlt es an einem vorherigen Verfolgungsakt, ist in einem zweiten Schritt zu klären, ob der Vernehmende bei pflichtgemäßer Beurteilung des Verdachtsgrades den Verdächtigen in der ersten Vernehmung bereits als Beschuldigten hätte vernehmen müssen. 69

---

59 GrS BGHSt 42, 139 = NStZ 1996, 502.
60 BGH NStZ 2008, 48 mwN.
61 BGH NStZ 2019, 539.
62 BGH NStZ-RR 2004, 368.

- Im Rahmen der gebotenen sorgfältigen Abwägung aller Umstände des Einzelfalls kommt es darauf an, ob der Tatverdacht lediglich auf kriminalistischer Erfahrung oder auf hinreichend gesicherten Erkenntnissen hinsichtlich Tat und Täter beruhte, sodass der Vernehmende objektiv willkürlich die Grenzen seines Beurteilungsspielraums überschritten hätte, indem er nicht zur Beschuldigtenvernehmung überging.
- Dabei ist auch zu prüfen, **wie sich das Verhalten des ermittelnden Beamten nach außen, insbesondere in der Wahrnehmung des davon Betroffenen, darstellte**. Ausreichend für die Begründung der Beschuldigtenstellung ist jede Ermittlungshandlung, die darauf gerichtet ist, den Vernommenen als Täter einer Straftat zu überführen. Darauf, wie der Ermittlungsbeamte sein Verhalten selbst rechtlich bewertet, kommt es dagegen nicht an.[63] Objektiv willkürlich handelt der Vernehmende, wenn es sich als sachlich unvertretbar erweist, einen die Belehrungspflicht des § 136 I 2 StPO auslösenden starken Tatverdacht zu verneinen.[64] Maßgebend werden immer die Besonderheiten des Einzelfalls sein. Wenn es dem Aufgabensteller darum gehen sollte, werden Sie im Klausursachverhalt – etwa im Widerspruch des Beschuldigten – klare Hinweise finden.

Merke: Angaben, die ein **Verdächtiger zunächst als Zeuge** gemacht hat, sind **verwertbar, wenn der Übergang zur Beschuldigtenvernehmung zu Recht unterblieben ist**.

- Möglicherweise haben Sie auch zu erörtern, ob statt einer förmlichen Vernehmung eine lediglich **informatorische Befragung** stattgefunden hat und zulässig war.

Beispiel: Ein herbeigerufener Polizeibeamter trifft am Unfallort mehrere Personen an und befragt diese formlos, wer Fahrer des Fahrzeugs gewesen sei und ob sie das Geschehen beobachtet hätten, um so zu ermitteln, wie es zu dem Unfall gekommen ist. Der Beschuldigte räumt ein, Fahrer des Fahrzeugs gewesen zu sein, und hat, wie später ermittelt wird, infolge Trunkenheit die Unfallursache gesetzt.

Letztlich hängt auch die Zulässigkeit einer formlosen Befragung immer davon ab, wie konkret die Verdachtsgründe gegen den späteren Beschuldigten bereits waren und wie sich das Verhalten des Beamten auch in der Wahrnehmung des Beschuldigten darstellte. Keinesfalls darf die informatorische Befragung missbräuchlich, etwa gerade zur Vermeidung von Belehrungspflichten, erfolgen. Auch wenn der Polizeibeamte den Anwesenden in amtlicher Eigenschaft entgegengetreten ist und in dieser Eigenschaft Auskunft verlangt hat, ist im Beispielsfall eine derartige formlose Befragung zulässig. Die Angaben des Beschuldigten sind verwertbar.[65]

Traf der Polizeibeamte am Unfallort dagegen nur auf eine Person, die aufgrund der Umstände von vornherein als Täter einer Straftat in Betracht kam, dürfte kaum Raum für eine formlose Befragung gewesen sein. Die anwesende Person muss als Beschuldigter belehrt worden sein.

(b) Amtliches Auskunftsverlangen

70 In den zuvor dargestellten Fallkonstellationen werden Sie mit diesem Merkmal keine Probleme haben, weil die fragenden Personen regelmäßig offen als Polizeibeamte auftreten werden. Geschieht das ausnahmsweise nicht, weil der Tatverdächtige von einem in Zivil gekleideten Beamten, der sich nicht als Polizist zu erkennen gibt, befragt wird, fehlt es an einem aus der Sicht des Tatverdächtigen amtlichen Auskunftsverlangen. Das gilt auch für verdeckte polizeiliche Ermittlungsmaßnahmen, bei denen sich der Ermittler nicht als Polizeibeamter zu erkennen gibt. Darauf soll jedoch erst im Zusammenhang mit den jeweiligen Ermittlungsmaßnahmen näher eingegangen werden.

Kein Verstoß gegen das Belehrungsgebot liegt vor, wenn der Polizeibeamte einen Tatverdächtigen vor der Befragung zur Sache ordnungsgemäß belehren wollte, dieser aber von sich aus – ohne Zutun des Polizeibeamten – eine geständige Einlassung (**Spontanäußerung**) abgelegt hat. Dann kann diese geständige Äußerung ohne Weiteres durch Vernehmung des Polizei-

63 BGH NStZ 2015, 291.
64 LG Köln StV 2020, 859.
65 BGH NStZ 1983, 86.

beamten, der Zeuge ist, verwertet werden.[66] Denn der selbstbelastenden Äußerung des Tatverdächtigen ist kein amtliches Auskunftsbegehren vorausgegangen, sodass bereits keine Vernehmungssituation vorlag. Ob der Tatverdächtige zum Zeitpunkt seiner Spontanäußerung bereits Beschuldigter war oder auch nicht, spielt deshalb keine Rolle. Ebenso wenig spielt es eine Rolle, wenn der spätere Beschuldigte in einer als Zeugenvernehmung begonnenen Befragung zum Zeitpunkt seiner Äußerung bereits als Beschuldigter hätte belehrt werden müssen. Diese stellt jedenfalls dann eine Spontanäußerung dar, wenn ihr keine gezielte Befragung unmittelbar vorausgegangen ist – weil sie etwa in einer Vernehmungsunterbrechung fiel – und der vernehmende Polizeibeamte sich auf eine passive Entgegennahme beschränkt hat.[67]

Ein von der Staatsanwaltschaft oder vom Gericht bestellter Sachverständiger muss den Beschuldigten selbst dann nicht gem. § 136 StPO belehren, wenn er ihn zu den Tatvorwürfen befragt.[68] Der Sachverständige handelt auch dann nicht in amtlicher Eigenschaft.

(2) Belehrungspflicht

Gemäß § 136 StPO ist der Beschuldigte vor **jeder** richterlichen Vernehmung über den Gegenstand des Verfahrens sowie seine Aussagefreiheit zu **belehren**. Die Einzelheiten regelt § 136 I StPO. Nach § 163a III und IV StPO sind auch **Staatsanwaltschaft** und **Polizei** verpflichtet, den Beschuldigten zu Beginn **jeder** Vernehmung zu **belehren**. 71

Der Beschuldigte muss vor **jeder** Vernehmung gem. § 136 I StPO belehrt werden.

Die Belehrung muss folgende Bestandteile enthalten:

- die **Eröffnung des Tatvorwurfs und der in Betracht kommenden Strafvorschriften**, § 136 I 1 StPO,
- die **Belehrung über die Aussagefreiheit**, § 136 I 2 StPO,
- die **Belehrung über das Recht zur Verteidigerkonsultation**, § 136 I 2–4 StPO,
- den Hinweis auf das Beweisantragsrecht, § 136 I 5 Hs. 1 StPO,
- die Belehrung über das Recht, einen Pflichtverteidiger beanspruchen zu können und über die mögliche Kostenfolge des § 465 StPO, § 136 I 5 Hs. 2 StPO,
- in geeigneten Fällen den Hinweis auf das Recht zur schriftlichen Äußerung und die Möglichkeit eines Täter-Opfer-Ausgleichs, § 136 I 6 StPO.

Die Hinweispflicht auf das Beweisantragsrecht und das Recht zur schriftlichen Äußerung spielen in den Klausuren keine Rolle.

(a) Eröffnung des Tatvorwurfs

Anders als bei einer richterlichen Vernehmung müssen die Ermittlungsbeamten der Polizei dem Beschuldigten nicht die in Betracht kommenden Strafvorschriften nennen. Eine entsprechende Belehrungspflicht ist von dem Verweis in § 163a IV 1 StPO ausgenommen. Der vernehmende Polizeibeamte muss den Beschuldigten gleichwohl zumindest **in groben Zügen über den ihm vorgeworfenen Sachverhalt und die ihn prägenden Gesichtspunkte** in Kenntnis setzen. Dabei hat er allerdings insbesondere im Hinblick auf ermittlungstaktische Gründe einen gewissen Spielraum. Dieser Spielraum ist aber jedenfalls dann überschritten, wenn er dem Beschuldigten, dem ein Gewaltdelikt vorgeworfen wird, den Tod des Opfers nicht mitteilt.[69] 71a

(b) Belehrung über Aussagefreiheit

Ist in einer Vernehmungsniederschrift vermerkt, der Beschuldigte sei „belehrt" worden und wird der Umfang der Belehrung von keinem Verfahrensbeteiligten beanstandet, so müssen Sie für Ihr Gutachten davon ausgehen, dass die Belehrung den gesetzlichen Anforderungen entsprochen hat. Erwartet man dagegen von Ihnen eine Erörterung der Problematik, wird der Klausursachverhalt wegen der geltenden Widerspruchslösung einen eindeutigen Verwertungswiderspruch enthalten. Es wird in der Klausur dann darum gehen, ob im Grenzbereich 71b

66 BGH NStZ 1990, 43 (44).
67 BGH NStZ-RR 2019, 315.
68 BGH StV 1995, 564 (565).
69 BGH NStZ 2012, 581.

zwischen Spontanäußerung und informatorischer Befragung einerseits und Vernehmung andererseits eine Belehrungspflicht bestand.

Inhaltlich soll die Belehrung möglichst dem Wortlaut des § 136 I 2 StPO entsprechen. Das ist jedoch nicht zwingend, entscheidend ist, dass die Belehrung dem Beschuldigten Klarheit über seine Aussagefreiheit verschafft und etwaige Fehlvorstellungen ausschließt.

Wegen der geltenden Widerspruchslösung wird der Klausursachverhalt einen Hinweis enthalten, sodass Sie nicht lange nach möglichen Verfahrensfehlern suchen müssen.

(c) Belehrung über das Recht zur Verteidigerkonsultation

71c Verlangt der Beschuldigte nach der Belehrung über das **Recht zur Verteidigerkonsultation** mit einem Verteidiger zu sprechen, ist die Vernehmung aufzuschieben[70] und ihm die Gelegenheit zu geben, sich telefonisch mit dem Verteidiger in Verbindung zu setzen. Telefonbuch oder Verteidigerliste und natürlich ein Telefon müssen ihm zur Verfügung gestellt werden.

Eine Fortsetzung der Vernehmung ohne Verteidiger ist nur zulässig, wenn folgende Voraussetzungen erfüllt sind:

- Die Vernehmungsbeamten müssen sich zuvor **ernsthaft bemüht** haben, dem Beschuldigten bei der Herstellung des Kontaktes zu einem Verteidiger zu helfen.
- Vor der Fortsetzung muss der Beschuldigte erneut über das Recht zur Verteidigerkonsultation belehrt worden sein. Durch die erneute Belehrung soll dem Beschuldigten vor Augen zu führen werden, dass er sein Recht auf Verteidigerkonsultation nicht durch den fehlgeschlagenen Kontaktversuch verwirkt hat. Der Beschuldigte muss anschließend in frei verantwortlicher Entscheidung ausdrücklich mit der Fortsetzung der Vernehmung einverstanden sein.[71]

Kündigt der Verteidiger sein kurzfristiges Erscheinen an, hat der Vernehmungsbeamte in aller Regel mit dem Beginn der Vernehmung abzuwarten.[72] Benennen mehrere Beschuldigte vor ihrer Vernehmung denselben Verteidiger, ist ein Hinweis auf das Verbot der Mehrfachverteidigung nicht erforderlich, weil die Zurückweisung eines Verteidigers nur aufgrund eines förmlichen gerichtlichen Verfahrens nach § 146a StPO erfolgen kann und Handlungen eines gemeinsamen Verteidigers mehrerer Beschuldigter, die dieser bis zur Zurückweisung vorgenommen hat, wirksam bleiben.

Die Vernehmungsperson muss dem Beschuldigten zudem erleichtern, einen Verteidiger zu kontaktieren und ihn auch über bestehende anwaltliche Notdienste informieren, §§ 136 I 3,4, 163a StPO. Der Hinweis auf einen anwaltlichen Notdienst ist allerdings entbehrlich, wenn der Beschuldigte bereits einen bestimmten Rechtsanwalt als Verteidiger benannt hatte, es sei denn, er hätte zu erkennen gegeben, dass er nach dem Scheitern der Kontaktaufnahme einen anderen Rechtsanwalt als Verteidiger wählen wollte.[73]

(d) Belehrung über den Anspruch auf einen Pflichtverteidiger

71d Der Beschuldigte ist ferner über sein Recht zu belehren, bei Vorliegen der Voraussetzungen des § 140 StPO nach Maßgabe der §§ 141 I, 142 I StPO einen Pflichtverteidiger – auch schon im **Ermittlungsverfahren** – beanspruchen zu können.

Wünscht der Beschuldigte den **Kontakt zu einem bestimmten Rechtsanwalt** als Verteidiger und scheitert nach ernsthaften Bemühungen der Vernehmungsperson die Kontaktaufnahme zu diesem, so ist die Polizei nicht verpflichtet, den Beschuldigten auf die Möglichkeit der Kontaktaufnahme zu einem anwaltlichen Notdienst hinzuweisen, es sei denn, der Beschuldigte hätte deutlich gemacht, im Falle des Scheiterns der Kontaktaufnahme einen anderen Rechtsanwalt sprechen zu wollen. **Trotzdem darf anschließend eine Vernehmung nur durchgeführt**

70 OLG München BeckRS 2022, 21521.
71 BGH BeckRS 2019, 14505
72 Der BGH (NStZ 2008, 643) hat im Fall, dass ein Vernehmungsbeamter das für 30 Minuten später angekündigte Erscheinen eines Verteidigers nicht abgewartet hatte, die Annahme eines Verwertungsverbots als naheliegend bezeichnet.
73 BGH BeckRS 2019, 14505

werden, wenn der Beschuldigte zuvor erneut über sein Recht auf Zuziehung eines Verteidigers belehrt wird. Er soll nicht dem Irrtum unterliegen, sein Recht auf Verteidigerkonsultation durch den fehlgeschlagenen Kontaktversuch verloren zu haben.[74]

Die bereits wiederholt abgefragte Klausurproblematik, in der der Beschuldigte vor einer Vernehmung die Konsultation mit einem Verteidiger wünschte, sich aber aus finanziellen Gründen dazu nicht in der Lage sah, lässt sich unter Berücksichtigung dieser neuen Belehrungspflicht leicht lösen. Der Polizeibeamte hat den Beschuldigten über die Möglichkeit der Bestellung eines Pflichtverteidigers bereits im Ermittlungsverfahren zu belehren und wird ihn zudem darüber zu informieren haben, dass in Erwartung der späteren Beiordnung eine erste Beratung durch einen Rechtsanwalt auch ohne vorherige Bezahlung wahrscheinlich ist. Andererseits ist der Vernehmende nunmehr auch verpflichtet, den Beschuldigten auf § 465 StPO und damit auf die Verpflichtung, die eigenen Auslagen, zu denen auch die Verteidigerkosten gehören, **im Falle einer Verurteilung** selbst zu tragen, hinzuweisen. Der Hinweis auf die Kostenfolge des § 465 StPO darf jedoch nicht so formuliert sein, dass dieser bei dem Beschuldigten zu dem Irrtum führen kann, er könne wegen seiner Mittellosigkeit keinen Verteidiger zuziehen.

(3) Anwesenheitsrecht des Verteidigers

Das Anwesenheitsrecht des Verteidigers bei richterlichen Beschuldigtenvernehmungen ergibt sich nicht aus § 136 StPO, sondern ist in § 168c I, V StPO geregelt. Der Verteidiger hat ferner ein Anwesenheitsrecht bei Vernehmungen, die durch Polizeibeamte durchgeführt werden, denn § 163a IV 3 StPO verweist auf § 168c I, V StPO. Hat der Beschuldigte zum Zeitpunkt der ersten Vernehmung bereits einen Verteidiger, muss dieser über den Vernehmungstermin informiert werden. Die frühere Möglichkeit, von der Terminsnachricht an den Verteidiger abzusehen, wenn diese den Untersuchungserfolg gefährden würde, ist nach der Änderung des § 168c V 2 StPO auf Zeugenvernehmungen beschränkt worden. Der Verteidiger hat im Falle seiner Verhinderung aber keinen Anspruch auf eine Verlegung des Termins, § 168c V 3 StPO. **72**

(4) Bestellung eines Pflichtverteidigers im Ermittlungsverfahren

Mit dem Gesetz zur Neuregelung der notwendigen Verteidigung hat der Gesetzgeber 2019 den Katalog des § 140 StPO erweitert und zudem die Bestellung eines Pflichtverteidigers in vielen Fällen in das Ermittlungsverfahren verlagert. Sie werden auf entsprechende Beanstandung durch den Verteidiger des Beschuldigten zu prüfen haben, ob bereits frühzeitig im Ermittlungsverfahren die Pflicht zur Bestellung eines Pflichtverteidigers bestand, welche Auswirkungen eine derartige Pflicht auf die Durchführung einer ersten Vernehmung hatte und ob aus Verstößen gegen die Neuregelung ein Verwertungsverbot resultieren kann. **72a**

(a) Voraussetzungen der notwendigen Verteidigung

Die Voraussetzungen für eine notwendige Verteidigung sind nach wie vor im Katalog des § 140 I StPO und in der Generalklausel des § 140 II StPO geregelt. **72b**

Aus dem Katalog des § 140 I StPO können die Regelungen in Nr. 1, 2, 4, 5 und 10 Klausurbedeutung haben.

- Nach Nr. 1 führt die Erwartung, dass die **Hauptverhandlung** vor dem Landgericht oder **vor dem Schöffengericht** (Amtsgericht) stattfinden wird, zu einem Fall notwendiger Verteidigung.
  Indem der Gesetzgeber darauf abstellt, ob eine Hauptverhandlung im ersten Rechtszug vor dem Landgericht oder dem Schöffengericht **„zu erwarten ist"**, verlagert er die Voraussetzungen für die notwendige Verteidigung in das Ermittlungsverfahren vor. Für die Erwartung der Hauptverhandlungszuständigkeit kann bereits der Anfangsverdacht der Tatbegehung ausreichen. Dieser Anfangsverdacht muss nach Art und Umfang der Tat und unter Berücksichtigung der persönlichen Umstände des Beschuldigten (beispielsweise Vorstrafen) bereits so klar umrissen sein, dass damit die Erwartung gestützt wird, die Tat werde bei Verdichtung des Tatverdachts beim Landgericht oder dem Schöffengericht anzuklagen sein. Bei dem Verdacht eines Verbrechens, der in den meisten Klausurlösungen zu bejahen

74 BGH BeckRS 2019, 14505.

sein wird, liegt dies, weil eine Anklage zum Strafrichter gesetzlich ausgeschlossen ist, auf der Hand. Bei Vergehen wird es dagegen meist erforderlich sein, weitere Umstände, insbesondere den Schadensumfang und die persönlichen Verhältnisse des Beschuldigten, zu ermitteln. Daher wird in diesen Fällen die Prognose, dass die Anklage zu einem bestimmten Gericht erfolgen wird, in aller Regel nicht bereits vor der ersten Vernehmung des Beschuldigten, sondern erst in einer späteren Phase des Ermittlungsverfahrens gestellt werden können.[75]

- Nach Nr. 2 liegt zudem ein Fall notwendiger Verteidigung vor, wenn dem Beschuldigten ein Verbrechen zur Last gelegt wird. Angesichts des Vorstehenden ist ebenfalls nicht auf den Verdacht bei Anklageerhebung oder Eröffnung abzustellen, maßgebend ist vielmehr die Verdachtslage schon während des Ermittlungsverfahrens.
- Nach Nr. 4 liegen die Voraussetzungen für die Bestellung eines Pflichtverteidigers bereits dann vor, wenn der Beschuldigte einem Gericht **zur Entscheidung über die Haft vorzuführen ist**. Dafür spielt es keine Rolle, ob ein Haftbefehl bereits erlassen wurde oder nicht. Um über die Notwendigkeit einer Vorführung nach vorläufiger Festnahme (§ 128 I StPO) und damit über die Frage, ob ein Haftbefehl überhaupt beantragt werden soll, entscheiden zu können, ist es zulässig und kann es erforderlich sein, dass die Polizei/Staatsanwaltschaft den Beschuldigten vor einer Vorführung selbst noch vernimmt.[76]
- Nach Nr. 5 liegt ferner ein Fall notwendiger Verteidigung vor, wenn der Beschuldigte durch Freiheitsentziehung aufgrund einer richterlichen Anordnung in anderer Sache in seine Verteidigungsmöglichkeiten eingeschränkt ist. In § 143 II 2 StPO ist ergänzend geregelt, dass die Bestellung eines Pflichtverteidigers aufgehoben werden **kann**, wenn der Beschuldigte spätestens zwei Wochen vor der Hauptverhandlung aus der Freiheitsentziehung entlassen wird. Diese Regelung dürfte jedoch nur geringe Klausurbedeutung haben.
- Gemäß Nr. 10 kann dem Beschuldigten im Ermittlungsverfahren ein Pflichtverteidiger bestellt werden, wenn das im Fall einer richterlichen Vernehmung zur Wahrung seiner Rechte geboten erscheint. Die Regelung gilt nicht nur für richterliche Beschuldigtenvernehmungen, sondern auch für die richterliche Vernehmung von Zeugen.

Nach § 140 II StPO kann auch die **Schwere der Tat oder der zu erwartenden Rechtsfolgen** zu einem Fall notwendiger Verteidigung führen. Raum dafür gibt es allerdings nur, wenn dem Beschuldigten ausschließlich Vergehen zur Last gelegt werden, anderenfalls greifen bereits die Regelungen des Abs. 1. Für Ihre Klausurlösung können Sie davon ausgehen, dass das spätestens ab der konkreten Erwartung einer Freiheitsstrafe von einem Jahr die Rechtsfolge schwer wiegt oder wenn aufgrund der späteren Verurteilung der Widerruf der Aussetzung der Vollstreckung einer Freiheitsstrafe in entsprechender Höhe droht. Das Merkmal der Schwere der zu erwartenden Rechtsfolgen umfasst neben der Strafhöhe **auch sonstige Rechtsfolgen, die im Strafverfahren angeordnet werden können, also Nebenstrafen, Nebenfolgen, Maßregeln der Besserung und Sicherung sowie die Einziehung**. Deshalb kann die Bestellung eines Pflichtverteidigers geboten sein, wenn eine Maßregel wie die Entziehung der Fahrerlaubnis (§§ 69, 69a StGB) schwerwiegende Nachteile für den Beschuldigten (Verlust der beruflichen Existenz) entfaltet.[77]

(b) Bestellungsverfahren

72c Vor allem dann, wenn ein nicht verteidigter Beschuldigter im Ermittlungsverfahren vernommen wurde und sich durch seine Angaben selbst belastet hat, wird auf einen entsprechenden Verwertungswiderspruch hin die Frage zu beantworten sein, ob dem Beschuldigten bereits vor seiner Vernehmung ein Pflichtverteidiger zu bestellen gewesen wäre.

Ein Pflichtverteidiger ist dem Beschuldigten entweder auf dessen Antrag oder von Amts wegen zu bestellen. Der Gesetzgeber hat der **Wahlverteidigung** jedoch **den Vorrang eingeräumt. Die Bestellung eines Pflichtverteidigers kommt deshalb nur in Betracht, wenn der Beschuldigte keinen Wahlverteidiger hat.**

75 BT-Drs. 19/13829, 32.
76 BT-Drs. 19/13829, 33.
77 BT-Drs. 19/13829, 35; Meyer-Goßner/Schmitt/Schmitt StPO § 140 Rn. 25.

(aa) Bestellung von Amts wegen

Die Voraussetzungen für die **Bestellung eines Pflichtverteidigers von Amts wegen** sind in § 141 II StPO geregelt. Im Ermittlungsverfahren kommen als klausurrelevant die Konstellationen des § 141 II 1 Nr. 1 und 3 StPO in Betracht. 72d

- Ein Pflichtverteidiger **ist zu bestellen,** sobald **der Beschuldigte einem Gericht zur Entscheidung über die Haft vorgeführt werden soll,** § 141 II 1 Nr. 1 StPO. Damit sind zugleich die Voraussetzungen für eine notwendige Verteidigung (§ 140 I Nr. 4 StPO) erfüllt.
  Ist ein **Haftbefehl bereits** vor der Vorführung **erlassen** worden, ist dieser Zeitpunkt mit der **Ergreifung** des Beschuldigten erreicht, weil dann eine gesetzliche Pflicht zur Vorführung (§ 115 StPO) besteht.
  Wurde der Beschuldigte gem. § 127 StPO vorläufig festgenommen, kann mit der Bestellung eines Pflichtverteidigers bis zur Entscheidung darüber, ob vorgeführt und ein Haftbefehl beantragt werden soll oder hiervon abgesehen wird, abgewartet werden; denn **nur wenn sich die Ermittlungsbehörden entschließen, einen Haftbefehl zu beantragen und den Beschuldigten zu diesem Zweck vorzuführen, liegt auch ein Fall der notwendigen Verteidigung vor.**

> **Achtung:** Wird der Beschuldigte vor oder zu Beginn der Haftvorführung ordnungsgemäß nach § 136 I 5 StPO belehrt und unterlässt er es, die Bestellung eines Pflichtverteidigers zu beantragen, oder verzichtet sogar ausdrücklich darauf, entfällt damit **nicht** die Verpflichtung zur Bestellung von Amts wegen nach § 141 II StPO.

- Hat im Ermittlungsverfahren bereits eine Vernehmung des Beschuldigten oder eine Gegenüberstellung mit ihm stattgefunden, kann dies Anlass zur Bestellung eines Pflichtverteidigers bereits zu diesem Zeitpunkt gewesen sein (§ 141 II 1 Nr. 3 StPO).
  Auch das erfordert aber, dass überhaupt ein **Fall der notwendigen Verteidigung gem. § 140 I, II StPO vorliegt.** Nur wenn diese Voraussetzung zu bejahen ist, kommt es in einem zweiten Schritt darauf an, ob sich der Beschuldigte in der Vernehmungs-/Gegenüberstellungssituation **selbst verteidigen** konnte und ob das bereits vor oder in der Vernehmung ersichtlich war.

Wie sich aus § 141a StPO ergibt, dürfen Vernehmungen/Gegenüberstellungen im Vorverfahren vor Bestellung eines Pflichtverteidigers regelmäßig nicht durchgeführt werden, wenn die Voraussetzungen für eine vorherige Bestellung vorliegen. Abweichend davon erlaubt § 141a S. 1 Nr. 1, 2 StPO ausnahmsweise bereits vor Bestellung eines Pflichtverteidigers die Vernehmung/Gegenüberstellung eines Beschuldigten, wenn dies zur Abwehr einer gegenwärtigen Gefahr für Leib oder Leben oder für die Freiheit einer Person **erforderlich** (Nr. 1) oder zur Abwendung einer erheblichen Gefährdung eines Strafverfahrens **zwingend geboten** (Nr. 2) ist. Diese Ausnahmeregelung ist jedoch **eng auszulegen**, sodass eine Vernehmung nur zulässig sein dürfte, wenn auch die vorherige Bestellung durch die Staatsanwaltschaft in ihrer Eilzuständigkeit (§ 142 IV StPO) nicht möglich ist.

- Bei Gefahren für die Freiheit oder den Leib einer Person ist die Gefahr einer schwerwiegenden nachteiligen Auswirkung zu verlangen; die Gefahr einer bloß ganz leichten Körperverletzung genügt nicht. Die Gefahr, bei der es sich um eine konkrete handeln muss, muss gegenwärtig sein.
- Eine erhebliche Gefährdung eines Strafverfahrens iSd Nr. 2 kann vorliegen, wenn die Vernichtung von Beweismitteln oder die Beeinflussung von Zeugen droht, sofern nicht sofort eine Vernehmung stattfindet, oder etwa, wenn nur so die Flucht eines Mitbeschuldigten oder gesondert Verfolgten verhindert werden kann.[78]

(bb) Bestellung auf Antrag

Daneben ist **in allen Fällen der notwendigen Verteidigung** (§ 140 I, II StPO) die **unverzügliche** Pflichtverteidigerbestellung **auf ausdrücklichen Antrag des Beschuldigten** erforderlich. 72e

78 BT-Drs. 19/13829, 39.

Die Verpflichtung, bei Vorliegen der Voraussetzungen einen Pflichtverteidiger von Amts wegen zu bestellen, wird dadurch nicht eingeschränkt.[79]

Bitte übersehen Sie also nicht, dass auch die Pflichtverteidigerbestellung auf Antrag nach § 141 I StPO zunächst einmal einen Fall notwendiger Verteidigung voraussetzt. Daneben fordert Abs. 1, dass der Beschuldigte noch keinen (Wahl-)Verteidiger hat und ihm der Tatvorwurf bereits eröffnet wurde. Dass der Beschuldigte in den klausurrelevanten Vernehmungsfällen über seine Rechte belehrt worden sein muss (§ 140 I 1 StPO), ergibt sich schon aus den §§ 136 I 5, 163a IV 2 StPO und in anderen Fällen aus den §§ 58 II, 114b II 1 Nr. 4a StPO.

Die Entscheidung über den Antrag des Beschuldigten ist spätestens vor einer Vernehmung oder einer Gegenüberstellung zu treffen (§ 141 I 2 StPO). Ist die Entscheidung ausnahmsweise nicht vorher möglich, ist in Fällen notwendiger Verteidigung selbst bei Vorliegen der bereits oben erläuterten Voraussetzungen des § 141a S. 1 Nr. 1 und 2 StPO eine **Vernehmung vor der Bestellung eines Pflichtverteidigers nur mit ausdrücklichem Einverständnis des Beschuldigten** nach dessen ordnungsgemäßer Belehrung zulässig.

Aus dem Zusammenspiel der Regelungen in § 141 I 1 StPO und § 141 II 1 Nr. 1 StPO ergibt sich:

- **Steht bereits früh im Ermittlungsverfahren ein Verbrechensvorwurf im Raum** (§ 140 I Nr. 1, 2 StPO),
- ist **der noch nicht verteidigte Beschuldigte** auch nach § 136 I 5 StPO ordnungsgemäß belehrt worden, hat aber darauf **verzichtet, einen Antrag auf Bestellung eines Pflichtverteidigers nach § 141 I 1 StPO zu stellen,**
- ist zudem **noch nicht absehbar, ob eine Vorführung zum Zwecke des Erlasses eines Haftbefehls erfolgen soll,**

ist der Zeitpunkt für die Entscheidung über die Bestellung eines Pflichtverteidigers noch nicht erreicht, sodass der Beschuldigte ohne Pflichtverteidiger vernommen werden darf.

§ 141a StPO greift nur dann, wenn bereits gem. § 141 StPO ein Pflichtverteidiger zu bestellen ist.

(cc) Zuständigkeit für die Bestellung

72f Auch wenn es in dem Klausursachverhalt eher um Fälle gehen wird, in denen vor einer Vernehmung/Gegenüberstellung nicht über die Bestellung eines Pflichtverteidigers entschieden wurde, sei hier kurz auf die Zuständigkeiten im Bestellungsverfahren hingewiesen.

An der **gerichtlichen Zuständigkeit** für die Entscheidung hat auch der neue § 142 III StPO nichts geändert. Bis zur Anklageerhebung entscheidet gem. Abs. 3 Nr. 1 in den meisten Fällen der Ermittlungsrichter (§ 162 StPO) und lediglich in den Fällen des § 140 I Nr. 4 StPO das Gericht, dem der Beschuldigte vorzuführen ist.

Der Antrag des Beschuldigten nach § 141 I 1 StPO ist im Ermittlungsverfahren von diesem bei der Polizei oder der Staatsanwaltschaft anzubringen. Der Beschuldigte darf den Antrag auch **mündlich** stellen. Die Staatsanwaltschaft legt den Antrag dem zuständigen Gericht zur Entscheidung vor. Ist dem Beschuldigten gem. § 141 II 1 Nr. 1–3 StPO von Amts wegen ein Pflichtverteidiger bereits im Ermittlungsverfahren zu bestellen, so hat die Staatsanwaltschaft den Antrag beim zuständigen Gericht unverzüglich zu stellen.

Daneben gibt es nun gem. § 142 IV StPO eine Eilzuständigkeit der **Staatsanwaltschaft**, die **bei besonderer Eilbedürftigkeit vorläufig** (Antrag auf richterliche Bestätigung binnen einer Woche, § 142 IV 2 StPO) über die Bestellung entscheiden darf. Dieser Eilzuständigkeit der Staatsanwaltschaft wird dann besondere Bedeutung zukommen, wenn es in einer Klausur darum geht, ob mit deren Hilfe eine Beschuldigtenvernehmung ohne vorherige Bestellung eines Pflichtverteidigers gem. § 141a StPO hätte vermieden werden können. Die Möglichkeit einer Eilentscheidung durch die Staatsanwaltschaft schränkt den Anwendungsbereich des § 141a StPO jedenfalls deutlich ein.

---

79 BGH BeckRS 2021, 20920.

(5) Dokumentationspflicht

Richterliche Untersuchungshandlungen müssen protokolliert werden, Richter und gegebenenfalls Protokollführer müssen das Protokoll unterschreiben, § 168 StPO. Die **Pflicht**, das Erteilen der nach § 136 StPO gebotenen Belehrungen **zu protokollieren, ergibt sich aus § 168a I 1 StPO**. Denn die Belehrungen gehören zu den wesentlichen Förmlichkeiten des Verfahrens. Die weiteren inhaltlichen Anforderungen an das Protokoll richten sich nach § 168a II StPO. Das Protokoll kann als Wort- oder Inhaltsprotokoll erstellt werden. Die Abs. 3–5 regeln das Genehmigungsverfahren. 72g

Auch über polizeiliche/staatsanwaltschaftliche Vernehmungen von Beschuldigten soll ein Protokoll nach Maßgabe des § 168a StPO erstellt werden, wenn das ohne zeitliche Verzögerung der Ermittlungen möglich ist, § 168b II 1 StPO. Im Ausnahmefall kann es ausreichen, diese gemäß Abs. 1 lediglich aktenkundig zu machen. Die Erteilung der Beschuldigtenbelehrung nach den §§ 163a ff. StPO muss gem. § 168b III 1 StPO zwingend in den Akten dokumentiert werden. Im Falle des Vorgehens nach § 141a S. 1 StPO sind auch die Entscheidungen des Beschuldigten zu dokumentieren, § 168b III 2 StPO.

(6) Videodokumentation

§ 136 IV, V StPO sieht die Möglichkeit der Videodokumentation einer richterlichen Vernehmung vor. 72h

Eine **Videodokumentation ist** dagegen **zwingend, wenn es** in dem Verfahren, in dem die richterliche Vernehmung stattfindet, **um ein vorsätzliches Tötungsdelikt geht** (§ 136 IV 2 Nr. 1 StPO). Dazu gehören auch die Fälle des Versuchs sowie erfolgsqualifizierte Delikte, wenn der Vorsatz auf die schwere Folge gerichtet war. Ergeben sich die Voraussetzungen für eine Videodokumentation erst während der Vernehmung, ist unverzüglich dazu überzugehen.[80] Die Pflicht zur Videodokumentation gilt über § 163a IV 2 StPO, der auf § 136 StPO verweist, auch für Vernehmungen durch Staatsanwaltschaft und Polizei. Die Pflicht zur Aufzeichnung entfällt nur, wenn die Vernehmung etwa vor Ort stattfinden soll und ihr deshalb äußere Umstände entgegenstehen oder die technischen Möglichkeiten der audiovisuellen Aufzeichnung aus Gründen der Eilbedürftigkeit (besondere Dringlichkeit der Vernehmung) nicht gegeben sind. Eine derartige Ausnahmesituation müsste im Klausursachverhalt beschrieben sein.

Die audiovisuelle Aufzeichnung wegen der besonderen Schutzbedürftigkeit des Beschuldigten gem. § 136 IV 2 Nr. 2 StPO dürfte in Klausuren keine Rolle spielen. Für die Vernehmung eines Jugendlichen oder Heranwachsenden enthält § 70c II JGG ergänzende Regelungen.

bb) Bei Verhaftung und vorläufiger Festnahme

Für die Klausur müssen Sie auch mit § 114b StPO vertraut sein. Im Fall der Verhaftung sieht diese Vorschrift eine eingehende schriftliche und gegebenenfalls mündliche Rechtsbelehrung für den Beschuldigten vor. Der Umfang der Hinweispflicht ergibt sich für den Regelfall aus § 114b II 1 Nr. 1–8 StPO. Dazu gehören selbstverständlich auch die Hinweise auf das Schweigerecht (Nr. 2), das Recht auf Verteidigerkonsultation (Nr. 4) und korrespondierend mit der Regelung in § 136 I 5 StPO auf den Anspruch auf einen Pflichtverteidiger – auch im Vorverfahren – in einem Fall notwendiger Verteidigung (Nr. 4a). Weitergehend hat der Gesetzgeber in Nr. 7 sogar einen Hinweis auf den Anspruch des Beschuldigten nach § 147 IV StPO vorgesehen, nach dem ihm zur Vorbereitung einer sachgerechten Verteidigung Auskünfte und Abschriften aus den Akten zu überlassen sind, wenn er keinen Verteidiger hat. In der Klausurlösung gehen Sie aber auch auf § 114b StPO nur ein, wenn vom Beschuldigten eine fehlerhafte Belehrung gerügt wurde. 72i

Für die Klausur viel relevanter als Belehrungsfehler bei der Verhaftung durch den Richter sind in dieser Situation Belehrungsfehler durch Polizeibeamte. **Gemäß § 127 IV StPO gilt die Belehrungspflicht nach § 114b StPO auch für Polizeibeamte bei der vorläufigen Festnahme.** So kann im Fall einer vorläufigen Festnahme, die nicht mit einer sofortigen Vernehmung und damit einer Belehrung nach §§ 163a, 136 StPO verbunden sein muss, die vollständige sofor-

80 Meyer-Goßner/Schmitt/Schmitt StPO § 136 Rn. 19c.

tige Belehrung nach § 114b I, II 1 StPO unterblieben sein. Klausursachverhalte sahen bereits wiederholt so aus, dass der Beschuldigte auf der Fahrt zur Polizeiwache, wo er vernommen werden sollte, ungefragt und ohne vorherige Belehrung über sein Schweigerecht den Polizeibeamten gegenüber selbstbelastende Angaben machte. Da in diesen Fällen die Angaben des Beschuldigten nicht durch ein amtliches Auskunftsverlangen und damit nicht durch eine Vernehmung ausgelöst wurden, kam die Belehrungspflicht nach § 136 StPO nicht zum Tragen. Gleichwohl hätten die Beamten den Beschuldigten schon bei der vorläufigen Festnahme gem. §§ 127 IV, 114b StPO auf sein Schweigerecht hinweisen müssen.

Ein Beschuldigter, der der deutschen Sprache nicht hinreichend mächtig ist, muss gem. § 114b II 3 StPO zudem für ihn verständlich darauf hingewiesen werden, dass er nach § 187 GVG die Hinzuziehung eines Dolmetschers oder Übersetzers beanspruchen kann. Im Fall der Verhaftung/vorläufigen Festnahme eines ausländischen Staatsangehörigen sieht § 114b II 4 StPO darüber hinaus vor, dass der Beschuldigte über sein Recht, die Unterrichtung der konsularischen Vertretung seines Heimatlandes zu verlangen, zu belehren ist. Die Vorschrift hat den Schutz, den ursprünglich nur Angehörige von Mitgliedstaaten des Wiener Übereinkommens über konsularische Beziehungen genossen (Art. 36 Ib WÜK), auf alle Ausländer erweitert. Die Belehrungspflicht gilt jedoch nicht bei Ausländern, die zugleich die deutsche Staatsangehörigkeit besitzen.[81] Auch diese weitergehende Belehrungspflicht wird besonders bei vorläufigen Festnahmen häufig übersehen. In der Klausur gehen Sie darauf aber ebenfalls nur auf einen Widerspruch des Beschuldigten ein.

b) Verwertungsverbot

Ein Hinweis vorab: Sollten Sie als Ergebnis Ihrer Ausführungen ein Verwertungsverbot ablehnen, müssen Sie dem Leser unbedingt mitteilen, wie Sie den Inhalt der Äußerungen des Beschuldigten in die Hauptverhandlung einführen wollen. Denn die Verwertbarkeit seiner Angaben diskutieren Sie nur deshalb, weil der Beschuldigte diese in einer späteren förmlichen Vernehmung nicht wiederholt hat und Sie davon ausgehen müssen, dass das auch in der Hauptverhandlung nicht geschehen wird. Der Inhalt der Äußerungen des Beschuldigten kann dann regelmäßig durch die Vernehmung der Verhörsperson und nur ausnahmsweise durch eine Protokollverlesung eingeführt werden.

aa) Verstoß gegen §§ 136 I 1–6, 163a IV StPO

73 Als Folge eines Verstoßes gegen die oben genannten Pflichten gem. §§ 136, 163a IV StPO kommt ein (unselbstständiges) **Verwertungsverbot** gegenüber dem Beschuldigten in Betracht.

In der Klausurlösung erfordert die Prüfung eines Verwertungsverbots wegen eines Verstoßes gegen die §§ 136, 163a StPO **immer** die Abwägung zwischen dem Interesse des Beschuldigten am Schutz seiner verfahrensrechtlichen Stellung und dem Interesse der Allgemeinheit an der Aufklärung von Straftaten und am Funktionieren der Strafrechtspflege.

Der **Verstoß** gegen die Belehrungspflicht ist dagegen **folgenlos**, wenn der Beschuldigte sein Schweigerecht auch ohne Belehrung **gekannt** hat.[82] Das werden sie bei Polizeibeamten, Staatsanwälten und Richtern wie auch bei Rechtsanwälten bejahen dürfen. Zweifelhaft ist dagegen, ob das auch für einen Beschuldigten gilt, der bereits in einem früheren Verfahren in anderer Sache über sein Schweigerecht belehrt worden war. Der Gesetzgeber geht für den Regelfall vom Gegenteil – nämlich der Belehrungspflicht – aus, sodass Sie **bei Zweifeln zugunsten des Beschuldigten ein Verwertungsverbot** annehmen sollten.

Ließ sich nicht aufklären, ob eine Belehrung nach den §§ 136, 163a StPO erteilt worden war, galt bislang, dass zur Begründung eines Verwertungsverbots der Zweifelsgrundsatz herangezogen werden konnte. Wie im übrigen Prozessrecht galt deshalb: Im Zweifel ist davon auszugehen, dass das Verfahren rechtmäßig war! **Das BVerfG hat von diesem Grundsatz allerdings die Konstellation ausgenommen, dass die Unaufklärbarkeit auf einem Verstoß gegen**

81 Meyer-Goßner/Schmitt/Schmitt StPO § 114b Rn. 9.

82 BGHSt 38, 214 (224, 225) = NJW 1992, 1463.

eine gesetzliche Dokumentationspflicht beruht.[83] Diese Entscheidung ließ sich zunächst nicht auf Belehrungen vor Beschuldigtenvernehmungen übertragen, weil es keine gesetzliche Dokumentationspflicht gab. Eine derartige Pflicht zur Dokumentation ist mittlerweile aber in § 168b III StPO gesetzlich verankert. **Im Anschluss an die zitierte Entscheidung des BVerfG werden Sie deshalb beim Fehlen einer derartigen Belehrungsdokumentation den prozessualen Zweifelsgrundsatz nicht anwenden, aus der unterlassenen Dokumentation auf eine unterlassene Belehrung schließen dürfen und deshalb zu einer Vernehmung mit der möglichen Folge eines Verwertungsverbots kommen müssen. Das gilt allerdings nur, wenn sich das Erteilen der Belehrung auch nicht mithilfe anderer Beweismittel nachweisen lässt.**

(1) §§ 136 I 1, 163a IV StPO: Beschuldigteneigenschaft

Wurde der Tatverdächtige **objektiv willkürlich** zu Unrecht nicht als Beschuldigter vernommen, wirkt dieser Verfahrensverstoß so schwer, sodass regelmäßig von einem **Verwertungsverbot** auszugehen sein wird.

(2) §§ 136 I, 1, 163a IV StPO: Eröffnung des Tatvorwurfs

Eine Beschuldigtenvernehmung ohne vorherige Eröffnung des Tatvorwurfs in jedenfalls groben Zügen lässt sich kaum vorstellen. Deshalb kann es in der Klausur nur darum gehen, wie sich eine mangelhafte Eröffnung des Tatvorwurfs auswirken kann. Der BGH hat das bislang offengelassen, ein Verwertungsverbot jedoch dann ausgeschlossen, wenn der Mangel das Aussageverhalten des Beschuldigten nicht beeinflusst hat.[84] Im Zweifel wird zur Begründung eines Verwertungsverbots ein sehr krasser Mangel bei der Eröffnung des Tatvorwurfs erforderlich sein.

(3) §§ 136 I 1 Hs. 1, 163a IV StPO: Schweigerecht

Weil die Aussagefreiheit zu den elementaren Rechten des Beschuldigten im Strafverfahren gehört, hat der Verstoß gegen die diesbezügliche Belehrungspflicht ein entsprechendes Gewicht, sodass daraus regelmäßig ein Verwertungsverbot abzuleiten ist. Auch wenn der Beschuldigte sein Schweigerecht kennt, entbindet das den Vernehmenden nicht von der Belehrungspflicht. Der Beschuldigte ist jedoch weniger schutzbedürftig, was der Annahme eines Verwertungsverbots entgegensteht.[85]

Die sofortige Nachfrage auf eine Spontanäußerung, die ohne gleichzeitige Belehrung erfolgt, führt regelmäßig nicht zu einem Verwertungsverbot bezüglich der daraufhin abgegebenen Äußerung. Wenn darin ein Verfahrensverstoß liegt, hat dieser jedenfalls nicht das Gewicht, das ein Verwertungsverbot begründen könnte.[86]

(4) §§ 136 I 2 Hs. 2, 163a IV StPO: Verteidigerkonsultation

Die das Recht des Beschuldigten auf Verteidigerkonsultation sichernde Belehrungspflicht ist eine für dessen Rechtsstellung als Verfahrenssubjekt konstitutive Bestimmung, deren Verletzung in aller Regel zur Annahme eines Beweisverwertungsverbots führen muss.[87] Das Interesse an der Sicherung dieser Grundlage der verfahrensrechtlichen Stellung des Beschuldigten wird das Interesse der Allgemeinheit an der Erforschung der Wahrheit und am Funktionieren der Strafrechtspflege regelmäßig deutlich überwiegen. Das gilt auch, wenn das Aufklärungsinteresse des Staates etwa wegen der Schwere eines Tötungsdelikts besonders hoch ist.

(5) §§ 136 I 3, 4, 163a IV StPO: Zugang zum Verteidiger

Auch bei Verstößen gegen die sich aus den S. 3 und 4 ergebenden Pflichten liegt wegen der Nähe dieser Pflichten zur Sicherung des Rechts auf Verteidigerkonsultation die Annahme eines Verwertungsverbots nahe. In der Klausurlösung werden Sie jedoch unter Berücksichtigung der Einzelfallkonstellation den Abwägungsvorgang etwas breiter darstellen müssen. Verstöße gegen § 136 I 3, 4 StPO dürften nur dann zu Verwertungsverboten führen, wenn die im Gesetz vorgesehenen Informationspflichten vom Vernehmenden nicht beachtet wurden

83 Die Entscheidung BVerfG StV 2012, 385 betrifft die Dokumentationspflicht in der Hauptverhandlung nach § 273 Ia StPO.
84 BGH NStZ 2012, 581.
85 BGH NJW 1992, 1463.
86 BGH NStZ 1990, 43.
87 BGH NStZ 2018, 671.

und dieses Unterlassen im Einzelfall so schwer wiegt, als sei die Belehrung über das Recht auf Verteidigerkonsultation ganz unterblieben.

(6) Verstoß gegen die §§ 136 I 5 Hs. 2, 163a IV StPO

73a Der Verstoß gegen die Belehrungspflicht gem. § 136 I 5 Hs. 2 StPO wurde in der Vergangenheit als weniger schwerwiegend und damit weniger geeignet angesehen, ein Verwertungsverbot zu begründen.

Mit der Vorverlagerung der notwendigen Verteidigung in das Ermittlungsverfahren dürfte der Verstoß gegen die genannte Belehrungspflicht größeres Gewicht bekommen. Denn regelmäßig wird nur der ausreichend belehrte Beschuldigte sein Recht, die Bestellung eines Pflichtverteidigers schon früh im Ermittlungsverfahren beantragen zu können, wahrnehmen können.

Der Gesetzgeber hat jedoch bewusst davon abgesehen, Verstöße gegen die Vorschriften, die im Ermittlungsverfahren die Vernehmung in Fällen notwendiger Verteidigung nur in den eng begrenzten Fällen des § 141a StPO vor der Bestellung eines Verteidigers erlauben, durch ein **gesetzlich normiertes Verwertungsverbot** zu sanktionieren.[88] Zudem wiegt der Verstoß gegen die Pflicht zur Belehrung über das Recht auf Zugang zu einem Verteidiger gem. § 136 I 2 StPO ungleich schwerer als der Verstoß gegen die Belehrungspflicht gem. § 136 I 5 Hs. 2 StPO. Die Regelungen über die Bestellung eines Pflichtverteidigers gelten nicht absolut und sind vom Vorliegen der in § 140 StPO genannten Voraussetzungen abhängig.[89]

Ein Verstoß gegen die §§ 136 I 5 Hs. 2, 140 StPO kann allenfalls zu einem **unselbstständigen Verwertungsverbot** führen. Mithilfe der Abwägungslehre werden Sie deshalb erwägen müssen, ob nach den Umständen des Einzelfalls unter Abwägung aller maßgeblichen Gesichtspunkte und der widerstreitenden Interessen die Annahme eines Verwertungsverbots geboten erscheint. Das wird nur bei schwerwiegenden, bewussten oder objektiv willkürlichen Rechtsverstößen, bei denen grundrechtliche Sicherungen planmäßig oder systematisch außer Acht gelassen worden sind, der Fall sein.[90] In die gebotene Abwägung kann – für ein Verwertungsverbot sprechend – auch einfließen, wenn es im Klausursachverhalt Anhaltspunkte für die Annahme gibt, dass der Beschuldigte im Rahmen der beanstandeten Vernehmung Angaben zur Sache nur gemacht hat, weil er mangels wirtschaftlicher Mittel keine Möglichkeit gesehen hat, sich eines Verteidigers zu bedienen.[91]

(7) Verstoß gegen §§ 136 I 6, 163a IV StPO: Hinweispflichten

Verstöße gegen § 136 I 6 StPO führen wegen deren geringer Schwere dagegen nicht zu einem Verwertungsverbot.[92]

bb) Verstoß gegen §§ 168c I, V, 163a IV 3 StPO

73b Für eine ohne Benachrichtigung des Verteidigers durchgeführte richterliche Beschuldigtenvernehmung war ein Verwertungsverbot bereits anerkannt.[93] Auch für eine unter Verstoß gegen §§ 163a IV 3, 168c V StPO ohne Benachrichtigung des Verteidigers durchgeführte polizeiliche/staatsanwaltliche Beschuldigtenvernehmung liegt deshalb die Annahme eines unselbstständigen Verwertungsverbots nahe. In beiden Konstellationen müssten sie nach der Abwägungslehre vorgehen. Wurde gegen eine der Protokollierungsvorschriften (§§ 168–168b StPO) verstoßen, beeinträchtigt das lediglich den Beweiswert des Ermittlungsergebnisses.

cc) Verstöße gegen § 141 und § 141a StPO

Folge eines Verstoßes gegen § 141 oder 141a StPO kann ein Verwertungsverbot sein. Weil ein derartiges Verwertungsverbot allerdings nicht ausdrücklich normiert ist, müssen Sie anhand der Abwägungslehre ermitteln, ob die Annahme eines Verwertungsverbots geboten ist. Das

---

88 BT-Drs. 19/13829, 39, 40.
89 BGH NStZ-RR 2018, 219.
90 Meyer-Goßner/Schmitt/Schmitt StPO § 141 Rn. 24.
91 BGH NStZ-RR 2018, 219.
92 Meyer-Goßner/Schmitt/Schmitt StPO § 136 Rn. 21.
93 BGH NStZ 1989, 282.

wird bei beiden Vorschriften nur im Falle von schwerwiegenden, bewussten oder objektiv willkürlichen Rechtsverstößen in Betracht kommen.[94]

dd) Verstoß gegen §§ 136 IV 2, 163a IV StPO

Auch wenn die Voraussetzungen des § 136 IV 2 StPO vorlagen, soll das Unterlassen einer audiovisuellen Aufzeichnung grundsätzlich nicht zu einem Verwertungsverbot führen.[95] Bei § 136 IV StPO soll es sich lediglich um eine **Ordnungsvorschrift** zum Schutz des Beschuldigten handeln. **Auch soll aus dem Fehlen der audiovisuellen Aufzeichnung nicht der Schluss gezogen werden können, Vernehmungsförmlichkeiten seien nicht eingehalten worden oder ihre Einhaltung sei nicht mehr feststellbar.**[96] Verfahrensfehler müssen nach hergebrachten Grundsätzen festgestellt werden. 73c

Eine vorhandene Videodokumentation könnte die Einlassung des Beschuldigten in der Hauptverhandlung (§ 243 V 2 StPO) zwar nicht ersetzen, dürfte aber als Augenscheinsobjekt zum Zwecke der Beweisaufnahme über ein Geständnis gem. § 254 I StPO vorgeführt werden. Weil § 136 IV StPO über § 163a IV 2 StPO auch für polizeiliche Vernehmungen gilt, sind damit die Voraussetzungen für die Einführung nichtrichterlicher Vernehmungsprotokolle in die Hauptverhandlung durch Augenschein geschaffen worden.[97]

ee) Verstoß gegen §§ 127 IV, 114b StPO

Haben die Polizeibeamten bei der vorläufigen Festnahme den Hinweis auf das Schweigerecht nach den §§ 127 IV, 114b II 1 Nr. 2 StPO unterlassen, sollen ungefragte Äußerungen des Beschuldigten gleichwohl verwertbar sein. Der Verstoß soll keine unmittelbaren Folgen haben.[98] Begründen lässt sich die Ablehnung eines (unselbstständigen)Verwertungsverbots im Rahmen der gebotenen Gesamtabwägung mit dem Argument, der Verfahrensfehler wiege nicht so schwer, weil **keine Vernehmungssituation** vorgelegen habe. Diese Argumentation würde auch in den Fällen gelten, in denen eine Belehrung nach §§ 127 IV, 114b II 1 Nr. 4a StPO unterlassen worden ist. Äußert sich der Beschuldigte nach seiner vorläufigen Festnahme – etwa auf der Fahrt zur Polizeiwache – spontan zur Tat, werden seine Angaben deshalb auch dann verwertbar sein, wenn er zuvor nicht entsprechend § 114 II 1 Nr. 4a StPO belehrt wurde. 73d

Demgegenüber hat der BGH bei Verstößen gegen den bereits oben zitierten Art. 36 I WÜK ein Verwertungsverbot als möglich angesehen. Ein Verwertungsverbot soll insbesondere dann in Betracht kommen, wenn durch die unterlassene Belehrung und die deshalb fehlende konsularische Unterstützung das Recht des Beschuldigten auf effektive Verteidigung beeinträchtigt wurde.[99] Das wird sich auf die Neuregelung in § 114b II 4 StPO übertragen lassen, jedoch auch nur dann, wenn es ohne entsprechende Belehrung zu einer Beschuldigtenvernehmung gekommen ist. In der Klausurlösung wäre von Ihnen eine saubere Abwägung nach den Regeln der Abwägungslehre gefordert. Gegen die Annahme eines Verwertungsverbots könnten Sie auch anführen, dass der Verstoß gegen § 114b II 4 StPO weniger schwer wiege, weil darin ein zusätzliches Recht für ausländische Staatsbürger normiert sei.

c) Drittwirkung des Verwertungsverbots

Sie können auch vor der Frage stehen, ob Angaben eines Mitbeschuldigten, die unter Verletzung des Belehrungsgebots zustande gekommen sind, gegen den Beschuldigten verwertet werden dürfen. Dessen Interessen werden durch die Verletzung des Belehrungsgebots gegenüber einem Mitbeschuldigten nicht berührt, sodass **die Angaben eines nicht belehrten Mitbeschuldigten zur Tat des Beschuldigten ohne Weiteres gegen diesen verwertet werden dürfen.** Denn die Regelung des § 136 StPO dient ausschließlich dem Schutz des jeweiligen Beschuldigten[100] und entfaltet **keine Drittwirkung**. 74

94 Meyer-Goßner/Schmitt/Schmitt StPO § 141 Rn. 24 und § 141a Rn. 11.
95 Meyer-Goßner/Schmitt/Schmitt StPO § 254 Rn. 1a.
96 BT-Drs. 796/16, 25.
97 Meyer-Goßner/Schmitt/Schmitt StPO § 254 Rn. 1a.
98 Meyer-Goßner/Schmitt/Schmitt StPO § 114b Rn. 10.
99 BGH BeckRS 2011, 16904.
100 BGH NStZ 1994, 595 (596).

Entsprechend hat der BGH für den Fall entschieden, dass der Verteidiger eines Mitbeschuldigten unter **Verstoß gegen § 168c I und V StPO** nicht vom Termin einer richterlichen Vernehmung seines Mandanten informiert wurde. Auch in dieser Konstellation entsteht zugunsten des anderen Beschuldigten kein Verwertungsverbot,[101] weil sein Rechtskreis durch die Vorschrift nicht geschützt wird und der Verfahrensfehler deshalb nicht schwer wiegt.

d) Fortwirkung des Verwertungsverbots

75 Hinter dem Stichwort **„Fortwirkung"** des Verwertungsverbots verbirgt sich das Problem, ob sich im Falle einer erneuten Vernehmung des Beschuldigten ein für die Erkenntnisse aus der ersten Vernehmung geltendes Verwertungsverbot auch auf die Erkenntnisse aus der nachfolgenden Vernehmung erstreckt. Dieses Problem ist für die Klausurlösung natürlich nur von Bedeutung, wenn der Beschuldigte in der Folgevernehmung die von ihm in der ersten Vernehmung gemachten Angaben zumindest wiederholt oder bestätigt hat.

aa) Qualifizierte Belehrung in Folgevernehmung

76 Das Verwertungsverbot gilt zunächst nur für die unmittelbar durch den Verfahrensfehler herbeigeführten Erkenntnisse aus der ersten Vernehmung. Allerdings ist **anerkannt, dass der Verstoß gegen die Belehrungspflicht in der ersten Vernehmung auch zur Unverwertbarkeit einer späteren Aussage führen kann.** Der Verfahrensfehler kann bei weiteren Vernehmungen in dem Sinne fortwirken, dass der Beschuldigte glaubt, seine frühere, unter Verstoß gegen die Belehrungspflicht gem. § 136 I 2 StPO zustande gekommene Selbstbelastung nicht mehr aus der Welt schaffen zu können. Deshalb ist der Beschuldigte in diesen Fällen zu Beginn einer Folgevernehmung durch eine **qualifizierte Belehrung** auf die Unverwertbarkeit seiner früheren Aussage hinzuweisen.[102]

> **Qualifiziert belehrt wird der Beschuldigte** durch den **ergänzenden Hinweis, die Angaben aus der früheren Vernehmung dürften wegen des vorangegangenen Verfahrensverstoßes nicht verwertet werden**.

Eine qualifizierte Belehrung soll dem Beschuldigten seine Entscheidungsfreiheit erhalten. Er soll nicht dem Irrtum unterliegen, aufgrund seiner früheren Angaben, die er nicht mehr aus der Welt schaffen könne, ohnehin schon überführt und deshalb an seine früheren Angaben gebunden zu sein.

Sie ist erforderlich, wenn

- der Beschuldigte in der ersten Vernehmung gar nicht gem. § 136 StPO belehrt wurde,[103]
- nach vorangegangenen Spontanäußerungen des Beschuldigten sich ein Gespräch mit den Polizeibeamten zu einer Vernehmung verdichtete, ohne dass eine Belehrung nach § 136 bzw. § 114b StPO erfolgte,[104]
- der Tatverdächtige zu Unrecht zunächst als Zeuge und nicht schon als Beschuldigter vernommen wurde.[105]

bb) Folgevernehmung ohne qualifizierte Belehrung

77

> Ist eine qualifizierte Belehrung unterblieben, folgt daraus nicht automatisch die Unverwertbarkeit der Angaben des Beschuldigten in der erneuten Vernehmung.

Wurde der Beschuldigte zu Beginn der erneuten Vernehmung zwar entsprechend § 136 StPO nicht aber qualifiziert belehrt, haben Sie zu beachten, dass **der Verstoß gegen die Pflicht zur qualifizierten Belehrung nicht dasselbe Gewicht wie der Verstoß gegen die sich aus § 136 I 2 StPO ergebende Belehrungspflicht hat.**[106] Vielmehr hängt die Verwertbarkeit der Angaben in der erneuten Vernehmung von der auch in einem derartigen Fall gebotenen

101 BGH NStZ 2009, 345–346.
102 BGH NStZ 2019, 227.
103 OLG Hamm NStZ-RR 2009, 283 ff.
104 BGH NStZ 2009, 702.
105 BGHSt 53, 112 = NJW 2009, 1427.
106 BGHSt 53, 112 = NJW 2009, 1427 und OLG Hamm NStZ-RR 2009, 283 ff.

Einzelfallabwägung ab. Im Rahmen dieser Abwägung sind von Ihnen erneut gegenüberzustellen:

- das Interesse an der Sachaufklärung (Schwere der Tat) und am Funktionieren der Strafrechtspflege einerseits,
- das Gewicht des Verfahrensverstoßes andererseits.

Im Rahmen dieser Abwägung haben Sie zu prüfen, ob es Anhaltspunkte für die bewusste Umgehung der Belehrungspflicht durch die vernehmenden Beamten (Willkür) gibt. Gegebenenfalls würde das die Annahme der Fortwirkung nahelegen. Auch soll es eine Rolle spielen, ob es Anhaltspunkte für die Vorstellung des Beschuldigten, sein Schweigen sei sinnlos, weil er von seinen ursprünglichen Angaben nicht mehr abrücken könne, gibt.[107] Ferner sollten Sie in Ihre Überlegungen einfließen lassen, dass eine Fortwirkung des Verwertungsverbots fern liegt, wenn die Angaben des Beschuldigten in der erneuten Vernehmung über eine bloße Wiederholung durch pauschale Bestätigung oder schlichte Bezugnahme auf die bereits gemachten Angaben hinausgehen.

In den bereits zitierten Entscheidungen sind weder der BGH noch das OLG Hamm zu einer Fortwirkung des Verwertungsverbots gelangt.

Denken Sie unbedingt an Folgendes: Haben Sie ausnahmsweise davon auszugehen, dass der Beschuldigte sein Schweigerecht trotz des Unterlassens der Belehrung nach § 136 I 2 StPO in der ersten Vernehmung bereits kannte, gibt es keinen Grund für die Annahme eines Verwertungsverbotes, sodass auch dessen Fortwirkung nicht infrage stehen kann.

Zum Schluss ein wichtiger Aufbauhinweis: Müssen Sie sich in einer Klausur mit einer derartigen Problematik auseinandersetzen, empfiehlt es sich, diese in zwei Schritten zu untersuchen:

- Verwertungsverbot für die Erkenntnisse aus der ersten Vernehmung wegen der unterbliebenen Beschuldigtenbelehrung?
- Fortwirkung des Verwertungsverbots auf die Erkenntnisse aus der zweiten Vernehmung wegen der unterbliebenen qualifizierten Belehrung?

cc) Vorhalt sonstiger unverwertbarer Erkenntnisse

In Ihrer Klausurlösung kann auch eine Auseinandersetzung mit der Frage erforderlich sein, ob verfahrensfehlerhaft erlangte sonstige Erkenntnisse (zB aus Durchsuchungen oder Telefonüberwachungen) zur Unverwertbarkeit von Vernehmungsergebnissen führen können. Vor dieser Frage werden Sie stehen, wenn dem Beschuldigten in einer ersten Vernehmung möglicherweise unverwertbare sonstige Erkenntnisse vorgehalten wurden, er sich daraufhin selbstbelastend geäußert und seine selbstbelastenden Angaben in einer Folgevernehmung wiederholt hat. Es empfiehlt sich, in drei Schritten vorzugehen.

(1) Unverwertbarkeit sonstiger Erkenntnisse

Zunächst werden Sie die Unverwertbarkeit der sonstigen Erkenntnisse prüfen müssen. Wenn auch die Annahme eines unselbstständigen Verwertungsverbots nur ausnahmsweise in Betracht kommt, kann in einer Klausurlösung ein derartiges Verwertungsverbot durchaus einmal gegeben sein. Daneben wäre natürlich auch ein selbstständiges Verwertungsverbot zu beachten. Zur Entstehung selbstständiger und unselbstständiger Verwertungsverbote, die sonstige Erkenntnisse betreffen, wird auf die nachfolgenden Ausführungen verwiesen.

(2) Vorhalt unverwertbarer Erkenntnisse in erster Vernehmung

Der Vorhalt unverwertbarer sonstiger Erkenntnisse in einer ersten Vernehmung führt nicht etwa zur Pflicht des Vernehmenden, eine qualifizierte Belehrung zu erteilen. Eine derartige Pflicht ist in der Rechtsprechung lediglich für Folgevernehmungen nach einer unter Verstoß gegen § 136 I 2 StPO zustande gekommenen ersten Vernehmung anerkannt. Der Vorhalt unverwertbarer sonstiger Erkenntnisse begründet aber keinen Verstoß gegen § 136 StPO. Im Übrigen ist der Vorhalt eines Ermittlungsergebnisses mit dem gleichzeitigen Hinweis, dass dieses Ermittlungsergebnis nicht verwertet werden dürfe, selbst in einem Klausursachverhalt kaum vorstellbar.

107 Kritisch OLG Hamm NStZ-RR 2009, 283 ff.

Von der Rechtsprechung wird ein Verwertungsverbot für die Vernehmungsergebnisse nach einer Einzelfallabwägung aus anderem Grunde für möglich gehalten. Trotz einer ordnungsgemäßen Belehrung nach den §§ 136 I, 163a IV StPO sei ein Beschuldigter gegebenenfalls nicht mehr frei in seiner Entschließung, ob und wie er sich zu einzelnen Punkten einlassen soll, die ihm aufgrund der unzulässig erlangten Erkenntnisse vorgehalten werden.[108]

(3) Verwertbarkeit einer Folgevernehmung

Ob die Verwertbarkeit der Erkenntnisse aus einer Folgevernehmung eine vorherige qualifizierte Belehrung über die Unverwertbarkeit der Erkenntnisse aus der vorangegangenen Vernehmung voraussetzt, ist von der Rechtsprechung noch nicht abschließend beantwortet. Der 3. Senat hat in der zitierten Entscheidung aus dem Jahr 1978 die Ergebnisse einer Folgevernehmung als unverwertbar angesehen, weil der Beschuldigte in seiner Folgevernehmung noch unter dem Eindruck des unverwertbaren Beweismittels gestanden habe.[109] In der Entscheidung aus dem Jahr 2018 hat der Senat offengelassen, ob sich eine Pflicht zur qualifizierten Belehrung daraus ergeben kann, dass der Beschuldigte in seiner ersten Vernehmung mit Beweismitteln konfrontiert wurde, die einem Beweisverwertungsverbot unterlagen.[110] **Jedenfalls dann, wenn in der Folgevernehmung eine qualifizierte Belehrung erteilt worden ist, wird ein Verwertungsverbot abzulehnen sein. Ist eine qualifizierte Belehrung nicht erteilt, liegt ein Verwertungsverbot ebenfalls fern.** Im Rahmen der nach der Abwägungslehre gebotenen Abwägung ist zu berücksichtigen, dass der **Verfahrensverstoß** ein **verhältnismäßig geringes Gewicht** hat. Denn die Verletzung der Pflicht zur qualifizierten Belehrung, auch wenn sie auf den Vorhalt unzulässig erlangter Beweismittel bei einer früheren Vernehmung gestützt wird, wiegt regelmäßig nicht so schwer wie der vorangegangene Verfahrensfehler. Auch wird es **gegen ein Verwertungsverbot** sprechen, **wenn es für ein bewusstes oder willkürliches Handeln** der Vernehmungsbeamten, bei dem grundrechtliche Sicherungen planmäßig oder systematisch außer Acht gelassen wurden, **keine Anhaltspunkte** gibt. Zudem werden Sie zu beachten haben, dass auch das **staatliche Aufklärungsinteresse wegen der Schwere der** dem Beschuldigten vorgeworfenen **Tat** gegen die Annahme eines Verwertungsverbots sprechen wird. Es liegt deshalb nahe, ein Verwertungsverbot auch in einer Klausurlösung abzulehnen.

e) Fernwirkung

78 Kommen Sie zur Annahme eines Beweisverwertungsverbots, kann sich die Frage stellen, ob sich das Verwertungsverbot auch auf Beweismittel erstreckt, die erst durch die unverwertbare Beweiserhebung erlangt wurden. Eine derartige **Fernwirkung** wird in der Rechtsprechung regelmäßig abgelehnt. Bekanntlich hat der Bundesgerichtshof in anderen Konstellationen schon mehrfach ausgeführt:[111]

> Ein Verfahrensfehler, der ein Verwertungsverbot für ein Beweismittel zur Folge hat, darf nicht ohne Weiteres dazu führen, dass das gesamte Strafverfahren lahmgelegt und damit die Wahrheitserforschungspflicht des Gerichts, die zu den tragenden Grundsätzen des Strafverfahrensrechts gehört, ausgehöhlt wird.

Letztendlich wird es eine Einzelfallentscheidung bleiben müssen, die Annahme einer Fernwirkung wird jedoch bei einem Verstoß gegen § 136 StPO eine große Ausnahme bleiben.[112] **In Ihrem Gutachten sollten Sie die Fernwirkung ablehnen.**

In der Literatur wird eine Fernwirkung zwar teilweise gefordert. Abgeleitet wird dieses weitgehende Verwertungsverbot aus der amerikanischen „fruit-of-the-poisonous-tree-doctrine". Diese kann jedoch nicht ohne Weiteres übertragen werden, weil Verwertungsverbote, anders als in den USA, wo sie der Disziplinierung der Polizei dienen, hier die Rechtsstaatlichkeit des Verfahrens sichern sollen.

---

108 BGH NJW 1978, 1390; NStZ 2019, 227.

109 BGH NJW 1978, 1390.

110 BGH NJW 1978, 1390.

111 Etwa BGHR § 100b Verwertungsverbot 1 Fernwirkung.

112 So hat das OLG Oldenburg (NStZ 1995, 412) die Annahme einer Fernwirkung unter Hinweis auf die jeweils im Einzelfall erforderliche Abwägung nicht beanstandet.

2. Verbotene Vernehmungsmethoden

Dem Schutz der Aussage- und Entschließungsfreiheit des Beschuldigten dient auch § 136a StPO mit dem Verbot bestimmter Vernehmungsmethoden. **Adressaten dieser Verbote** sind nur die **staatlichen Strafverfolgungsbehörden** und zwar auch, wenn diese sich privater Helfer bedienen. Dagegen betrifft die Vorschrift Privatpersonen, die privat ermitteln, nicht. 79

a) Unzulässige Methoden

In der Klausur werden nicht alle im Gesetz genannten verbotenen Vernehmungsmethoden eine Rolle spielen. Wenn, dann werden Sie vor der Frage stehen, ob der Beschuldigte durch

- Ermüdung,
- unzulässige Täuschung oder
- das Versprechen eines gesetzlich nicht vorgesehenen Vorteils

zu seiner geständigen Einlassung gebracht worden ist. Andererseits ist der Katalog nicht abschließend. Als verboten kommen auch andere darin nicht aufgeführte Maßnahmen oder Handlungen in Betracht, die die Aussagefreiheit beeinflusst haben können.

aa) Ermüdung

Das Problem einer möglichen Ermüdung des Beschuldigten spielte in den Klausuren der letzten Jahre häufiger eine Rolle. Eine echte Hürde war es nicht. Ermüdende Vernehmungen sind wie durch die Sachlage gebotene nächtliche Vernehmungen zulässig. Die Grenze ist lediglich dann überschritten, wenn durch die Übermüdung des Beschuldigten seine **Willenskraft erschöpft** war und die **Vernehmung unter Ausnutzung dieses Zustands durchgeführt**[113] wurde. Das wird nur in Extremfällen zu bejahen sein, die in den Klausuren durchweg nicht vorlagen. Einen derartigen Extremfall hat der BGH bejaht, nachdem Polizeibeamte eine Beschuldigte vernommen hatten, die vor der Vernehmung 38 Stunden nicht geschlafen und in der schlaffreien Zeit alleine und deshalb unter besonders belastenden Umständen nach verheimlichter Schwangerschaft ein Kind geboren hatte.[114] 80

bb) Täuschung

Der Beschuldigte kann sowohl in **tatsächlicher Hinsicht** als auch in **rechtlicher Hinsicht** getäuscht werden. 80a

- Wurde dem Beschuldigten eine tatsächlich nicht vorhandene „erdrückende" Beweislage vorgespiegelt, wurde er in tatsächlicher Hinsicht getäuscht. Nach der Rechtsprechung des BGH stellen **unbeabsichtigte Irreführungen keine unzulässigen Täuschungen** iSd § 136a StPO dar. Das musste in den Klausuren der letzten Jahre wiederholt erkannt werden.
- Wurde dem Beschuldigten etwa erklärt, er müsse wahrheitsgemäß aussagen oder sein Schweigen könne gegen ihn verwendet werden, so wurde er im Zweifel in rechtlicher Hinsicht getäuscht. Auch falsche Rechtserklärungen des Vernehmenden sind jedoch nur dann unzulässige Täuschungen, wenn der Vernehmende den Beschuldigten **bewusst irregeführt** hat.[115] Eine **versehentlich** falsche Beschuldigtenbelehrung muss dagegen nach § 136 StPO beurteilt werden. Wird ein angehöriger Zeuge fahrlässig falsch über sein Zeugnisverweigerungsrecht belehrt, müssen die sich daraus ergebenden Folgen nach den zu § 52 StPO entwickelten Grundsätzen beurteilt werden.[116]

Auch die sog. kriminalistische List ist in engen Grenzen zulässig. Der Vernehmungsbeamte darf Fangfragen stellen und doppeldeutige Erklärungen abgeben (was zweifelhaft erscheint). Die Abgrenzung kann im Einzelfall sehr schwierig sein. Das Problem dürfte aber keine große Klausurrelevanz haben.

113 Meyer-Goßner/Schmitt/Schmitt StPO § 136a Rn. 8.
114 BGH NJW 2015, 360.
115 BGH NStZ-RR 2021, 142; anders Meyer-Goßner/Schmitt/Schmitt StPO § 136a Rn. 13.
116 BGH NStZ-RR 2021, 142.

cc) Versprechen eines Vorteils

81 Sie können auch auf einen Sachverhalt stoßen, in dem einem Beschuldigten **gesetzlich nicht vorgesehene Vorteile versprochen** wurden. Das Versprechen eines Vorteils erfordert eine **bindende Zusage, auf deren Einhaltung der Beschuldigte vertrauen kann.**

- Unzulässig in diesem Sinne wäre im Rahmen einer polizeilichen Vernehmung die Zusage einer Bewährungsstrafe. Auch die Zusage einer Haftverschonung/Haftbefehlsaufhebung bei einem auf Fluchtgefahr gestützten Haftbefehl gegen ein Geständnis kann das Versprechen eines unzulässigen Vorteils darstellen, wenn das Geständnis an den Grundlagen des Haftgrundes nichts ändern kann.[117]
- Weist der Vernehmende den Beschuldigten dagegen lediglich auf die Möglichkeit der Strafmilderung im Falle einer geständigen Einlassung hin, verspricht er ihm keinen gesetzlich nicht vorgesehenen Vorteil. Zulässig soll auch die Zusage einer Verfahrenseinstellung nach § 154 StPO oder einer Strafmilderung nach § 46b StGB im Falle einer geständigen Einlassung sein. Die Zulässigkeit etwaiger Zusagen wird jedoch auch davon abhängen, wer diese Zusagen macht. Das Absehen von der Verfolgung iSd § 154 I StPO wird nur der Staatsanwalt, die Verfahrenseinstellung gem. § 154 II StPO werden nur der Staatsanwalt und das erkennende Gericht gemeinsam zusagen können. Eine Strafmilderung gem. § 46b StGB kann allenfalls das erkennende Gericht, nicht etwa der Ermittlungsrichter, zusagen. Polizei und Staatsanwaltschaft dürfen den Beschuldigten lediglich auf die sich aus § 46b StGB ergebende Strafmilderungsmöglichkeit hinweisen.

dd) Drohung mit prozessual unzulässigen Maßnahmen

Bewegte der Vernehmende den Beschuldigten mit dem Druck prozessualer Maßnahmen zur Aussage, ohne dass für diese prozessualen Maßnahmen die sachlichen Voraussetzungen vorlagen, stellt auch das eine verbotene Vernehmungsmethode dar.

ee) Andere Maßnahmen

Ob Maßnahmen oder Handlungen außerhalb des Katalogs des § 136a StPO eine verbotene Vernehmungsmethode darstellen, ist am Maß der Beeinträchtigung der Willensfreiheit durch die im Katalog genannten unerlaubten Vernehmungsmethoden zu orientieren. Führt eine Gesamtbewertung zu dem Ergebnis, dass ein unerlaubter Einfluss auf den Willen des Beschuldigten von nicht unerheblicher Stärke ausgeübt wurde, der dazu führte, dass der dazu nicht verpflichtete Beschuldigte ungewollt aussagte, liegt ein nicht mehr hinnehmbares Verhalten und damit eine ebenfalls verbotene Vernehmungsmethode vor.[118]

b) Verwertungsverbot

82 Die Folge eines Verstoßes gegen das Verbot unerlaubter Vernehmungsmethoden ist ein **gesetzliches Verwertungsverbot** gem. § 136a III 2 StPO. Das Verbot der Verwertung der unzulässig erlangten Aussage gilt selbst dann, wenn der Beschuldigte der Verwertung später zustimmt.

Das Verwertungsverbot ist **umfassend**. Es spielt keine Rolle, ob die Einlassung des Beschuldigten be- oder entlastend, richtig oder falsch ist. Die auf verbotenem Wege erlangte Aussage **darf weder unmittelbar noch mittelbar** – durch die Angaben des Vernehmungsbeamten – **verwertet** werden. Hat jedoch im Falle einer zulässigen Täuschung der Beschuldigte diese erkannt und ausgesagt, wird es am **notwendigen ursächlichen Zusammenhang** zwischen Täuschung und Aussage fehlen und das der Annahme eines Verwertungsverbots entgegenstehen.[119]

Noch einmal der Hinweis: Weil es sich um ein selbstständiges Verwertungsverbot handelt, ist zu dessen Begründung keine Abwägung im Sinne der Abwägungslehre erforderlich.

---

117 OLG Köln NStZ 2014, 172.
118 BGH NJW 2019, 789.
119 Meyer-Goßner/Schmitt/Schmitt StPO § 136a Rn. 28.

c) Drittwirkung

Das Verwertungsverbot entfaltet zudem Drittwirkung, indem es auch zugunsten von Mitbeschuldigten wirkt.[120]

d) Fortwirkung

Das sich aus dem Einsatz einer unerlaubten Vernehmungsmethode nach § 136a StPO ergebende Beweisverwertungsverbot kann auf eine Folgevernehmung Fortwirkung entfalten. **83**

Auszugehen haben Sie von dem Grundsatz, dass das Verwertungsverbot wegen eines Verstoßes gegen § 136a StPO sich nur auf die Angaben des Beschuldigten erstreckt, die durch den Verstoß herbeigeführt worden sind. Angaben des Beschuldigten in einer späteren Vernehmung, in der seine Willensfreiheit nicht beeinträchtigt war, sind deshalb ohne Weiteres verwertbar. **Jedoch kann auch in einer zeitlich nachfolgenden Vernehmung die Willensfreiheit des Beschuldigten noch durch den vorangegangenen Verstoß rechtserheblich beeinträchtigt gewesen sein, mit der Folge der Fortwirkung des Verwertungsverbots.**

Ob die Willensfreiheit des Beschuldigten zum Zeitpunkt der Folgevernehmung noch beeinträchtigt war, haben Sie in Ihrer Klausurlösung in einem **ersten Schritt** unter Berücksichtigung der Vorgaben des BGH[121] einzelfallbezogen zu erörtern.

- Für die Beeinträchtigung der Willensfreiheit sollen sprechen:
  - ein naher zeitlicher Zusammenhang zwischen Anwendung der verbotenen Vernehmungsmethode und erneuter Vernehmung,
  - die Schwere der Beeinträchtigung der Willensfreiheit durch den Einsatz der verbotenen Vernehmungsmethode,
  - die pauschale Bestätigung der früheren Aussage oder die schlichte Bezugnahme auf den früheren Aussageinhalt.
- Gegen die Beeinträchtigung der Willensfreiheit soll dagegen sprechen:
  - wenn sich der Beschuldigte oder Zeuge bei der späteren Vernehmung seiner Freiheit, sich von seiner früheren Einlassung zu distanzieren, bewusst ist. Der Schluss darauf soll möglich sein, wenn sich der Beschuldigte in der Folgevernehmung von sich aus im Zusammenhang äußert. Ob das daneben zwingend eine qualifizierte Belehrung voraussetzt, hat der BGH ausdrücklich offengelassen.

Sollten Sie zu dem Ergebnis kommen, dass die Willensfreiheit des Beschuldigten in der Folgevernehmung tatsächlich noch beeinträchtigt war, müssen Sie in einem **zweiten Schritt** prüfen, ob das zu einem Verwertungsverbot für die darin gemachten Angaben führt. Ist dem Beschuldigten schon zu Beginn der Folgevernehmung eine qualifizierte Belehrung erteilt worden, fehlt es bereits an einer Beeinträchtigung der Willensfreiheit. **Es bleibt für ein mögliches Verwertungsverbot also nur der Fall, in dem eine qualifizierte Belehrung nicht erteilt wurde.**

Anders als der unmittelbare Verstoß gegen § 136a StPO führt das Unterlassen einer qualifizierten Belehrung allenfalls zu einem unselbstständigen Verwertungsverbot.

In die deshalb gebotene Abwägung sind einzustellen:

- das Gewicht des Verfahrensverstoßes,
- der zeitliche und situative Zusammenhang der Vernehmungen,
- die Kenntnis des Vernehmungsbeamten davon, dass in der vorangegangenen Vernehmung etwas falsch gelaufen ist,
- die Vorstellung des Beschuldigten, an seine frühere Aussage gebunden zu sein oder davon abrücken zu können,
- das staatliche Interesse an der Sachaufklärung,
- das gegenüber der unerlaubten Vernehmungsmethode verminderte Gewicht der unterlassenen qualifizierten Belehrung.

120 BGH NStZ 2023, 172.
121 BGH NStZ 2021, 431.

e) Fernwirkung

84 Nach der Rechtsprechung soll es **keine Fernwirkung** des Verwertungsverbots geben. Beweismittel, die aufgrund einer durch unzulässige Vernehmungsmethoden zustande gekommenen Aussage erlangt wurden, dürfen verwendet werden.

Auch das ist sehr streitig. Wegen der Einzelheiten kann hier auf die Darstellung zur Fernwirkung eines Verwertungsverbots beim Verstoß gegen das Belehrungsgebot verwiesen werden.

f) Sonderfall: Hörfalle

Bei der klassischen Hörfalle **„veranlassen die Ermittlungsbehörden eine Privatperson, mit einem Tatverdächtigen ohne Aufdeckung der Ermittlungsabsicht ein auf die Erlangung von Angaben zum Untersuchungsgegenstand gerichtetes Gespräch zu führen"**, das ein Beamter oder ein beauftragter Dolmetscher mithört.

Die Hörfallenentscheidung des Großen Senats des BGH[122] aus dem Jahre 1996 sollten Sie unbedingt kennen.

Haben die Ermittlungsbehörden mithilfe einer Hörfalle Angaben des Beschuldigten zur Tat erhalten, sollten Sie in Ihrem Gutachten angelehnt an die Entscheidung des Großen Senats die folgenden Fragen erörtern:

- **Unmittelbare Geltung des § 136 StPO?**
  85 Die Belehrungspflicht wäre nur ausgelöst, wenn das Gespräch der Privatperson mit dem Beschuldigten eine Vernehmung wäre. Das ist nicht der Fall, weil die Privatperson als Vernehmender der Auskunftsperson nicht in amtlicher Eigenschaft gegenübergetreten ist und nicht in dieser Eigenschaft von ihr Auskunft verlangt hat.
  Eine teilweise geforderte Erweiterung des Vernehmungsbegriffs in dem Sinne, dass dazu alle Äußerungen des Beschuldigten gehören, welche ein Strafverfolgungsorgan direkt oder indirekt herbeigeführt hat, lässt sich nicht auf das Gesetz stützen. Ein derartiger Vernehmungsbegriff würde auch Äußerungen eines Beschuldigten erfassen, die ein verdeckter Ermittler veranlasst hat. Das wäre mit dem Sinn und Zweck der §§ 110a ff. StPO nicht vereinbar.
- **Entsprechende Anwendung des § 136 StPO?**
  86 Das Belehrungsgebot soll sicherstellen, dass der Beschuldigte vor der irrtümlichen Annahme einer Aussagepflicht bewahrt wird, zu der er durch die Konfrontation mit dem amtlichen Auskunftsverlangen veranlasst werden könnte. Davon kann aber in einer derartigen Konstellation nicht die Rede sein. Der Beschuldigte weiß, dass er sich gegenüber einer Privatperson nicht zu äußern braucht. Für eine entsprechende Anwendung des § 136 StPO ist deshalb kein Raum.
- **Unzulässige Umgehung des § 136 StPO?**
  87 Auch von einer unzulässigen Umgehung des Belehrungsgebots kann nicht die Rede sein. Der Schutz des Beschuldigten vor der irrigen Annahme eines Aussagezwangs aufgrund des amtlichen Charakters einer Befragung wird nicht dadurch umgangen, dass die vorgeschriebene Belehrung in einer Situation unterbleibt, in der ein solcher Zwang – auch in der Vorstellung des Beschuldigten – nicht bestehen kann.
- **Verbotene Täuschung iSd § 136a StPO?**
  88–89 Die Hörfalle in diesem Sinne stellt auch keine verbotene Täuschung dar. Der Begriff der Täuschung muss einschränkend und an den übrigen verbotenen Mitteln orientiert ausgelegt werden. Mit den übrigen verbotenen Mitteln lässt sich eine Befragung des Beschuldigten, die das Ermittlungsinteresse nicht aufdeckt, nicht gleichstellen.
- **Verstoß gegen den „Nemo-tenetur-Grundsatz"?**
  90 Auch gegen den Grundsatz, dass niemand gezwungen werden darf, sich selbst zu belasten, wird ersichtlich nicht verstoßen. Der Beschuldigte äußert sich nicht aufgrund eines tatsächlichen oder vorgetäuschten Zwanges. Über die Freiwilligkeit seiner Äußerungen gegenüber einer Privatperson kann er nicht im Zweifel sein.

122 BGHSt 42, 139 = NJW 1996, 2940.

- **Rechtsstaatliche Grenzen?**
  Dennoch ergeben sich vor allem aus dem allgemeinen Persönlichkeitsrecht, dem Rechtsstaatsprinzip und dem daraus hervorgehenden Grundsatz des fairen Verfahrens Bedenken, wenn die Ermittlungsbehörden den Beschuldigten durch eine Hörfalle zu Äußerungen veranlassen. 91
  Dagegen steht die mit dem notwendigen Schutz des Gemeinwesens und seiner Bürger begründete Pflicht des Staates zur effektiven Strafverfolgung, die ebenfalls Verfassungsrang hat. Daraus ergibt sich folgende Konsequenz:

  Der Inhalt der durch eine Hörfalle erlangten Angaben eines Beschuldigten darf durch Zeugenbeweis jedenfalls dann verwertet werden, wenn es um die Aufklärung einer Straftat von erheblicher Bedeutung (orientiert an den Katalogen der §§ 98a, 100a, 110a StPO) geht und die Erforschung des Sachverhalts unter Einsatz anderer Ermittlungsmethoden erheblich weniger Erfolg versprechend oder wesentlich erschwert gewesen wäre.

Vergessen Sie nicht, in Ihrem Gutachten mitzuteilen, dass der Inhalt des Gesprächs durch Zeugenbeweis eingeführt werden kann. Als Zeugen kommen sowohl die Privatperson, die das Gespräch geführt hat, als auch der mithörende Beamte in Betracht.

III. Verwertbarkeit von Zeugenaussagen

Neben der Frage nach der Verwertbarkeit von Beschuldigtenangaben kann in der Klausur auch die Frage nach der Verwertbarkeit von Zeugenaussagen eine große Rolle spielen. Im Wesentlichen sind vier Fallgruppen zu unterscheiden: 92

- Können Verstöße gegen die §§ 57, 55 StPO zu einem Verwertungsverbot führen?
- Dürfen die Angaben eines Zeugen, der nicht über ein ihm zustehendes **Auskunftsverweigerungsrecht** belehrt wurde, verwertet werden?
- Dürfen die Angaben eines über ein **Zeugnisweigerungsrecht** belehrten oder zu Unrecht nicht belehrten Zeugen verwertet werden, wenn dieser sich später auf sein Zeugnisverweigerungsrecht beruft?
- Können Zeugenaussagen aufgrund einer **Fernwirkung** eines **Verwertungsverbots** unverwertbar sein?

Die letzte Frage ist bereits durch die vorangegangene Darstellung zur Reichweite eines Verwertungsverbots beantwortet.

1. Die Belehrungspflicht gem. § 57 StPO

Wird ein Zeuge unter Verstoß gegen § 57 StPO nicht über seine Wahrheitspflicht und die Folgen einer falschen Aussage belehrt, führt dieses Unterlassen keinesfalls zu einem Verwertungsverbot im Verfahren gegen den Beschuldigten. 93

Merke: Bei § 57 StPO handelt es sich um eine ausschließlich im Interesse des Zeugen erlassene Ordnungsvorschrift.[123]

2. Das Auskunftsverweigerungsrecht nach § 55 StPO

Das Recht zur Auskunftsverweigerung nach § 55 I StPO beruht auf dem rechtsstaatlichen Grundsatz, dass **niemand gezwungen werden darf, gegen sich selbst oder gegen nahe Angehörige**, auch wenn sie nicht Beschuldigte des Verfahrens sind, **auszusagen**. Die Vorschrift dient allein dem Schutz des Zeugen oder seiner Angehörigen vor Verfolgung wegen einer Straftat oder Ordnungswidrigkeit, die bereits **vor** seiner Vernehmung begangen wurde. Die Vorschrift soll den Zeugen dagegen nicht davor schützen, eine falsche Aussage zu machen. 94

In der Staatsanwaltsklausur wird sich Ihnen die Frage nicht stellen, ob ein Zeuge Auskünfte zu Recht verweigert hat. Angaben, die Sie nicht haben und auch nach einer theoretischen

123 Erneut BGH BeckRS 2023, 21188.

Erörterung nicht haben werden, helfen Ihnen nicht weiter. Ausführungen zur Reichweite des § 55 StPO verbieten sich deshalb, falls der Zeuge – wenn auch zu Unrecht – nicht ausgesagt hat. In Ihrem Gutachten werden Sie sich nur mit § 55 StPO auseinandersetzen müssen, wenn sich die Frage stellt, ob ein zur Sache aussagender Zeuge über das Auskunftsverweigerungsrecht hätte belehrt werden müssen.

a) Gefahr der Verfolgung

95 Dem Zeugen oder seinem Angehörigen muss durch eine wahrheitsgemäße Aussage die Gefahr der Verfolgung wegen einer **Straftat** oder **Ordnungswidrigkeit, die er bereits begangen hat,** drohen. Nicht ausreichend ist, dass sich der Zeuge erst durch die Aussage einer Straftat strafbar machen würde.

Die **Gefahr der Verfolgung** besteht, wenn sich aus der wahrheitsgemäßen Aussage des Zeugen für die Ermittlungsbehörden Tatsachen ergeben könnten, die den Anfangsverdacht einer Straftat oder Ordnungswidrigkeit begründen würden. Bloße, nicht durch konkrete Umstände belegte Vermutungen oder rein denktheoretische Möglichkeiten reichen weder für einen prozessual ausreichenden Anfangsverdacht noch für ein Auskunftsverweigerungsrecht nach § 55 StPO aus.[124] **Ein solcher Anfangsverdacht muss sich auf zureichende tatsächliche Anhaltspunkte und damit auf konkrete Tatsachen stützen**, die dafür sprechen, dass gerade der zu untersuchende Lebenssachverhalt eine Straftat enthält. Dagegen ist die **sichere Erwartung** eines Straf- und Bußgeldverfahrens **nicht erforderlich**.

Nur wenn die Gefahr einer Verfolgung zweifellos ausgeschlossen ist, entfällt das Auskunftsverweigerungsrecht.[125] An der Verfolgungsgefahr fehlt es sowohl bei offensichtlichem Vorliegen eines Rechtfertigungs- oder Entschuldigungsgrundes als auch bei fehlender Strafmündigkeit. Schließlich besteht vor allem dann keine Verfolgungsgefahr mehr, wenn wegen der im Raume stehenden Tat bereits eine rechtskräftige Verurteilung des Zeugen oder seines Angehörigen erfolgt ist.

b) Belehrungspflicht

96 Das Bestehen eines Auskunftsverweigerungsrechts löst die Belehrungspflicht nach § 55 II StPO aus. Eine generelle Hinweispflicht auf das Auskunftsverweigerungsrecht nach § 55 StPO besteht nicht.

c) Folgen des Verstoßes

97 Das Unterlassen der Belehrung des Zeugen nach § 55 II StPO begründet **kein Verwertungsverbot** im Verfahren gegen den Beschuldigten.[126]

Das ist jedoch streitig. In der Klausur werden Sie deshalb gegebenenfalls einige Worte zu dem Problem verlieren müssen. Gegen den BGH und die hM wird zum Teil angeführt, jeder Verstoß gegen Regeln über zulässige Methoden der Wahrheitsfindung berühre auch den Rechtskreis des Beschuldigten. Zudem solle der Beschuldigte durch das Auskunftsverweigerungsrecht vor Falschaussagen des Zeugen geschützt werden.

Mit der Rechtsprechung sollten Sie aber im Rahmen der auch in dieser Konstellation gebotenen Abwägung argumentieren, dass dem **Zeugen**, und nur ihm, durch das **Auskunftsverweigerungsrecht** der **Konflikt** erspart werden soll, sich oder seine Angehörigen durch wahrheitsgemäße Angaben bloßzustellen. Der verletzte § 55 StPO ist als Verfahrensvorschrift nicht dazu bestimmt, die Grundlagen der verfahrensrechtlichen Stellung des Beschuldigten im Strafverfahren zu sichern.

Angaben, die der Zeuge, dem ein Auskunftsverweigerungsrecht nach § 55 StPO zusteht, einmal gemacht hat, sind im weiteren Verfahren verwertbar. Es ist gleichgültig, ob der Zeuge gem. § 55 II StPO belehrt worden ist oder nicht. Beruft sich ein Zeuge erst in einer späteren Vernehmung auf sein Auskunftsverweigerungsrecht, bleiben seine früheren Angaben verwertbar.

Einmal gemachte Angaben bleiben verwertbar. § 252 StPO findet keine entsprechende Anwendung.

124 BGH NStZ 1994, 499.
125 Zu Einzelheiten Meyer-Goßner/Schmitt/Schmitt StPO § 55 Rn. 8.
126 GrS BGHSt 11, 213 (218) = BeckRS 9998, 119131.

Deshalb sind Vorhalte aus der früheren Vernehmung zulässig, auch kann die Verhörsperson als Zeuge über den Inhalt der früheren Angaben vernommen werden.

Zur Klarstellung sei darauf hingewiesen, dass das Unterlassen der Belehrung in einem späteren Verfahren gegen den Zeugen selbst sehr wohl zu einem Verwertungsverbot führen kann.

3. Das Zeugnisverweigerungsrecht nach § 52 StPO

Grund für das Zeugnisverweigerungsrecht des § 52 StPO ist die Rücksicht auf die Zwangslage des Zeugen, der zur Wahrheit verpflichtet ist, aber befürchten muss, dadurch dem beschuldigten Angehörigen zu schaden.[127] 98

In der Klausur können Sie in verschiedenen Konstellationen mit den Wirkungen des Zeugnisverweigerungsrechts konfrontiert werden:

- Liegt ein Verstoß gegen eine Belehrungspflicht vor und welche Auswirkungen hat dieser Verstoß?
- Welche Auswirkungen hat es, wenn sich der Zeuge, der bereits einmal ausgesagt hat, bei bereits ursprünglich vorhandenem oder auch nachträglich entstandenem Zeugnisverweigerungsrecht in einer späteren Vernehmung auf dieses beruft?

a) Kreis der Zeugnisverweigerungsberechtigten

Zur Zeugnisverweigerung berechtigt sind Angehörige des Beschuldigten. Zu den Angehörigen iSd § 52 StPO gehören: 99

- **Verlobte, § 52 I Nr. 1 StPO**
  Das **Verlöbnis** ist ein, **nicht notwendig öffentliches**, gegenseitiges und von beiden Seiten **ernst gemeintes Eheversprechen.** Es ist unwirksam, wenn es, wie bei noch bestehendem anderweitigem Verlöbnis oder bestehender Ehe, gegen die guten Sitten verstößt. 100
  In Klausuren stellte sich wiederholt das Problem, dass eine geschädigte Frau gegen einen „Freund“ Körperverletzungsanzeige erstattete und dann kurze Zeit später unter Hinweis auf ein Verlöbnis keine weitere Aussage mehr machen wollte. Nehmen Sie das behauptete Verlöbnis dann nicht völlig kritiklos hin. Die Annahme, dass ein Verlöbnis tatsächlich gar nicht besteht und die Behauptung nur unter dem Druck des Beschuldigten zustande gekommen ist, ist nahe liegend. Sie sollten zumindest kurz diskutieren, ob und in welchem Umfang die Behauptung der Zeugin zu überprüfen ist. Die daran anzulegenden Maßstäbe dürfen jedenfalls nicht zu streng sein, denn die Zeugin müsste das von ihr behauptete Verlöbnis gem. § 56 StPO nur glaubhaft machen. Eine Tatsache ist schon dann glaubhaft gemacht, wenn das Gericht sie für wahrscheinlich hält.[128] Wenn in der Hauptverhandlung niemand widerspricht, darf das Gericht die Behauptung ohnehin als richtig hinnehmen. Nur wenn es wirklich handfeste Anhaltspunkte dafür gibt, dass das behauptete Verlöbnis nicht besteht, sollten Sie ein Zeugnisverweigerungsrecht ablehnen. Das kann etwa der Fall sein, wenn aus dem Klausursachverhalt hervorgeht, dass einer der angeblich Verlobten noch mit einer anderen Person verheiratet ist.
  Mit **Auflösung** des Verlöbnisses **entfällt** das Zeugnisverweigerungsrecht.
- **Ehegatten und Lebenspartner, § 52 I Nr. 2, 2a StPO**
  Die Ehe muss gültig geschlossen worden sein. Das **Zeugnisverweigerungsrecht besteht** auch **nach Scheidung** oder **Auflösung** der Ehe **fort.** 101
  Ob auch das Zusammenleben in „eheähnlicher Lebensgemeinschaft“ zur Zeugnisverweigerung berechtigt, ist umstritten. Die hM lehnt das im Hinblick auf den Gesetzeswortlaut ab. Im Übrigen werden nur Lebenspartnerschaften im Sinne des Lebenspartnerschaftsgesetzes anerkannt.
- **Verwandte oder Verschwägerte, § 52 I Nr. 3 StPO**
  Personen, die voneinander abstammen, sind in gerader Linie verwandt und haben unabhängig von der Anzahl der vermittelnden Geburten ein Zeugnisverweigerungsrecht. In der Seitenlinie reicht das Zeugnisverweigerungsrecht nur bis zum 3. Grad. Neffen und Nichten 102

127 BGHSt 2, 351 (354) = BeckRS 9998, 124881.
128 Meyer-Goßner/Schmitt/Schmitt StPO § 52 Rn. 4a.

des Beschuldigten steht deshalb ein Zeugnisverweigerungsrecht zu, Cousins und Cousinen haben dagegen kein Zeugnisverweigerungsrecht.
Geht es um Verwandtschaft oder Schwägerschaft, sichern Sie sich durch einen Blick in den Ihnen vorliegenden Kommentar[129] ab.

- **Zeugen ohne ausreichende Verstandesreife oder -kraft, § 52 II StPO**
Denken Sie bei Minderjährigen daran, dass deren Aussage bei mangelnder Verstandesreife der Zustimmung ihres gesetzlichen Vertreters bedarf und dieser ebenfalls gem. § 52 III StPO belehrt worden sein muss. Ist der Vertretungsberechtigte oder ein mitvertretungsberechtigtes Elternteil beschuldigt, bedarf es der Bestellung eines Ergänzungspflegers. Die Verstandesreife des minderjährigen Zeugen ist ausreichend, wenn dieser erkennen kann, dass dem Beschuldigten wegen eines unrechten Verhaltens Strafe droht und seine Aussage zu dessen Bestrafung beitragen könnte. Bei sechzehn- und siebzehnjährigen Zeugen wird die Verstandesreife vorhanden sein. Ist ein minderjähriger Zeuge trotz mangelnder Verstandesreife bereits vernommen worden, kann die Zustimmung des gesetzlichen Vertreters nachgeholt werden.[130]

Beachte: Für ein Zeugnisverweigerungsrecht muss das begründende Verhältnis nicht bereits zum Zeitpunkt der Tat bestanden haben. Maßgebend ist der Zeitpunkt der Vernehmung.

103 Richtet sich das Verfahren gegen **mehrere Beschuldigte**, steht dem Zeugen ein Zeugnisverweigerungsrecht zu, wenn seine Aussage **auch seinen Angehörigen** betrifft. Das ist bereits der Fall, wenn **in irgendeinem Verfahrensabschnitt** ein gegen mehrere Beschuldigte gerichtetes zusammenhängendes einheitliches Verfahren anhängig war. Das Zeugnisverweigerungsrecht erlischt regelmäßig erst, wenn das Verfahren gegen den Angehörigen rechtskräftig abgeschlossen ist. Das gleiche gilt für Tatvorwürfe, hinsichtlich derer das Verfahren gem. § 154 I oder II StPO vorläufig eingestellt worden ist, wenn die in Bezug genommene Verurteilung rechtskräftig geworden ist.[131]

b) Belehrungspflicht

104 Gemäß § 52 III 1 StPO ist der zeugnisverweigerungsberechtigte Zeuge wie der Beschuldigte vor **jeder** Vernehmung – und damit auch vor einer wiederholten – über sein Zeugnisverweigerungsrecht zu belehren.

Wie bei einer Beschuldigtenvernehmung stellt sich auch bei einer Zeugenvernehmung die Frage, wie mit „freiwilligen" Angaben umzugehen ist.

Ist ein Angehöriger von sich aus bei der Polizei erschienen und hat eine Straftat eines Angehörigen angezeigt, so ist von Ihnen zu erörtern, ob und gegebenenfalls wann er, sollte das unterblieben sein, hätte belehrt werden müssen.

Die Rechtsprechung fasst den Begriff der **Zeugenvernehmung** sehr weit. Nicht nur förmliche und protokollierte Vernehmungen, sondern auch nicht protokollierte Anhörungen durch Polizeibeamte und informatorische Befragungen gehören dazu. **Nur Spontanäußerungen** (etwa vor einer Vernehmung), **Äußerungen bei Bitten um polizeiliche Hilfe und Strafanzeigen, mit denen keine Vernehmung verbunden ist, fallen heraus.** In einem Fall wie dem oben genannten Beispielsfall sollten Sie dennoch kritisch überdenken, ob mit der freiwilligen Anzeige tatsächlich keine Vernehmung verbunden war. Aufschluss darüber kann die Form der Dokumentation durch den Aufnehmenden der Anzeige geben. Hat dieser knappe Äußerungen eines Zeugen in Form eines Vermerkes niedergelegt, mag in der Tat einiges dafür sprechen, dass es sich um freiwillige Angaben gehandelt hat. Hat der Aufnehmende dagegen eine „Strafanzeige" mit den Personalien des Anzeigenden, des Beschuldigten und eines Geschädigten angefertigt, so dürfte es fast lebensfremd sein anzunehmen, das könne ohne Rückfragen zur Sachverhaltsschilderung geschehen sein. Die Annahme einer Vernehmungssituation liegt dann nahe.[132]

---

129 Meyer-Goßner/Schmitt/Schmitt StPO § 52 Rn. 6, 7.
130 Meyer-Goßner/Schmitt/Schmitt StPO § 52 Rn. 18, 19.
131 BGH NStZ 2009, 515.
132 Vgl. BGHSt 53, 112 = NJW 2009, 1427 zur vergleichbaren Situation bei vernehmungsähnlichen Gesprächen mit Beschuldigten.

Eine Belehrung über ein Auskunftsverweigerungsrecht nach § 55 StPO kann im Übrigen die notwendige Belehrung über ein Zeugnisverweigerungsrecht nach § 52 StPO nicht ersetzen.

c) Verwertungsverbot

Der Verstoß gegen das Belehrungsgebot führt zu einem unselbstständigen **Verwertungsverbot**. 105

Ausnahmsweise entsteht kein Verwertungsverbot, wenn der Zeuge seine Rechte kannte und auch nach Belehrung ausgesagt hätte. Sollte das der Fall sein, werden Sie im Sachverhalt deutliche Hinweise darauf finden.

Ein Belehrungsmangel kann dadurch geheilt werden, dass der Zeuge nach ordnungsgemäßer qualifizierter Belehrung der Verwertung der früheren Aussage zustimmt.

Wurde eine zeugnisverweigerungsberechtigte Person vom Vernehmenden **fehlerhaft belehrt**, kommt es darauf an, ob der Zeuge vom Vernehmenden wissentlich oder fahrlässig in die Irre geführt wurde.

- Geschah das wissentlich, handelte es sich um eine unzulässige Täuschung, die über die §§ 69 III, 136a III 2 StPO zur Unverwertbarkeit des Aussageinhalts führt. Eine nachträgliche Einwilligung des Zeugen in die Verwertung wäre unbeachtlich.
- **Geschah der Belehrungsfehler dagegen versehentlich, fehlt es an einer Täuschung, sodass § 136a StPO nicht einschlägig ist. Der Schutz des zwischen prozessualer Wahrheitspflicht und Angehörigenverhältnis stehenden Zeugen wird dann durch § 52 StPO gewährleistet. Auch eine versehentlich falsche Belehrung führt danach zu einem Verwertungsverbot. Der Zeuge kann jedoch nach ordnungsgemäßer Belehrung der Verwertung seiner früheren Aussage zustimmen.**[133]

Wurde der angehörige Zeuge bei seiner Vernehmung entgegen § 52 StPO nicht belehrt und verstarb während des weiteren Verlaufs des Ermittlungsverfahrens, dürfen seine Angaben – gegebenenfalls auch durch Verlesung eines polizeilichen Vernehmungsprotokolls – im Interesse der Wahrheitsermittlung verwertet werden, weil für den Zeugen keinerlei Zwangslage mehr besteht.[134]

d) Zeugnisverweigerung und § 252 StPO

Einen Zeugen, der das Zeugnis von Anfang an verweigert, wird es in keinem Klausursachverhalt geben, weil es damit an einer Aussage fehlen würde. Examensrelevant wird ein Zeugnisverweigerungsrecht erst dann, wenn der Zeuge, bevor er sich darauf beruft, bereits eine den Beschuldigten belastende Aussage gemacht hat. Es stellt sich dann nämlich die Frage, ob und wie diese frühere Aussage zu verwerten ist. 106

Verweigert ein Zeuge, der zuvor noch Angaben zur Sache gemacht hat, in einer späteren Vernehmung unter Hinweis auf sein Zeugnisverweigerungsrecht nach § 52 StPO berechtigt das Zeugnis, so richtet sich die Verwertbarkeit seiner früheren Angaben nach **§ 252 StPO**.

aa) Ergänzendes Verwertungsverbot

Die in einer früheren **Vernehmung** gemachte Aussage darf bei berechtigter Zeugnisverweigerung nicht verlesen werden. Ein Widerspruch gegen die Verwertung ist nicht erforderlich.

- Noch einmal: **Anders als beim Tatverdächtigen stellt beim Zeugen auch die informatorische Befragung eine Vernehmung dar.** Wurde der Zeuge nicht belehrt, bleiben damit nur Angaben **verwertbar**, die dieser **außerhalb einer Vernehmung/informatorischen Befragung im Rahmen einer Spontanäußerung** gemacht hat. 107
- Zu den trotz Zeugnisverweigerung jederzeit verwertbaren Angaben des Zeugen gehören auch dessen **schriftliche Mitteilungen und Erklärungen** in dem anhängigen Verfahren oder einem anderen Straf-, Zivil- oder Verwaltungsgerichtsverfahren. Verwertbar bleiben trotz Zeugnisverweigerung auch Erklärungen des Zeugen in Briefen an den Beschuldigten oder gegenüber anderen Zeugen.

133 BGH NStZ-RR 2021, 142.
134 BGH NJW 1968, 559.

- **Nicht verwertbar sind dagegen Urkunden** – oder etwa Tonbandaufzeichnungen[135] –, **die ein zeugnisverweigerungsberechtigter Zeuge im Rahmen einer Vernehmung** den Ermittlungsbehörden **übergeben hat**, wenn er anschließend von seinem Zeugnisverweigerungsrecht Gebrauch macht. Etwas anderes gilt nur, wenn er die Beweismittel im Rahmen einer Spontanäußerung übergeben hat.

Handelt es sich um schriftliche Äußerungen des Zeugen, können diese als Urkunden gem. § 249 StPO eingeführt werden. Spontane Äußerungen und ähnliches werden regelmäßig nur durch Vernehmung des wahrnehmenden Zeugen eingeführt werden können.

Beruft sich der Zeuge in einer späteren Vernehmung zu Recht auf sein Zeugnisverweigerungsrecht, so darf die frühere Aussage auch dann nicht verlesen werden, wenn das Zeugnisverweigerungsrecht **erst danach** entstanden ist.

108 Auch das **Protokoll einer richterlichen Vernehmung** darf **nicht verlesen** werden. Das gilt selbst dann, wenn der Zeuge von dem Richter ordnungsgemäß über sein Zeugnisverweigerungsrecht belehrt wurde.

Aus der Unzulässigkeit der Umgehung des Schutzzwecks der §§ 52 ff. StPO – nicht des § 252 StPO – ergibt sich zudem Folgendes:

Auch jede andere Art der Verwertung – insbesondere die Vernehmung von Verhörspersonen und die Verlesung von auf der Vernehmung beruhenden Schriftstücken (etwa Haftbefehlen) – ist unzulässig, weil sich anderenfalls der durch die §§ 52, 252 StPO gewährte Schutz aushebeln ließe.

Damit ist es verboten, den Inhalt der Vernehmung auf dem Umweg über die Vernehmung von Polizeibeamten und Staatsanwälten einzuführen. Unverwertbar sind auch Angaben eines Zeugen, die dieser als Zusatztatsachen gegenüber einem gerichtlich beauftragten Sachverständigen gemacht hat.[136]

bb) Ausnahmen

Vom Verwertungsverbot gibt es allerdings zwei **wichtige Ausnahmen**:

(1) Vernehmung durch Richter

109 Der Inhalt der Aussage eines Zeugen in einer **richterlichen Vernehmung** darf nach der ständigen Rechtsprechung des BGH durch die Vernehmung der mitwirkenden Richter eingeführt werden,[137]

- wenn das Zeugnisverweigerungsrecht bei der richterlichen Vernehmung bereits bestand
- und der Zeuge ordnungsgemäß belehrt wurde.

Die Einführung des Aussageinhalts auf diesem Wege ist also an folgende Bedingungen geknüpft:

- Das Zeugnisverweigerungsrecht muss bereits zum Zeitpunkt der richterlichen Vernehmung bestanden haben. Ist das **Zeugnisverweigerungsrecht** dagegen erst **nach** der richterlichen Vernehmung entstanden, bleibt die Aussage des Zeugen **unverwertbar.**[138]
  Zudem muss die Vernehmung des Zeugen in einem gegen den Angehörigen des Zeugen gerichteten Straf- oder Bußgeldverfahren erfolgt sein.
- Und selbstverständlich muss der Zeugnisverweigerungsberechtigte in der früheren Vernehmung **als Zeuge** vernommen und ordnungsgemäß nach § 52 StPO belehrt worden sein. War er in seiner früheren Vernehmung in der verfahrensrechtlichen Situation eines Mitbeschuldigten und ist er seinerzeit überflüssigerweise entsprechend § 52 StPO belehrt worden, bleiben seine früheren Angaben unverwertbar, wenn er anschließend als Zeuge (etwa nach rechtskräftigem Abschluss des gegen ihn selbst gerichteten Verfahrens) von seinem Zeugnisverweigerungsrecht Gebrauch gemacht hat.

135 BGH NStZ 2013, 247.
136 BGH NStZ 2007, 353; dazu → Rn. 111.
137 Unter anderem BGHSt 45, 342 = NJW 2000, 1274.
138 In der Tendenz anders BGHSt 45, 342 = NJW 2000, 1274.

- Schließlich muss die Vernehmung auch im Übrigen ordnungsgemäß durchgeführt worden sein (vgl. etwa § 168c II–V StPO). Insbesondere muss das Anwesenheitsrecht des Beschuldigten und seines Verteidigers, das nur gem. § 168c III und V 2 StPO beschränkt werden darf, beachtet worden sein.

Für die Verwertbarkeit von Bild-Ton-Aufzeichnungen gilt: 110

Unter den zuvor dargestellten Voraussetzungen steht die nachträgliche Ausübung eines Zeugnisverweigerungsrechts der Verwertung der Bild-Ton-Aufzeichnung einer früheren richterlichen Vernehmung nach § 255a II StPO nicht entgegen. Denn mit dem verfassungsrechtlichen Gebot bestmöglicher Sachaufklärung wäre nicht vereinbar, auf das regelmäßig überlegene Beweismittel der Videoaufnahme einer Vernehmung zu verzichten und stattdessen den Ermittlungsrichter zum Inhalt der Zeugenaussage zu vernehmen.[139] **In allen anderen Fällen der Bild-Ton-Aufzeichnung einer Zeugenvernehmung ist im Falle nachträglicher Zeugnisverweigerung die Verwertung unzulässig,** weil § 255 I StPO die Vorführung der Aufzeichnung der Verlesung eines Protokolls gleichsetzt. Angesichts des eindeutigen Wortlauts des § 255a I StPO muss ein etwaiger Wertungswiderspruch hingenommen werden.[140]

In einem Anfragebeschluss aus dem Jahr 2014[141] hatte der 2. Senat des BGH die Frage aufgeworfen, ob die Verwertbarkeit der vor Ausübung des Zeugnisverweigerungsrechts in einer richterlichen Vernehmung gemachten Angaben erfordert, dass der Zeuge bereits zu Beginn dieser früheren richterlichen Vernehmung – **qualifiziert** – darüber belehrt wurde, dass die Aussage nach späterer Zeugnisverweigerung im weiteren Verfahren verwertet werden könne. Nachdem sich bereits die übrigen Senate auf den Anfragebeschluss ablehnend geäußert hatten, **hat** auch **der Große Senat für Strafsachen eine derartige Belehrungspflicht abgelehnt.**[142] Zur Begründung hat der Senat angeführt, der Einführung einer Pflicht zu einer derartigen qualifizierten Belehrung bei Vernehmung eines zeugnisverweigerungsberechtigten Zeugen in einer richterlichen Vernehmung bedürfe es nicht. Eine derartige Belehrungspflicht ergebe sich nicht aus dem Gesetz, auch liege keine planwidrige Gesetzeslücke vor. § 252 StPO diene zudem lediglich dem Schutz des Zeugen und sei deshalb nicht geeignet, die mit der qualifizierten Belehrung verbundene weitere Erschwerung der Wahrheitserforschung zu rechtfertigen. Diese wenigen Sätze würden in der Klausurlösung zur Ablehnung der Belehrungspflicht bereits ausreichen.

Im Gutachten sollten Sie mit der Rechtsprechung des BGH die Zulässigkeit einer Vernehmung der richterlichen Verhörsperson mit einer **Güterabwägung** begründen: Angesichts eines nach Belehrung **bewusst erklärten Verzichts** auf die Ausübung des Zeugnisverweigerungsrechts **in der verfahrensrechtlich hervorgehobenen Situation einer richterlichen Vernehmung** ist das öffentliche Interesse an einer effektiven Strafrechtspflege von größerer Bedeutung als das Interesse des Zeugen, sich die Entscheidungsfreiheit über die Ausübung des Zeugnisverweigerungsrechts bis zur späteren Hauptverhandlung erhalten zu können.

Ausnahmsweise entsteht ein Verwertungsverbot – unabhängig von der Vernehmungsform – nicht, wenn die Angehörigeneigenschaft **gezielt** zur Vereitelung der Wahrheitsermittlung im Strafverfahren herbeigeführt wird (etwa eine Heirat oder Verlobung).[143]

(2) Verzicht auf das Verwertungsverbot

(a) Vollständiger Verzicht

Denkbar ist, dass die zeugnisverweigerungsberechtigte Person nach einer ersten Vernehmung erklärt, sie wolle in Zukunft selbst nichts mehr aussagen, stimme aber der Verwertung ihrer früheren Angaben ausdrücklich zu. Ist die Erklärung des Zeugen eindeutig und er über die Folgen seiner Gestattung – **qualifiziert – belehrt** worden, führt ein derartiger Verzicht auf das sich aus § 252 StPO ergebende Verwertungsverbot zur **uneingeschränkten Verwertbarkeit** 110a

139 BGH NStZ 2020, 181.
140 BGH NJW 2004, 1605.
141 BGH NStZ 2015, 710.
142 BGH NStZ-RR 2017, 21.
143 BGHSt 45, 342 (343) = NJW 2000, 1274.

der früheren Angaben.[144] Der Zeuge, der in vollem Umfang über die Ausübung seines Zeugnisverweigerungsrechts entscheiden kann, hat auch die Befugnis, dies in eingeschränkter Form zu tun. Durch die §§ 252, 52 I StPO soll die Entscheidungsfreiheit des Zeugen, sich in einem Strafprozess als Beweismittel zur Verfügung zu stellen und gegen einen Angehörigen auszusagen und so gegebenenfalls zu dessen Belastung beizutragen, geschützt werden.

(b) Teilverzicht

Diese Befugnis hat jedoch im Interesse des Angeklagten und der Allgemeinheit an der Wahrheitserforschung Grenzen. Deshalb ist es dem Zeugen nicht erlaubt, den Umfang der Verwertbarkeit der von ihm bereits vorliegenden Angaben zu bestimmen. **Der Zeuge kann die Zustimmung zur Verwertung früherer Aussagen nicht auf einzelne Vernehmungen beschränken.** Ein derartiger Teilverzicht auf das sich aus § 252 StGB ergebende Verwertungsverbot hat zur Folge, dass **sämtliche früheren Angaben** – mit Ausnahme richterlicher Vernehmungen nach Belehrung über das Zeugnisverweigerungsrecht – **unverwertbar** sind.[145] Ein unzulässiger Teilverzicht führt dagegen nicht zur Verwertbarkeit **aller** früheren Vernehmungen, denn der Zeuge hat seine Erklärung im Zweifel in der fehlerhaften Annahme der Teilbarkeit des Verweigerungsrechts abgegeben, sodass eine wirksame irrtumsfreie Disposition des Zeugen über sein Zeugnisverweigerungsrecht nicht vorlag.[146]

Hat der Zeuge bei seiner früheren Vernehmung einen **Brief des Beschuldigten** mit selbstbelastenden Angaben übergeben und anschließend von seinem Zeugnisverweigerungsrecht mit einem auf den Brief bezogenen Teilverzicht Gebrauch gemacht, dürfte es vertretbar sein, den Brief jedenfalls dann als **unverwertbar** anzusehen, wenn der Zeuge diesen in der früheren Vernehmung zum Bestandteil seiner Aussage gemacht hat.

Der die Aussage verweigernde Zeuge kann auf das Verwertungsverbot nach § 252 StGB mit der Wirkung verzichten, dass seine früheren Angaben verwertbar bleiben. Ein einschränkender Teilverzicht ist dagegen unwirksam.

(c) Folgen für den Beweiswert

Weil sich der Zeuge damit jedoch einer weitergehenden Beurteilung seiner Glaubwürdigkeit und zudem dem Konfrontationsrecht des Angeklagten in der Hauptverhandlung entzieht, ist mit der Beschränkung auf die Verwertung früherer Angaben eine erhebliche Einschränkung des Beweiswerts verbunden.

4. Das Zeugnisverweigerungsrecht nach den §§ 53, 53a StPO

111 Mit dem Zeugnisverweigerungsrecht nach den §§ 53, 53a StPO soll das Vertrauensverhältnis zu bestimmten Berufsgruppen geschützt werden.

a) Kreis der Zeugnisverweigerungsberechtigten

Die zeugnisverweigerungsberechtigten Berufsgruppen ergeben sich aus § 53 I 1 StPO. Für die Klausur relevant sind **Geistliche** (Nr. 1), **Verteidiger** (Nr. 2) und vor allem **Ärzte** (Nr. 3). Das Zeugnisverweigerungsrecht dieser Personengruppen erstreckt sich auf das, was ihnen in der jeweiligen Eigenschaft **anvertraut oder bekanntgegeben**[147] worden ist.

Das Zeugnisverweigerungsrecht eines **Geistlichen** gilt jedoch nur für Tatsachen, die ihm aufgrund seelsorgerischer Tätigkeit anvertraut oder bekannt geworden sind, Kenntnisse aus karitativer oder auch verwaltender Tätigkeit begründen dagegen kein Zeugnisverweigerungsrecht.

Ist ein **Arzt** als bestellter Sachverständiger tätig geworden, hat er kein Zeugnisverweigerungsrecht und muss deshalb selbst dann aussagen, wenn der Beschuldigte ihn nicht von der Verschwiegenheitspflicht entbindet. Die **Angaben** des Arztes, die dieser in seiner Eigenschaft **als Sachverständiger oder auch als Zeuge** gemacht hat, sind dann **auch bei ausdrücklichem Widerspruch** des Beschuldigten **verwertbar**.

144 Erneut BGH NStZ 2020, 432 und 2021, 58.
145 BGH BeckRS 2023, 37467.
146 BGH NStZ 2020, 741.
147 Zu den Einzelheiten der Merkmale vgl. Meyer-Goßner/Schmitt/Schmitt StPO § 53 Rn. 8 und 9.

Im Interesse einer funktionierenden Rechtspflege darf der Kreis der Zeugnisverweigerungsberechtigten nicht erweitert werden.[148] Weder Bankangestellte noch Versicherungsangestellte haben daher ein Zeugnisverweigerungsrecht. Auch ein von einem Zeugen im Hinblick auf die Wissenschaftsfreiheit in Anspruch genommenes Verweigerungsrecht existiert nicht.

Zeugnisverweigerungsberechtigt sind daneben die in **§ 53 I 1 Nr. 3a–5 StPO genannten Berufsgeheimnisträger sowie die in § 53a StPO genannten, an deren Berufsausübung mitwirkenden Personen.** Das Zeugnisverweigerungsrecht der in § 53a StPO genannten Personenkreise ist aus dem Zeugnisverweigerungsrecht der Berufsgeheimnisträger abgeleitet, weshalb die Berufsgeheimnisträger gem. § 53a I 2 StPO über die Ausübung des Rechts entscheiden und eine Entbindung von der Verschwiegenheitspflicht für den Berufsgeheimnisträger gem. § 53a II StPO zugleich für die mitwirkende Person gilt.

b) Belehrungspflicht

Für Berufsgeheimnisträger ist eine **Belehrungspflicht** vom Gesetzgeber **nicht vorgesehen**, weil davon auszugehen ist, dass diese ihre Berufspflichten und damit ihre Schweigepflicht kennen.

c) Entbindung von der Verschwiegenheitspflicht und Widerruf

Die Wirkung der Entbindung von der Verschwiegenheitspflicht ist in § 53 II 1 StPO für die in Abs. 1 S. 1 Nr. 2–3b genannten Berufsgruppen, zu denen Verteidiger und Ärzte gehören, geregelt. Zeugnisverweigerungsrechte nach den Nr. 4 und 5 haben keine Klausurrelevanz.

Die Entbindung von der Verschwiegenheitspflicht nach § 53 II 1 StPO führt zur uneingeschränkten Aussagepflicht. Entbinden kann jeder, zu dessen Gunsten die Schweigepflicht gesetzlich begründet ist.[149] Die Entbindung kann durch den Berechtigten jederzeit widerrufen werden. Für Geistliche begründet die Entbindung von der Schweigepflicht keine Aussagepflicht.

d) Verwertungsverbot

In den Klausursachverhalten werden Sie es ausschließlich mit Berufsgeheimnisträger zu tun haben, die zunächst einmal in polizeilichen oder richterlichen Vernehmungen ausgesagt haben.

aa) Aussage ohne Entbindung

Erfolgte die Aussage des Berufsgeheimnisträgers ohne vorherige Entbindung von der Verschwiegenheitspflicht, wird entweder der Beschuldigte deren Verwertung widersprechen oder der Berufsgeheimnisträger wird nachträglich sein Zeugnisverweigerungsrecht ausüben.

- **Im ersten Fall wird die frühere Aussage verwertbar sein.** Das Gesetz gewährt dem Zeugen insbesondere im Hinblick auf § 203 StGB ein Verweigerungsrecht. **Die Entscheidung, ob er sich der Gefahr einer strafrechtlichen Verfolgung aussetzen will, trifft allein der Zeuge.** Dessen Aussage ist selbst dann verwertbar, wenn sie gegen § 203 StGB verstößt. Einen strafprozessualen Anspruch auf die Zeugnisverweigerung gibt es nicht.[150]
- **Im zweiten Fall ist § 252 StPO anwendbar**, wenn das Zeugnisverweigerungsrecht bereits zum Zeitpunkt der ersten Vernehmung bestand. Durch die nachträgliche Zeugnisverweigerung entsteht ein Verwertungsverbot im selben Umfang und mit denselben Ausnahmen wie im Fall des § 52 StPO. **Der wesentliche Unterschied besteht darin, dass für das Verwertungsverbot nach § 252 StPO bei Aussagen von Berufsgeheimnisträgern (§ 53 StPO) das Zeugnisverweigerungsrecht bereits zum Zeitpunkt der ersten Aussage bestanden haben muss, während es bei Angehörigen (§ 52 StPO) auch nachträglich entstanden sein kann.**
  Denken Sie gegebenenfalls daran, dass Geistliche, die seelsorgerisch tätig waren (§ 53 I 1 Nr. 1 StPO) selbst im Falle einer Schweigepflichtentbindung zur Zeugnisverweigerung berechtigt sind, weil die sich aus § 53 II 1 StPO ergebende Aussagepflicht für sie nicht gilt. Entschließt sich ein Geistlicher nach vorheriger Aussage trotz fortbestehender Schweigepflichtentbindung zur Zeugnisverweigerung, bleibt es bei der Anwendbarkeit des § 252 StPO.

148 Meyer-Goßner/Schmitt/Schmitt StPO § 53 Rn. 2, 3.
149 Meyer-Goßner/Schmitt/Schmitt StPO § 53 Rn. 46.
150 BGH NStZ 2018, 362.

bb) Widerruf der Entbindung

War ein Berufsgeheimnisträger zum Zeitpunkt seiner früheren Angaben von dem Berechtigten von seiner Schweigepflicht entbunden, bleiben dessen Angaben auch dann verwertbar, wenn die Entbindung von der Schweigepflicht nach der Vernehmung widerrufen wurde. § 252 StPO gilt in dieser Konstellation nicht, weil durch die §§ 53, 53a StPO nur die Berufsgeheimnisträger geschützt werden und nicht die Berechtigten, die diese von der Schweigepflicht entbinden können. Weil für den Berufsgeheimnisträger wegen der Schweigepflichtentbindung entsprechend § 53 II StPO zum Zeitpunkt seiner Aussage keine Pflichtenkollision bestand, können seine früheren Angaben durch die Vernehmung der Verhörsperson eingeführt werden.[151] Wegen der Nichtanwendbarkeit des § 252 StPO wird weitergehend auch die Verlesung eines Attestes nach § 256 I Nr. 2 StPO denkbar sein.

5. Verbotene Vernehmungsmethoden

111a Gemäß § 69 III StPO gilt § 136a StPO auch für Zeugen. Werden in einer Zeugenvernehmung also unzulässige Vernehmungsmethoden eingesetzt, führt das ebenfalls zu dem in § 136a III 2 StPO normierten Beweisverwertungsverbot. Die Voraussetzungen dafür und die weiteren Konsequenzen sind entsprechend. Droht der Vernehmende einem Zeugen bei berechtigten Zweifeln mit der Einleitung eines Ermittlungsverfahrens im Fall einer falschen Aussage, ist das zulässig.

IV. Verwertbarkeit sonstiger Beweismittel und Erkenntnisse

112 Für viele der nachfolgend dargestellten Konstellationen gilt allgemein:

Auch wenn Wahrheitserforschungspflicht und Interesse der Allgemeinheit am Funktionieren der Strafrechtspflege nicht schon der Annahme eines Verwertungsverbots entgegenstehen, kommt immer, wenn es an einer richterlichen Anordnung oder Bestätigung einer Ermittlungsmaßnahme fehlt oder diese zwar eingeholt wurde, jedoch nicht den inhaltlichen Anforderungen der Obergerichte entsprach, ein weiterer Gesichtspunkt hinzu:

- Ein **Verwertungsverbot** soll dann **nicht entstehen**, wenn der **Richter bei Kenntnis des Ermittlungsstandes zu dem Zeitpunkt, an dem seine Entscheidung erforderlich war, eine Anordnung oder Bestätigung hätte erlassen müssen** (**hypothetische Ersatzanordnung**). Außerdem darf die Annahme von Gefahr im Verzug durch Polizei und Staatsanwaltschaft nicht willkürlich oder unter grober Verkennung der Rechtslage erfolgt sein.
- **Fehlt** es dagegen an einer der **materiellen Voraussetzungen** für die Beweisgewinnung, wird die **Annahme eines Verwertungsverbots nahe liegen**.

1. Durchsuchung

113 Typisches Klausurproblem ist die Zulässigkeit von Durchsuchungen und Beschlagnahmen und die sich daraus ergebenden Konsequenzen.

Die Zulässigkeit einer Durchsuchung beim Beschuldigten richtet sich nach den §§ 102, 105 StPO. Für Durchsuchungen bei anderen Personen gelten die §§ 103, 105 StPO.

> **Beispiel:** Im klassischen Klausursachverhalt durchsuchen Polizeibeamte unmittelbar nach der Festnahme des Beschuldigten ohne richterliche Anordnung dessen verschlossen aufgefundenes Fahrzeug und stellen Beweismittel sicher, die für den Tatnachweis von großer Bedeutung sind. Sie werden in Ihrem Gutachten die Frage zu beantworten haben, ob diese Beweismittel verwertbar sind.

a) Durchsuchung beim Beschuldigten

114 **Durchsuchung** iSv Art. 13 GG ist das **Betreten von geschützten Räumen** verbunden mit dem **Augenschein** an Personen, Sachen und Spuren.

151 BGH NStZ 2012, 281.

aa) Tatverdacht

Die Durchsuchung setzt einen **Tatverdacht** voraus, der aber noch nicht so weit konkretisiert sein muss, dass die Beschuldigteneigenschaft schon begründet werden kann. Bloße Vermutungen, die nicht auf tatsächliche Anhaltspunkte gestützt werden können, reichen dagegen nicht aus. Die Durchsuchung darf nicht dem Zweck dienen, die Tatsachen, die für einen Anfangsverdacht erforderlich sind, überhaupt erst zu ermitteln.[152] Im Hinblick auf die geringen Anforderungen an den Tatverdacht wird es daran in einer Klausur kaum jemals fehlen. **115**

bb) Durchsuchungsgegenstand

Durchsucht werden dürfen **Wohnungen und Räume**, die der Verdächtige tatsächlich innehat. **116** Dazu gehören auch Arbeits- und Geschäftsräume sowie bloß vorübergehend genutzte Räume wie Hotelzimmer.

Das im Beispielsfall genannte Kraftfahrzeug gehört zu den dem Verdächtigen **gehörenden Sachen**, die ebenfalls nur unter den Voraussetzungen der §§ 102, 105 StPO durchsucht werden dürfen.

Im Gutachten werden Sie Ihre Ausführungen darauf beschränken können, der durchsuchte Gegenstand gehöre zu den in § 102 StPO genannten Gegenständen.

cc) Durchsuchungszweck

Es reicht aus, wenn die kriminalistische Erfahrung die Vermutung, die Durchsuchung werde **117** zum **Auffinden von Beweismitteln** führen, stützt. Das ergibt sich aus einem Vergleich mit § 103 StPO, der – anders als § 102 StPO für Durchsuchungen beim Verdächtigen – für Durchsuchungen bei Dritten fordert, dass **Tatsachen** vorliegen, die eine Aussicht auf einen Durchsuchungserfolg begründen.

In der Klausur sollten Sie sich meistens mit der schlichten Feststellung begnügen können, das Auffinden von Beweismitteln sei zu vermuten gewesen.

dd) Verhältnismäßigkeit

Die Durchsuchung bedarf einer Rechtfertigung nach dem Grundsatz der Verhältnismäßigkeit.[153] **118**

Der Verhältnismäßigkeitsgrundsatz ist von Ihnen unbedingt zu erörtern und erfordert,

- dass die Durchsuchung im Blick auf den bei der Anordnung verfolgten Zweck **Erfolg versprechend** ist,
- dass die Zwangsmaßnahme zur Ermittlung und Verfolgung der Straftat **erforderlich** ist,
- dass der jeweilige Eingriff in **angemessenem Verhältnis zur** Schwere der **Tat und** der Stärke des **Tatverdachts** steht.

Besonderes Augenmerk ist dabei auf die Erforderlichkeit der Durchsuchung zu richten, an der es fehlt, wenn **andere, weniger einschneidende Mittel zur Verfügung stehen** und naheliegende **grundrechtsschonende Ermittlungsmaßnahmen** ohne greifbare Gründe unterbleiben oder zurückgestellt werden.[154] Zu denken dürfte dabei vor allem an die Aufforderung zur freiwilligen Herausgabe sein. Geht es etwa um Beweismittel, in deren Besitz zu sein der Beschuldigte zu seiner Entlastung behauptet, kann er ohne Weiteres zur Herausgabe aufgefordert werden. Kommt er dieser Aufforderung nämlich nicht nach, können aus der etwaigen Nichtvorlage zu seinem Nachteil verwertbare Schlüsse gezogen werden. Dem steht nicht entgegen, dass der Tatverdächtige nicht verpflichtet ist, durch aktives Handeln an der Strafverfolgung mitzuwirken, wenn er sich in dem vorgenannten Sinne zumindest teilweise eingelassen hat. Geht es dagegen um belastende Beweismittel, wird eine Durchsuchung vor dem Hintergrund der Aufklärungspflicht meist erforderlich sein. Ob es dann vielleicht am angemessenen Verhältnis zur Schwere der Tat fehlt, ist Tatfrage. Das BVerfG hat das in der eingangs zitierten Entscheidung, bei der es um hinterzogene Steuern in Höhe von 172 DM ging, offen gelassen.

152 BVerfG NStZ 2019, 352; NJW 2022, 3070.
153 BVerfG wistra 2005, 135. Entsprechend auch BVerfG NJW 2024, 575.
154 BVerfG NJW 2024, 578; NJW 2023, 2257.

ee) Anordnungskompetenz

119 Die Durchsuchung bedarf der Anordnung (§ 105 I StPO), es sei denn, der Verdächtige erklärt sich damit **ausdrücklich einverstanden**. Die stillschweigende Duldung reicht nicht aus.

Von Freiwilligkeit kann auch dann nicht die Rede sein, wenn der Beschuldigte in die Durchsuchung deshalb einwilligt, weil die Polizei unter Hinweis auf eine bereits ergangene Durchsuchungsanordnung Einlass begehrt.

(1) Richterliche Anordnung

Wegen des damit verbundenen Grundrechtseingriffs unterliegt die Durchsuchungsanordnung dem **Richtervorbehalt**.

(2) Anordnung durch Staatsanwaltschaft oder Ermittlungspersonen

119a Genauer werden Sie die Anordnungskompetenz regelmäßig dann untersuchen müssen, wenn die Anordnung von einem Staatsanwalt oder einem Polizeibeamten getroffen worden ist. Denn die **Staatsanwaltschaft und Polizeibeamte als deren Ermittlungsbeamte** iSd § 152 GVG dürfen Durchsuchungen **nur bei Gefahr im Verzug** anordnen. Ein Rangverhältnis in dem Sinne, dass Polizeibeamte, wenn sie eine richterliche Anordnung nicht ohne Verzögerung erlangen können, zunächst versuchen müssen, zumindest eine Entscheidung der Staatsanwaltschaft zu erreichen, lässt sich durchaus begründen.[155]

(a) Gefahr im Verzug

Gefahr im Verzug besteht, wenn die richterliche Anordnung nicht eingeholt werden kann, ohne dass der Zweck der Maßnahme gefährdet wird.[156]

Gefahr im Verzug ist ein **unbestimmter Rechtsbegriff**, sodass der Beamte keinen Beurteilungsspielraum hat und **die Gefahr im Verzug mit einzelfallbezogenen Tatsachen begründet werden muss. Die bloße Möglichkeit eines Beweismittelverlusts reicht dagegen nicht aus.** Das Bundesverfassungsgericht[157] fordert, dass die **Ermittlungsbehörden zum Zwecke der Überprüfbarkeit die maßgeblichen Umstände und ihre behördliche Bewertung zeitnah dokumentieren**. Ob daraus in letzter Konsequenz der Schluss zu ziehen ist, dass bei fehlender Dokumentation das Vorliegen der Voraussetzungen für die Annahme von Gefahr im Verzug zu verneinen ist, hat das Bundesverfassungsgericht[158] offen gelassen.

Bereits wiederholt wurde in Klausursachverhalten nach der Festnahme des Beschuldigten die Eilfallkompetenz für die Anordnung einer Wohnungsdurchsuchung angenommen, weil die Polizei es für möglich hielt, dass sich in der Wohnung des Beschuldigten andere Personen aufhalten und Beweismittel beseitigen könnten. Allein diese abstrakte Möglichkeit wird die Annahme von Gefahr im Verzug nicht rechtfertigen können. Dafür, dass in der Wohnung des Beschuldigten das Auffinden von Beweismitteln zu erwarten ist, werden sich aus dem Sachverhalt zwar meist ausreichend konkrete Hinweise ergeben. Der durch Zeitablauf drohende Beweismittelverlust bedarf jedoch meist genauerer Untersuchung. Gab es überhaupt weitere Personen, die an einer Beweismittelbeseitigung Interesse gehabt haben könnten – etwa weitere Beschuldigte oder vielleicht Angehörige des Beschuldigten? Hatte der Beschuldigte die Möglichkeit, diese zu warnen oder wussten diese aus anderen Gründen von den Ermittlungen und hätten sie Zutritt zur Wohnung gehabt? Auch wenn sich ein Bedürfnis nach einer unverzüglichen Durchsuchung begründen ließe, hätten Sie zu prüfen, ob die Einholung einer richterlichen Anordnung überhaupt zu einer nennenswerten Verzögerung der Durchsuchung geführt hätte. Gibt es im Sachverhalt also Anhaltspunkte dafür, dass eine richterliche Anordnung mit hoher Wahrscheinlichkeit ausreichend zeitnah hätte herbeigeführt werden können?[159]

155 KK-StPO/Greven § 98 Rn. 11 mwN.
156 BVerfGE 51, 97 (111) = NJW 1979, 1539; Meyer-Goßner/Schmitt/Schmitt StPO § 98 Rn. 6.
157 BVerfGE 103, 142 (160) = NJW 2001, 1121.
158 BVerfG NStZ 2003, 319.
159 Die zugrunde liegende Entscheidung BGH NStZ 2024, 307 sollten Sie zur Vorbereitung auf die Examensklausur unbedingt gelesen haben.

Ob eine richterliche Durchsuchungsanordnung rechtzeitig erreicht werden konnte oder die Eilfallkompetenz begründet war, ist aus der Sicht der Ermittlungsbehörden zu dem Zeitpunkt, zu dem sie eine Durchsuchung für erforderlich hielten, zu beurteilen.

Wiederholt die Polizei die Durchsuchung der Wohnung des Beschuldigten am selben Tag, nachdem sie bei der ersten Durchsuchung zu Recht von Gefahr im Verzug ausgegangen war, muss, soweit die Gefahr im Verzug bei der Entscheidung, eine zweite Durchsuchung durchzuführen, nicht mehr besteht, zuvor eine richterliche Durchsuchungsanordnung nach § 105 I 1 StPO eingeholt worden sein.[160] Auf die polizeiliche Anordnung bei der ersten Durchsuchung kann die zweite Durchsuchung nicht mehr gestützt werden, weil mit dem Verlassen der Wohnung die erste Durchsuchung beendet wurde.

Häufig nehmen in Klausursachverhalten die Staatsanwaltschaften des Nachts ihre Eilfallkompetenz an, weil am zuständigen Gericht ein – nächtlicher – **Bereitschaftsdienst** nicht eingerichtet ist und ein Richter nicht erreicht werden kann. Sie werden in einem derartigen Fall nicht zu beurteilen haben, ob ein Bereitschaftsdienst hätte eingerichtet sein müssen, weil das Informationen zum praktischen Bedarf, der über den Einzelfall hinausgeht, erforderlich macht und diese den Klausurrahmen sprengen würden. Vielmehr wird es in solchen Konstellationen darum gehen, ob die Ermittlungsbehörden die Annahme eines Eilfalles hätten vermeiden können, weil eine frühere Antragstellung möglich gewesen wäre oder weil ein Abwarten bis zum Beginn des richterlichen Dienstes nur zu einer kurzfristigen und damit hinnehmbaren Verzögerung der Durchsuchung geführt hätte.

Die richterliche Anordnung bleibt jedoch die Regel, sodass versucht worden sein muss, diese zu erlangen. Dies muss so rechtzeitig wie möglich geschehen sein. Keinesfalls dürfen die Strafverfolgungsbehörden mit dem Durchsuchungsantrag an den Ermittlungsrichter so lange zuwarten, bis die Gefahr eines Beweismittelverlusts tatsächlich entstanden ist, um dann ihre Eilkompetenz anzunehmen. Auch ein derartiges Verhalten war bereits wiederholt Klausurthema.

(b) Eilfallkompetenz nach vorheriger Anrufung des Richters

In mehreren Klausursachverhalten hatten die Ermittlungsbehörden bereits beim zuständigen **119b** Ermittlungsrichter die Anordnung einer Wohnungsdurchsuchung beantragt, letztendlich die Eilkompetenz aber doch in Anspruch genommen, weil mit einer richterlichen Anordnung gar nicht oder aus ihrer Sicht nicht schnell genug zu rechnen war. Das BVerfG[161] hat auch insoweit das Regel-Ausnahme-Verhältnis zwischen richterlicher und nichtrichterlicher Durchsuchungsanordnung betont. **Werde der zuständige Ermittlungsrichter durch einen bei ihm gestellten Antrag auf Erlass einer Durchsuchungsanordnung und der dadurch eröffneten Möglichkeit präventiven Grundrechtsschutzes durch ihn mit der Sache befasst, ende die Eilkompetenz der Ermittlungsbehörden. Diese lebe unabhängig davon, aus welchen Gründen die richterliche Entscheidung über den Durchsuchungsantrag unterbleibe, etwa weil der Richter die Vorlage schriftlicher Antragsunterlagen oder einer Ermittlungsakte fordere, Nachermittlungen anordne oder schlicht bis zum Eintritt der Gefahr eines Beweismittelverlusts noch nicht entschieden habe, auch nicht wieder auf**. Auch wenn der Ermittlungsrichter zeitgleich mit anderen Dienstgeschäften befasst sei, die ihn an einer umgehenden Entscheidung über den Antrag auf eine Durchsuchungsanordnung hindern würden, ändere sich daran nichts. Denn der gleichzeitigen Befassung mit anderweitigen Dienstgeschäften sei gegebenenfalls durch Geschäftsordnungs- und Vertretungsregelungen Rechnung zu tragen, die eine rechtzeitige Entscheidung über den Durchsuchungsantrag regelmäßig gewährleisten müssten. Den Ermittlungsbehörden soll es jedoch im Einzelfall erlaubt sein, sich mit dem Eilrichter in Verbindung zu setzen, um den Zeitbedarf für eine Entscheidung abzuklären und zu diesem Zweck auch den Sachverhalt kursorisch zu umreißen, wenn die Sachverhaltsschilderung so knapp erfolgt, dass sie eine echte Prüfung durch den Richter noch nicht erlaubt.[162]

160 BGH NStZ 2020, 621.
161 BVerfG NJW 2015, 2787.
162 OLG Köln StraFo 2017, 156.

Nach der zitierten Entscheidung des Bundesverfassungsgerichts kann die Eilkompetenz der Ermittlungsbehörden nur neu begründet werden, wenn nach der Befassung des Richters tatsächliche Umstände eintreten oder bekannt werden, die der Möglichkeit einer rechtzeitigen richterlichen Entscheidung im Sinne einer überholenden Kausalität entgegenstehen und die Gefahr eines Beweismittelverlustes begründen. Diese dürfen sich allerdings nicht aus dem Prozess der Prüfung und Entscheidung über diesen Antrag ergeben.

Möglicherweise werden Sie die Frage beantworten müssen, ob die zuvor genannten Grundsätze auf nur einfachgesetzliche Richtervorbehalte (wie beispielsweise § 163f III StPO) zu übertragen sind. Die stark auf den Schutz des Grundrechts der Unverletzlichkeit der Wohnung bezogene Begründung der zitierten Entscheidung spricht zwar auf den ersten Blick nicht zwingend dafür. Andererseits dürfte es schon die Einheit der Rechtsordnung gebieten, die Regeln für die Entscheidungskompetenzen in Eilfällen auf alle Richtervorbehalte mit Eilzuständigkeit der Ermittlungsbehörden zu übertragen. Lediglich wenn es um die anschließende Frage geht, ob ein Verstoß gegen diese Regeln zu einem Verwertungsverbot führen kann, wird sich auf Dauer im Rahmen der gebotenen Gesamtabwägung ein möglicherweise unterschiedliches Gewicht des Richtervorbehalts noch auswirken können.

(c) Nachträgliche Bestätigung der Anordnung

119c Beachten Sie, dass eine nachträgliche richterliche Bestätigung derartiger Anordnungen – anders als bei der Beschlagnahme nach § 98 II StPO – nicht vorgesehen ist und deshalb auch nicht verlangt wird.[163] Das gilt selbst dann, wenn die Staatsanwaltschaft nur wenige Minuten nach ihrer Eilanordnung und noch vor Beginn des Vollzugs der Anordnung Gelegenheit hatte, eine richterliche Bestätigung einzuholen. Anderenfalls müsste der anordnende Beamte Verbindung mit den Vollzugskräften halten und ständig Kontaktversuche zum Gericht unternehmen, nur um Letzteres um Entscheidung ersuchen zu können, sofern dessen Erreichbarkeit schneller eintritt als der Vollzug der Maßnahme beginnt.[164]

Allerdings kann in entsprechender Anwendung des § 98 II StPO die richterliche Entscheidung über die Rechtmäßigkeit einer bereits abgeschlossenen Durchsuchung beantragt und so herbeigeführt werden.

Ob ein eine Durchsuchung anordnender Polizeibeamter als Ermittlungsbeamter iSd § 152 GVG handelte, wird sich durchweg aus dem Hinweis für den Bearbeiter, der dem Klausursachverhalt angefügt ist, ergeben.

ff) Inhalt der Durchsuchungsanordnung

120 Ob eine Durchsuchungsanordnung den inhaltlichen Anforderungen genügt, die sich insbesondere aus der Rechtsprechung des Bundesverfassungsgerichts ergeben, können Sie natürlich nur überprüfen, wenn Ihnen der Inhalt eines derartigen Beschlusses im Klausursachverhalt mitgeteilt wird. Ist das ausnahmsweise der Fall und wird die Rechtmäßigkeit der Durchsuchung auch noch durch den Verteidiger angegriffen, müssen Sie sich damit auseinandersetzen.

An eine Durchsuchungsanordnung sind folgende inhaltliche Anforderungen[165] zu stellen:

- Die Durchsuchungsanordnung muss die Straftat bezeichnen, wegen der die Durchsuchung durchgeführt werden soll.[166]
- Zumindest bei Wohnungsdurchsuchungen sind Angaben zum Inhalt des Tatvorwurfs erforderlich, wenn diese nach dem Stand des Ermittlungsverfahrens ohne Weiteres möglich sind und den Zwecken des Strafverfahrens nicht zuwiderlaufen.[167] Zur Individualisierung der Tat ist die Angabe der Tatzeit unerlässlich.[168]
- **Zweck und Ausmaß der Durchsuchung müssen genannt und zumindest annäherungsweise** (gegebenenfalls durch Beispiele) **begrenzt werden**[169] (Begrenzungsfunktion). Die

163 BGH NStZ 2017, 713.
164 BGH NStZ 2024, 307.
165 Unbedingt lesen: BVerfG NStZ-RR 2005, 203 ff.
166 BVerfG NStZ 2002, 212.
167 BVerfGE 20, 162 (227) = NJW 1966, 1603.
168 BGH BeckRS 2021, 21713.
169 BVerfGE 20, 162 (227) = NJW 1966, 1603.

Begrenzung der Durchsuchung auf Gegenstände, die „Bedeutung für das Ermittlungsverfahren" haben, wird regelmäßig zu unbestimmt sein.
Im Fall des § 103 StPO muss der gesuchte Gegenstand konkret bezeichnet werden.
- Die Verdachtsgründe müssen zumindest grob in tatsächlicher und rechtlicher Hinsicht umrissen werden.

Denken Sie immer daran, dass durch zu hohe Anforderungen an den Inhalt der Durchsuchungsanordnung deren Zweck ad absurdum geführt werden kann, weil die Durchsuchung naturgemäß oft erst dem Ziel dient, den Inhalt des Tatvorwurfs und den Tatverdacht weiter konkretisieren zu können.

Die Übernahme eines von der Staatsanwaltschaft vorbereiteten und mit Antragstellung vorgelegten Entscheidungsentwurfs durch den Ermittlungsrichter erlaubt im Übrigen nicht den Schluss, der Ermittlungsrichter habe es unterlassen, die Voraussetzungen der Durchsuchung eigenverantwortlich und selbstständig zu prüfen.[170] Durchsuchungsanordnungen der Staatsanwaltschaft und ihrer Ermittlungspersonen können auch mündlich erfolgen. Die Anordnung mit der Begründung für die Annahme der Eilkompetenz muss jedoch in den Akten dokumentiert werden.

Ob eine richterliche Durchsuchungsanordnung **mündlich** erfolgen kann oder stets schriftlich abgefasst werden muss, ist umstritten. Der BGH hat jedoch anerkannt, dass **in Eilfällen die fernmündliche Gestattung durch den Ermittlungsrichter den Anforderungen an einen richterlichen Durchsuchungsbeschluss iSd § 105 I StPO genügt.**[171] Denn auch diese Art der vorbeugenden Kontrolle ist ein effektiverer Rechtsschutz als die Wahrnehmung der Eilkompetenz mit nachträglicher richterlicher Bestätigung. Der Inhalt der richterlichen Anordnung muss anschließend in der Ermittlungsakte dokumentiert werden.

gg) Vollzug

Durchsuchungen zur Nachtzeit dürfen nur unter den einschränkenden Voraussetzungen des § 104 I Nr. 1–4 StPO durchgeführt werden. Die Nachtzeit erstreckt sich auf den Zeitraum von 21.00–6.00 Uhr. Denken Sie daran, dass die Beschränkung nur für Raumdurchsuchungen gilt. Ob die Voraussetzungen für eine nächtliche Durchsuchung vorliegen, entscheidet der vollziehende Beamte. Jedoch darf bereits der Ermittlungsrichter seine Durchsuchungsanordnung nach § 105 StPO mit einer entsprechenden Anordnung verbinden.[172] Auch ohne das Vorliegen der Voraussetzungen des § 104 StPO dürfen Durchsuchungen, die außerhalb der Nachtzeit begonnen wurden, in die Nachtzeit hinein fortgesetzt worden sein. 120a

Weil die Durchsuchung selbst kaum in Anwesenheit des Ermittlungsrichters oder der Staatsanwaltschaft stattfindet, sind die vollziehenden Polizeibeamten bei einer Raumdurchsuchung regelmäßig gehalten, zwei **Durchsuchungszeugen** hinzuziehen. Diese Pflicht und Beschränkungen für die Auswahl sind in § 105 II StPO geregelt.

Der Einsatz **unmittelbaren Zwangs** ist durch die Durchsuchungsanordnung gedeckt. So dürfen die vollziehenden Beamten bei der Durchsuchung einer Person körperlichen Zwang anwenden oder zur Durchsuchung einer Wohnung diese gewaltsam öffnen. Natürlich gilt für jede dieser Maßnahmen der Verhältnismäßigkeitsgrundsatz.

Die **Durchsicht von Papieren und Datenträgern**, bei der geprüft wird, ob eine Beweisbedeutung besteht, ist gem. § 110 I, III StPO der Staatsanwaltschaft oder ihren Ermittlungspersonen vorbehalten. Andere Beamte bedürfen dazu der Genehmigung des Inhabers. Werden Papiere und Datenträger zur Durchsicht mitgenommen oder gesichert, kann der Betroffene gem. §§ 110 IV, 98 II 2 StPO jederzeit eine gerichtliche Entscheidung beantragen.

Gemäß § 110 III 2 StPO darf sich die Durchsicht auch auf räumlich vom Durchsuchungsort getrennte Speichermedien erstrecken, soweit auf diese von einem elektronischen Speichermedium vor Ort aus zugegriffen werden kann.

170 NStZ 2021, 59.
171 BGH EBE 2005, 83.
172 Meyer-Goßner/Schmitt/Schmitt StPO § 104 Rn. 1.

hh) Folgen eines Verfahrensverstoßes

121 Mit den Folgen eines Verfahrensverstoßes bei der Anordnung einer Durchsuchung werden Sie sich in der Klausur regelmäßig dann auseinanderzusetzen haben, wenn es um die Frage geht, ob ein durch eine rechtsfehlerhafte Durchsuchungsanordnung erlangter Gegenstand als Beweismittel verwertbar ist.

Während zum Teil vertreten wird, dass jeder Verstoß zu einem Verwertungsverbot führen müsse, steht nach der Rechtsprechung eine rechtsfehlerhafte Durchsuchung der Beschlagnahme eines Gegenstandes und dessen Verwertung als Beweismittel nicht entgegen.[173] Das Bundesverfassungsgericht[174] hat davon allerdings **besonders schwere Verstöße** ausgenommen.

In der Klausur empfiehlt sich folgende Vorgehensweise (im Sinne der Abwägungslehre):

- Haben Ermittlungspersonen **irrig Gefahr im Verzug** angenommen und fehlt es deshalb an einer richterlichen Durchsuchungsanordnung, sollten Sie die Frage aufwerfen, ob derartige Verfahrensverstöße generell zu einem Verwertungsverbot führen können und das unter Hinweis auf die Verpflichtung der Gerichte zur Erforschung der Wahrheit ablehnen. Nur bei besonders groben Verfahrensverstößen wäre ein unselbstständiges Verwertungsverbot begründbar. Ein besonders grober Verfahrensverstoß kann das Unterlassen der Einholung einer richterlichen Durchsuchungsanordnung aber nicht sein, wenn **der Richter die Durchsuchung ohne Weiteres hätte anordnen müssen**, weil die Voraussetzungen dafür erfüllt waren (hypothetische Ersatzanordnung). Ein Verwertungsverbot kann dann nur noch in Betracht kommen, wenn die Durchsuchung **willkürlich unter bewusster Missachtung des Richtervorbehalts erfolgte oder dessen Voraussetzungen in gleichgewichtig grober Weise verkannt wurden.**[175] Ein Verwertungsverbot bezüglich der Erkenntnisse aus Wohnungsdurchsuchungen wird ernsthaft zu erwägen sein, wenn Polizei oder Staatsanwaltschaft sich gegen die oben genannte Entscheidung des BVerfG zum Übergang der Entscheidungskompetenz auf den Ermittlungsrichter hinweggesetzt haben, weil sie etwa den Prozess der Prüfung und Entscheidung durch den Ermittlungsrichter nicht abwarten wollten.
- Hat die Staatsanwaltschaft sich ernsthaft aber vergeblich bemüht, einen Ermittlungsrichter zu erreichen und anschließend fehlerhaft die Eilfallzuständigkeit bejaht, können schon die vorangegangenen Bemühungen gegen die Annahme eines Verwertungsverbots sprechen. Das gilt umso mehr, wenn das Aufklärungsinteresse wegen der Schwere der Straftat groß ist.[176]
- Wurde eine erste Durchsuchung zu Recht wegen Gefahr im Verzug angeordnet, liegt diese jedoch bei einer wiederholten Durchsuchung am selben Tag nicht mehr vor, wird die Missachtung des Richtervorbehalts bei der gebotenen Gesamtabwägung zur Annahme eine Verwertungsverbots für die Ergebnisse aus der zweiten Durchsuchung führen müssen.[177] Für die Frage, ob die Ermittlungsbehörden eine richterliche Entscheidung rechtzeitig hätten erreichen können, kommt es nämlich auf den Zeitpunkt an, zu dem die Staatsanwaltschaft oder ihre Ermittlungsbeamten eine Durchsuchung – in diesem Fall die zweite – für erforderlich hielten.
- Ein Verstoß gegen das Rangverhältnis zwischen Staatsanwaltschaft und Polizei (Ermittlungsbeamte) hat nicht das gleiche Gewicht wie ein Verstoß gegen den Richtervorbehalt und wird deshalb regelmäßig nicht geeignet sein, ein Verwertungsverbot zu begründen.
- Ähnlich wäre zu argumentieren, wenn ein Durchsuchungsbeschluss **inhaltliche Mängel** hätte. Ein besonders grober Verfahrensmangel wäre in dieser Konstellation jedenfalls dann nicht gegeben, wenn trotz der inhaltlichen Mängel die Voraussetzungen für eine Durchsuchung vorgelegen hätten.
- Wird eine mündliche Durchsuchungsanordnung durch den Richter von diesem nicht oder nicht ausreichend dokumentiert, führt das **nicht** zu einem Verwertungsverbot.[178] Trotz der

173 BGH NJW 1989, 1744.
174 BVerfG NJW 1999, 273.
175 BGH NStZ 2007, 601; NStZ-RR 2019, 94; OLG Koblenz NStZ-RR 2021, 144.
176 BGH NStZ-RR 2019, 94.
177 BGH NStZ 2020, 621.
178 BGH NStZ 2005, 392.

vom Bundesverfassungsgericht[179] immer wieder geforderten **Dokumentation** der Anordnung der Durchsuchung wegen Gefahr im Verzug durch den Staatsanwalt (oder durch die Polizei) **führt deren Fehlen** nach der Rechtsprechung des BGH **nicht zu einem Verwertungsverbot.**[180]

- **Selbst wenn es an der Verhältnismäßigkeit der Durchsuchungsanordnung oder gar einem ausreichenden Tatverdacht fehlte, wird sich daraus ein Verwertungsverbot für die aufgrund der fehlerhaften Anordnung erlangten Erkenntnisse nicht zwingend ergeben.**[181]

Die irrtümliche Annahme der Voraussetzungen für eine Durchsuchung zur Nachtzeit führt regelmäßig nicht zu einem Verwertungsverbot. Willkür bei der Annahme kann dagegen im Einzelfall ein Verwertungsverbot begründen. **Sonstige Fehler bei der Durchführung einer Durchsuchung** führen ebenfalls nicht zu einem Verwertungsverbot, sondern berühren allenfalls die Rechtmäßigkeit der Maßnahme. Unterlässt es die Polizei unter Verstoß gegen § 105 II StPO, zu einer Durchsuchung Zeugen hinzuzuziehen, hat das als Ergebnis der gebotenen Abwägung wegen der geringeren Schwere dieses Verfahrensverstoßes kein Verwertungsverbot für die bei der Durchsuchung gefundenen Beweismittel zur Folge.

ii) Zufallsfunde

Für während einer Durchsuchung gemachte **Zufallsfunde**, die auf andere Straftaten hindeuten, **122**
ordnet § 108 I StPO an, dass diese sicherzustellen sind. Enthält die Durchsuchungsanordnung eine Beschränkung auf konkret benannte Beweismittel, bedeutet das nicht etwa ein Verbot für die Sicherstellung von Zufallsfunden, sondern soll die Verhältnismäßigkeit der Durchsuchung garantieren. Die gesetzlich vorgesehene Möglichkeit, Zufallsfunde sicherzustellen, wird davon nicht berührt. Die **gezielte Suche** nach Zufallsfunden ist jedoch unzulässig.

Werden etwaige Zufallsfunde zum Anlass für die weitere Durchsuchung der Wohnung genommen, muss vor der Fortsetzung der Durchsuchung die richterliche Anordnung eingeholt werden. Für eine Eilanordnung der Staatsanwaltschaft wird nur ganz ausnahmsweise Raum sein.

Beachten Sie gegebenenfalls die Sonderregelung für Zufallsfunde bei Wohnungsdurchsuchungen von Presse- und Rundfunkmitarbeitern in Abs. 3.

b) Durchsuchung auf anderen Rechtsgrundlagen

Die Durchsuchung des Beschuldigten kann auch auf der Basis anderer Rechtsgrundlagen zulässig gewesen sein. Für die Aufgabenstellung in der Klausur sind solche Durchsuchungen interessant, soweit diese anders als eine Durchsuchung nach den §§ 102, 105 StPO nicht dem Richtervorbehalt unterliegen und im konkreten Fall zum Auffinden von Beweismitteln für das Strafverfahren führen.

aa) Durchsuchung zur Identitätsfeststellung

Ohne richterliche Anordnung ist zunächst einmal die **Durchsuchung** eines Tatverdächtigen **122a**
zur Feststellung seiner Identität gem. § 163b I 3 StPO zulässig. Voraussetzung ist lediglich, dass die Identifikation sonst nicht oder nur unter erheblichen Schwierigkeiten möglich ist. **Nach Anhaltspunkten für dessen Identität darf die Polizei die Person des Verdächtigen und die von ihm mitgeführten Sachen** durchsuchen. Dazu gehören etwa Taschen aber auch ein vom Tatverdächtigen selbst geführtes Fahrzeug.[182] Unter den Voraussetzungen des § 163b II StPO dürfen auch Unverdächtige durchsucht werden.

Werden bei der Durchsuchung Beweismittel gefunden, die für die Aufklärung der Anlasstat von Bedeutung sind, können diese nach § 94 StGB sichergestellt und anschließend verwertet werden. Sind die gefundenen Gegenstände für eine andere Strafsache von Bedeutung, werden sie als Zufallsfunde gem. § 108 I 1, 2 StPO behandelt.[183]

179 BVerfG NJW 2006, 3267.
180 BGH NStZ-RR 2007, 242.
181 BVerfG NJW 2009, 3225.
182 Meyer-Goßner/Schmitt/Köhler StPO § 163b Rn. 11.
183 Meyer-Goßner/Schmitt/Köhler StPO § 163b Rn. 22.

bb) Durchsuchung zur Eigensicherung

122b In Klausursachverhalten wird es häufig zur Festnahme des Beschuldigten in Tatortnähe und zur sich unmittelbar daran anschließenden Durchsuchung seiner Person kommen. Eine derartige Durchsuchung dient im Zweifel dem Auffinden von Waffen oder sonstigen gefährlichen Gegenständen und damit der Eigensicherung der eingesetzten Polizeibeamten. Sie ist nach den jeweiligen Polizeigesetzen meist im Zusammenhang mit der erforderlichen Identitätsfeststellung **ohne vorherige richterliche Anordnung zulässig**. In der Klausur einzig problematisch wird sein, ob dabei gefundene Beweismittel im Strafverfahren verwertbar sind. Das werden Sie ohne Weiteres bejahen können. Behalten Sie jedoch § 161 III 1 StPO im Auge.

cc) Durchsuchung aufgrund eines Vollstreckungshaftbefehls

122c Der von der Staatsanwaltschaft gem. § 457 II StPO erlassene Vollstreckungshaftbefehl stellt angesichts des Richtervorbehalts nach § 105 StPO für sich keine ausreichende Ermächtigung für eine Wohnungsdurchsuchung dar. Diese ist jedoch in der dem Vollstreckungshaftbefehl zugrunde liegenden **gerichtlichen Anordnung der Freiheitsentziehung durch eine rechtskräftige Entscheidung** (Urteil) zu sehen, die alle Maßnahmen gegen den Verurteilten, die zur Verwirklichung des Strafausspruchs notwendig werden, umfassen. Dazu gehört auch eine **Wohnungsdurchsuchung zum Zwecke seiner Ergreifung**. Deshalb bedarf es einer weiteren richterlichen Durchsuchungsanordnung nicht.[184]

In der Klausur wird es ebenfalls darum gehen, ob in der Wohnung gefundene Beweismittel verwertbar sind. Handelt es sich dabei um echte Zufallsfunde iSd § 108 I StPO, ist das der Fall. Werden die Beweismittel aufgrund einer gezielten Suche nach „Zufallsfunden" oder einer sich an einen Zufallsfund anschließenden Weitersuche gefunden, reicht das vollstreckbare Strafurteil als Grundlage für die Durchsuchung nicht aus, diese bedarf vielmehr einer gerichtlichen Anordnung nach § 105 StPO. Wurde die Durchsuchung trotzdem fortgesetzt, ohne dass ein Eilfall vorlag, lässt sich die Annahme eines Verwertungsverbot selbst dann ernsthaft vertreten, wenn berücksichtigt wird, dass der Verfahrensverstoß wegen der zulässig begonnenen Durchsuchung von minderem Gewicht ist.[185]

dd) Durchsuchung zur Gefahrenabwehr

122d Im Übrigen können Durchsuchungen **ohne richterliche Anordnung** nach dem **Gefahrenabwehrrecht** der Länder zulässig sein. Dem **Richtervorbehalt** unterliegen derartige Durchsuchungen nur, soweit diese **Wohnraum betreffen**. Nur diese Konstellation spielt in Klausuren eine Rolle. Es geht dann um die Frage, ob eine nach gefahrenabwehrrechtlich zulässiger Wohnungsöffnung fortgesetzte Wohnungsdurchsuchung unter Verstoß gegen § 105 StPO zu einem Verwertungsverbot führen kann. Der BGH hat einem derartigen Verfahrensfehler im Hinblick auf die vorangegangene zulässige Wohnungsöffnung bereits wiederholt ein minderes Gewicht beigemessen und nach einer weitergehenden Abwägung jeweils ein Verwertungsverbot abgelehnt.[186]

ee) Sonderfall: Legendierte Kontrolle

122e Im Spannungsfeld zwischen strafprozessualen Durchsuchungen mit Richtervorbehalt und Durchsuchungen zur Gefahrenabwehr ohne Richtervorbehalt bewegen sich sog. **legendierte Kontrollen** durch die Polizei. Typischerweise wird dabei, um laufende Ermittlungsmaßnahmen gegen Hintermänner einer Tat nicht zu gefährden, eine allgemeine Personen- und Verkehrskontrolle vorgetäuscht, um zum Zwecke der Gefahrenabwehr etwa das Inverkehrbringen von Betäubungsmitteln zu verhindern, aber auch um an Beweismittel für das Strafverfahren zu kommen. Nach der Sicherstellung stellt sich die Frage, ob die dabei ohne richterliche Durchsuchungsanordnung erlangten Beweismittel auch strafprozessual verwertet werden dürfen. Der Bundesgerichtshof hat das bejaht.[187] Es gebe **keinen Vorrang der Strafprozessordnung vor dem Gefahrenabwehrrecht**. Auch während bereits laufender Ermittlungen dürfe die Polizei deshalb nach dem Gefahrenabwehrrecht tätig werden. Damit werde der strafprozessuale

184 OLG Koblenz NStZ-RR 2021, 144.
185 OLG Koblenz NStZ-RR 2021, 144 mit weiteren Ausführungen zum gebotenen Abwägungsvorgang.
186 BGH NStZ 2019, 227; NStZ-RR 2019, 94. S. auch OLG Koblenz NStZ-RR 2021, 144.
187 BGH NJW 2017, 3173.

Richtervorbehalt nicht unzulässig unterlaufen. Die Verwertbarkeit strafprozessual bedeutsamer Beweismittel bestimme sich nach § 161 III 1 StPO. Der darin enthaltene Grundsatz der **hypothetischen Ersatzanordnung** mache die aufgrund der gefahrenabwehrrechtlich zulässigen Durchsuchung gewonnenen Beweismittel verwertbar, wenn ein Richter einen entsprechenden Durchsuchungsbeschluss nach § 105 StPO ohne Zweifel erlassen hätte.

c) Durchsuchung bei Dritten

Auch wenn die Durchsuchung bei Dritten in der Klausur regelmäßig keine Rolle spielt, soll **123**
auf einige Besonderheiten hingewiesen werden.

aa) Durchsuchungsgegenstand

Zum Durchsuchungsgegenstand kann auf die obigen Ausführungen verwiesen werden. **Anderer** iSd § 103 StPO ist derjenige, der nicht tat- oder teilnahmeverdächtig ist oder wegen des Vorliegens von Schuld- und Strafausschließungsgründen nicht verfolgt werden könnte. **Anderer** kann auch eine juristische Person sein.

bb) Durchsuchungszweck

Die Durchsuchung darf nur stattfinden

- zur Ergreifung des Beschuldigten,
- zum Auffinden **bestimmter** Beweismittel oder Spuren.

Allenfalls die zweite Konstellation kann für das Ergebnis der Beweiswürdigung von Bedeutung sein.

Merke: Die Durchsuchung ist nur zulässig, wenn aufgrund bestimmter – erwiesener – Tatsachen die Annahme gerechtfertigt ist, dass die Durchsuchung zum Auffinden der Spur oder des bestimmten Beweismittels führen wird.

cc) Verhältnismäßigkeit

Weil der nichtbeschuldigte Dritte aus Sicht der Ermittlungsbehörden keinen Anlass zu den Ermittlungsmaßnahmen gegeben hat, ist es zur Wahrung der Verhältnismäßigkeit regelmäßig geboten, ihm vor der Vollstreckung der Zwangsmaßnahme Gelegenheit zur freiwilligen Herausgabe des sicherzustellenden Gegenstandes zu geben und diese Abwendungsbefugnis ausdrücklich in die Durchsuchungsanordnung aufzunehmen. Auch kann im Einzelfall die Beschränkung auf ein Herausgabeverlangen nach § 95 StPO in Betracht kommen, sofern Beweismittelverlust und Verdunklungsmaßnahmen zu befürchten sind.[188]

dd) Anordnungskompetenz, Inhalt der Durchsuchungsanordnung

Insoweit wird auf die Ausführungen zur Durchsuchung beim Beschuldigten verwiesen.

In der Durchsuchungsanordnung ist dem Betroffenen regelmäßig die zuvor erörterte Abwendungsbefugnis einzuräumen.[189]

ee) Verwertungsverbot

Liegen die materiellen Voraussetzungen des § 103 StPO nicht vor oder wurde der Richtervorbehalt nicht beachtet, führt das nicht zu einem Verwertungsverbot zugunsten des Beschuldigten.[190] Das sollten sie in der gebotenen Kürze in einer nach der Abwägungslehre gebotenen Abwägung begründen und darauf abstellen, dass die Vorschrift nicht der Sicherung der Stellung des Beschuldigten im Strafverfahren dient, sondern allein den Schutz des nicht tatverdächtigen Dritten bezweckt.

Die Durchsuchung darf sich nicht auf beschlagnahmefreie Gegenstände (§ 97 StPO) beziehen.

Auch bei Drittdurchsuchungen dürfen nach § 108 I 1 StPO Zufallsfunde sichergestellt werden. Etwas anderes gilt nur im Fall einer Durchsuchung nach § 103 I 2 StPO: Gemäß § 108 I 3 StPO ist die Sicherstellung von Zufallsfunden dann unzulässig.

188 BGH NJW 2022, 785.
189 BGH NStZ 2022, 306.
190 BGH NStZ 2021, 59.

2. Beschlagnahme

124 Die Zulässigkeit der Beschlagnahme von Beweismitteln richtet sich nach den §§ 94 ff., 98 StPO. Die Zulässigkeit einer Beschlagnahme zum Zwecke der Sicherung der Einziehung (§§ 111b, 111c StPO) spielt an dieser Stelle des Gutachtens, an der es um die Verwertbarkeit von Beweiserkenntnissen geht, keine Rolle.

a) Beschlagnahmegegenstand

Beschlagnahmt werden **dürfen** Gegenstände, die eine **potentielle Beweisbedeutung für die konkrete Untersuchung** haben. Insoweit reicht ein Anfangsverdacht. Beschlagnahmefähig sind nicht nur körperliche Gegenstände, sondern auch digital gespeicherte Informationen. So können auf Endgeräten abgespeicherte E-Mails und Nachrichten von Messenger-Diensten ebenfalls beschlagnahmt werden. Besondere Beschlagnahmevoraussetzungen gelten dafür nicht.

b) Verhältnismäßigkeit

Die Beschlagnahme muss in einem angemessenen Verhältnis zur Tat und zur Stärke des Tatverdachts stehen und für die Ermittlungen notwendig sein.[191]

An der Verhältnismäßigkeit einer Beschlagnahme wird es in einem Klausursachverhalt kaum je fehlen. Deshalb sollten Sie die Verhältnismäßigkeit im Gutachten regelmäßig mit einem schlichten, nicht näher begründeten Satz feststellen.

c) Beschlagnahmeverbote

125 **Unbedingt beachten müssen Sie die sich aus § 97 StPO ergebenden Beschlagnahmeverbote**, mit denen die Umgehung der Zeugnisverweigerungsrechte nach den §§ 52 ff. StPO verhindert werden soll. Das mögliche Beschlagnahmeverbot besteht im Verfahren gegen einen bestimmten Beschuldigten. Bei einem ursprünglich gegen mehrere Beschuldigte geführten Verfahren besteht das Beschlagnahmeverbot fort, wenn ein früherer Beschuldigter durch Abtrennung des gegen ihn geführten Verfahrens inzwischen zum Zeugen geworden ist. Die prozessuale Gemeinsamkeit bleibt bestehen, weil eine den Beschuldigten schützende Verfahrensregel nicht durch den formalen Akt einer Verfahrenstrennung beseitigt werden darf.[192]

Merke: Der Verstoß gegen ein Beschlagnahmeverbot begründet ein Verwertungsverbot.[193]

Das Beschlagnahmeverbot dient dem Schutz der zeugnisverweigerungsberechtigten Person. Deshalb ist das Einverständnis des Beschuldigten mit der Beschlagnahme unbeachtlich. Dagegen verpflichtet die Entbindung von der Schweigepflicht den zeugnisverweigerungsberechtigten Berufsgeheimnisträger zur Herausgabe nach § 95 StPO. Der **Zeugnisverweigerungsberechtigte** kann die Gegenstände auch **freiwillig** herausgeben und damit auf das Beschlagnahme- und Verwertungsverbot verzichten. Geht der freiwilligen Herausgabe allerdings ein Herausgabeverlangen voraus, muss dies mit einer Belehrung darüber verbunden werden, dass eine zwangsweise Durchsetzung des Herausgabeverlangens nicht zulässig sei.

aa) Voraussetzungen

(1) Beschlagnahmefreie Gegenstände, § 97 I, V StPO

125a
- Nr. 1: **schriftliche Mitteilungen** sind alle Gedankenäußerungen, die ein Absender einem Empfänger zur Kenntnisnahme zukommen lässt. Dazu gehören auch E-Mails und Mitteilungen auf Bild- und Tonträgern.
- Nr. 2: **Aufzeichnungen** sind Wahrnehmungen eines Berufsgeheimnisträgers von mündlichen Mitteilungen des Beschuldigten, die auf Papier oder anderem Material festgehalten sind.
- Nr. 3: **andere Gegenstände.**[194]
- Abs. 5: unter engeren Voraussetzungen **Verkörperungen eines Inhalts** (Legaldefinition in § 11 III StGB).

191 BVerfGE 20, 162 (186) = NJW 1966, 1603.
192 BGH NStZ 1998, 471.
193 BGHSt 18, 227 = BeckRS 9998, 114602.
194 Vgl. Meyer-Goßner/Schmitt/Köhler StPO § 97 Rn. 30.

(2) Zeugnisverweigerungsberechtigte Personen

Zum Kreis der Zeugnisverweigerungsberechtigten (§§ 52–53a StPO) gehören:

- Angehörige,
- Geistliche,
- Verteidiger,
- Rechtsanwälte, Notare, Steuerberater und andere,
- Angehörige der Heilberufe,
- Berater iSd § 53 I 1 Nr. 3a, 3b StPO,
- Abgeordnete,
- Hilfspersonen,
- Mitarbeiter von Presse und Rundfunk.

(3) Gewahrsam, § 97 II 1 StPO

Um tatsächlich **beschlagnahmefrei** zu sein, **müssen sich die Gegenstände im Gewahrsam der zeugnisverweigerungsberechtigten Person befunden haben**.

(4) Rückausnahme

Die Beschlagnahmebeschränkungen gelten gem. § 97 II 2 Hs. 1 StPO nicht, wenn **bestimmte Tatsachen den Verdacht der Tatbeteiligung gegen die zeugnisverweigerungsberechtigte Person begründen.** Die Rückausnahme vom Beschlagnahmeverbot setzt einen konkretisierten Tatverdacht gegen den Zeugnisverweigerungsberechtigten voraus. **Beschlagnahme und auch vorausgehende Durchsuchung und Sichtung (§ 110 StPO) dürfen nicht der Ermittlung der den Verdacht begründenden Tatsachen dienen, sondern setzen den Verdacht bereits voraus.**[195]

Weitere Einschränkungen der Beschlagnahmefreiheit ergeben sich aus § 97 II 2 Hs. 2 StPO, der insbesondere **Tatprodukte und Tatmittel von der Beschlagnahmefreiheit** ausnimmt. Verlieren Sie diese Ausnahmen im Ernstfall nicht aus dem Auge!

bb) Erweiterungen des Beschlagnahmeverbots

In Klausuren kann von Ihnen zu diskutieren sein, ob ein Beschlagnahmeverbot mit einem daraus folgenden Verwertungsverbot auch dann in Betracht kommt, wenn sich der beschlagnahmte Gegenstand nicht als Mitteilung im obigen Sinne erweist und/oder sich der beschlagnahmte Gegenstand nicht **im Gewahrsam** der zeugnisverweigerungsberechtigten Person befand. **125b**

(1) Mitteilung noch im Gewahrsam des Beschuldigten

Handelt es sich bei dem beschlagnahmten Gegenstand um eine **Mitteilung** des Beschuldigten an seinen Verteidiger, **die der Beschuldigte noch** (oder wieder) **in seinem Gewahrsam hatte**, ergibt sich die Beschlagnahmefreiheit und daraus folgend ein Verwertungsverbot ergänzend aus § 148 I StPO. Die Vorschrift schützt neben den §§ 53 I, 97 I und 160a StPO die ungehinderte schriftliche und mündliche Kommunikation des Beschuldigten mit seinem Verteidiger.[196]

(2) Sonstige Verteidigungsunterlagen

Handelt es sich bei den beschlagnahmten Unterlagen **nicht um Mitteilungen** des Beschuldigten an seinen Verteidiger so kann sich der Schutz vor Beschlagnahme **unabhängig von den Gewahrsamsverhältnissen** auch aus einer entsprechenden Anwendung des § 97 I StPO iVm Art. 2 I, 20 III GG ergeben. Damit sollen sonstige Verteidigungsunterlagen vor staatlichem Zugriff geschützt werden. **Verteidigungsunterlagen** sind alle Unterlagen, die sich ein Beschuldigter im Verlaufe eines Strafverfahrens zur Vorbereitung oder Konzeption seiner Verteidigung anfertigt. Diese müssen nicht erforderlich an den Verteidiger gerichtet und damit nicht einmal Mitteilungen iSd § 97 I Nr. 1 StPO sein. Das rechtsstaatliche Gebot, dem Be-

195 BVerfG BeckRS 2021, 39283.

196 Zum Schutz der mündlichen Kommunikation vgl. BGH BeckRS 2018, 22950 = JA 2019, 308: Die Vertraulichkeit der Verteidigerkommunikation wird nicht durch Strafverfolgungsorgane verletzt, wenn sich der Beschuldigte in Anwesenheit von Ermittlungsbeamten gegenüber dem Verteidiger in einer Weise äußert, dass dies ohne Weiteres wahrgenommen werden kann.

schuldigten jederzeit die Möglichkeit einer geordneten und effektiven Verteidigung zu geben, hat gegenüber dem staatlichen Interesse an einer funktionierenden Strafrechtspflege Vorrang. Das Verteidigungsrecht des Beschuldigten würde in erheblichem Maße beeinträchtigt, wenn seine Verteidigungsunterlagen beschlagnahmt und anschließend zu seinen Lasten verwertet werden könnten.[197]

Unterlagen, die der Beschuldigte erkennbar zum Zwecke seiner Verteidigung erstellt hat, sind grundsätzlich und unabhängig von den Gewahrsamsverhältnissen beschlagnahmefrei.

d) Anordnungskompetenz

126 Die Beschlagnahme unterliegt dem **Richtervorbehalt**. Allerdings kann sie bei Gefahr im Verzug durch die Staatsanwaltschaft und deren Ermittlungspersonen angeordnet werden. Ist in Ihrem Klausursachverhalt die Beschlagnahme durch die Staatsanwaltschaft oder deren Ermittlungspersonen angeordnet und noch nicht richterlich bestätigt worden, hindert das die Verwertung nicht. Im Gutachten werden Sie, wenn der Gegenstand für den Tatnachweis Bedeutung hat, allenfalls kurz darlegen müssen, ob die Voraussetzungen für eine richterliche Bestätigung erfüllt sind. Die Verpflichtung, eine richterliche Bestätigung der Anordnung nachzuholen, besteht gem. § 98 II 1 StPO ohnehin nur dann, wenn der Beschuldigte bei der Beschlagnahme nicht anwesend war oder der Beschlagnahme widersprochen hat. Im Fall einer freiwilligen Herausgabe bedarf es also nicht der Herbeiführung einer richterlichen Entscheidung durch Staatsanwaltschaft oder Polizei.

Ein Verstoß gegen den Richtervorbehalt kann nicht zuletzt wegen der Möglichkeit, die Beschlagnahmeanordnung nachzuholen, allenfalls bei willkürlicher Annahme von Gefahr im Verzug und bewusster Umgehung des Richtervorbehalts zu einem **Verwertungsverbot** führen.

Geht es um eine Beschlagnahmeanordnung aufgrund der Rückausnahme gem. § 97 II 2 Hs. 1 StPO muss der konkretisierte Tatverdacht gegen die zeugnisverweigerungsberechtigte Person schon zum Zeitpunkt der richterlichen Anordnung vorgelegen haben.

In Ihrer Abschlussverfügung müssen Sie gegebenenfalls einen Antrag auf richterliche Bestätigung der Beschlagnahme stellen.

e) Besondere Beschlagnahmegegenstände

aa) Smartphones

127 Nach § 94 StPO dürfen auch Datenträger und darauf gespeicherte Daten sichergestellt und beschlagnahmt werden. Das gilt auch für **Smartphones**, und zwar auch dann, wenn die Sicherstellung/Beschlagnahme das anschließende Auslesen der gespeicherten Daten – in Klausursachverhalten häufig Fotos oder Videos – ermöglichen soll. Das Auslesen ist ohne Weiteres zulässig und unterliegt insbesondere nicht den Einschränkungen der §§ 100a ff. StPO, weil es nicht um einen Zugriff auf Daten im Herrschaftsbereich eines Telekommunikationsdienstanbieters geht.[198]

Wie in der Praxis können die Polizeibeamten auch in Klausursachverhalten vor dem Problem stehen, wie sie sich bei aktivierter Bildschirmsperre den Zugriff auf die auf dem Smartphone gespeicherten Daten ermöglichen.

- Besteht der Zugriffsschutz aus einer **PIN**, wird der Beschuldigte diese freiwillig herausgegeben haben. Hätte die Polizei die PIN über eine Täuschung erlangt, müssten Sie ein aus § 136a StPO abzuleitendes Verwertungsverbot diskutieren.
- Bei einem Zugriffsschutz über biometrische Daten wie etwa **Fingerabdruck oder Gesichtserkennung** hat die Polizei zum Zwecke der Entschlüsselung des Smartphones möglicherweise durch die Anwendung unmittelbaren Zwangs auf die biometrischen Merkmale des Beschuldigten zugegriffen. Ob so erlangte Daten verwertbar sind, ist sehr umstritten. In

197 BGHSt 44, 46 = NJW 1998, 1963.
198 Meyer-Goßner/Schmitt/Köhler StPO § 94 Rn. 16a.

Ihrer Klausur sollten Sie als Rechtsgrundlage für ein derartiges Vorgehen § 81b I StPO nennen und mit den Befürwortern dieser Lösung argumentieren:[199]
Eine Verwendungsbeschränkung von Lichtbildern und Fingerabdrücken auf reine Identifizierungszwecke sei in der Vorschrift nicht vorgesehen, weil die genannten Maßnahmen auch vorgenommen werden dürften, **soweit es für die Zwecke der Durchführung des Strafverfahrens notwendig** sei. Dass das eigentliche Ziel des Eingriffs nicht in der Entsperrung der biometrisch gesicherten Daten, sondern in dem dadurch ermöglichten Zugriff auf diese Daten liege, mache den durch § 81b I StPO gedeckten Eingriff nicht unzulässig, weil der anschließende Zugriff auf die gespeicherten Daten durch Rechtsgrundlagen wie § 94 StPO oder § 110 StPO gestützt sei. Auch der Nemo-tenetur-Grundsatz stehe derartigen Maßnahmen nicht entgegen, weil dadurch nur der Zwang zu aktiver Mitwirkung verboten werde. In bestimmten Situationen dürfe der Beschuldigte aber gezwungen werden, gegen ihn gerichtete Beweiserhebungsmaßnahmen passiv zu dulden.

bb) E-Mails

Haben Sie es in einer Klausur mit einer „E-Mail-Beschlagnahme“ zu tun, müssen Sie sehr sorgfältig unterscheiden, in welcher Phase des E-Mail-Verkehrs der Zugriff erfolgte. Dabei sind vier verschiedene Phasen zu unterscheiden:[200]

- **1. Phase – Die Übertragung der E-Mail vom Absender an den Provider** stellt unstreitig einen Kommunikationsvorgang dar, der Zugriff unterliegt den strengen Voraussetzungen des § 100a StPO. **Das bedeutet, dass im Rahmen einer ordnungsgemäß angeordneten Telefonüberwachung nach den §§ 100a, 100e StPO der Übertragungsvorgang von E-Mails überwacht und ausgewertet werden darf.**
- **2. Phase – Speicherung der E-Mail beim Provider**
  Für den Zugriff auf E-Mails, die auf Servern des Providers gespeichert sind, ist zu unterscheiden, ob der Zugriff offen oder verdeckt erfolgte.
  - **Für den Zugriff durch eine offene Beschlagnahme sind die §§ 94, 98 StPO als Ermächtigungsgrundlage anerkannt.**[201] Zwar gehört auch die Phase der Speicherung beim Provider zum Telekommunikationsvorgang, weil Art. 10 I GG nicht von einem technischen Kommunikationsbegriff ausgeht, sondern auf die Schutzbedürftigkeit des Grundrechtsträgers aufgrund der Einschaltung eines Dritten in den Kommunikationsvorgang abstellt. Jedoch sind Eingriffe in das Fernmeldegeheimnis nicht nur aufgrund der §§ 99, 100a ff. StPO, sondern auch aufgrund der §§ 94 ff. StPO möglich. Ein entgegenstehender gesetzgeberischer Wille ist nicht erkennbar. Geht es nicht um einen heimlichen Eingriff in das Fernmeldegeheimnis oder den Zugriff auf umfassend und verdachtslos vorgehaltene Datenbestände, sondern um eine aus einer Durchsuchung folgende, offene und durch den Ermittlungszweck begrenzte Maßnahme außerhalb eines laufenden Kommunikationsprozesses, ist der Betroffene weniger schutzbedürftig, sodass es der Begrenzung der E-Mail-Beschlagnahmen auf Fälle, in denen der Verdacht einer schweren Katalogtat besteht, nicht bedarf. Der Wortsinn des § 94 StPO erlaubt es zudem, die Vorschrift auch auf nichtkörperliche Gegenstände anzuwenden.[202]
    War die Beschlagnahme als solche rechtmäßig, sodass die Ermittlungsbehörden befugt Kenntnis der daraus herrührenden verfahrensrelevanten Tatsachen erhalten haben, führt regelmäßig auch das pflichtwidrige Unterlassen der nach den §§ 33 I, 35 II StPO gebotenen Bekanntmachung nicht zu einem Verwertungsverbot.[203]
  - **Ein verdeckter Zugriff darf dagegen nur unter den engen Voraussetzungen für eine Telekommunikationsüberwachung nach den §§ 100a, 100e StPO erfolgen.** Die mit der Heimlichkeit der Maßnahme verbundene gesteigerte Eingriffstiefe korrespondiert mit der im Vergleich zu § 94 StPO deutlich höheren Eingriffsschwelle, sodass § 100a I 1 StPO eine ausreichende Ermächtigungsgrundlage für den Zugriff auf beim Provider

199 Rottmeier/Eckel NStZ 2020, 193; im Ergebnis auch LG Ravensberg NStZ 2023, 446 mit abl. Praxiskommentar Horter.
200 Bär NStZ 2009, 397 mit weiteren Einzelheiten.
201 BVerfG NJW 2009, 2431; BGH NJW 2010, 1297 = StV 2011, 73.
202 Meyer-Goßner/Schmitt/Schmitt StPO § 94 Rn. 4.
203 BGH NStZ 2015, 704.

gespeicherte E-Mails darstellt. Liegen die Voraussetzungen für eine Telekommunikationsüberwachung vor, dürfen die Ermittlungsbehörden nicht nur auf E-Mails zugreifen, die während des angeordneten Überwachungszeitraums über den Provider versandt und bei ihm zwischengespeichert werden. **§ 100a I 1 StPO erlaubt dann auch den Zugriff auf endgespeicherte, ruhende E-Mails.** Denn trotz der Endspeicherung bleibt der Provider dauerhaft in die weitere E-Mail-Verwaltung auf seinem Mailserver eingeschaltet. So kann der Nutzer bei seinem Provider gespeicherte Daten für sich auf einem Bildschirm nur lesbar machen oder löschen, indem er eine Internetverbindung zum Mailserver des Providers herstellt. Der Zugriff ist zudem nicht auf E-Mails beschränkt, die nach Anordnung der TKÜ-Maßnahme versandt oder empfangen wurden. Denn eine entsprechende zeitliche Einschränkung hat der Gesetzgeber nur für die Quellen-TKÜ nach § 100a V 1 b StPO vorgesehen. Im Übrigen dürfen beim Provider endgespeicherte E-Mails nach § 94 StPO ohne Rücksicht auf den Zeitpunkt ihrer Speicherung beschlagnahmt werden. Angesichts der im Vergleich zur Beschlagnahme deutlich strengeren Anforderungen ist dieser Zugriff erst recht mit einer Telekommunikationsüberwachung nach § 100a I 1 StPO zulässig.[204]

Auf E-Mails, die beim Provider gespeichert sind, darf offen mit einer Beschlagnahme gem. §§ 94 ff. StPO und verdeckt mit einer Telekommunikationsüberwachung gem. §§ 100a ff. StPO zugegriffen werden. Die Ermittlungsmethoden nach § 94 und § 100a StPO schließen sich nicht gegenseitig aus, sondern ergänzen sich.

- **3. Phase – Während der Übertragung der E-Mail nach Abruf an den Empfänger** findet dagegen wieder ein Telekommunikationsvorgang statt, sodass ein Zugriff in dieser Phase wiederum nur unter den Voraussetzungen des § 100a StPO zulässig ist.
- **4. Phase – Mit Ankunft der Nachricht beim Empfänger** endet der Schutzbereich des Art. 10 GG. Das hat zur Folge, dass auf die beim Empfänger gespeicherten E-Mails ohne Weiteres aufgrund der weiten Voraussetzungen der §§ 94 ff. StPO zugegriffen werden darf.

Die Problematik war schon in verschiedenen Bundesländern Klausurthema.

cc) Tagebücher

Auch ordnungsgemäß beschlagnahmte Tagebuchaufzeichnungen können unverwertbar sein, wenn durch deren Verlesung in den Kernbereich privater Lebensgestaltung eingegriffen wird, der unantastbar und jeder Einwirkung öffentlicher Gewalt entzogen ist.[205] Deshalb können insbesondere **Tagebuchaufzeichnungen, die die Intimsphäre eines Beschuldigten oder Zeugen betreffen, einem Beweisverbot unterliegen**. Maßgebend ist die inhaltliche Qualität der Aufzeichnungen.

- Aufzeichnungen, die nur äußeres Geschehen festhalten, dürfen verwertet werden.
- Auch Aufzeichnungen über **begangene oder bevorstehende schwere Straftaten** dürfen verwertet werden, weil sie nicht zum Kernbereich privater Lebensgestaltung gehören.
- Geht es um **intime Aufzeichnungen** aus dem **Kernbereich privater Lebensgestaltung,** werden Sie in der Klausur ein Beweisverwertungsverbot vertreten müssen. Der BGH[206] forderte grundsätzlich eine Abwägung zwischen dem Persönlichkeitsschutz und dem Interesse an einer „funktionsfähigen Rechtspflege, ohne die der Gerechtigkeit nicht zum Durchbruch verholfen werden kann“. Aus der neueren Rechtsprechung ergibt sich jedoch, dass Aufzeichnungen aus dem unmittelbaren Kernbereich privater Lebensgestaltung dem staatlichen Zugriff von vornherein und uneingeschränkt entzogen sind, sodass sogar die sonst nach der Abwägungslehre gebotene Abwägung unzulässig ist. Der Schutz ist dann absolut. Ob ein Umstand wie eine Tagebuchaufzeichnung im Strafverfahren in diesen absolut geschützten Bereich gehört, hängt „neben dem subjektiven Willen des Betroffenen zur Geheimhaltung davon ab, ob er nach seinem Inhalt höchstpersönlichen Charakters ist

204 BGH NStZ 2021, 355.
205 BVerfGE 34, 238 (245) = NJW 1973, 891.
206 BGHSt 34, 397 ff. = NJW 1988, 1037.

und in welcher Art und Intensität er aus sich heraus die Sphäre anderer oder die Belange der Gemeinschaft berührt“[207].

dd) Postbeschlagnahme

Die Voraussetzungen für eine Postbeschlagnahme beim Postunternehmen sind in § 99 I StPO geregelt. 128

Postbeschlagnahme ist die Weisung an ein Postunternehmen die bereits vorliegenden oder künftig zu erwartenden Postsendungen oder einzelne von ihnen auszusondern und auszuliefern.[208]

Eine Postbeschlagnahme in diesem Sinne ist zulässig, wenn

- sich das Verfahren bereits **gegen einen bestimmten Beschuldigten** richtet,
- die Sendung **an ihn gerichtet** ist
- oder sich aus konkreten Tatsachen ergibt, dass die Sendung
  - **von ihm herrührt oder**
  - **obwohl nicht an ihn adressiert für ihn bestimmt ist,**
- der **Verhältnismäßigkeitsgrundsatz** beachtet wird
  - konkretisierter Verdacht
  - hinsichtlich einer nicht nur geringfügigen Tat
- die **Verteidigerpost im Hinblick auf § 148 StPO ausgenommen** ist.

Hat die Sendung bereits den Empfänger erreicht, der nicht Beschuldigter ist, kann diese iSd § 97 StPO beschlagnahmefrei sein, wenn der Empfänger gem. §§ 52, 53 StPO zeugnisverweigerungsberechtigt ist. Es würde sich dann jedoch nicht um eine Postbeschlagnahme gem. § 99 I StPO handeln, sondern es ginge um eine einfache Beschlagnahme nach § 94 StPO.

Der früher als Minus gegenüber der Beschlagnahme anerkannte **Auskunftsanspruch** über Postsendungen ist mittlerweile in § 99 II StPO gesetzlich geregelt. Er umfasst die Auskunft über Postsendungen, die an den Beschuldigten gerichtet sind, von ihm herrühren oder für ihn bestimmt sind. Dieser Auskunftsanspruch erstreckt sich auch auf Sendungen aus der Vergangenheit, § 99 II 1, 4 StPO. Der Umfang des Auskunftsanspruchs ergibt sich aus § 99 II 2 Nr. 1–6 StPO. Ebenfalls geregelt hat der Gesetzgeber den **Umgang mit der Kenntnis vom Inhalt einer Sendung.** Auskunft darüber darf gem. § 99 II 3 StPO nur verlangt werden, wenn Personen oder Unternehmen davon in rechtmäßiger Weise Kenntnis erlangt haben. Das Verfahren für die Postbeschlagnahme und das Auskunftsverlangen sind in § 100 StPO und ergänzend in Nr. 77 ff. RiStBV geregelt. Eine zeitliche Begrenzung des Auskunftsanspruchs hat der Gesetzgeber nicht vorgesehen. Diese kann sich jedoch aus dem Verhältnismäßigkeitsgrundsatz ergeben.

- Die Postbeschlagnahme und das Auskunftsverlangen unterliegen dem **Richtervorbehalt,** § 100 I Hs. 1 StPO.
- Die **Staatsanwaltschaft** ist zur Beschlagnahme befugt,
  - bei **Gefahr im Verzug,** § 100 I Hs. 2 StPO,
  - wenn **innerhalb von drei Tagen gerichtliche Bestätigung** erfolgt, § 100 II StPO.

Beachte: Lagen die materiellen Voraussetzungen für eine Postbeschlagnahme oder ein Auskunftsverlangen nicht vor, besteht wegen der Schwere des Verstoßes ein unselbstständiges Verwertungsverbot.

Verstöße gegen § 100 I StPO sollen sich dagegen nur auswirken, wenn die Staatsanwaltschaft **willkürlich** Gefahr im Verzug angenommen hat (vgl. die Darstellung zur Durchsuchung). Wird die **Anordnung** der Staatsanwaltschaft **nicht innerhalb der Dreitagesfrist richterlich bestätigt, verliert** sie ihre **Wirksamkeit.** Jedoch geschieht das nicht rückwirkend, sodass bereits beschlagnahmte Post beschlagnahmt bleibt. 129

207 BVerfG BeckRS 2011, 87015.
208 Meyer-Goßner/Schmitt/Schmitt StPO § 99 Rn. 5, 14.

130 Wie Sie an der vorstehenden Darstellung erkannt haben werden, birgt die Anordnung der Postbeschlagnahme nach §§ 99, 100 StPO kaum wirkliche Probleme. Seien Sie deshalb sehr aufmerksam, wenn in einem Klausursachverhalt Briefverkehr beschlagnahmt wurde. Es wird dann möglicherweise eher darum gehen, dass Sie sorgfältig danach unterscheiden, bei wem die Beschlagnahme stattfand und die nachfolgend dargestellten rechtlichen Konsequenzen erkennen.

Achtung: Geht es in Ihrem Klausursachverhalt darum, dass Briefverkehr beschlagnahmt wurde, müssen Sie sehr genau unterscheiden, bei wem das geschah.

Die Beschlagnahme erfolgte:

- **bei einem Postunternehmen**
  Nur dann handelte es sich um eine echte „Postbeschlagnahme", deren Voraussetzungen in §§ 99, 100 StPO geregelt sind.
- **noch beim Beschuldigten**
  Die Beschlagnahmevoraussetzungen ergeben sich aus den bereits bekannten §§ 94, 98 StPO.
- **schon beim nicht beschuldigten Empfänger**
  In einem derartigen Fall ergeben sich die Beschlagnahmevoraussetzungen ebenfalls aus den bereits bekannten §§ 94, 98 StPO. Sie müssen jedoch unbedingt im Auge behalten, dass die **gefundenen Briefe** – abhängig von der Person des jeweiligen Empfängers – iSd § 97 StPO **beschlagnahmefrei** sein können. Übersehen Sie auch in diesem Zusammenhang nicht ein sich möglicherweise aus § 148 StPO ergebendes Beschlagnahmeverbot.

3. Verdeckte Ermittlungsmaßnahmen der Polizei

Auch verdeckte Ermittlungsmaßnahmen können in einer Klausur auf ihre Zulässigkeit hin zu untersuchen sein.

a) Nicht offen ermittelnde Personen

131 In Ihrer Klausur kann es um die Zulässigkeit des Einsatzes von Informanten, verdeckt ermittelnden Polizeibeamten, verdeckten Ermittlern und Vertrauenspersonen und die Verwertbarkeit der durch sie erlangten Erkenntnisse über Beschuldigtenangaben gehen.

aa) Informant

132 **Informant** ist eine Privatperson, die im **Einzelfall** die Ermittlungsbehörden mit Informationen über Straftaten versorgt. Dem Informanten wird durch die Staatsanwaltschaft oder Polizei meist Vertraulichkeit oder Schutz seiner Identität zugesichert. Ermächtigungsgrundlage für seinen Einsatz ist **§ 161 I 1 StPO.**

Informationen über begangene Straftaten, die die Polizei von einem Informanten erhält, sind ohne Weiteres verwertbar.

Will die Polizei wegen einer Vertraulichkeitszusage die Identität des Informanten schützen und sind deshalb in einem Klausursachverhalt dessen Personalien nicht genannt, ist das **nie ein Problem der Verwertbarkeit der Informationen, sondern betrifft lediglich deren Beweiswert**. Bei anonymen Informanten ist höchste Vorsicht geboten!

bb) Verdeckt ermittelnde Polizeibeamte

133 **Verdeckt ermittelnde Polizeibeamte** sind Polizeibeamte, die ohne Legende gelegentlich verdeckt und meist unter falschem Namen auftreten. Ermächtigungsgrundlage für ihren Einsatz ist ebenfalls **§ 161 I 1 StPO.**

Auch die Erkenntnisse verdeckt ermittelnder Polizeibeamter sind ohne Weiteres verwertbar. Ihr Einsatz richtet sich nach den allgemeinen Vorschriften der StPO.

cc) Verdeckte Ermittler

134 **Verdeckte Ermittler** (vE) sind Polizeibeamte, die unter einer Legende (**§ 110a II StPO**) ermitteln und deren Tätigkeit nicht auf einzelne, konkrete Ermittlungshandlungen beschränkt ist.

(1) Voraussetzungen für den Einsatz

Die Voraussetzungen für deren Einsatz sind in den §§ 110a ff. StPO geregelt.[209]

- **Materiell** erfordert der Einsatz (§ 110a StPO):
  - den **Verdacht**
    - **entweder** einer **Katalogtat** von erheblicher Bedeutung (§ 110a I 1 Nr. 1–4 StPO),
    - eines **Verbrechens mit Wiederholungsgefahr** auch außerhalb des Katalogs (§ 110a I 2 StPO)
    - oder eines Verbrechens von besonderer Bedeutung (§ 110a I 4 StPO),
  - wenn die Aufklärung der Tat ohne Einsatz des verdeckten Ermittlers zumindest wesentlich erschwert (§ 110a I 1, 2 StPO) oder mit anderen Ermittlungsmaßnahmen aussichtslos wäre (§ 110a I 4 StPO).
- **Formell** erfordert der Einsatz (§ 110b StPO)
  - die **befristete und schriftliche Zustimmung der StA** (§ 110b I StPO),
    - **vor** der Maßnahme oder
    - **nachträglich** binnen drei Tagen bei Gefahr im Verzug,
  - das Beachten des **Richtervorbehalts** (§ 110b II StPO) bei
    - Ermittlungen gegen einen bestimmten Beschuldigten,
    - erforderlichem Betreten von nicht allgemein zugänglichen Wohnungen.
    - Bei Gefahr im Verzug reicht die – gegebenenfalls unverzüglich nachzuholende – Zustimmung der StA.

(2) Klausurrelevante Probleme

Ein **Verwertungsverbot** für die durch einen verdeckten Ermittler gewonnenen Erkenntnisse ist denkbar, wenn die Voraussetzungen für dessen Einsatz (§§ 110a, 110b StPO) nicht vorlagen, etwa weil es **keinen Verdacht einer Katalogtat** gab oder **erforderliche Zustimmungen nicht erteilt** wurden.

Die Befugnisse des verdeckten Ermittlers ergeben sich aus § 110c StPO.

- **Fremden Wohnraum darf ein verdeckter Ermittler nur mit Einverständnis des Berechtigten betreten,** § 110c S. 1 StPO. Naturgemäß wird beim Erlangen dieses Einverständnisses durch den verdeckten Ermittler die Täuschung über seine wahre Identität eine Rolle spielen. Die Täuschung des Berechtigten ist erlaubt, solange sie auf die Nutzung der zugrunde liegenden Legende beschränkt bleibt, § 110c S. 2 StPO.
- Im Übrigen muss sich der verdeckte Ermittler an die Regeln der StPO und anderer Rechtsvorschriften halten, § 110c S. 3 StPO.
  Weil der verdeckte Ermittler seine Legende aufrechterhalten muss, liegt es auf der Hand, dass einer Befragung des Beschuldigten nicht die sonst nach den §§ 163a, 136 StPO erforderlichen Belehrungen vorausgehen müssen. Stützen der Beschuldigte oder sein Verteidiger einen Verwertungswiderspruch auf den Verstoß gegen Belehrungspflichten, sollten Sie in der gebotenen Kürze nach folgendem Prüfungsschema vorgehen:
  - **Verstoß gegen §§ 163a, 136 I StPO?**
    Weil der Vernehmende dem Beschuldigten nicht in amtlicher Funktion gegenübergetreten ist, lag keine Vernehmung vor. Ein Verstoß gegen die vorgenannten Vorschriften liegt deshalb nicht vor.
  - **Entsprechende Anwendung der §§ 163a, 136 StPO?**
    Eine entsprechende Anwendung dieser Vorschriften kommt nicht in Betracht, weil der Beschuldigte angesichts der Situation nicht vor der irrtümlichen Annahme einer Aussagepflicht geschützt werden muss.
  - **Unzulässige Umgehung der §§ 163a, 136 I StPO?**
    Aus demselben Grund liegt auch keine unzulässige Umgehung dieser Vorschriften vor.
  - **Bild der Vernehmung offen, amtlich und das Ermittlungsinteresse offenbarend?**
    Ein dem Strafverfahren als allgemeines Prinzip zugrunde liegender Grundsatz dieser Art existiert nicht.

209 Bitte beachten Sie den Hinweis auf den aktuellen Gesetzesentwurf der Bundesregierung, → Rn. 57k am Ende.

– **Verstoß gegen den „Nemo-tenetur-Grundsatz"?**
Die Selbstbelastungsfreiheit gehört zu den Grundprinzipien eines rechtsstaatlichen Verfahrens. **Hat sich ein Beschuldigter bereits ausdrücklich auf sein Schweigerecht berufen, darf diese Entscheidung nicht von einem verdeckten Ermittler durch eine vernehmungsähnliche Befragung unter Ausnutzung eines geschaffenen Vertrauensverhältnisses unterlaufen werden. Daraus erlangte Erkenntnisse werden regelmäßig einem Beweisverwertungsverbot unterliegen.**[210]

Achtung: Erklärt der Beschuldigte gegenüber den Ermittlungsbehörden schweigen zu wollen, so verdichtet sich der durch die Selbstbelastungsfreiheit gebotene Schutz derart, dass die Strafverfolgungsbehörden seine Entscheidung für das Schweigen grundsätzlich zu respektieren haben.

Obwohl aus den zuvor genannten Gründen die Befragung durch einen verdeckten Ermittler keine Vernehmung darstellt, ergeben sich über § 110c S. 3 StPO aus § 136a StPO weitere die Selbstbelastungsfreiheit schützende Grenzen seiner Befugnisse. Täuschungen durch den verdeckten Ermittler, die über das hinausgehen, was zum Erhalt der Legende erforderlich ist, sind ebenfalls verboten und führen zu einem Verwertungsverbot.

- Der verdeckte Ermittler wird regelmäßig auch **keine Straftaten** begehen dürfen.

Achtung: Auch die Fortwirkung des Verwertungsverbots kann in Betracht kommen!

Das Verwertungsverbot kann sich auch auf den Inhalt einer nachfolgenden Vernehmung erstrecken (Fortwirkung), wenn – wie im vorliegenden Fall – dem Beschuldigten von dem Vernehmenden erklärt wird, seine Angaben gegenüber dem verdeckten Ermittler seien gerichtsverwertbar. Auch wenn eine qualifizierte Belehrung nicht erteilt wird, kann das bereits zur Unverwertbarkeit der Erkenntnisse aus einer Folgevernehmung führen.

dd) V-Leute

135 **Vertrauensleute** (V-Leute oder VP) sind Personen, die, ohne einer Verfolgungsbehörde anzugehören, bereit sind, diese bei der Aufklärung von Straftaten auf längere Zeit vertraulich zu unterstützen, und deren Identität grundsätzlich geheim gehalten wird. Ermächtigungsgrundlage für den Einsatz ist wiederum **§ 161 I 1 StPO.**

Der Einsatz von V-Leuten ist zulässig.[211]

Für den **Einsatz von V-Leuten** gelten die **§§ 110a ff. StPO jedoch nicht**, auch nicht analog. Der Einsatz von V-Leuten unterliegt den allgemeinen gesetzlichen Regelungen.

In der Praxis wird unterschieden zwischen

- förmlich verpflichteten V-Leuten (§ 1 VerpflG),
- nicht förmlich verpflichteten V-Leuten.

Diese Unterscheidung spielt für Ihre Klausurlösung keine Rolle.

ee) V-Leute/verdeckte Ermittler als agent provocateur

136 In der Klausur können Sie vor der Frage stehen, ob zugunsten des Beschuldigten ein Verwertungsverbot für die durch den Einsatz von verdeckten Ermittlern oder VP erlangten Erkenntnisse besteht, wenn der Beschuldigte durch diese zu Straftaten provoziert wurde. Das werden Sie als Schwerpunktproblem sehr sorgfältig zu erörtern haben.

Es bietet sich dafür folgende Prüfungsreihenfolge an:[212]

(1) Konkretes Vorgehen als Tatprovokation

136a Nicht jede Einwirkung auf die Zielperson ist bereits eine Tatprovokation.[213]

---

210 BGHSt 52, 11 ff. = NJW 2007, 3138; BGH NStZ 2009, 343 = StV 2009, 225; OLG Jena BeckRS 2019, 24214; Meyer-Goßner/Schmitt/Schmitt StPO § 110c Rn. 3.
211 BVerfGE 57, 250 (284) = NJW 1981, 1719.
212 Zu den Einzelheiten ausführlich Weber/Kornprobst/Maier/Weber BtMG § 4 Rn. 167 ff.
213 BGHSt 45, 321 = NJW 2000, 1123.

Eine **Tatprovokation** liegt nur dann vor, wenn **auf Veranlassung oder mit Einwilligung einer staatlichen Dienststelle auf eine Zielperson eingewirkt wird**, um deren Verhalten so zu steuern, dass sie einer Straftat überführt werden kann.

- Der Einsatz muss auf das Handeln staatlicher Organe zurückzuführen sein.
  - Das ist bei verdeckten Ermittlern stets der Fall.
  - Das ist bei VP der Fall, wenn die Provokation mit dem Wissen eines für die Anleitung der Amtsperson verantwortlichen Amtsträgers geschieht oder dieser sie jedenfalls hätte verhindern können.
- Zudem muss die **Einwirkung erheblich sein.**
  - Daran fehlt es insbesondere, wenn lediglich die bereits offen erkennbare Bereitschaft der Zielperson zur Begehung von Straftaten durch Schaffen der Tatgelegenheit ausgenutzt wird.

(2) Rechtsstaatliche Grenzen

Nicht jede Tatprovokation ist unzulässig. Um kriminelle Strukturen aufzudecken, latentes Kriminalitätspotential zu zerschlagen und Dauerstraftaten zu verhindern, kann es notwendig sein, eine Zielperson zu einer Straftat zu veranlassen, der sie überführt werden kann. **136b**

- **Die rechtsstaatlichen Grenzen sind jedenfalls dann überschritten, wenn eine bislang unverdächtige und nicht tatgeneigte Person zur Begehung einer Straftat verleitet wird.**
- Eine **Tatprovokation** kann also nur **zulässig** sein, **wenn der agent provocateur gegen eine Person eingesetzt wird, die bereits in einem den §§ 152 II, 160 StPO vergleichbaren Grad verdächtig** ist, an einer bereits begangenen Straftat beteiligt gewesen zu sein oder zu einer künftigen Straftat bereit zu sein.
- **Dann begrenzt die Qualität des Verdachts den Unrechtsgehalt der Tat**, zu der der Verdächtige in zulässiger Weise provoziert werden darf („Quantensprungverbot"). Die Tatprovokation kann sich als rechtsstaatswidrig erweisen, wenn sich der Verdächtige aufgrund der Einwirkung des verdeckten Ermittlers auf die Intensivierung der Tatplanung einlässt oder hierdurch seine Bereitschaft wecken lässt, eine Tat mit einem erheblich höheren Unrechtsgehalt zu begehen („Aufstiftung").[214]
- **Art und Intensität einer zulässigen Einwirkung sind** jedenfalls dann **überschritten,** wenn sich der agent provocateur zur Herbeiführung des Tatentschlusses strafbarer oder unlauterer Mittel bedient. Die Grenze zur unzulässigen Tatprovokation kann jedoch auch dann schon überschritten sein, wenn die **Einwirkung im Verhältnis zum Anfangsverdacht unvertretbar übergewichtig** ist. In die erforderliche Abwägung sind insbesondere Grundlage und Ausmaß des gegen den Beschuldigten bestehenden Verdachts, aber auch Art, Intensität und Zweck der Einflussnahme sowie die eigenen, nicht fremdgesteuerten Aktivitäten des Beschuldigten einzustellen. Je stärker der Verdacht ist, desto stärker darf auch die Einflussnahme durch den verdeckten Ermittler/die VP sein. Auch im Falle einer „Aufstiftung" spielt die Intensität der Einwirkung eine Rolle. So kommt es darauf an, ob der Beschuldigte auf die ihm angesonnene Intensivierung der Tatplanung ohne Weiteres eingeht, beziehungsweise sich geneigt zeigt, die Tat mit dem höheren Unrechtsgehalt zu begehen oder an ihr mitzuwirken. Geht die qualitative Steigerung der Verstrickung des Täters mit einer **erheblichen** Einwirkung durch die Ermittlungsperson einher, so liegt ein Fall der unzulässigen Tatprovokation vor. Ob die Veränderung des Unrechtsgehalts der Tat ein Ausmaß erreicht, das die Provokation als rechtsstaatswidrig erscheinen lässt, hängt also auch von der Intensität der Einwirkung durch den verdeckten Ermittler/die VP ab.

(3) Folgen der Einwirkung auf den Beschuldigten

- Erreicht **die Einwirkung nicht das Ausmaß einer Tatprovokation,** findet das lediglich **136c** auf der Strafzumessungsebene Berücksichtigung. Die Tatprovokation ist dann lediglich ein Strafmilderungsgrund unter mehreren möglichen.

214 BGH BeckRS 2021, 42005.

- Stellt die **Einwirkung eine Tatprovokation dar**, ist zu unterscheiden:
  - Handelt es sich um eine **zulässige** Provokation, findet diese ebenfalls nur Berücksichtigung auf der Strafzumessungsebene.
  - **War die Provokation unzulässig, werden unterschiedliche Lösungen vertreten:**
    - Nach der seit 1984 überwiegenden Rechtsprechung des BGH[215] stellt eine unzulässige Tatprovokation lediglich einen **schuldunabhängigen Strafmilderungsgrund von besonderem Gewicht dar**, der auch zum Unterschreiten der sonst schuldangemessenen Strafe führen kann (**Strafzumessungslösung**). **Sie hätten demnach die Annahme eines Verwertungsverbots abzulehnen.**
    - Das BVerfG[216] hat betont, dass allein aus dem Rechtsstaatsprinzip ein Verwertungsverbot nicht herzuleiten sei, weil das Rechtsstaatsprinzip auch das Interesse an einer der materiellen Gerechtigkeit dienenden Strafverfolgung schütze. Gleichwohl hätten die Strafgerichte bei ihrer Auslegung des einfachen Rechts die Rechtsprechung des EGMR möglichst schonend in das vorhandene, dogmatisch ausdifferenzierte nationale Rechtssystem einzufügen. Deshalb hätten sie zukünftig zu erwägen, in vergleichbaren Fällen ausdrücklich ein **Verwertungsverbot bezüglich der unmittelbar durch die rechtsstaatswidrige Tatprovokation gewonnenen Beweise**, also insbesondere bezüglich der unmittelbar in die rechtsstaatswidrige Tatprovokation verstrickten Tatzeugen, auszusprechen.
    - Mit einem Teil des Schrifttums und vor dem Hintergrund der Rechtsprechung des EGMR hat der 2. Senat des BGH in einem Fall unzulässiger Tatprovokation als deren **regelmäßige Folge ein Verfahrenshindernis** bejaht.[217] Mit der Strafzumessungslösung und auch mit der Annahme eines Beweisverwertungsverbots lasse sich die Forderung des EGMR, dass für ein iSd Art. 6 I EMRK faires Verfahren alle als Ergebnis der Tatprovokation gewonnenen Beweismittel ausgeschlossen werden müssten oder ein Verfahren mit vergleichbaren Konsequenzen gewählt werden müsste, nicht erreichen. Unter Bezugnahme auf die vorgenannte Entscheidung hat mittlerweile auch der 5. Senat im Fall einer rechtsstaatswidrigen Tatprovokation ein von Amts wegen zu beachtendes Verfahrenshindernis bejaht.[218]

In einer Klausurlösung werden Sie zunächst einmal jede der dargestellten Lösungen vertreten dürfen. Für den Aufbau Ihrer Klausur sollten Sie sich an den **Einwänden des Beschuldigten oder seines Verteidigers orientieren**: Wird als Folge der Tatprovokation ein Verfahrenshindernis oder ein Beweisverwertungsverbot geltend gemacht? Weil Verfahrenshindernisse von Amts wegen zu beachten sind und wegen der neueren Rechtsprechungstendenzen können Sie das Problem auch ohne entsprechende Beanstandung bereits unter dem Stichwort Verfahrenshindernisse – vor dem jeweiligen Tatbestand – erörtern. Das ist dann sogar geboten, wenn Sie im Ergebnis zu einem Verfahrenshindernis kommen wollen.

b) Telefonüberwachung

137 Materielle Voraussetzungen für die Anordnung einer Telefonüberwachung, deren Vorliegen in einem Anordnungsbeschluss darzulegen ist, sind gem. § 100a StPO:

- ein auf **bestimmte Tatsachen** begründeter Tatverdacht, der aber weder dringend noch hinreichend sein (§ 100a I Nr. 1 StPO)
- und sich auf eine **Katalogtat** (§ 100a I Nr. 1 StPO) richten muss,
- die auch **im Einzelfall schwer wiegt** (§ 100a I Nr. 2 StPO).
- Zudem muss der **Subsidiaritätsgrundsatz** beachtet werden (§ 100a I Nr. 3 StPO). Die Telefonüberwachung muss in dem Sinne unentbehrlich sein, dass anderenfalls die Erforschung des Sachverhalts oder die Ermittlung des Aufenthaltsortes des Beschuldigten wesentlich erschwert sein würde.

Daneben erlaubt § 100a I 2 StPO nunmehr auch die sog. **Quellen-TKÜ, bei der mithilfe einer Spionagesoftware Nachrichten schon im Rechner des Absenders abgefangen werden,**

215 BGHSt 32, 345 = NJW 1984, 2300.
216 BVerfG NJW 2015, 1083.
217 BGH NStZ 2016, 52.
218 BGH BeckRS 2021, 42005.

bevor sie verschlüsselt werden können. So soll dem Umstand Rechnung getragen werden, dass Tatverdächtige häufig über verschlüsselte Messenger-Dienste miteinander kommunizieren. Ergänzend zu den bereits genannten Voraussetzungen erfordert die Quellen-TKÜ nur, dass deren Einsatz zur Ermöglichung der Überwachung und Aufzeichnung in unverschlüsselter Form notwendig ist. Die Abs. 5 und 6, die weitere Details der Durchführung einer Quellen-TKÜ regeln, werden in der Klausur keine Rolle spielen. Eine Quellen-TKÜ wird in einer Klausur auf dieselben Probleme hinauslaufen wie eine einfache Telefonüberwachung. Diese werden anschließend dargestellt.

Die Anordnung einer Telefonüberwachung unterliegt gem. § **100e I 1 StPO** dem **Richtervorbehalt** und setzt zudem einen Antrag der Staatsanwaltschaft voraus. Bei Gefahr im Verzug reicht die Anordnung der Staatsanwaltschaft, § 100e I 2 StPO. Sollte im Sachverhalt die richterliche Anordnung abgebildet sein und der Beschuldigte oder sein Verteidiger diese inhaltlich beanstanden, werden Sie die Anordnung am Katalog der inhaltlichen Anforderungen gem. § 100e III, IV StPO messen müssen.

Auch die Anordnung der Quellen-TKÜ unterliegt dem Richtervorbehalt nach § 100e I StPO.

Waren die Voraussetzungen für eine Telefonüberwachung/Quellen-TKÜ bei deren Anordnung nicht erfüllt, kann das ein Verwertungsverbot begründen.[219]

Waren allein Erkenntnisse aus dem Kernbereich privater Lebensgestaltung zu erwarten, ist die Maßnahme gem. § 100d I StPO unzulässig. Etwa erlangte Kenntnisse sind nach § 100d II StPO unverwertbar. Dieses Verwertungsverbot erstreckt sich auch auf Spurenansätze und enthält damit ausnahmsweise eine Fernwirkung.

Klausurrelevant sind vor allen Dingen die Konstellationen, in denen sich aufgrund der durchgeführten Telefonüberwachung die rechtliche Beurteilung der Anlasstat geändert oder die Überwachungsmaßnahme zu Zufallserkenntnissen geführt hat.

aa) Änderung der rechtlichen Beurteilung

Bestand zum Zeitpunkt der Anordnung der Verdacht einer bestimmten Katalogtat, sind die Erkenntnisse aus der Telefonüberwachung/Quellen-TKÜ auch dann verwertbar, wenn 138

- es nach wie vor **um dieselbe prozessuale Tat** geht,
- tatsächlich eine andere Begehungsform der Katalogtat verwirklicht worden ist
- oder sich die Tat aufgrund der weiteren Ermittlungen nur als Nichtkatalogtat herausgestellt hat.

Maßgebend ist die Verdachtslage zum Zeitpunkt der Anordnung der Überwachungsmaßnahme.

bb) Zufallserkenntnisse

Hat die Telefonüberwachung/Quellen-TKÜ zu **Zufallserkenntnissen** über **andere prozessuale Taten** geführt, so richtet sich die Verwertbarkeit nach den **§§ 479 II 1, 161 III 1 StPO.** 139

(1) Beschuldigter und Teilnehmer

- Zufallserkenntnisse gegen den Beschuldigten und Teilnehmer der Anlasstat **dürfen unmittelbar und uneingeschränkt auch dann verwertet werden, wenn es um eine prozessual andere als die in der Anordnung bezeichnete Katalogtat geht.**
- Betreffen die Zufallserkenntnisse **keine Katalogtat, dürfen diese nicht unmittelbar zu Beweiszwecken und deshalb nur mittelbar als Ermittlungsansätze verwendet werden.** Es dürfen aufgrund der Erkenntnisse andere Ermittlungen geführt und die dabei gewonnenen neuen Beweismittel verwendet werden.[220]

---

219 Zu den Ausnahmen die umfangreiche Kommentierung bei Meyer-Goßner/Schmitt/Schmitt StPO § 100a Rn. 29 ff.
220 BVerfG wistra 2006, 15 = NJW 2005, 2766.

(2) Dritte

- Auch Zufallserkenntnisse, die Taten Dritter betreffen, **dürfen unmittelbar und uneingeschränkt verwertet werden, wenn diese sich ebenfalls auf eine Katalogtat beziehen.**
- Geht es dagegen bei den Zufallserkenntnissen **nicht um eine Katalogtat, dürfen auch diese Erkenntnisse nur mittelbar** als Ermittlungsansätze **verwendet werden.** Es dürfen jedoch aufgrund der Erkenntnisse andere Ermittlungen geführt und die dabei gewonnenen neuen Beweismittel verwendet werden. Diese Konstellation war bereits wiederholt Klausurthema.

Bitte beachten Sie unbedingt, dass es nicht um Zufallserkenntnisse geht, solange die Aufklärung der Ursprungstat im Raume steht. Zur Aufklärung der Anlasstat gehört nicht nur die der jeweiligen Begehungsform (s. oben), sondern auch die Aufklärung der Beteiligungsform an der zunächst angenommenen Katalogtat sowie die Aufklärung ob und gegebenenfalls welche weiteren Beteiligten daran mitgewirkt haben. Ein Anwendungsfall des § 479 II 2 StPO liegt dann nicht vor,[221] die Erkenntnisse sind ohne Weiteres verwertbar.

Ist die Telefonüberwachung ordnungsgemäß angeordnet worden, sind sogar Gespräche im Hintergrund, sog. **Raumgespräche, verwertbar, wenn diese während einer gewollten Verbindung geführt** und überwacht werden.[222]

cc) Fernwirkung

Der Verstoß gegen § 100a StPO entfaltet nach der Rechtsprechung grundsätzlich keine Fernwirkung,[223] sofern nicht der Kernbereich privater Lebensgestaltung betroffen ist.

c) Online-Durchsuchung

Das Gesetz erlaubt nunmehr in § 100b StPO auch die Online-Durchsuchung, bei der unbemerkt aus der Ferne der Computer eines Beschuldigten nach Hinweisen auf Straftaten untersucht wird.

Die Online-Durchsuchung ist zur Erforschung des Sachverhalts und zur Ermittlung des Aufenthaltsorts des Beschuldigten zulässig, wenn

- **bestimmte Tatsachen** einen Tatverdacht begründen, der aber weder dringend noch hinreichend sein muss,
- sich jedoch auf eine **Katalogtat** iSd § 100b II StPO richtet,
- die Tat auch im **Einzelfall schwer** wiegt (§ 100b I Nr. 2 StPO),
- der **Subsidiaritätsgrundsatz** beachtet wird,
- **der Kernbereich privater Lebensgestaltung nicht berührt** wird, § 100d I, II, III StPO.

Die Anordnung der **Online-Durchsuchung bedarf einer richterlichen Anordnung nach § 100e StPO**. Zuständig ist gem. § 100e II 1 StPO **allein eine Spezialkammer nach § 74a IV GVG.**

Wie auch die nachfolgend kurz dargestellte akustische Wohnraumüberwachung wird die Online-Durchsuchung in Klausuren voraussichtlich keine Rolle spielen.

d) Akustische Überwachung

aa) Wohnraumüberwachung

140 Nachdem das BVerfG[224] die gesetzliche Regelung für die Wohnraumüberwachung wegen der Verletzung des unantastbaren Kerns privater Lebensgestaltung als verfassungswidrig beanstandet hatte, hat der Gesetzgeber reagiert und die Voraussetzungen für die Wohnraumüberwachung kaum praktisch handhabbar[225] neu geregelt.

221 KG NStZ 2020, 563; Meyer-Goßner/Schmitt/Schmitt StPO § 479 Rn. 5.
222 BGH NStZ 2008, 473. BGH NJW 2018, 2812 = BeckRS 2018, 6357 stellt darauf ab, dass die dritte Person von der überwachten Person in das Telefongespräch einbezogen wird.
223 BGHSt 32, 68 (70) = NJW 1984, 2772.
224 BVerfGE 109, 279 = NJW 2004, 999.
225 Meyer-Goßner/Schmitt/Schmitt StPO § 100c Rn. 1.

Die materiellen Voraussetzungen für einen **Lauschangriff auf eine Wohnung** sind nach der Neufassung des Gesetzes in den §§ 100c, 100d StPO geregelt. Die Maßnahme ist nur zulässig, wenn

- **bestimmte Tatsachen** einen Tatverdacht begründen, der aber weder dringend noch hinreichend sein muss,
- sich jedoch auf eine **Katalogtat** iSd §§ 100c I Nr. 1, 100b II StPO richtet,
- die Tat auch im **Einzelfall schwer** wiegt (§ 100c I Nr. 2 StPO),
- tatsächliche Anhaltspunkte dafür vorliegen, dass Äußerungen des Beschuldigten erfasst werden, die für die Erforschung des Sachverhalts oder die Ermittlung des Aufenthaltsorts eines Mitbeschuldigten von Bedeutung sind,
- der **Subsidiaritätsgrundsatz** beachtet wird,
  - Der Lauschangriff muss in dem Sinne unentbehrlich sein, dass anderenfalls die Erforschung des Sachverhalts oder die Ermittlung des Aufenthaltsortes des Beschuldigten wesentlich erschwert sein würde.
- die Maßnahme sich (regelmäßig) **nur gegen** den **Beschuldigten** richtet (Ausnahme § 100c II 2 StPO),
- **der Kernbereich privater Lebensgestaltung nicht berührt** wird, § 100d I, II, IV StPO.

Beachte: Waren die Voraussetzungen für einen Lauschangriff bei dessen Anordnung nicht erfüllt (keine Katalogtat, Verstoß gegen den Subsidiaritätsgrundsatz) oder stammen belastende Äußerungen aus dem Kernbereich privater Lebensführung, begründet das ein Verwertungsverbot.

- Zum **Schutz des Zeugnisverweigerungsrechts der Berufsgeheimnisträger** (§ 53 StPO) **ist die Überwachung der mit diesem Personenkreis geführten Gespräche unzulässig** (§ 100d V StPO).
- Die Verwertung von Erkenntnissen aus Gesprächen mit **zeugnisverweigerungsberechtigten Angehörigen** (und in Fällen des § 53a StPO) kann dagegen **zulässig** sein, wenn bei einer umfassenden Abwägung **der Einbruch in das zugrunde liegende Vertrauensverhältnis nicht außer Verhältnis zum Erforschungs- oder Ermittlungsinteresse ist**, § 100d V 2 StPO.
  Beachten Sie in einer derartigen Konstellation aber stets, dass ein Gespräch mit zeugnisverweigerungsberechtigten Angehörigen häufig in den Kernbereich privater Lebensführung gehören wird. Dann ist das Abhören und Aufzeichnen bereits nach § 100d IV StPO verboten (Beweiserhebungsverbot). Für die Abwägung auf der Verwertungsebene ist folglich kein Raum.
- Ist der Zeugnisverweigerungsberechtigte einer Beteiligung, Begünstigung usw. verdächtig, gibt es die genannten Beweisverbote nicht, § 100d V 3 StPO.

Die Anordnung des **Lauschangriffs auf eine Wohnung bedarf einer richterlichen Anordnung nach § 100e StPO**. Zuständig ist gem. § 100e II 1 StPO **allein eine Spezialkammer nach § 74a IV GVG**.

bb) Überwachung außerhalb von Wohnungen

An weniger enge Voraussetzungen sind Lauschangriffe auf andere Objekte geknüpft, in den 141
Klausuren spielt diese Art des Lauschangriffs deshalb auch eine größere Rolle.

In Betracht kommt etwa die akustische Überwachung des Innenraums eines Kraftfahrzeugs, auch die Überwachung des Haftraums in einer JVA spielte in der Rechtsprechung bereits eine Rolle. Der Haftraum in einer Haftanstalt steht schon deshalb einer Wohnung nicht gleich, weil wegen der besonderen Gefahrenlage jederzeitige Durchsuchungen möglich sein müssen. Auch **der Besuchsraum einer Haftanstalt fällt deshalb nicht unter den Begriff der Wohnung und kann nach § 100f StPO überwacht werden.** Schaffen die Ermittler bei dem Beschuldigten jedoch gezielt den Eindruck, er könne in dem Besuchsraum offen sprechen, kann das wegen eines Verstoßes gegen den Grundsatz des fairen Verfahrens zu einem Verwertungsverbot führen.[226]

226 BGHSt 53, 294 = NStZ 2009, 519.

Voraussetzungen und Anordnungskompetenz sind in § 100f II–IV StPO geregelt:

- auf **bestimmte Tatsachen** begründeter Tatverdacht, der aber weder dringend noch hinreichend sein muss
- und sich auf eine **Katalogtat** iSd **§ 100a StPO** richtet,
- die im Einzelfall schwer wiegt.
- Zudem muss der **Subsidiaritätsgrundsatz** beachtet werden.
  - Der Lauschangriff muss in dem Sinne unentbehrlich sein, dass anderenfalls die Erforschung des Sachverhalts oder die Ermittlung des Aufenthaltsortes des Beschuldigten wesentlich erschwert sein würde.
- Die Maßnahme darf sich regelmäßig **nur gegen** den **Beschuldigten** richten (Ausnahme Abs. 3).
- Die Anordnung unterliegt dem **Richtervorbehalt, bei Gefahr im Verzug** darf sie auch durch die **Staatsanwaltschaft** erfolgen, §§ 100f IV, 100e I StPO.

Durften die verdeckten technischen Mittel nicht eingesetzt werden, lässt sich ohne Weiteres ein umfassendes Verwertungsverbot begründen.

Auch eine akustische Überwachung außerhalb von Wohnungen darf sich jedoch nicht gegen den Kernbereich privater Lebensgestaltung (Art. 2 I iVm Art. 1 I GG) richten. Der BGH hat bei der akustischen Überwachung in einem Pkw geführter Selbstgespräche diesen Kernbereich verletzt gesehen.[227] Wie die Freiheit der Gedanken selbst soll auch die Äußerung dieser Gedanken in einem nicht auf Kommunikation gerichteten Prozess vor Zugriffen durch die Strafverfolgungsbehörden geschützt sein. Dieser Kernbereich ist jedenfalls dann von der Ermittlungsmaßnahme tangiert, wenn der Beschuldigte sich bei seiner Äußerung als allein mit sich selbst empfindet und empfinden darf, auf die Flüchtigkeit des gesprochenen Worts vertraut, die Äußerung keinen kommunikativen Bezug hat und mit den inneren Gedanken identisch ist. Sind diese Voraussetzungen erfüllt, dann spielt es keine Rolle, ob die Äußerung im besonders geschützten Bereich der Wohnung oder außerhalb – etwa in einem Fahrzeug – gemacht wird. Wird eine derartige selbstbelastende Äußerung des Beschuldigten dagegen **zufällig** von einem Polizeibeamten wahrgenommen, steht der Verwertbarkeit nichts entgegen.

Folge des Eingriffs in den Kernbereich privater Lebensgestaltung ist ein von Verfassungs wegen bestehendes selbstständiges Verwertungsverbot für die Erkenntnisse aus der akustischen Überwachung, das sogar Drittwirkung entfaltet, mithin auch zugunsten Mitbeschuldigter wirkt.

e) Automatische Kennzeichenerfassung

141a Auch wenn Fahndungszwecke, die für die Klausurlösung keine Bedeutung haben, im Vordergrund stehen dürften, ist es denkbar, dass für den Tatnachweis auch Erkenntnisse aus einer automatischen Kennzeichenerfassung, deren Voraussetzungen jetzt in § 163g StPO geregelt sind, eine Rolle spielen. **Neben den Kfz-Kennzeichen – und ähnlichen Kennzeichnungen – dürfen heimlich auch Ort, Datum, Uhrzeit und Fahrtrichtung automatisch erhoben werden.**

- Gemäß § 163g I StPO müssen zureichende tatsächliche Anhaltspunkte für eine begangene Straftat von erheblicher Bedeutung vorliegen. Damit scheiden Bagatelldelikte aus. Die Anlasstat muss mindestens dem mittleren Kriminalitätsbereich zuzurechnen sein, den Rechtsfrieden empfindlich stören und geeignet sein, das Gefühl der Rechtssicherheit der Bevölkerung erheblich zu beeinträchtigen, was bei Verbrechen regelhaft der Fall sein dürfte, bei Vergehen aber erst ab einer bestimmten erhöhten Strafrahmenobergrenze.
- Die Kennzeichenerfassung muss der Identifizierung des noch unbekannten Beschuldigten dienen, wenn das Kennzeichen des von ihm genutzten Kraftwagens schon bekannt ist. Die Aufenthaltsermittlung dürfte für die Klausur dagegen keine Rolle spielen.
- Die Erfassung darf nur vorübergehend und nicht flächendeckend erfolgen.

227 BGH NJW 2012, 945.

- Die erfassten Kennzeichen dürfen nur mit Kennzeichen von Fahrzeugen, die auf den Beschuldigten zugelassen sind oder von ihm genutzt werden, abgeglichen werden, § 163g II 1 Nr. 1 StPO. Nr. 2 betrifft die Aufenthaltsermittlung und kann für die Beweiswürdigung deshalb keine Rolle spielen.

Formell ist gem. § 163g III 1 StPO eine **schriftliche Anordnung der Staatsanwaltschaft** erforderlich. Bei Gefahr im Verzug kann die Anordnung auch von Ermittlungspersonen der Staatsanwaltschaft getroffen werden, § 163g III 4 StPO. Das weitere Verfahren ist in § 163g II 2 StPO geregelt. Die Beendigung der Maßnahme bestimmt sich nach Abs. 4.

Ein **unselbstständiges Verwertungsverbot** ist jedenfalls dann vorstellbar, wenn die Maßnahme unter Missachtung der Voraussetzungen nach den Abs. 1 und 2 angeordnet wurde.

f) Observationen

Der hinreichende Tatverdacht gegen den Beschuldigten kann sich neben anderen Beweismitteln auch aus dem Ergebnis einer Observation ergeben. **141b** **Eine Observation ist die planmäßige Beobachtung des Beschuldigten.** Die über die Observation erstellten Berichte dürfen in der späteren Hauptverhandlung gem. § 256 I Nr. 5 StPO verlesen werden.

aa) Kurzfristige Observation

Eine **kurzfristige Observation**, die die in § 163f I StPO genannten zeitlichen Grenzen nicht erreicht, kann als weniger schwerwiegende Ermittlungsmaßnahme jederzeit aufgrund der §§ 161 I, 163 I StPO von Staatsanwaltschaft oder Polizei angeordnet und durchgeführt werden. Besondere Einschränkungen gibt es nicht.

bb) Längerfristige Observation

Die **längerfristige Observation** als schwerwiegendere Ermittlungsart unterliegt dagegen einschränkenden Voraussetzungen, die sich aus § 163f StPO ergeben.

Eine Observation ist iSd § 163f I 1 StPO **längerfristig**, wenn sie

- **durchgehend länger als 24 Stunden dauert**, Nr. 1,
- **oder an mehr als zwei Tagen stattfindet**, Nr. 2.

Voraussetzung ist der konkrete Verdacht einer erheblichen Straftat. Ausgenommen ist damit der Bagatell- und der angrenzende Bereich, andererseits wird eine erhebliche Straftat jedenfalls dann zu bejahen sein, wenn es um eine Katalogtat nach den §§ 98a I, 100a II StPO oder entsprechenden Vorschriften geht. Weitere einschränkende Voraussetzung ist die Beachtung der Subsidiaritätsklausel nach Abs. 1 S. 2. Observiert werden darf zudem regelmäßig nur der Beschuldigte, unter den Voraussetzungen des § 163f I 3 StPO jedoch auch seine Kontaktpersonen. **Die Observation darf zudem nicht länger als drei Monate dauern**, § 163f III 3 iVm § 100e I 4 StPO.

Die Anordnung einer längerfristigen Observation unterliegt dem **Richtervorbehalt mit Eilfallkompetenz** der Staatsanwaltschaft und ihrer Ermittlungspersonen. Eine Eilfallanordnung tritt jedoch ohne gerichtliche Bestätigung nach drei Tagen außer Kraft.

Bei Verstößen gegen die vorgenannten Voraussetzungen ist ein **unselbstständiges Verwertungsverbot** für die aus der Observation gewonnenen Erkenntnisse denkbar.

Gewonnene **Zufallserkenntnisse** dürfen nach den Regeln der §§ 479 II 1, 161 III StPO verwertet werden.

cc) Observation mit technischen Mitteln

Zum Zwecke der Observation dürfen nach § 100h StPO auch **technische Mittel** eingesetzt werden. Unter derartige technische Mittel können etwa die Anfertigung von Videoaufnahmen, Abs. 1 S. 1 Nr. 1, oder der Einsatz von Peilsendern, Abs. 1 S. 1 Nr. 2, fallen. Der Einsatz ist jedoch auf den Bereich **außerhalb von Wohnungen** beschränkt. Wie für die längerfristige Observation gilt nach Abs. 1 eine Beschränkung auf erhebliche Straftaten und zudem eine Subsidiaritätsklausel. Einen besonderen Grad des Tatverdachts erfordert die Vorschrift dagegen nicht. Die Maßnahmen dürfen sich nur gegen den Beschuldigten richten, gegen andere Personen nur unter den weiter einschränkenden Voraussetzungen des § 100h II 2 StPO.

§ 100h StPO enthält keinen Richtervorbehalt. Weil es jedoch um den Einsatz der technischen Mittel zu Observationszwecken geht, gelten für längerfristige Maßnahmen die einschränkenden Voraussetzungen des § 163f StPO.[228] Die längerfristige Observation als solche muss – abgesehen vom Eilfall – gerichtlich genehmigt sein, der Einsatz der technischen Mittel dagegen nicht.

4. Weitere Ermittlungsmaßnahmen

142 **§ 161 I 1 StPO** ist nicht nur die **Ermächtigungsgrundlage** für den Einsatz von Informanten, verdeckt ermittelnden Polizeibeamten und V-Leuten, sondern zugleich Ermächtigungsgrundlage **für alle Ermittlungsmaßnahmen,** die mit einem minder schweren Grundrechtseingriff verbunden sind und nicht von einer speziellen Eingriffsermächtigung erfasst werden.

In diesem Zusammenhang sei auch auf § 160a StPO hingewiesen. Diese Vorschrift **schützt das Zeugnisverweigerungsrecht von Berufsgeheimnisträgern vor anderen Ermittlungsmaßnahmen** als Zeugenvernehmungen (beispielsweise Maßnahmen nach § 100f StPO).

- **Geistliche, Verteidiger und Abgeordnete** genießen nach Abs. 1 einen **vollständigen Schutz vor das Zeugnisverweigerungsrecht unterlaufenden Ermittlungsmaßnahmen.** Die Vorschrift enthält neben einem **Verwertungsverbot** auch bereits das **Verbot der Beweiserhebung.**
- Das Zeugnisverweigerungsrecht der **übrigen Berufsgeheimnisträger** genießt geringeren Schutz. Eine Beweiserhebung ist nach Abs. 2 regelmäßig dann **unzulässig, wenn die zu gewinnenden Erkenntnisse keine Straftaten von erheblicher Bedeutung betreffen würden, weil das schutzwürdige Interesse das Strafverfolgungsinteresse dann nicht überwiegt.** Daraus folgt für diesen Fall das ausdrücklich angeordnete Verwertungsverbot (Abs. 2 S. 3).

a) Einholung von Behördenauskünften

143 § 161 I StPO ermächtigt Staatsanwaltschaft und Polizei zudem, sich der Hilfe anderer **Behörden** zu bedienen, **die** ihnen gegenüber **zur Auskunft verpflichtet** sind, **soweit nicht gesetzliche Sonderregelungen greifen.**

Behördliche Auskunftspflichten bestehen also nicht uneingeschränkt:

- In diesem Sinne kann die behördliche Auskunftspflicht beschränkt sein durch:
  - das **Postgeheimnis,**
  - das **Fernmeldegeheimnis,**
  - das **Steuergeheimnis,** § 30 AO,
  - das **Sozialgeheimnis,** § 35 SGB I.
- Eine weitere Beschränkung ergibt sich aus **§ 161 III StPO.**[229]
  Diese Einschränkung gilt für Daten, die **durch nicht strafprozessuale hoheitliche Maßnahmen erlangt wurden, und deren Erhebung nach der StPO nur bei Verdacht bestimmter Straftaten zulässig wäre.** Das könnten in Klausuren zB Maßnahmen nach den Polizeigesetzen der Länder sein.
  Zu unterscheiden ist zwischen Erkenntnissen,
  - die **unmittelbar Beweiszwecken** dienen und deren Verwertung nur zulässig ist, wenn die Maßnahme auch nach der StPO hätte angeordnet werden dürfen,
  - die – nur mittelbar – als **Ermittlungsansätze** dienen und den Beschränkungen des § 161 III 1 StPO nicht unterliegen.

b) Einholung anderer Auskünfte

144 § 161 I StPO ermächtigt die Strafverfolgungsbehörden zudem, auch von anderen Stellen und Personen Auskunft zu verlangen. Dazu gehören etwa Banken oder Insolvenzverwalter.

228 Meyer-Goßner/Schmitt/Schmitt StPO § 100h Rn. 1.
229 Dazu im Einzelnen Meyer-Goßner/Schmitt/Schmitt StPO § 161 Rn. 18b f.

aa) Bankgeheimnis

Das in Klausursachverhalten häufig vom Beschuldigten geltend gemachte **Bankgeheimnis gibt es im Verhältnis zu den Strafverfolgungsbehörden nicht.** 145

- **Öffentlich-rechtlich organisierte Banken** sind gem. § 161 I StPO sogar zur Auskunft verpflichtet.[230]
- **Privatrechtlich organisierte Banken** müssen zwar keine Auskunft erteilen, beweiserhebliche Unterlagen können jedoch ohne Weiteres bei ihnen beschlagnahmt werden (§ 103 StPO). Zur Abwendung einer derartigen Beschlagnahme, die auch mit einer Durchsuchung verbunden sein kann, sind die Banken ihren Kunden gegenüber jedoch berechtigt, diese Auskünfte zu erteilen.[231]

Die Aussage eines als Zeuge vernommenen Bankangestellten kann nicht etwa deshalb unverwertbar sein, weil dieser nicht über das „Bankgeheimnis" belehrt wurde.

Merke: Das „Bankgeheimnis" begründet kein Zeugnisverweigerungsrecht nach § 53 StPO!

bb) Andere Beschränkungen

In der sog. Gemeinschuldnerentscheidung[232] hat das Bundesverfassungsgericht festgelegt, das Angaben des (Gemein-)Schuldners, der im Interesse der Konkursgläubiger zur unbeschränkten Auskunft verpflichtet ist, in einem Strafverfahren gegen diesen nicht verwendet werden dürfen. Nur durch ein **Verwertungsverbot** sei sicherzustellen, dass das Schweigerecht im Strafverfahren nicht durch eine staatlich – sogar mit Beugehaft – erzwingbare Offenbarungspflicht unterlaufen werde. Diese Entscheidung hat in § 97 I InsO ihren Niederschlag gefunden, der ohne Zustimmung des Schuldners ein **Verwendungsverbot** vorsieht. 146

Im Gutachten haben Sie möglicherweise die Frage zu beantworten, ob auch bei unbeschränkten Auskunftspflichten in anderen Fällen ein Verwertungsverbot in Betracht kommt, wenn nicht der Gesetzgeber ohnehin zum Schutz vor Selbstbezichtigungen ausdrücklich ein Schweige- oder Selbstbezichtigungsrecht zubilligt.

Räumt etwa ein Versicherungsnehmer gegenüber seiner Kraftfahrzeugversicherung in Erfüllung seiner Obliegenheit zur vollständigen Sachaufklärung (§ 7 AKB) eine Straftat ein, so haben Sie zu prüfen, ob diese Angaben im Strafverfahren gegen den Versicherungsnehmer verwertbar sind. Das dürfte der Fall sein. **Der Versicherungsnehmer ist nicht im selben Umfang schützenswert wie der Gemeinschuldner**. Der Versicherungsnehmer hat sich nicht gegenüber dem Staat zu erklären, die Auskunftspflicht nach § 7 AKB kann nicht mittels staatlichen Zwangseingriffs durchgesetzt werden. Zwar drohen dem Versicherungsnehmer bei einer Obliegenheitsverletzung finanzielle Einbußen. Regressansprüche der Kraftfahrzeugversicherung sind jedoch nach § 7 AKB begrenzt. Deshalb **überwiegt das öffentliche Interesse an einer wirksamen Strafrechtspflege das schützenswerte Interesse des Beschuldigten an der Berücksichtigung seiner Zwangslage deutlich.**

5. Körperliche Untersuchung des Beschuldigten oder Zeugen

a) Blutprobenentnahme 147

Die Blutprobenentnahme nach § 81a StPO hat in den vergangenen Jahren viel von ihrer Examensrelevanz verloren.

aa) Anordnungskompetenz; Verwertungsverbot

Die Anordnung der Entnahme einer Blutprobe (§ 81a I 2 StPO) unterliegt gem. § 81a II 1 StPO zwar dem Richtervorbehalt, weil sie mit einem Eingriff in die körperliche Integrität verbunden ist. In dem mit Abstand häufigsten Fall einer Blutprobenentnahme, in dem der Beschuldigte im Verdacht steht, eine Trunkenheitsfahrt begangen zu haben, ist eine richterliche Anordnung gem. § 81a II 2 StPO dagegen nicht erforderlich. Voraussetzung ist lediglich, dass zum Zeitpunkt der Anordnung bestimmte Tatsachen den Verdacht begründen, der Beschul- 148

230 Meyer-Goßner/Schmitt/Schmitt StPO § 161 Rn. 4 mwN.
231 Meyer-Goßner/Schmitt/Schmitt StPO § 161 Rn. 4 mwN.
232 BVerfGE 56, 37 = NJW 1981, 1431.

digte habe eine Straftat nach §§ 315a I Nr. 1, II, III, 315c I Nr. 1, II, III oder 316 StGB begangen. Dann steht die Anordnungskompetenz der Staatsanwaltschaft und – nachrangig – deren Ermittlungspersonen (§ 152 GVG) und damit der Polizei zu. Die danach entnommene Blutprobe darf auch dazu genutzt werden, die Voraussetzungen der §§ 20, 21 StGB zu belegen.

Ein Verwertungsverbot kommt nur noch in Betracht, wenn die Polizei unter bewusstem Missbrauch staatlicher Zwangsbefugnisse[233] oder durch bewusste Täuschung die Blutprobe durch einen Nichtarzt entnehmen lässt. Entnimmt dagegen eine Krankenschwester dem Beschuldigten außerhalb des Ermittlungsverfahrens ohne Mitwirkung der Polizei eine Blutprobe und übergibt diese anschließend den Ermittlungsbehörden, darf dieses illegal erlangte Beweismittel – wie auch andere privat und illegal erlangte Beweismittel – verwendet werden.

Hat die Polizei den Versuch unterlassen, eine staatsanwaltschaftliche Entscheidung zu erreichen, führt das nicht zu einem Verwertungsverbot. Das Rangverhältnis zwischen Staatsanwaltschaft und deren Hilfspersonen betrifft allein die Ermittlungsbehörden und damit den **Bereich der Exekutive.**[234] Aus dessen Verletzung kann kein Verwertungsverbot abgeleitet werden.

bb) Beschlagnahme von Blutproben bei Dritten

> **Beispiel:** In der Klausur kann es ferner darum gehen, dass einem Beschuldigten, der in angetrunkenem Zustand einen Verkehrsunfall verursachte und dabei selbst erhebliche Verletzungen erlitt, zur Vorbereitung einer Operation eine Blutprobe entnommen wurde. Zum Nachweis einer Trunkenheitsfahrt erfolgte anschließend die Beschlagnahme dieser Blutprobe durch einen Polizeibeamten.

In der Rechtsprechung[235] wird ein Beweisverwertungsverbot weitgehend verneint, obwohl es sich bei der Blutprobe um einen beschlagnahmefreien Gegenstand nach § 97 I Nr. 3 StPO handelt, der sich in der Hand des zeugnisverweigerungsberechtigten Arztes (§ 53 I Nr. 3 StPO) oder des ihm nach § 97 II StPO gleichgestellten Krankenhauses befindet. Es komme allein darauf an, ob zum Zeitpunkt der Entnahme der Blutprobe diese gem. § 81a StPO hätte angeordnet werden dürfen. Dann sei auch die zu Behandlungszwecken entnommene Blutprobe ein dem § 81a StPO unterfallendes Beweismittel. Nach dem Grundsatz der Verhältnismäßigkeit wäre es zudem nicht zulässig gewesen, dem Beschuldigten die Entnahme einer weiteren Blutprobe zuzumuten.

b) Erkennungsdienstliche Maßnahmen

149 Obwohl die in der Überschrift genannten **erkennungsdienstlichen Maßnahmen dem materiellen Polizeirecht zuzuordnen** sind, enthält § 81b I StPO auch die Rechtsgrundlage für strafprozessuale **Identifizierungsmaßnahmen, die es erlaubt, in das Grundrecht auf informationelle Selbstbestimmung** einzugreifen. Gemäß § 81b StPO muss der Beschuldigte hinnehmen, dass seine **Fingerabdrücke** genommen, von ihm Lichtbilder angefertigt und Messungen oder ähnliche Maßnahmen an ihm vorgenommen werden. Für die Klausurlösung müssen die genannten Maßnahmen **zur Durchführung des** – konkreten – **Strafverfahrens notwendig und geeignet** sein (§ 81b I Alt. 1 StPO). Der Tatverdächtige muss zum Zeitpunkt der Maßnahme zudem bereits **Beschuldigter** sein. Im Stadium davor sind Maßnahmen zur Identitätsfeststellung nur nach den Regeln des § 163b I 2, 3 StPO zulässig.[236] Polizeirechtliche Zwecke des Erkennungsdienstes (§ 81b I Alt. 2 StPO), die der Aufklärung zukünftiger Straftaten dienen, spielen für die Klausurlösung keine Rolle. Fehlte es an den Voraussetzungen für die strafprozessuale Maßnahme, kann diese im Übrigen nicht dadurch gerechtfertigt werden, dass die polizeirechtlichen Voraussetzungen vorlagen, denn der Gesetzgeber hat die verschiedenen Verwendungszwecke präzise gegeneinander abgegrenzt.[237]

In den eher seltenen Klausurkonstellationen erzwingen die ermittelnden Polizeibeamten die Abnahme von Fingerabdrücken, weil der Beschuldigte daran nicht mitwirkt oder gar Wider-

233 BGH NJW 1971, 1097.
234 OLG Nürnberg NStZ-RR 2017, 286 mit zust. Anm. Kulhanek.
235 Unter anderem OLG Frankfurt a.M. NStZ 1999, 246.
236 Meyer-Goßner/Schmitt/Schmitt StPO § 81b Rn. 6.
237 BVerfG NStZ 2023, 52.

stand leistet. Ein darauf gestützter Verwertungswiderspruch geht ins Leere. Weil § 81b StPO die Durchführung der Maßnahmen auch **gegen den Willen** des Beschuldigten vorsieht, dürfen diese durch den Einsatz unmittelbaren Zwangs durchgesetzt werden. Rechtsgrundlage dafür ist ebenfalls § 81b StPO.[238] Zur Vorbereitung einer Maßnahme darf auch das **äußere Erscheinungsbild** des Beschuldigten verändert werden.

c) Untersuchung von Zeugen

149a Zeugen dürfen unter den Voraussetzungen des § 81c StPO untersucht werden. Ohne die Einwilligung des Zeugen darf dieser nur zur Feststellung von Spuren und Tatfolgen am Körper untersucht werden, wenn dies zur Erforschung der Wahrheit notwendig ist, § 81c I StPO. Das Merkmal der Notwendigkeit erfordert nicht, dass die Untersuchung letztes Mittel ist. Eine Blutprobenentnahme durch einen Arzt muss dagegen zur Erforschung der Wahrheit unerlässlich sein, § 81c II StPO.

Für eine Klausurlösung ist insbesondere von Bedeutung, dass der Zeuge, der in einem Angehörigenverhältnis nach § 52 I StPO zum Beschuldigten steht, das Recht hat, die Untersuchung zu verweigern, § 81c III StPO. Über dieses Recht wäre der Zeuge entsprechend § 52 III StPO zu belehren, und zwar auch dann, wenn ihm bereits eine Belehrung über sein Zeugnisverweigerungsrecht nach § 52 I StPO erteilt worden wäre. Unter Verstoß gegen eine der vorgenannten Vorschriften erlangte Untersuchungsergebnisse wären unverwertbar. Verwertbar blieben die Untersuchungsergebnisse dagegen, wenn auszuschließen wäre, dass der Zeuge bei ordnungsgemäßer Belehrung von seinem Untersuchungsverweigerungsrecht Gebrauch gemacht hätte.[239] Ein Indiz dafür wäre eine Aussage nach Belehrung über das Zeugnisverweigerungsrecht.

Gegen einen Zeugen darf unmittelbarer Zwang nur unter den einschränkenden Voraussetzungen des Abs. 6 eingesetzt werden.

Anders als Verstöße gegen Abs. 3 würden Verstöße gegen die Abs. 1, 2 und 6 nicht zu einem Verwertungsverbot führen, weil die Vorschrift nur dem Schutz des betroffenen Zeugen dient.

d) Molekulargenetische Untersuchungen

149b Die wenigen Klausursachverhalte, in denen die Ergebnisse von DNA-Untersuchungen für den Tatnachweis eine Rolle spielen, erfordern allenfalls eine kurze Auseinandersetzung mit den Voraussetzungen aus den §§ 81e, 81f StPO.

Wird am Tatort **Spurenmaterial** gesichert, so darf dieses für das laufende Verfahren gem. § 81e II 1 StPO molekulargenetisch untersucht werden. **Eine richterliche Anordnung gem. § 81f I StPO ist dafür nur erforderlich, wenn diese bereits einer bestimmten Person zugeordnet werden können, § 81e II 3 StPO.** Die richterliche Anordnung könnte in einem derartigen Fall durch die Einwilligung der betroffenen Person ersetzt werden. Das Gesetz sieht zudem eine Eilzuständigkeit der Staatsanwaltschaft und ihrer Ermittlungspersonen vor. Viel häufiger wird das gesicherte Spurenmaterial jedoch dazu genutzt werden, den Spurenleger erst zu ermitteln.

Dazu wird es in den Klausurfällen mit dem aus dem **Körpermaterial** nach § 81e I StPO erlangten DNA-Identifizierungsmuster verglichen. Dafür erforderliche Speichel- oder sogar Blutproben können aus Maßnahmen nach den §§ 81a, 81c StPO gewonnen werden. **Die molekulargenetische Untersuchung des Körpermaterials erfordert gem. § 81f I StPO die Einwilligung des Betroffenen oder eine richterliche Anordnung** (zur Eilzuständigkeit s. oben). Fehlt es daran, führt das zu einem unselbstständigen **Verwertungsverbot.**

Das Spurenmaterial kann zur Identifizierung des Tatverdächtigen schließlich auch mit dem in der DNA-Analyse-Datei gem. § 81g StPO gespeicherten DNA-Identifizierungsmustern abgeglichen werden.

In den Klausursachverhalten werden Sie ausschließlich Treffer-Wahrscheinlichkeiten in einem Bereich deutlich über 99% finden, sodass Sie im Rahmen der Beweiswürdigung wegen

238 Meyer-Goßner/Schmitt/Schmitt StPO § 81b Rn. 15.
239 BGH NStZ-RR 2016, 377.

daneben fast immer vorliegender weiterer Indizien gegen den Beschuldigten ohne Weiteres vom hinreichenden Tatverdacht gegen diesen ausgehen dürfen. Einer weitergehenden Auseinandersetzung mit dem Beweiswert der festgestellten Treffer-Wahrscheinlichkeit bedarf es dann nicht.

6. Videoaufnahmen und Fotos

150 In vielen Klausuren spielen Videoaufnahmen als Beweismittel eine Rolle. Lange nicht jeder Klausursachverhalt enthält jedoch einen Verwertungswiderspruch. In diesen Fällen können Sie die Videoaufnahme ohne Weiteres als Augenscheinsobjekt verwerten.

Ist dagegen vom Beschuldigten oder seinem Verteidiger ein Verwertungswiderspruch erhoben worden, müssen Sie zunächst unterscheiden, ob die Videoaufnahmen von der Polizei oder privat angefertigt wurden.

a) Videoaufnahmen durch Polizei

In der Klausur wird eine **Videoaufnahme der Polizei als Observationsmaßnahme der Regelung des § 100h I 1 Nr. 1 StPO unterliegen.** Voraussetzung für eine derartige Maßnahme ist lediglich, dass die Erforschung des Sachverhalts durch andere Ermittlungsmaßnahmen weniger erfolgversprechend oder erschwert wäre. Weitere Beschränkungen ergeben sich nur aus dem Verhältnismäßigkeitsgrundsatz und daraus, dass eine derartige Observation nur außerhalb des Schutzbereichs des Art. 13 GG zulässig ist.[240]

Auch die durch den Einsatz einer der polizeilichen Gefahrenabwehr dienenden **„Bodycam"**, eine von Polizeibeamten am Körper getragene elektronische Kamera, gemachten Aufzeichnungen können nach einer Einzelfallabwägung im Rahmen eines Strafverfahrens verwertbar sein. Dies gilt selbst dann, wenn die polizeirechtlichen Voraussetzungen für deren Einsatz nicht vorlagen. Im Rahmen der Abwägung sind das **Gewicht des Rechtsgüterverstoßes**, die **Bedeutung des Beweismittels** und die **Schwere der Tat** zu berücksichtigen. Jedenfalls im Falle eines Tötungsdelikts können derartige Aufzeichnungen deshalb verwertbar sein.[241]

b) Private Videoaufnahmen

Sind die Videoaufnahmen dagegen auf privater Basis – etwa von Überwachungskameras an Tankstellen, in Supermärkten und Spielhallen oder mit einem Smartphone – angefertigt worden, was in der Klausur die Regel ist, **müssen die Aufzeichnungen mit § 4 BDSG vereinbar sein.** In Klausursachverhalten wurde wiederholt ein Verstoß gegen die sich aus § 4 II BDSG ergebende Kennzeichnungspflicht geltend gemacht.

Stellen Sie einem Verstoß gegen eine der genannten Vorschriften fest, haben Sie mithilfe der **Abwägungslehre** zu diskutieren, ob dieser Verstoß zu einem unselbstständigen Verwertungsverbot führen kann. Das OLG Hamburg hat die Verwertbarkeit einer einen Ladendiebstahl zeigenden, aber unter Verstoß gegen § 4 II BDSG (damals § 6b II BDSG) in einem Kaufhaus aufgezeichneten Videosequenz bejaht.[242] Der **Verstoß gegen die datenschutzrechtliche Regelung**, die nicht der Sicherung der Stellung des Beschuldigten im Strafverfahren diene, habe **nur begrenztes Gewicht**. Zudem sei der **Kernbereich privater Lebensgestaltung** des Betroffenen durch die Aufzeichnung einer Straftat **nicht betroffen**. Schließlich liege mit dem datenschutzrechtlichen Hinweisverstoß auch kein Rechtsfehler vor, den sich die Strafverfolgungsbehörden zurechnen lassen müssten. Eine entsprechende Argumentation wird in der Klausurlösung für die Ablehnung eines Verwertungsverbots völlig ausreichen. **Vergessen Sie im Übrigen nicht, auch die Schwere der dem Beschuldigten vorgeworfenen Straftat in die Abwägung einzustellen.** Wenn ein Verwertungsverbot selbst bei einem Delikt minderer Schwere wie einem Kaufhausdiebstahl nicht gegeben sein soll, wird es sich mit zunehmender Schwere des Tatvorwurfs noch leichter ablehnen lassen.

240 Meyer-Goßner/Schmitt/Schmitt StPO § 100h Rn. 1; vgl. dazu oben Rn. 141.
241 LG Düsseldorf BeckRS 2019, 12226.
242 OLG Hamburg NStZ 2017, 726 mkritAnm Gubitz.

Wird von dem Beschuldigten eine Verletzung seines Persönlichkeitsrechts geltend gemacht, empfiehlt es sich, in der Klausurlösung bei der Eingriffsintensität zwischen drei Sphären zu unterscheiden:[243] 151

- der **Intimsphäre,**
- der **Privatsphäre,**
- der **Sozialsphäre.**

Die Intimsphäre gehört zum absolut geschützten Kernbereich der Persönlichkeit. Je weiter sich der Eingriff von diesem Kernbereich über die Privatsphäre in die Sozialsphäre verlagert, desto eher wird der Verwertbarkeit gewonnener Erkenntnisse im Hinblick auf das Strafverfolgungsinteresse und das Interesse am Funktionieren der Strafrechtspflege nichts entgegenstehen. Im Zweifel werden Sie es in Klausuren mit Aufnahmen zu tun haben, die den Beschuldigten in der Sozialsphäre zeigen, sodass Sie nach der gebotenen Abwägung von deren Verwertbarkeit ausgehen können.

Sollte das beanstandete Videomaterial aus dem Einsatz einer sog. **Dashcam**, einer in einem Fahrzeug installierten elektronischen Kamera zur Dokumentation von Verkehrsvorgängen, stammen, dürfte dieses unter Verstoß gegen § 4 I BDSG, der die Beobachtung öffentlich zugänglichen Raumes mit optisch-elektronischen Einrichtungen nur in engen Grenzen zulässt, erstellt worden sein. Gleichwohl werden Sie mit entsprechender Argumentation (Abwägungslehre) vertretbar zur Verwertbarkeit des Videomaterials kommen können.[244] 152–153

7. Zufallsfunde

Bei der Durchführung prozessualer Maßnahmen zur Beweismittelgewinnung können auch Beweismittel erlangt werden, die für eine andere strafrechtliche Untersuchung von Bedeutung sind (**Zufallserkenntnisse**). **Die Ihnen bereits im Rahmen der Ausführungen zur Telefonüberwachung vorgestellte Lösung gilt allgemein.** 154

Die Verwertung derartiger Zufallserkenntnisse ist nur dann problematisch, wenn diese ihren Ursprung in prozessualen Maßnahmen haben, die nur bei Verdacht bestimmter Straftaten zulässig sind. Dann gelten die bereits genannten Regelungen der **§§ 479 II 1, 161 III StPO**. Dazu noch einmal der Hinweis:

- **§ 161 III 1 StPO** gilt für **Erkenntnisse, die nicht aus Strafverfahren** stammen,
- **§ 479 II 1 StPO** gilt für **Erkenntnisse aus anderen Strafverfahren** und verweist auf die entsprechende Anwendung des § 161 III 1 StPO.

Diese Zufallserkenntnisse können

- andere Straftaten (im Sinne des prozessualen Tatbegriffs, § 265 StPO) des Beschuldigten des Ausgangsverfahrens oder
- Straftaten eines Dritten

betreffen.

Im Ergebnis gilt für alle zuvor genannten Konstellationen:

- **Zufallserkenntnisse**, die eine **andere** als die in der zulässigen Anordnung bezeichnete **Katalogtat** betreffen, sind in vollem Umfang – zu Beweiszwecken – **verwertbar**,
- **Zufallserkenntnisse**, die **Straftaten** betreffen, die **nicht zum Katalog** der zulässigen Anlassanordnung gehören, dürfen **nur mittelbar** in der Art verwendet werden, dass auf deren Basis andere Beweismittel gewonnen werden.

Für Zufallsfunde bei Durchsuchungen gilt § 108 StPO.

243 Von Heintschel-Heinegg JA 2012, 395 mwN.

244 So hat das OLG Stuttgart in NJW 2016, 2280 mkritAnm Cornelius, die Verwertung einer Dashcam-Aufzeichnung nach einer Einzelfallabwägung sogar in einem Verkehrs-Ordnungswidrigkeitenverfahren wegen eines Rotlichtverstoßes zugelassen.

V. Verwertungsverbot oder Beeinträchtigung des Beweiswerts

155–164 In Klausursachverhalten wird immer wieder die Unverwertbarkeit von Beweismitteln geltend gemacht, obwohl die beanstandeten „Mängel" des Beweismittels lediglich zu einer **Beeinträchtigung des Beweiswerts** führen können. **Ist der Beweiswert eines Beweismittels beeinträchtigt, bleibt dieses verwertbar, kann allerdings nur Grundlage für den Tatnachweis sein, wenn es durch andere gewichtige Beweisanzeichen bestätigt wird.**

- Immer wieder kommt es in den Klausursachverhalten zur **Identifizierung** des Beschuldigten **anhand von Lichtbildern.**
  Identifiziert ein Zeuge den Beschuldigten aufgrund einer **Einzellichtbildvorlage,** so ist der Beweiswert des Wiedererkennens deutlich reduziert. Hintergrund dafür ist die mit der Einzelbildvorlage verbundene erhebliche suggestive Wirkung.[245] Das hat zur Folge, dass es für den hinreichenden Tatverdacht regelmäßig weiterer Beweismittel bedarf, die von Ihnen in einer Gesamtschau zu würdigen sind. **Die Erkenntnisse aus einer Einzellichtbildvorlage unterliegen jedoch keinem Verwertungsverbot.**
  Die Identifizierung des Beschuldigten kann auch auf einer **Wahllichtbildvorlage** beruhen. Die StPO enthält in § 58 nur eine Regelung für – in Klausursachverhalten sehr seltene – Gegenüberstellungen. Diese wird durch Nr. 18 RiStBV ergänzt; Abs. 3 regelt die Durchführung von Wahllichtbildvorlage.
  - Dem Zeugen sollen die Lichtbilder von mindestens acht Personen gezeigt werden,
  - die Lichtbilder sollen ihm nacheinander vorgelegt werden,
  - die Lichtbildvorlage soll auch nach einer Identifikation bis zum Ende fortgesetzt werden.

  Wird bei der Wahllichtbildvorlage gegen diese Vorgaben verstoßen, beeinträchtigt das den Beweiswert des Wiedererkennens gegebenenfalls sogar stark, führt aber nicht zu einem Verwertungsverbot.
- Wurde ein **betrunkener Zeuge** vernommen, so ist dessen Aussage nicht unverwertbar, sondern lediglich deren Beweiswert beeinträchtigt.
- **Belastende Angaben eines Mitbeschuldigten** sind nicht etwa unverwertbar, sie haben lediglich einen verringerten Beweiswert.
- **Sachverständigengutachten,** die lediglich zu dem Ergebnis führen, dass der Beschuldigte als Spurenleger in Betracht komme oder nicht auszuschließen sei, sind deshalb nicht unverwertbar.
- Entsprechendes gilt für undeutliche **Videoaufnahmen und Fotos.**
- Selbst in Fällen, in denen die Unmöglichkeit konfrontativer Befragung und damit ein Verstoß gegen Art. 6 III d EMRK beanstandet wird, geht die Rechtsprechung nicht den Weg über ein mögliches Beweisverwertungsverbot, sondern trägt möglichen Verfahrensfehlern mit einer Verminderung des Beweiswerts der verfahrensfehlerhaft zustande gekommenen Vernehmung Rechnung: Ist die unterbliebene konfrontative Befragung eines Zeugen **der Justiz zuzurechnen,** kann eine Verurteilung auf dessen Angaben nur gestützt werden, wenn diese durch andere gewichtige Gesichtspunkte außerhalb der Aussage bestätigt werden.[246] Beantwortet ein Mitbeschuldigter die Fragen des nunmehr eine Verletzung seines Fragerechts geltend machenden Mitbeschuldigten nicht, liegt darin kein Verstoß gegen Art. 6 III d EMRK.[247] Nichts anderes gilt, wenn der Verteidiger einen Mitbeschuldigten seines Mandanten nicht befragen kann, weil dieser verstorben ist.

Lassen Sie sich in derartigen Fällen nicht von einem Verwertungswiderspruch des Verteidigers auf die falsche Spur setzen!

245 BGH NStZ-RR 2017, 90.
246 BGH NStZ 2007, 166.
247 BGH NStZ 2009, 581.

5. Teil. Der prozessuale Teil

A. Das prozessuale Gutachten

Im prozessualen Gutachten sollen Sie dem Leser Ihre praktischen Entscheidungen erläutern. Es geht für Sie also darum, nachvollziehbar darzulegen, warum Ihre Abschlussverfügung und Anklage so und nicht anders aussehen. Das bedeutet für Sie, eine Liste in Betracht kommender prozessualer Fragen abzuarbeiten und auf ihre Relevanz abzuklopfen. Manche dieser prozessualen Fragen werden in jeder Klausur zu erörtern sein. So werden Sie immer auf die sachliche und örtliche Zuständigkeit des Gerichts und mögliche Opportunitätsentscheidungen einzugehen haben. Andere prozessuale Fragen werden in bestimmten Konstellationen nicht einmal anzureißen sein. Kommen wegen der Verwirklichung von Bagatelldelikten nur Geldstrafen in Betracht, werden Sie kein Wort zur notwendigen Verteidigung verlieren müssen. In dieser Konstellation werden auch Ausführungen zu den Voraussetzungen eines Haftbefehls anfängerhaft wirken. 165

Die denkbaren Konstellationen sind so vielfältig, dass sie hier nur angerissen werden können. Sie selbst sind dafür verantwortlich, das Gefühl dafür zu erwerben, wann von Ihnen Ausführungen zu bestimmten prozessualen Problemen erwartet werden. Nur Übung wird Sie zur Meisterschaft bringen! Dabei sind Ihre Erfolgsaussichten im prozessualen Gutachten besonders hoch, denn die Anzahl der Probleme ist überschaubar.

Typische prozessuale Fragen sind:

- Sachliche Zuständigkeit,
- örtliche Zuständigkeit,
- Anklage oder Strafbefehl,
- Teileinstellung, § 170 II StPO,
- §§ 154/154a StPO,
- Haftbefehl,
- notwendige Verteidigung,
- Nebenklage,
- § 111a StPO und andere.

Der Umfang der Darstellung wird natürlich stark davon abhängen, ob zur Klausuraufgabe auch die Anfertigung einer Abschlussverfügung gehört, was nicht in jedem Bundesland der Fall ist. Zudem ist in letzter Zeit auch in Bundesländern, in denen das Anfertigen einer Abschlussverfügung traditionell dazu gehört, diese wiederholt nicht mehr gefordert worden. Lesen Sie also den Bearbeitervermerk sehr genau! Gehört die Abschlussverfügung zur Aufgabe, werden Sie sich bei fortgeschrittener Zeit darauf beschränken können, viele der angesprochenen Fragen in der Verfügung zu beantworten. Andererseits werden Sie jede der für den Fall relevanten Fragen im Gutachten erörtern müssen, wenn Ihnen die Abschlussverfügung erlassen ist.

I. Das sachlich zuständige Gericht

Überraschend sind die Fehler, die in vielen Klausuren schon an dieser Stelle gemacht werden. Viele Klausurverfasser schaffen es spätestens jetzt, den Korrektor endgültig gegen sich aufzubringen, indem sie mit nichts sagenden Formulierungen zu falschen Ergebnissen kommen. Dabei ist im Zusammenhang mit der sachlichen Zuständigkeit nur die Antwort auf eine einzige Frage wichtig: Welche Strafe hat der Beschuldigte zu erwarten? Doch auch dieses Hindernis lässt sich ohne Probleme meistern. Weitere Probleme gibt es mit den nötigen Grundkenntnissen nicht. Doch Schritt für Schritt: 166

Natürlich können Sie bei der Zuständigkeitsprüfung nur bestehen, wenn Sie den Gerichtsaufbau in der Strafgerichtsbarkeit kennen. Diese Kenntnisse sind allerdings so elementar und selbstverständlich vorauszusetzen, dass ich im Einzelnen darauf nicht eingehen will. Haben Sie nur die geringsten Zweifel an Ihren Kenntnissen, sollten Sie sofort ein StPO-Lehrbuch zur Hand nehmen und Ihr Wissen auffrischen!

1. Zuständigkeiten

167 Im Erwachsenenstrafverfahren kann die Hauptverhandlung vor

- dem **Strafrichter**,
- dem **Schöffengericht**,
- der **Großen Strafkammer**

stattfinden. Die daneben ausnahmsweise denkbare erstinstanzliche Zuständigkeit des Oberlandesgerichts spielt in den Klausuren keine Rolle.

168 Bedenken Sie, dass Sie schon mit der unkorrekten Bezeichnung des zuständigen Gerichts Weichen stellen. Korrektoren werden Fehler kaum verzeihen. Der Strafrichter heißt also weder *„Einzelrichter"* noch *„Richter am AG"* oder gar *„Amtsrichter"*. Die Strafkammer muss unbedingt als „große" bezeichnet werden, weil jeder Korrektor zumindest ahnt, dass die unvollständige Bezeichnung nicht auf einem Versehen, sondern auf Unkenntnis von der Aufgabenverteilung zwischen großen und kleinen Strafkammern beruht. Zwar wird verschiedentlich vertreten, dass es außerhalb der Hauptverhandlung nur „Strafkammern" gebe. Das dürfte indes nicht zutreffend sein. Aus § 76 GVG ergibt sich, dass große Strafkammern mit drei Richtern und zwei Schöffen besetzt sind, Letztere bei Entscheidungen außerhalb der Hauptverhandlung jedoch nicht mitwirken. Bei der Bezeichnung als große Strafkammer bleibt es damit auch außerhalb der Hauptverhandlung.

Nicht weniger schlimm ist es, wenn statt der Zuständigkeit der Großen Strafkammer lediglich die Zuständigkeit des Landgerichts bejaht wird. Das habe ich leider schon allzu häufig in Klausuren gelesen. Der Schluss auf die Unwissenheit des Klausurverfassers ist dann zwingend.

169 **Der Strafrichter hat wie das Schöffengericht eine Strafgewalt von bis zu vier Jahren Freiheitsstrafe.** Im Gegensatz zum Schöffengericht ist der **Strafrichter** gem. § 25 GVG aber nur bei einer **Straferwartung von bis zu zwei Jahren** (Ausnahme Privatklagen) und wenn dem Angeschuldigten **kein Verbrechen** vorgeworfen wird, zuständig. Nur am Rande sei angemerkt, dass auch der Versuch eines Verbrechens und die Teilnahme daran Verbrechen darstellen. Führt eine Strafrahmenverschiebung dazu, dass die angedrohte Mindeststrafe unter ein Jahr rutscht, bleibt das Delikt ebenfalls ein Verbrechen. **Ab einer Straferwartung von mehr als vier Jahren ist die Zuständigkeit der Großen Strafkammer begründet.** Häufig kommt in Klausuren auch die Zuständigkeit des Schwurgerichts in Betracht, die sich aus § 74 II GVG ergibt (sämtliche Verbrechenstatbestände mit Todesfolge). Die weiteren Sonderzuständigkeiten nach den §§ 74a–74c StPO spielen in den Klausuren keine Rolle.

Es ergibt sich also folgende Zuständigkeitsverteilung:

- **Amtsgericht**
  - **Strafrichter:**
    Vergehen mit Straferwartung bis 2 Jahre; Privatklagedelikte
  - **Schöffengericht:**
    Vergehen mit Straferwartung über 2 Jahre bis 4 Jahre; Verbrechen bis 4 Jahre
- **Landgericht**
  - **Große Strafkammer:**
    Vergehen und Verbrechen mit Straferwartung über 4 Jahre
  - **Schwurgericht:**
    Katalogtat nach § 74 II GVG

Sind Sie sich über diese Zuständigkeitsverteilung im Klaren, geht es an die Begründung der Zuständigkeit im konkreten Fall. Kommen Sie dabei gleich auf den Punkt. Lange abstrakte

Ausführungen zu der Zuständigkeitsverteilung interessieren nicht und kosten Sie Zeit, die Sie an anderer Stelle möglicherweise noch dringend benötigen werden. Andererseits dürfen Sie sich auch nicht auf schlichte Feststellungen beschränken, denn Sie wollen den Leser ja überzeugen.

2. Regelstrafrahmen als Ausgangspunkt

Ausgangspunkt Ihrer Überlegungen zur Straferwartung muss – wie bei der Strafzumessung in einem Urteil – immer der Strafrahmen des schwersten Delikts sein. Selten mal wird nur ein einziger Straftatbestand anzuklagen sein. 170

- Das schwerste Delikt wird bei **Tatmehrheit** in aller Regel auch zur höchsten Einzelstrafe und damit zur Einsatzstrafe führen, die wiederum ganz entscheidenden Einfluss auf die Höhe einer Gesamtstrafe hat.
- Bei **Tateinheit** ist die Strafe ebenfalls dem Strafrahmen des **schwersten Delikts** zu entnehmen, das ist **das mit der höchsten angedrohten Höchststrafe**. Denken Sie unbedingt an die Sperrwirkung, die § 52 II 2 StGB bei unterschiedlichen Mindeststrafandrohungen nach unten entfaltet.

3. Strafrahmenverschiebungen

Beachten Sie, dass Strafrahmenverschiebungen wegen vertypter oder unbenannter Strafmilderungsgründe (natürlich auch Strafschärfungsgründe) unbedingt berücksichtigt werden müssen. Denn die Auswirkungen sind gravierend: 171

- Sind Sie in Ihrem A-Gutachten zu dem Ergebnis gekommen, dass die Voraussetzungen des § 250 II StGB erfüllt sind, kommen Sie automatisch zu einer zu erwartenden Freiheitsstrafe von fünf Jahren und mehr. Sie können dann nur noch bei einer großen Strafkammer anklagen.
- Haben Sie dagegen einen minder schweren Fall nach § 250 III StGB bejaht, liegt die angedrohte Mindeststrafe nur noch bei einem Jahr, womit auch eine Anklage zum Schöffengericht möglich ist. Dieser Strafrahmen könnte sich beim Vorliegen vertypter Strafmilderungsgründe sogar noch deutlich ermäßigen. Eines wird Ihnen dadurch jedoch nicht gelingen, nämlich die Zuständigkeit des Strafrichters zu begründen. Denn an der Deliktsnatur ändert sich nichts. § 250 StGB bleibt ein Verbrechenstatbestand.

Das Erörtern in Betracht kommender Strafmilderungsgründe wird Ihnen an dieser Stelle allerdings keine große Mühe mehr machen, denn die wichtigsten Strafschärfungsgründe und die vertypten Strafmilderungsgründe haben Sie ja bereits in Ihrem materiellen Gutachten abgearbeitet. Zur Erinnerung: Zu den vertypten Strafmilderungsgründen gehören unter anderem §§ 13, 17 S. 2, 22, 23, 27, 28 I StGB. Haben Sie § 21 StGB bereits im materiellen Gutachten geprüft, ist das ebenfalls erledigt. Gilt für Sie die Anweisung, § 21 StGB und unbenannte Strafmilderungsgründe erst im prozessualen Gutachten zu erörtern,[248] muss das in diesem Zusammenhang geschehen. 172

Die Verwirklichung von Regelbeispielen und der vorgenannten Strafmilderungsgründe führt zu einer **Strafrahmenverschiebung**, die für die Höhe der zu erwartenden Strafe zwingend zu berücksichtigen ist.

Sowohl die Voraussetzungen des § 21 StGB als auch die eines minder schweren Falles werden Sie – gleichgültig an welcher Stelle Ihrer Klausurlösung das geschieht – jedoch nur erörtern, wenn der Klausursachverhalt hinreichend konkrete Hinweise darauf enthält, dass das von Ihnen erwartet wird (Angaben zur Blutalkoholkonzentration oder gravierende Strafmilderungsgründe).

248 So ausdrücklich die Hinweise für die Anfertigung von Staatsanwaltsklausuren des Landesjustizprüfungsamts Niedersachsen.

a) § 21 StGB: Erhebliche Verminderung der Schuldfähigkeit

173 Im Vordergrund steht die erhebliche Verminderung der Steuerungsfähigkeit infolge Trunkenheit.

Auf § 21 StGB werden Sie in Ihrem Gutachten jedoch nur eingehen, wenn eine Tatzeit-BAK von mindestens 2,0 ‰ feststeht oder sich aufgrund einer gegebenenfalls erforderlichen Rückrechnung ergeben könnte. Im Bereich unter 2,0 ‰ darf in aller Regel bei einem erwachsenen gesunden Menschen von voller Schuldfähigkeit ausgegangen werden.

Können Sie dem Klausursachverhalt eine deutliche Alkoholisierung des Beschuldigten entnehmen, müssen Sie zuerst dessen Tatzeit-BAK errechnen (dazu unten), um beurteilen zu können, ob Sie in die Erörterung des § 21 StGB einsteigen müssen.

Wie in § 20 StGB ist auch im Rahmen des § 21 StGB sehr genau zwischen der **Unrechtseinsichtsfähigkeit** und der **Steuerungsfähigkeit** zu **unterscheiden.**

Die Unrechtseinsichtsfähigkeit ist die Fähigkeit, das Unrecht der Tat einzusehen.
Die Steuerungsfähigkeit ist die Fähigkeit, entsprechend einer vorhandenen Unrechtseinsicht zu handeln.

Unrechtseinsichtsfähigkeit und Steuerungsfähigkeit können nicht gleichzeitig fehlen, weil die Steuerungsfähigkeit nur infrage stehen kann, wenn der Beschuldigte zur Einsicht in das Unrecht seiner Tat gelangt ist.

Die Gründe für das Fehlen der Unrechtseinsichts- oder der Steuerungsfähigkeit müssen in den in § 20 StGB, auf den § 21 StGB Bezug nimmt, aufgeführten sog. **biologischen Merkmalen** liegen. Dazu gehören:

- die krankhafte seelische Störung
  - exogene Psychosen, Störungen mit hirnorganischer Ursache
  - endogene Psychosen wie Schizophrenie und manische Depression
  - **Intoxikationspsychosen wie Trunkenheit**
- die tiefgreifende Bewusstseinsstörung
  - Erschöpfung, Übermüdung
  - Affekt
- die Intelligenzminderung
  - angeborene Intelligenzschwäche
- die schwere andere seelische Störung
  - Psychopathien
  - Neurosen
  - Triebstörungen

Die Steuerungsfähigkeit des Beschuldigten ist erheblich vermindert, wenn dieser **bei vorhandener Unrechtseinsicht** den Tatanreizen erheblich weniger Widerstand entgegensetzen kann als der nüchterne Durchschnittsmensch.

Wichtig ist, dass Sie sich merken: Die Verminderung der Einsichts**fähigkeit** allein ist bedeutungslos. Diese hat rechtlich erst dann Folgen, wenn sie im konkreten Fall auch tatsächlich zum Fehlen der Unrechtseinsicht geführt hat.

174 Fehlt es dagegen an der Unrechtseinsicht wegen eines Defekts iSd § 20 StGB, hängt das Vorliegen des § 21 StGB davon ab, ob das Fehlen der Unrechtseinsicht vermeidbar war. Konnte der Beschuldigte das Fehlen der Unrechtseinsicht nicht vermeiden, handelt er gem. § 20 StGB schuldlos. Nur wenn das Fehlen der Unrechtseinsicht vermeidbar war, ist § 21 StGB gegeben.

Vermeidbar ist das Fehlen der Unrechtseinsicht, wenn der Beschuldigte bei gehöriger Anspannung aller ihm verbliebenen Geisteskräfte das Unrecht seiner Tat hätte erkennen müssen.

In einer Klausur werden Sie aber gar nicht so weit kommen. Auch wenn Sie ausnahmsweise eine Tatzeit-BAK von 3,0‰ und mehr feststellen, werden Sie ohne Weiteres aus der Heimlichkeit bei der Tatbegehung oder der anschließenden Flucht des Beschuldigten auf dessen vorhandene Unrechtseinsicht schließen können.

Bei vorhandener Unrechtseinsicht und erheblich verminderter Steuerungsfähigkeit ist § 21 StGB dagegen immer erfüllt. Letzteres zu prüfen ist also Ihre Aufgabe in den Klausuren. Dazu müssen Sie die Systematik des § 21 StGB jedoch nicht vollständig erörtern. Dennoch müssen Sie diese kennen, um begriffliche Verwirrung zu vermeiden und dem Korrektor klipp und klar mitteilen zu können, worum es Ihnen geht. 175

Zur Veranschaulichung das folgende Schaubild:

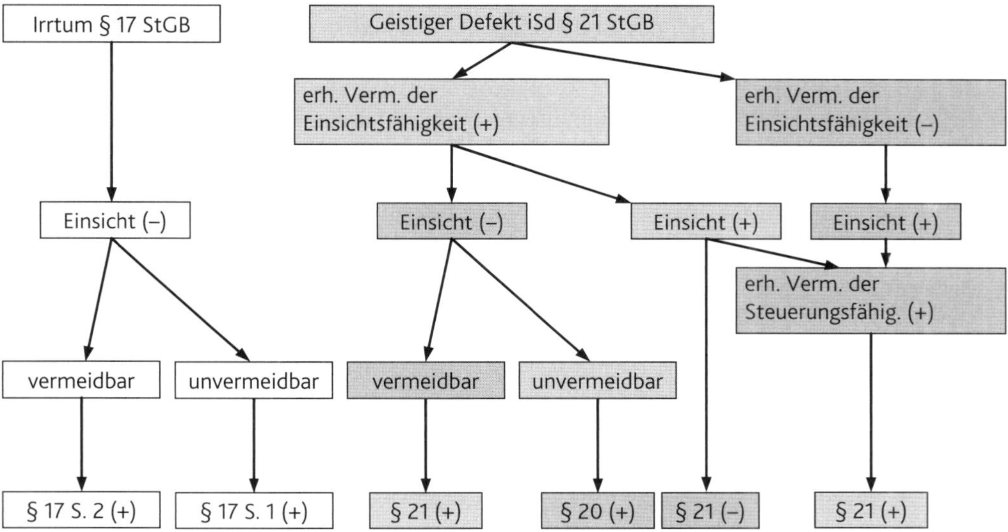

aa) Feststellung der Tatzeit-BAK

Sie haben die erhebliche Verminderung der Steuerungsfähigkeit im Gutachten grundsätzlich erst ab einer Tatzeit-BAK von 2,0‰ und mehr und bei Tötungsdelikten – wegen der deutlich höheren Hemmschwelle – ab einer Tatzeit-BAK von 2,2‰ und mehr zu erörtern. 176

Wie bereits oben angerissen, kann sich die Tatzeit-BAK aus einer Rückrechnung auf der Basis des Ergebnisses einer Blutuntersuchung oder aufgrund von Trinkmengenangaben ergeben.

- **Die Rückrechnung auf der Basis des Ergebnisses einer Blutuntersuchung** ist sehr einfach. Weil eine Blutprobe immer erst nach der Tat entnommen wird, ist unter Berücksichtigung des Zweifelssatzes mit dem denkbar höchsten Abbauwert auf die denkbar höchste Tatzeit-BAK zurückzurechnen. Diese wirkt sich zugunsten des Täters aus, weil es um die Voraussetzung für eine Strafrahmenmilderung nach § 21 StGB geht.

  Merke: Bei einer Rückrechnung auf der Basis des Ergebnisses einer Blutuntersuchung ist zugunsten des Beschuldigten von einem stündlichen Abbauwert von 0,2‰ sowie einem **einmaligen** Sicherheitszuschlag von 0,2‰ auszugehen.

- **Die Rückrechnung aufgrund von Trinkmengenangaben** wird Ihnen etwas mehr abverlangen, stellt aber keineswegs eine unüberwindliche Hürde dar. Diese Art der Rückrechnung wird erforderlich, wenn ein Ergebnis einer Blutuntersuchung nicht vorliegt und Ihnen im Sachverhalt hinreichend genaue Trinkmengenangaben an die Hand gegeben werden. Zudem müssen Sie das Gewicht des Beschuldigten kennen, das für die BAK ebenfalls von entscheidender Bedeutung ist. Fehlen diese Daten im Sachverhalt, können Sie die Rückrechnung nicht leisten und wird sie von Ihnen auch nicht verlangt. Es ist jedoch gut vorstellbar, dass Sie einmal im Rahmen einer Revisionsklausur vor die Aufgabe gestellt

werden, eine in dem anzufechtenden Urteil dokumentierte BAK-Berechnung auf ihre Richtigkeit zu untersuchen.
Die BAK-Berechnung aufgrund von Trinkmengenangaben erfolgt mithilfe der *Widmark-Formel*:[249]

Die BAK in Promille ergibt sich aus dem genossenen Alkohol in Gramm abzüglich eines zehn- (bis dreißig-) prozentigen Resorptionsdefizits geteilt durch das reduzierte (Männer mal 0,7; Frauen mal 0,6) Körpergewicht in Kilogramm.

Bei der Berechnung der Alkoholmenge müssen Sie darauf achten, dass der Alkoholgehalt von Getränken immer in Volumenprozenten angegeben wird. Die sich daraus ergebenden Volumenanteile müssen wegen des spezifischen Gewichts des Alkohols noch mit 0,81 multipliziert werden, um die Gewichtsanteile zu ermitteln. Im Rahmen der BAK-Berechnung für § 21 StGB ist zugunsten des Beschuldigten das denkbar niedrigste Resorptionsdefizit von 10% in die Widmark-Formel einzustellen.
Zu berücksichtigen ist ferner der Zeitfaktor. Hat der Beschuldigte den Alkohol über mehrere Stunden – vor der Tat – zu sich genommen, ist der bis zur Tat abgebaute Blutalkohol abzuziehen. Um zugunsten des Beschuldigten wiederum auf eine für diesen möglichst günstige und damit möglichst hohe BAK zu kommen, ist in dieser Konstellation mit dem denkbar niedrigsten Abbauwert von 0,1‰ pro Stunde zurückzurechnen. Ein Sicherheitszuschlag kommt nicht in Betracht.[250]

Bei einer BAK-Berechnung auf der Basis von Trinkmengenangaben ist zugunsten des Beschuldigten bei einem Resorptionsdefizit von 10% von einem stündlichen Abbauwert von 0,1‰ auszugehen.

bb) Wirkung psychodiagnostischer Kriterien

177 Nach der Ermittlung der Tatzeit-BAK bleibt im Gutachten die Frage zu beantworten, ob allein aufgrund der Tatzeit-BAK bereits von einer erheblichen Verminderung der Steuerungsfähigkeit ausgegangen werden kann oder ob entgegenstehende Umstände zu berücksichtigen sind.

Während in der früheren Rechtsprechung des BGH unter Berücksichtigung des Zweifelssatzes die BAK mangels anderer aussagekräftiger Anknüpfungspunkte regelmäßig ausreichte, hat die Leistungsfähigkeit des Täters (**psychodiagnostische Kriterien**) zur Tatzeit erheblich an Aussagekraft gewonnen. Vereinzelt wird in den Klausuren eine Auseinandersetzung damit verlangt.

Unter den psychodiagnostischen Kriterien sind Leistungsmerkmale während oder unmittelbar vor oder nach der Tat zu verstehen, die Rückschlüsse auf das Leistungsvermögen und damit die Steuerungsfähigkeit des Täters zulassen.

178 Gemeint sind **in sich logische und schlüssige Handlungssequenzen und motorische Kombinationsleistungen, die in der jeweiligen Form nicht möglich sind, wenn die Steuerungsfähigkeit erheblich beeinträchtigt wäre**. Dazu gehören äußere Anzeichen wie das Fehlen von Koordinationsproblemen und lallender Sprache, aber auch das Bewältigen komplexerer Handlungen oder das schnelle und angepasste Reagieren auf eine sich verändernde Tatsituation.[251]

Weil derartige Abwägungen regelmäßig die Hinzuziehung eines psychiatrischen Sachverständigen in der Hauptverhandlung erfordern, werden Sie mit der Anklageerhebung die Einholung eines Sachverständigengutachtens beantragen müssen.

249 Fischer StGB § 20 Rn. 14–15a.
250 Theune NStZ-RR 2006, 193 (194).
251 Beispiele: BGH NStZ 1998, 296 und NJW 1998, 3427 = StV 1998, 537; BGH NStZ 2022, 473.

Ab einer Tatzeit-BAK von 2,0 ‰ ist die erhebliche Verminderung der Steuerungsfähigkeit zu erörtern. Die Tatzeit-BAK stellt für sich zunächst nur einen groben Richtwert dar.	
Liegen daneben aussagekräftige psychodiagnostische Leistungsmerkmale vor, ist zu prüfen, ob diese trotz hoher Alkoholisierung der Annahme erheblich verminderter Steuerungsfähigkeit entgegenstehen.	**Nur wenn es an aussagekräftigen psychodiagnostischen Leistungsmerkmalen fehlt,** wird unter Berücksichtigung des Zweifelssatzes allein aufgrund der Tatzeit-BAK eine erhebliche Verminderung der Steuerungsfähigkeit zu bejahen sein.

Sind Sie sich in der Klausur unsicher oder fehlt es Ihnen an der für eine Abwägung erforderlichen Zeit, sollten Sie sich auf die früher anerkannte Zweifelsregelung zurückziehen und ab 2,0‰ bzw. 2,2‰ die erhebliche Beeinträchtigung der Steuerungsfähigkeit bejahen. Nachdem Sie den Lösungsweg dargestellt haben, kann von Ihnen eigentlich nicht mehr erwartet werden. Das wird in der Praxis auch heute noch vielfach so gemacht. 179

Haben Sie die Voraussetzungen des § 21 StGB bejaht, sollten Sie sich auch gleich mit den sich daraus ergebenden Folgen auseinandersetzen und den sich aus den §§ 21, 49 I StGB gemilderten Strafrahmen konkret bestimmen. Davon sollten Sie nur absehen, wenn die Strafrahmenmilderung offensichtlich keine Auswirkungen auf die sachliche Zuständigkeit des für die Hauptverhandlung zuständigen Gerichts hat. Spätestens im prozessualen Teil müssten Sie das ohnehin leisten.

Gemäß § 49 I Nr. 2 StGB vermindert sich die angedrohte Höchststrafe auf dreiviertel der Strafandrohung des Regelstrafrahmens. Bei einer angedrohten Höchststrafe von 15 Jahren verringert sich die Höchststrafe damit auf 11 Jahre 3 Monate und nicht auf 11 Jahre 9 Monate, wie ich es schon so oft gelesen habe.

Zur Verdeutlichung des Ergebnisses des vorstehenden Abschnitts das folgende Aufbau- und

Formulierungsbeispiel:
Tatbestand …

Rechtswidrigkeit …

Schuld
Fraglich ist, ob der Beschuldigte zur Tatzeit iSd § 20 StGB infolge seiner Alkoholintoxikation wegen einer krankhaften seelischen Störung schuldunfähig war. Eine ihm zwei Stunden nach der Tat entnommene Blutprobe enthielt 2,0‰. Zu seinen Gunsten ist mit dem denkbar höchsten Abbauwert von 0,2‰ sowie einem einmaligen Sicherheitszuschlag von 0,2‰ zurückzurechnen, sodass für den Tatzeitpunkt von einer BAK von 2,6‰ auszugehen ist. Die Aufhebung der Einsichts- oder Steuerungsfähigkeit kommt jedoch erst ab einer BAK von 3,0‰ in Betracht.

Unter Zuständigkeit oder Strafe
Jedoch könnte die Steuerungsfähigkeit des Beschuldigten erheblich vermindert gewesen sein. Die erhebliche Verminderung der Steuerungsfähigkeit kommt bei Kapitaldelikten wegen der hohen Hemmschwelle erst ab einer BAK von 2,2‰ in Betracht. Dieser Wert ist mit der zuvor errechneten Tatzeit-BAK von 2,6‰ überschritten. Jedoch ist die BAK allein nur dann maßgebend, wenn über die tatsächliche Leistungsfähigkeit des Beschuldigten zur Tatzeit keine Erkenntnisse vorliegen. Anders ist es im vorliegenden Fall. Der Beschuldigte war in der Lage, den richtigen Zeitpunkt für seine Tat zu erkennen. Die Idee der verzögerten Brandlegung mittels einer brennenden Zigarette und deren Ausführung sprechen ebenfalls … Insgesamt liegen damit eine ganze Reihe aussagekräftiger Leistungsmerkmale vor, sodass davon auszugehen ist, dass die Steuerungsfähigkeit des Beschuldigten trotz der hohen BAK nicht erheblich vermindert war.

b) Minder schwere Fälle

180 Die Verbrechens- und schwerere Vergehenstatbestände sehen minder schwere Fälle vor, die mit deutlich geringeren Strafen bedroht sind, als der jeweilige Regelstrafrahmen vorsieht.

Ein minder schwerer Fall liegt vor,

> wenn das Tatbild einschließlich aller subjektiven Momente und der Täterpersönlichkeit vom Durchschnitt der erfahrungsgemäß gewöhnlich vorkommenden Fälle in einem so erheblichen Maße abweicht, dass der Regelstrafrahmen nicht mehr angemessen ist.

181 Die Feststellung eines minder schweren Falles erfordert also eine **umfassende Gesamtwürdigung aller tat- und täterbezogenen Umstände. Das kommt in den Klausurlösungen häufig nicht ausreichend zum Ausdruck!**

Gleichgültig ist, ob diese tat- und täterbezogenen Umstände der Tat innewohnen, sie begleiten, ihr vorausgehen oder ihr folgen. Für Sie bedeutet das, dass Sie sich vor allem mit den tatbezogenen Umständen (zB Verletzungen, Beutehöhe, Schäden) auseinandersetzen müssen. Täterbezogene Umstände, zu denen Geständnisse/geständige Einlassungen und Vorstrafen gehören, müssen ebenfalls in die Gesamtabwägung einfließen. Keinesfalls reicht es zur Begründung eines minder schweren Falles aus, dass Sie allein auf eine *„nur geringe Beute“* oder den Umstand abstellen, dass *„das Opfer keine Verletzungen erlitten hat“*. Denn das ist keine Gesamtwürdigung.

Nur wenn am Ende der Gesamtwürdigung die strafmildernden Umstände die strafschärfenden Umstände deutlich überwiegen, dürfen Sie von einem minder schweren Fall ausgehen. Ist das nicht der Fall, sind Sie jedoch noch nicht am Ende Ihrer Überlegungen.

182 Abgeleitet aus dem Wortlaut des § 50 StGB haben Sie dann nämlich einen gleichzeitig vorliegenden **vertypten Strafmilderungsgrund**, das sind die Strafrahmenmilderungsgründe des Allgemeinen Teils (§§ 13, 21, 23, 27 StGB usw.), in die Gesamtwürdigung einzustellen. Denn ein minder schwerer Fall führt in der Regel zu einem für den Beschuldigten günstigeren Strafrahmen als die Strafrahmenmilderung nach § 49 StGB. Ein zusätzlicher vertypter Strafmilderungsgrund wird die Waage regelmäßig deutlich zugunsten des minder schweren Falles ausschlagen lassen, sodass Sie in der Klausur bei gleichzeitigem Vorliegen beachtlicher Strafmilderungsgründe regelmäßig den minder schweren Fall werden bejahen können.

> **Aufbauhinweis:** Für den Aufbau Ihres Gutachtens bedeutet das, dass Sie § 21 StGB immer vor den unbenannten Strafmilderungsgründen zu prüfen haben, um eine Inzidentprüfung zu vermeiden.

Die übrigen vertypten Strafmilderungsgründe – wie beispielsweise §§ 13, 23, 27 StGB – haben Sie dagegen bereits im A-Gutachten erörtert.

Zur Veranschaulichung die folgende Skizze:

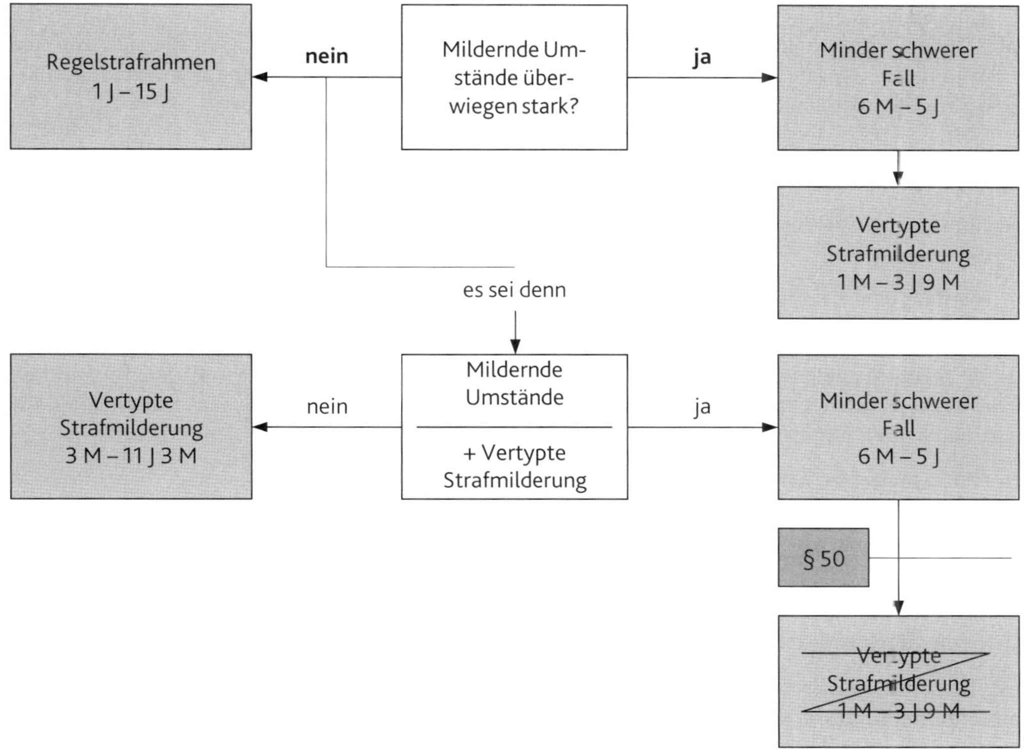

Das alles sollten Sie in der Klausur in der gebotenen Kürze und Prägnanz darstellen. Sie werden den Korrektor mit Ihrem Wissen überraschen und begeistern. Für die Frage, ob Sie sich überhaupt mit einem im Gesetz vorgesehenen minder schweren Fall beschäftigen müssen, sollten Sie sich an den für Urteile geltenden Anforderungen orientieren: Die Erörterung ist erforderlich, wenn der Sachverhalt dazu drängt, weil zumindest gewichtige Strafmilderungsgründe erkennbar sind. Eine Erörterung ist überflüssig, wenn die Annahme eines minder schweren Falles fern liegt oder sogar abwegig ist. 183

Nennen Sie den Strafrahmen, von dem Sie für die Straferwartung ausgehen, immer! Das dient auch der Selbstkontrolle.

Formulierungsbeispiel:
Fraglich ist, ob ein minder schwerer Fall des § 249 II StGB in Betracht kommt. Das wäre der Fall, wenn in einer umfassenden Abwägung aller für und gegen den Beschuldigten sprechenden Umstände, die strafmildernden Umstände so überwiegen würden, dass der Regelstrafrahmen nicht mehr angemessen wäre. Für den Beschuldigten … Gegen ihn spricht dagegen … Die strafmildernden Umstände überwiegen also nicht stark. Jedoch hat der Beschuldigte im Zustand erheblich verminderter Steuerungsfähigkeit gem. § 21 StGB gehandelt. Dieser vertypte Strafmilderungsgrund ist, wie aus § 50 StGB abgeleitet wird, mit erheblichem Gewicht zugunsten des Beschuldigten in die Gesamtabwägung einzustellen, sodass die strafmildernden Umstände letztlich doch in einem Maße überwiegen, dass der Regelstrafrahmen unangemessen ist. Der Strafrahmen verschiebt sich damit auf Freiheitsstrafe von sechs Monaten bis zu fünf Jahren.

4. Konkrete Straferwartung

Unter Berücksichtigung der wichtigsten und ins Auge springenden Strafzumessungsgesichtspunkte müssen Sie nun auf die zu erwartende Strafe hin argumentieren. Weil Ihre Erfahrung in Sachen Strafzumessung in der Regel gegen Null tendiert, werden Sie Schwierigkeiten haben, sich auf eine konkrete Straferwartung festzulegen. Das müssen Sie aber auch gar nicht mehr. Der Prüfer will von Ihnen vor allem wissen, ob die zu erwartende Strafe nicht mehr als zwei Jahre (dann Strafrichteranklage), über zwei und nicht mehr als vier Jahre (dann Schöf- 184 fengerichtsanklage) oder mehr als vier Jahre (dann Strafkammeranklage) beträgt. Fühlen Sie sich sicher genug, bieten Sie dem Prüfer noch ein wenig mehr an und legen Sie sich auf eine grob umrissene Strafe fest. Besonders souverän wird es wirken, wenn Sie in Ihre Argumentation einfließen lassen, dass Sie

> im Hinblick auf die erheblichen Strafmilderungsgründe eine Strafe lediglich im unteren Bereich des Strafrahmens

erwarten oder aus denselben Gründen (natürlich nur, wenn der Strafrahmen und die Tatumstände es zulassen)

> allenfalls eine Geldstrafe

in Betracht kommt. Mancher Prüfer wird stutzen, wenn Sie im Ergebnis eine Freiheitsstrafe unter sechs Monaten für wahrscheinlich halten, denn im Hinblick auf § 47 StGB kommen sog. kurze Freiheitsstrafen nur ausnahmsweise in Betracht, wenn diese zur Einwirkung auf den Täter unerlässlich sind.

In Ihrem prozessualen Gutachten könnte es auch wie folgt heißen:

> Die Anklage ist an das Landgericht – Große Strafkammer – zu richten, dessen Zuständigkeit sich aus § 74 I GVG ergibt. Das schwerste der von dem Beschuldigten verwirklichten Delikte, § 250 II StGB, droht Freiheitsstrafe von mindestens fünf Jahren an. Vertypte Strafmilderungsgründe liegen nicht vor, ein minder schwerer Fall kommt nicht in Betracht. Damit wird schon die Einsatzstrafe für die zu bildende Gesamtfreiheitsstrafe fünf Jahre übersteigen.

Ergibt sich bei mehreren Beschuldigten die Zuständigkeit jeweils eines anderen Gerichts, sind diese Beschuldigten alle gemeinsam bei dem Gericht der höchsten Ordnung anzuklagen, wenn die Voraussetzungen für eine gemeinsame Anklage nach § 3 StPO erfüllt sind.

II. Örtliche Zuständigkeit

185 Die Erörterung der örtlichen Zuständigkeit des Gerichts stellt in der Klausur kein Problem dar. Zuständig wird immer das für den Tatort zuständige Amtsgericht (im Zweifel am Tatort) oder Landgericht sein. Wegen § 141 GVG befindet sich das nächste Landgericht immer am Sitz der Staatsanwaltschaft.

Um die richtige geographische Bezeichnung des Ortes, das wird von den Kandidaten immer wieder verkannt, kann es in der Klausur nicht gehen. Denn kein Mensch kann von Ihnen verlangen, die Sitze der Amts- und Landgerichte zu kennen. Nein, der Korrektor erwartet von Ihnen kurze Ausführungen zum richtigen Gerichtsstand iSd §§ 7–9 StPO (**Tatort, Wohn- oder Aufenthaltsort, Ergreifungsort**). Die übrigen Gerichtsstände sind für die Klausur ohnehin ohne Bedeutung. Weil es damit in aller Regel keine ernsthaften Probleme gibt, dürfen Sie das im Urteilsstil unter Hinweis auf die einschlägige Vorschrift abarbeiten. Achten Sie darauf, dass der von Ihnen angenommene Gerichtsstand auch zu der Staatsanwaltschaft passt, die die Ermittlungen führt. Mehr wird von Ihnen nicht verlangt.

> **Formulierungsbeispiel:**
> Der Beschuldigte hat die Tat in … begangen. Damit ist gem. § 7 StPO die Zuständigkeit des für diesen Tatort zuständigen Landgerichts … begründet.

Die den Klausursachverhalten zugrunde liegenden Taten können auch in verschiedenen Orten begangen worden sein. So hatte ein Beschuldigter in einem Klausurfall einen Raub in Lübeck und eine Brandstiftung in Hamburg begangen, wo er nach der Tat festgenommen wurde. Es ermittelte die Staatsanwaltschaft Hamburg, die gem. § **13 StPO** die Anklage zum Landgericht Hamburg zu erheben hatte.

III. Anklage oder besondere Verfahrensarten

Die Erörterung besonderer Verfahrensarten wird meistens schon aufgrund einer Anweisung im Bearbeitervermerk überflüssig sein!

Wegen der Ausnahmen und insbesondere wegen der großen Bedeutung für die mündliche Prüfung die nachfolgenden Hinweise:

1. Strafbefehlsverfahren

Nur wenn Sie zuvor die Zuständigkeit des Strafrichters bejaht haben, kann eine Erörterung **186**
des Strafbefehlsverfahrens erforderlich sein. Der Vorsitzende des Schöffengerichts, ein Schöffengericht in der Besetzung mit zwei Schöffen gibt es nämlich nur in der Hauptverhandlung, kann im originären Strafbefehlsverfahren nicht zuständig sein. Denn die höchste Rechtsfolge, die in einem Strafbefehl verhängt werden darf, ist gem. § 407 II 2 StPO Freiheitsstrafe von einem Jahr. Die Zuständigkeit des Schöffengerichts und damit auch dessen Vorsitzenden beginnt aber erst ab einer Straferwartung von mehr als zwei Jahren. Verbrechen dürfen ohnehin nicht durch Strafbefehl geahndet werden. Die anders lautenden §§ 407, 408 StPO, die bei der Novellierung des § 25 GVG durch das Rechtspflegeentlastungsgesetz nicht geändert worden sind, sind mit dem aktuellen Wortlaut des § 25 GVG nicht vereinbar und führen deshalb in die falsche Richtung. Für das Schöffengericht bleibt nur das Verfahren nach § 408a StPO.

Mein Tipp für die Klausur: **Finger weg von Strafbefehlsverfahren!** Möglicherweise enthält **187**
schon der Bearbeitervermerk den Hinweis, dass das Strafbefehlsverfahren nicht in Betracht kommt. Davon abgesehen sollten Sie bei dem bleiben, was Sie geübt haben und können. Und das ist nun mal die klassische Anklage und nicht der Strafbefehlsantrag, in dem Sie sich zudem auf einen konkreten Rechtsfolgenantrag festlegen müssten. Sicher wird der Prüfer von Ihnen einige Worte zum Strafbefehlsverfahren lesen wollen, wenn Sie in Ihrem Gutachten nur Tatbestände aus dem Bereich der Bagatellkriminalität bejaht haben. Doch wird es Ihnen mit einigen wenigen Standardargumenten keine Schwierigkeiten bereiten aufzuzeigen, dass der richtige Weg die Anklageerhebung ist:

- Selten wird ein Klausursachverhalt mehr als vage Angaben zu den Lebensumständen und Einkommensverhältnissen des Beschuldigten enthalten. In dieser Konstellation hilft Ihnen Nr. 175 III 1 RiStBV: Ein Antrag auf Erlass eines Strafbefehls ist dann schon deshalb untunlich, weil **nicht alle für die Rechtsfolgenbestimmung wesentlichen Umstände aufgeklärt** sind.
- Auch in vielen anderen Fällen hilft Ihnen Nr. 175 III 1 RiStBV weiter. Sie können nämlich schlicht behaupten, dass **aus Gründen der Spezialprävention die Durchführung einer Hauptverhandlung geboten erscheint**. Das ist zwar letztlich eine Leerformel, reicht aber für die Klausur aus. Dagegen sollten Sie von generalpräventiven Erwägungen besser die Finger lassen.

Keinesfalls dürfen Sie das Strafbefehlsverfahren damit ablehnen, der Beschuldigte habe die Tat bestritten, weshalb ohnehin ein Einspruch gegen den Strafbefehl zu erwarten sei. Denn damit würden Sie gegen Nr. 175 III 2 RiStBV verstoßen, der das gerade nicht ausreichen lässt.

Wichtig ist, dass Sie nicht zu viel Zeit auf das Strafbefehlsverfahren verschwenden. Beschränken Sie sich auf wenige Sätze!

Formulierungsbeispiel:
... Aus diesen Gründen ist die Anklage an den Strafrichter zu richten. Trotz der geringen Straferwartung kommt ein Strafbefehlsantrag (§§ 407 ff. StPO) nicht in Betracht.
... Weder die Einkommensverhältnisse noch die sonstigen Lebensumstände des Beschuldigten sind bislang hinreichend aufgeklärt, sodass keine ausreichenden Grundlagen für die Bestimmung der Rechtsfolge vorliegen (Nr. 175 III 1 Var. 1 RiStBV).

(oder:)

... Das Verhalten des Beschuldigten gebietet es, ihm das Unrecht seines Tuns im Rahmen einer Hauptverhandlung deutlich vor Augen zu führen (Nr. 175 III 1 Var. 2 RiStBV).

Haben Sie die Zuständigkeit des Schöffengerichts bejaht, verbietet sich jedes Wort zum Strafbefehlsverfahren. Der Antrag auf Erlass eines Strafbefehls soll zwar nach § 407 I StPO auch bei Zuständigkeit des Schöffengerichts zulässig sein, diese kann es im Strafbefehlsverfahren jedoch nicht mehr geben. In einem Strafbefehl darf gem. § 407 II 2 StPO im Höchstmaß eine Freiheitsstrafe von einem Jahr (mit Strafaussetzung zur Bewährung) verhängt werden. Die §§ 25, 28 GVG knüpfen die Zuständigkeit des Schöffengerichts im Verfahren wegen eines Vergehens aber an eine Straferwartung von mindestens zwei Jahren Freiheitsstrafe. Steht ein Verbrechensvorwurf im Raum, scheidet ein Strafbefehlsverfahren wegen § 407 I 1 StPO ohnehin aus. Für den Erlass eines Strafbefehls durch das Schöffengericht ist deshalb nur im Verfahren nach § 408a StPO Raum. Darum geht es in einer Staatsanwaltsklausur jedoch nicht.

2. Beschleunigtes Verfahren

188 Mein nächster Tipp: **Finger weg auch vom beschleunigten Verfahren!** Auch das ist eine Verfahrensart, mit der Sie sich im Zweifel nicht sicher genug auskennen. Im Übrigen kann ich mir für die Examensklausur keinen Fall vorstellen, in dem die Voraussetzungen des § 417 StPO erfüllt wären. In vielen Fällen wird es an der *hinreichend klaren Beweislage* fehlen, die § 417 StPO verlangt, denn die meisten Klausuren sind auf eine Beweiswürdigung hin ausgelegt. Dass es in einer Examensklausur gar um einen *einfachen Sachverhalt* gehen könnte, halte ich schon aus der Natur der Sache heraus für ausgeschlossen. Sie sollten sich bei der Ablehnung des beschleunigten Verfahrens schon deshalb nicht schwertun, weil viele Staatsanwaltschaften auch in der Praxis nur sehr zurückhaltend davon Gebrauch machen. Es ist also sehr wahrscheinlich, dass Sie mit der Ablehnung auf der Linie der Lösungsskizze liegen werden.

Denken Sie zudem immer daran, dass auch das beschleunigte Verfahren nur vor dem Strafrichter durchgeführt werden kann. Nr. 175 IV RiStBV wird in der Klausur keine Rolle spielen, weil Anlass für die Haft regelmäßig schwerere Straftaten sein werden.

Formulierungsbeispiel:
Obwohl die Zuständigkeit des Strafrichters begründet ist und dem Beschuldigten nur Bagatelldelikte vorzuwerfen sind, kommt ein beschleunigtes Verfahren gem. § 417 StPO nicht in Betracht. Wegen der erforderlichen Beweisaufnahme, der Vielzahl der Tatvorwürfe und der rechtlichen Probleme ist weder die Beweislage klar noch der Sachverhalt einfach.

Notfalls können Sie auch auf die sich aus Nr. 146 I 2 RiStBV ergebenden Einschränkungen zurückgreifen.

Wenn der Sachverhalt nicht ausnahmsweise gerade nach einer Auseinandersetzung mit dem beschleunigten Verfahren schreit, ist dessen Erörterung meines Erachtens überflüssig. Geradezu verfehlt wäre es, bei angenommener Zuständigkeit des Schöffengerichts noch ergänzend darauf hinzuweisen, ein beschleunigtes Verfahren komme deshalb nicht in Betracht.

IV. Absehen von der Verfolgung (§ 154 StPO) und Beschränkung (§ 154a StPO)

189 Hier können Sie zeigen, ob Sie souverän mit einem der wichtigsten Hilfsmittel der Staatsanwaltschaften umgehen können. Denn diese Vorschriften eröffnen dem Staatsanwalt die Möglichkeit, den Anklage- und damit den Prozessstoff auf ein überschaubares Maß zu beschränken. Ihnen bieten diese Vorschriften die Gelegenheit, Ihre Anklage zu verschlanken bzw. zu entwirren und dadurch zugleich möglicherweise entscheidende Minuten gutzumachen. Das setzt jedoch durchdachtes Vorgehen voraus. Klausurtaktisch haben Sie damit nämlich die Möglichkeit, Tatbestände, die „unwichtig“ sind und Ihnen bei der Formulierung des Anklagesatzes oder dessen Strukturierung Probleme bereiten könnten, loszuwerden. Das wird Ihnen aber nur dann wirklich gelingen, wenn Sie zuvor bereits den Aufbau des Anklagesatzes skizziert haben.

190 Doch **Vorsicht**, es gibt bestimmte Delikte, die die Staatsanwaltschaften trotz geringer Strafandrohung fast immer anklagen werden. Die Einstellung/Beschränkung wäre dann nicht praxisgerecht. Dazu gehören alle Straftaten im Zusammenhang mit dem Straßenverkehr, insbesondere, wenn daran die Entziehung der Fahrerlaubnis nach den §§ 69, 69a StGB oder ein Fahrverbot

gem. § 44 StGB hängt. Auch Straftaten gegen und von Polizisten im Dienst wird der Staatsanwalt regelmäßig anklagen.

Die Anwendung der §§ 154, 154a StPO kann ausnahmsweise auch durch den Bearbeitervermerk verboten sein!

1. Prozessualer Tatbegriff

191 Haben Sie sich entschlossen, eines von mehreren verwirklichten Delikten nicht anzuklagen, richtet sich die weitere Vorgehensweise nach dem **prozessualen Tatbegriff des § 264 StPO**. Denn die §§ 154, 154a StPO knüpfen an diesen prozessualen Tatbegriff an. Nur bei verschiedenen Taten im prozessualen Sinne kann es zur Anwendung des § 154 StPO kommen. Bei nur einer prozessualen Tat bleibt es selbst bei Tatmehrheit bei der Beschränkung nach § 154a StPO.

Die Tat im prozessualen Sinn ist ein einheitlicher geschichtlicher Vorgang, der sich von anderen ähnlichen oder gleich gelagerten unterscheidet. Zur Tat gehört ohne Rücksicht auf Tateinheit oder Tatmehrheit das gesamte Verhalten des Täters, soweit es nach natürlicher Auffassung einen einheitlichen Lebensvorgang darstellt.

Tatmehrheit wird regelmäßig zur Annahme selbstständiger prozessualer Taten führen, es sei denn, der Unrechts- und Schuldgehalt kann jeweils isoliert nicht richtig gewürdigt werden![252] Eine Vielzahl von Beispielen zum Tatbegriff können Sie den einschlägigen Kommentaren entnehmen.

Wenn Sie sich nicht bereits im Zusammenhang mit einer Teileinstellung gem. § 170 II StPO mit dem Tatbegriff auseinandergesetzt haben, muss das an dieser Stelle geschehen.

Achtung: Keinesfalls dürfen Sie den prozessualen Tatbegriff – wie es häufig in Klausuren geschieht – losgelöst von einer konkreten prozessualen Frage am Anfang Ihres prozessualen Gutachtens erörtern. Jeder Leser wird sich die Frage nach der Relevanz stellen. Der prozessuale Tatbegriff ist ausschließlich dort zu prüfen, wo er von Bedeutung ist.

2. Beschränkung der Verfolgung nach § 154a I StPO

192 Wollen Sie ein Delikt, das zur selben prozessualen Tat gehört oder das gar in **Tateinheit** mit einem anderen von Ihnen anzuklagenden Delikt steht, nicht anklagen, dann ist die **Beschränkung der Verfolgung gem. § 154a StPO** das richtige prozessuale Mittel. Die ebenfalls zulässige Beschränkung auf einzelne abtrennbare Teile einer Tat (etwa Teile einer Dauerstraftat) spielt in der Praxis nur eine unbedeutende und in der Klausur gar keine Rolle.

Die Begründung der Beschränkung ist einfach:

Formulierungsbeispiel:
Im Hinblick auf die wegen des schweren Raubes zu erwartende Strafe fällt die wegen der tateinheitlich begangenen Körperverletzung zu erwartende Strafe nicht beträchtlich ins Gewicht. Die Verfolgung **soll** deshalb **auf** den schweren Raub **beschränkt** werden (§ 154a I Nr. 1 StPO).

193 Meine Erfahrung zeigt, dass in diesem Zusammenhang immer wieder zu den abenteuerlichsten Formulierungen gegriffen wird. Prägen Sie sich deshalb unbedingt ein, dass eine **Beschränkung** immer **auf** das anzuklagende Delikt erfolgt. In der oben genannten Konstellation darf es also nicht heißen: „*§ 303 StGB wird beschränkt.*" Solche oder ähnliche Formulierungen habe ich schon sehr oft gelesen. Deren Auswirkungen auf die Gewogenheit des Korrektors sind offensichtlich!

Verlieren Sie auf gar keinen Fall aus dem Auge, dass die Beschränkung – in der Abschlussverfügung – aktenkundig zu machen (§ 154a I 3 StPO) und zudem in der Anklageschrift zu vermerken ist (Nr. 101a III RiStBV).

Nach Nr. 101a I RiStBV soll der Staatsanwalt von der Möglichkeit der Beschränkung Gebrauch machen, wenn dies der Vereinfachung des Verfahrens dient.

252 BGH BeckRS 2009, 10281.

3. Absehen von Verfolgung nach § 154 I StPO

194 Sind Sie zu dem Ergebnis gelangt, dass es sich bei der Tat, die Sie nicht anklagen wollen, um eine selbstständige prozessuale Tat handelt, so sollte es nach der Erörterung des Tatbegriffs heißen:

> **Formulierungsbeispiel:**
> Im Hinblick auf die wegen des schweren Raubes zu erwartende Strafe fällt die wegen der Sachbeschädigung zu erwartende Strafe nicht beträchtlich ins Gewicht. Von der Verfolgung der Sachbeschädigung soll deshalb **abgesehen** werden (§ 154 I Nr. 1 StPO).

Achten Sie auch bei der Anwendung des § 154 I StPO auf den richtigen Terminus. Von einer vorläufigen Einstellung spricht das Gesetz nämlich nur in § 154 II StPO. Diese erfolgt durch das Gericht. **Die Staatsanwaltschaft *sieht* dagegen von der Verfolgung einer Tat *ab*.**

Noch ein häufiger Formulierungsfehler, der sowohl § 154 als auch § 154a StPO betrifft, muss in diesem Zusammenhang erwähnt werden. Keinesfalls darf es in Ihren Gutachten heißen, von der Verfolgung **„ist"** abzusehen oder das Verfahren **„ist"** zu beschränken. Denn beide Vorschriften räumen dem Staatsanwalt ein weites Ermessen (Opportunitätsprinzip) ein. Die Verwendung des Begriffes „ist" impliziert, dass Sie genau dieses Ermessen nicht ausgeübt haben und/oder von einer zwingenden Entscheidung ausgegangen sind.

> Nach Nr. 101 I 1 RiStBV soll der Staatsanwalt von der Möglichkeit des Absehens von der Verfolgung nach § 154 I StPO **in weitem Umfang Gebrauch machen**.

Ein Hinweis zum Schluss dieses Abschnitts: Sollte Ihnen infolge falschen Zeitmanagements die Zeit bereits weggelaufen sein, können Sie an dieser Stelle viel Zeit gutmachen. Der Korrektor wird es Ihnen aller Voraussicht nach nicht schwer ankreiden, wenn Sie die §§ 154, 154a StPO im Gutachten übergehen und lediglich eine entsprechende Entschließung in der Abschlussverfügung formulieren und mit knappen Worten begründen. Von dieser Möglichkeit der Verkürzung sollten Sie allerdings Abstand nehmen, wenn sich eine Auseinandersetzung mit dem prozessualen Tatbegriff aufdrängt.

195 **Was häufig übersehen wird: Auch die Anwendung des § 154 StPO führt dazu, dass der Anzeigende/Verletzte gem. § 171 StPO zu bescheiden ist.** Allerdings ist ihm wegen § 172 II 3 StPO keine Rechtsbelehrung zu erteilen. Wegen des Inhalts eines derartigen Bescheides verweist Nr. 101 II RiStBV auf Nr. 89 RiStBV.

V. Privatklagedelikte

1. Verletzter

196 Das Fünfte Buch, das die Verfahrensbeteiligung des **Verletzten** unter anderem durch Privat- und Nebenklage regelt, hat der Gesetzgeber einleitend in § 373b StPO um die **Definition des Begriffs des Verletzten** erweitert. Dabei hat sich der Gesetzgeber im Wesentlichen an der bisherigen Definition durch die Rechtsprechung orientiert. Für die Klausurkonstellationen gilt damit, dass **Verletzte diejenigen sind, die durch die Tat, ihre Begehung unterstellt, in ihren Rechtsgütern unmittelbar beeinträchtigt worden sind oder einen Schaden erlitten haben.** In der Regel wird diese Definition angesichts der geforderten Unmittelbarkeit der Beeinträchtigung eine Verletzung eines strafrechtlich geschützten (Individual-)Rechtsguts voraussetzen. Über das Merkmal „Schaden erlitten" kann der Kreis der Verletzten in Einzelfällen aber noch darüber hinaus gehen.[253] In § 373b II StPO werden Angehörige von direkt durch eine Tat Getöteten Verletzten gleichgestellt.

Die Definition des Verletztenbegriffes in § 373b StPO soll trotz ihrer Stellung am Beginn des Fünften Buches nicht auf die darin genannten Beteiligungsformen beschränkt sein, sondern **für den überwiegenden Teil der betroffenen Normen der StPO („dieses Gesetz"), in denen**

253 BT-Drs. 19/27654, 100, 101: Genannt werden beispielhaft die Verletzten von Aussagedelikten.

sich der Begriff des Verletzten findet, gelten. Keine Wirkung soll die Definition dagegen für das materielle Strafrecht entfalten.[254]

2. Öffentliches Interesse

Hat der Beschuldigte Privatklagedelikte iSd § 374 StPO (lesen!) verwirklicht, so haben Sie sich im prozessualen Gutachten zwingend mit der Frage auseinanderzusetzen, ob das *öffentliche Interesse*, das die Staatsanwaltschaft erst zur Verfolgung der Tat berechtigt, zu bejahen ist.

Keinesfalls dürfen Sie aber den zweiten Schritt vor dem ersten machen. Denn allein die Verwirklichung eines entsprechenden Tatbestandes eröffnet nicht automatisch den Privatklageweg.

- Steht das Privatklagedelikt nämlich in Tateinheit mit einem Offizialdelikt, **muss** die Tat insgesamt im Offizialverfahren verfolgt werden. Ebenso **muss** insgesamt ein Offizialverfahren geführt werden, wenn Privatklagedelikt und Offizialdelikt zwar tatmehrheitlich verwirklicht worden sind aber Teile derselben prozessualen Tat darstellen. Auch in diesem Zusammenhang spielt der **prozessuale Tatbegriff** also eine entscheidende Rolle und muss gegebenenfalls erstmals erörtert werden.
  Natürlich wird es in einer Klausur anfängerhaft wirken, wenn Sie sich bei einer in Tateinheit mit § 249 StGB begangenen Körperverletzung nach § 223 StGB (der Beschuldigte hat das Opfer geschlagen, um die Wegnahme zu ermöglichen) mit der Frage beschäftigen, ob ein Privatklageverfahren in Betracht kommt. In derartigen Fällen verbietet sich jedes Wort zu Privatklage und öffentlichem Interesse. Anders sieht es jedoch aus, wenn es um Tatmehrheit (der Täter hat das Opfer unmittelbar nach der Wegnahme geschlagen, weil ihm dessen Gesicht nicht gefiel) geht und sich der prozessuale Tatbegriff auswirken kann.
- Haben Sie den Tatverdacht weder bezüglich des Offizial- noch bezüglich des Privatklagedelikts bejahen können, ist das Verfahren gem. § 170 II StPO einzustellen. Dem Verletzten ist im Einstellungsbescheid eine Rechtsbehelfsbelehrung zu erteilen, weil die **Verfolgung des Offizialdelikts** den Vorrang hat.
- Betraf das Verfahren sowohl ein Offizialdelikt als auch ein Privatklagedelikt und hat sich nur bezüglich des Letzteren ein hinreichender Verdacht ergeben, so ist bei Vorliegen des öffentlichen Interesses dieses anzuklagen. Fehlt das öffentliche Interesse, ist das Verfahren ebenfalls gem. § 170 II StPO einzustellen. Der Verletzte/Privatkläger hat dann die Wahl zwischen Klageerzwingungsverfahren und Privatklage.[255] Er ist im Einstellungsbescheid auch über die Möglichkeit der Vorschaltbeschwerde zu belehren, weil das Verfahren nicht „ausschließlich" ein Privatklagedelikt zum Gegenstand hat.

Formulierungsbeispiel:
Der Beschuldigte ist einer vorsätzlichen Körperverletzung gem. § 223 StGB hinreichend verdächtig. Dabei handelt es sich zwar um ein Privatklagedelikt gem. § 374 StPO, dennoch ist das Delikt im Offizialverfahren zu verfolgen. Denn es ist im Rahmen derselben prozessualen Tat (§ 264 StPO) verwirklicht worden wie der dem Beschuldigten vorgeworfene Raub. Es handelt sich um einen einheitlichen Lebensvorgang, dessen Aufspaltung unnatürlich wäre.

Erst wenn Sie diese Vorfragen zumindest gedanklich geklärt haben, dürfen Sie sich mit dem **öffentlichen Interesse** (§ 376 StPO iVm Nr. 86 II RiStBV) beschäftigen. 197

Die Verfolgung einer Straftat liegt im öffentlichen Interesse, wenn der Rechtsfrieden über den Lebenskreis des Verletzten hinaus gestört und die Strafverfolgung ein gegenwärtiges Anliegen der Allgemeinheit ist.

Eine Orientierungshilfe bieten die sich aus den Nr. 86 II, 229, 232, 233 RiStBV (lesen!) ergebenden Maßstäbe für Beleidigungen und Körperverletzungen. Die häufig in Klausuren zu beurteilenden Familien- und Nachbarstreitigkeiten werden kaum je das öffentliche Interesse an der Strafverfolgung begründen. Regelmäßig wird mit entsprechender Begründung jede Lösung vertretbar sein.

254 BT-Drs. 19/27654, 100.
255 Meyer-Goßner/Schmitt/Schmitt StPO § 374 Rn. 3.

Formulierungsbeispiel:
Das öffentliche Interesse an der Verfolgung der dem Beschuldigten vorgeworfenen Körperverletzung gem. § 223 StGB soll bejaht werden. Der Geschädigte hat durch den Faustschlag einen Nasenbeinbruch und damit eine erhebliche Verletzung erlitten (Nr. 233 RiStBV). Zudem diente die Tat auch der Einschüchterung der übrigen Hausbewohner, sodass der Rechtsfrieden über den Lebenskreis des Geschädigten hinaus gestört wurde. Die Strafverfolgung ist deshalb auch ein gegenwärtiges Anliegen der Allgemeinheit (Nr. 86 II RiStBV).
An der Verfolgung der dem Beschuldigten vorgeworfenen Beleidigung gem. § 185 StGB besteht kein öffentliches Interesse. Der Rechtsfrieden ist schon nicht über den Lebenskreis des Verletzten hinaus gestört worden (Nr. 86 II RiStBV). Die Tat ereignete sich in der Wohnung des Beschuldigten anlässlich eines Streits um die Rückzahlung eines geringfügigen Darlehens. Zudem war die Ehrkränkung nicht wesentlich (Nr. 229 RiStBV).

VI. Einstellung und Teileinstellung nach § 170 II StPO

198 Wieder haben Sie von dem bereits oben dargestellten prozessualen Tatbegriff auszugehen.

- Eine teilweise Verfahrenseinstellung kommt nur bezüglich selbstständiger prozessualer Taten in Betracht, ist aber auch **zwingend**, wenn Sie den Tatverdacht insoweit abgelehnt haben.
- Haben Sie dagegen den Tatverdacht bezüglich eines Tatbestands, der innerhalb derselben prozessualen Tat in Tateinheit oder Tatmehrheit zu anderen gestanden hätte, abgelehnt, so ist kein Raum für eine Teileinstellung. Die Gründe für die Ablehnung des Tatverdachts würde ein Staatsanwalt in der Abschlussverfügung in Form eines Vermerks niederlegen.

Achtung: Ist die Anzeige von einer Behörde erstattet worden, so muss diese vor der Einstellungsentscheidung gem. Nr. 90 RiStBV unter Mitteilung der Gründe für die beabsichtigte Einstellung gehört werden. Das muss jedoch zwangsläufig vor Anklageerhebung geschehen sein, passt also nicht in die Abschlussverfügung. Sie können diese Anhörung daher aufgrund des Bearbeitervermerks als ergebnislos durchgeführte Maßnahme betrachten und – falls die Zeit es zulässt – auch diskutieren.

199 Haben Sie sich zur Teileinstellung nach § 170 II StPO entschieden (weil es aus tatsächlichen und rechtlichen Gründen am hinreichenden Tatverdacht fehlt, ein Verfahrenshindernis vorliegt oder Sie bei Privatklagedelikten das öffentliche Interesse verneint haben) oder wollen Sie gem. § 154 I StPO von der Verfolgung absehen, müssen Sie dem Leser mitteilen, **wer in welcher Form darüber zu bescheiden ist** und das natürlich kurz begründen. Erneut wird sich Ihnen in der Klausur – den Zeitdruck setze ich voraus – die Frage stellen, ob eine gutachterliche Stellungnahme zu diesen Fragen zwingend ist oder ob eine Anordnung mit schlagwortartiger Begründung in der Abschlussverfügung nicht ausreicht. Zwingend im Gutachten zu erörtern sind das Ob der Teileinstellung und der dieser Entscheidung zugrunde liegende Tatbegriff. Im Übrigen halte ich die zitierte Vorgehensweise jedoch für vertretbar. Der Zeitdruck erfordert von Ihnen ohnehin Kompromisse und es gibt im Gutachten wichtigere Themen zu erörtern. Ist Ihnen die Abschlussverfügung erlassen, werden Sie diese Fragen natürlich im B-Gutachten zu erörtern haben.

Hinweis: Nach § 170 II StPO erforderliche Teileinstellungen werden häufig übersehen. Haben Sie im A-Gutachten den hinreichenden Tatverdacht auch nur bezüglich eines einzigen Tatbestands abgelehnt, müssen Sie sich darüber Gedanken machen, ob eine Teileinstellung erforderlich ist!

200 **Zu bescheiden sind der Anzeigende, der anzeigende Verletzte und der Beschuldigte.**

Um zu klären, wer als Verletzter in Betracht kommt, müssen Sie auf die bereits zuvor genannte Definition in § 373b StPO zurückgreifen. Diese Definition gilt für die gesamte StPO („dieses Gesetz").[256] Denken Sie daran, dass der Verletzte/Anzeigende ausdrücklich oder durch eine schlüssige Handlung auf die Bescheidung verzichtet haben kann.

256 BT-Drs. 19/27654, 104 nennt die §§ 171, 172 StPO im Hinblick auf den weiten Anwendungsbereich des § 373b StPO ausdrücklich.

Müssen Sie keine Abschlussverfügung oder zwar diese jedoch keinen Teileinstellungsbescheid ausformulieren, sollten Sie wegen des erforderlichen Inhalts des Teileinstellungsbescheids auf Nr. 89 RiStBV verweisen.

Dem Antragsteller, der zugleich Verletzter ist, steht gem. § 172 StPO das Klageerzwingungsverfahren offen. Nach § 172 I StPO muss er zunächst eine sog. **Vorschaltbeschwerde** einlegen, die fristgebunden ist. **Über die Beschwerdemöglichkeit und die Frist ist der verletzte Antragsteller in dem Einstellungsbescheid zu belehren.** Die Vorschaltbeschwerde ist jedoch ihrerseits nur zulässig, wenn auch das weitere Klageerzwingungsverfahren nach § 172 II StPO zulässig ist. Das ist nicht der Fall, wenn es sich bei der Verfahrenseinstellung um eine Opportunitätsentscheidung handelt oder der Verletzte auf das Privatklageverfahren verwiesen werden kann. In der Klausur wird das vor allem Entscheidungen nach § 154 StPO betreffen. Bei Verfahrensbeschränkungen nach § 154a StPO erhält der Antragsteller ohnehin keinen Bescheid.

Ich empfehle Ihnen dringend, sich zu Inhalt und Umfang der Bescheide kurz zu fassen, wenn Sie in der Abschlussverfügung dazu ohnehin Farbe bekennen müssen. Richtige Anordnungen in der Abschlussverfügung sind aber mit Sicherheit wichtiger als lange Ausführungen im prozessualen Gutachten. Ich kann deshalb auf die Darstellungen zur Abschlussverfügung verweisen.

In der gebotenen Kürze sollten Sie auch erörtern, dass grundsätzlich der Beschuldigte von der Einstellung des gegen ihn gerichteten Verfahrens benachrichtigt werden muss. Das ist jedoch bei Teileinstellungen, die allein klausurrelevant sind, wegen der Anklageerhebung im Übrigen regelmäßig untunlich.

Vollständigkeitshalber noch ein Hinweis auf das StrEG: Der Beschuldigte, der durch Strafverfolgungsmaßnahmen einen Schaden erlitten hat, ist zu entschädigen, wenn das Verfahren gegen ihn eingestellt wird (§ 2 StrEG). Das gilt gem. § 9 StrEG auch, wenn die Staatsanwaltschaft das Verfahren eingestellt hat. Als klausurrelevante **Strafverfolgungsmaßnahmen** kommen eigentlich nur

- **U-Haft** (§ 2 I StrEG),
- **vorläufige Festnahme** gem. § 127 StPO (§ 2 II Nr. 2 StrEG) und
- die **vorläufige Entziehung der Fahrerlaubnis** (§ 2 II Nr. 5 StrEG)

in Betracht. War der Beschuldigte, gegen den das Verfahren eingestellt wird, keiner dieser Strafverfolgungsmaßnahmen ausgesetzt, wird er auch nicht über das Verfahren zur Geltendmachung eines Entschädigungsanspruchs informiert. Ist er einer derartigen Strafverfolgungsmaßnahme aber ausgesetzt gewesen, muss er über sein Recht, **innerhalb eines Monats** beim zuständigen Gericht einen Entschädigungsantrag stellen zu können, belehrt werden (§ 9 I 5 StrEG). Weil es in den Klausuren regelmäßig nur um Teileinstellungen gehen wird, hat die Belehrungspflicht nur geringe Bedeutung.

Diese Belehrung müssen Sie in einer Klausur allenfalls dann ausformulieren, wenn das von Ihnen im Bearbeitervermerk ausdrücklich verlangt wird. Die Fälle, in denen über eine Belehrung über Entschädigungsansprüche nachzudenken ist, werden ohnehin sehr selten sein, nachdem seit vielen Jahren allenfalls Teileinstellungen in Betracht kommen und im Übrigen Anklage zu erheben ist.

VII. Verfahrenseinstellung gem. §§ 153, 153a StPO

Diese Art der Verfahrensbeendigung spielt in den Klausuren praktisch keine Rolle, weil meistens schon die Bearbeitervermerke die Anwendung dieser Vorschriften verbieten. Allerdings sind diese regelmäßig Gegenstand der Aktenvorträge in den mündlichen Prüfungen, weshalb auf Folgendes hingewiesen werden soll: 201

Beide Vorschriften orientieren sich am prozessualen Tatbegriff. Eingestellt werden kann deshalb immer nur das Verfahren wegen einer selbstständigen Tat im prozessualen Sinne.

Die Einstellung nach beiden Vorschriften setzt voraus, dass dem Beschuldigten lediglich Vergehen zur Last gelegt werden. Im Übrigen ist zu unterscheiden:

- Bewegt sich die **Schuld des Beschuldigten höchstens im mittleren Bereich** und kann das öffentliche Interesse an der Strafverfolgung durch Erfüllung von Auflagen kompensiert werden, kann das Verfahren nach **§ 153a I StPO** eingestellt werden, wenn der Beschuldigte der ihm vorgeworfenen Tat jedenfalls hinreichend verdächtig ist. Vor Einstellung durch die Staatsanwaltschaft müssen **Gericht und Beschuldigter** dieser **zustimmen.**
  Weil diese Zustimmungen in der Klausur in der Regel nicht vorliegen werden, wäre es Ihre Aufgabe, um diese nachzusuchen. Für die Einstellungsentscheidung der Staatsanwaltschaft ist noch kein Raum. Schon deshalb hat § 153a StPO keine Klausurrelevanz.
- Bewegt sich die **Schuld des Beschuldigten im unteren Bereich**, kann das Verfahren nach **§ 153 I 1 StPO** eingestellt werden. Ausreichend ist es, wenn sich gegen den Beschuldigten ein Anfangsverdacht richtet. Es ist dann lediglich die **Zustimmung des Gerichts erforderlich**, der Zustimmung des Beschuldigten bedarf es nicht.
  Die Zustimmung des Gerichts muss in der Klausur beantragt werden, für eine Einstellungsentscheidung der Staatsanwaltschaft ist noch kein Raum. Schon deshalb hat § 153 I 1 StPO keine Klausurrelevanz.
- Bewegt sich die **Schuld des Beschuldigten im unteren Bereich**, sieht der verletzte Straftatbestand **keine im Mindestmaß erhöhte Strafe** vor **und** sind die **Folgen der Tat** gering, ist weder die Zustimmung des Gerichts noch die des Beschuldigten erforderlich.

VIII. Notwendige Verteidigung

202 Mit den Fällen der notwendigen Verteidigung werden Sie in Ihren Klausuren in aller Regel keine Schwierigkeiten haben. Die Rechtslage ist in den meisten Fällen eindeutig.

In Klausuren, in denen Sie bereits im A-Gutachten in Fällen notwendiger Verteidigung die Entstehung eines Verwertungsverbots wegen der nicht rechtzeitigen Bestellung eines Verteidigers im Ermittlungsverfahren zu prüfen hatten, werden Sie auf Ihre Ausführungen zu den Voraussetzungen des § 140 StPO Bezug nehmen können. **Erörterungen zur Pflichtverteidigung haben in Ihrer Klausur nichts zu suchen, wenn es sich um Bagatelldelikte** handelt, es sei denn, der Beschuldigte hätte die Bestellung eines Pflichtverteidigers beantragt.

In den Klausursachverhalten hat sich der Beschuldigte meist bereits über einen Wahlverteidiger zur Sache eingelassen. Zu überlesen ist das im Sachverhalt eigentlich nicht. Dennoch wird dieser Umstand bei der Formulierung des prozessualen Teils immer wieder übersehen, was nur mit Hektik aufgrund des Zeitdrucks erklärt werden kann. Wer in dieser Konstellation die Bestellung eines Pflichtverteidigers erörtert, begeht einen vermeidbaren und peinlichen Fehler. Denn zur Bestellung eines Pflichtverteidigers besteht dann kein Grund. Allenfalls die schlichte Feststellung, dass ein Pflichtverteidiger nicht erforderlich sei, weil der Beschuldigte einen Wahlverteidiger habe, mag dann vertretbar sein. **Vergessen Sie in derartigen Fällen nicht, den Wahlverteidiger im Rubrum der Anklageschrift aufzuführen.** Anders sieht es dagegen aus, wenn der Wahlverteidiger in seinem Schriftsatz unter „gleichzeitiger Niederlegung des Wahlmandats“ beantragt, dem Beschuldigten als Pflichtverteidiger beigeordnet zu werden. Dann gelten die üblichen Begründungsanforderungen.

Noch einmal: Die Fälle der notwendigen Verteidigung ergeben sich aus § 140 I und II StPO. In der Klausur sind eigentlich nur § 140 I Nr. 1 und 2 StPO sowie § 140 II StPO von Bedeutung.

Die Bestellung eines Pflichtverteidigers ist in Klausuren damit zu beantragen, wenn

- **der Beschuldigte vor dem Landgericht oder dem Schöffengericht angeklagt wird** (§ 140 I Nr. 1 StPO),
- **ihm ein Verbrechen zur Last gelegt wird** (§ 140 I Nr. 2 StPO),
- **die Tat schwer wiegt** oder **die Sach- und Rechtslage schwierig ist** (§ 140 II Alt. 2 StPO).

Die Regelungen in Abs. 1 Nr. 1 und 2 sind so klar und eindeutig, dass Sie immer auf den Urteilsstil zurückgreifen dürfen. Die Regelungen in § 140 I Nr. 4 und 10 StPO werden für die Klausurlösung praktisch keine Rolle spielen, weil zum Zeitpunkt der Anklageerhebung die

Vorführung zur Entscheidung über die Haft und eine etwaige richterliche Vernehmung bereits stattgefunden haben. Lediglich in einem Fall, in dem der sich in U-Haft befindliche Beschuldigte bislang durch einen Wahlverteidiger vertreten war, der aber nunmehr seine Bestellung als Pflichtverteidiger beantragt, wird ein entsprechender Antrag mit der Anklageerhebung zu stellen sein (§ 140 I Nr. 5 StPO).

Etwas **mehr Begründungsaufwand** erfordert die Anwendung der Generalklausel des § 140 II StPO, sodass es keinesfalls ausreicht, lediglich die Vorschrift zu nennen. Noch einmal der Hinweis: Zu § 140 II StPO gelangen Sie nur, wenn ausschließlich Vergehenstatbestände anzuklagen sind. 203

- Der Gesetzgeber hat der Rechtsprechung, die wegen der **Schwere der Tat** bereits dann einen Fall notwendiger Verteidigung annimmt, wenn dem Beschuldigten eine Freiheitsstrafe von einem Jahr und mehr oder ein in der Höhe entsprechender Bewährungswiderruf in anderer Sache droht, Rechnung getragen und die **Schwere der zu erwartenden Rechtsfolge** ausdrücklich in die Generalklausel aufgenommen. Sie müssen sich deshalb mit der Straferwartung auseinandersetzen. Die Vorgehensweise ist Ihnen bereits bekannt. Die Praxis wird dem Beschuldigten im Übrigen lieber einmal mehr als einmal zu wenig einen Pflichtverteidiger bestellen.
- Die **Sach- und Rechtslage** wird insbesondere dann **schwierig** sein, wenn es in dem Klausurfall – wie eigentlich immer – um die **Voraussetzungen eines Beweisverwertungsverbots** geht. Auch wenn es um die Voraussetzungen für die erhebliche Verminderung der Schuldfähigkeit (§ 21 StGB) geht, kann ein Fall notwendiger Verteidigung vorliegen.

Aus Gründen der **Waffengleichheit** ist einem Beschuldigten auch dann ein Pflichtverteidiger zu bestellen, wenn zwar für ihn die Voraussetzungen des § 140 I, II StPO nicht erfüllt sind, es aber im Verfahren gegen einen Mitbeschuldigten um einen Fall notwendiger Verteidigung geht.

Dass ein Pflichtverteidiger von dem Vorsitzenden des für das Hauptverfahren zuständigen Gerichts zu bestellen ist, sollten Sie nicht mitteilen. Es ist völlig ausreichend, aber auch erforderlich, einen entsprechenden Antrag in der an den Vorsitzenden gerichteten Abschlussverfügung zu stellen.

Weil die Frage, ob ein Fall notwendiger Verteidigung vorliegt, schon im Ermittlungsverfahren und damit sehr frühzeitig im Strafverfahren zu beurteilen ist, kann sich im Verlauf des weiteren Verfahrens herausstellen, dass es der Mitwirkung eines Pflichtverteidigers nicht mehr bedarf. Dann werden Sie kurz zu erwägen haben, ob die Bestellung aufzuheben ist. **§ 143 I StPO regelt zwar, dass die Bestellung grundsätzlich bis zur Einstellung des Verfahrens oder dessen rechtskräftigen Abschluss dauert.** Eine vorherige Aufhebung lässt § 143 II 1 StPO jedoch **in Ausnahmefällen zu**, wenn ein Fall notwendiger Verteidigung nicht mehr vorliegt. Dass kann etwa der Fall sein, wenn sich die der Bestellung nach § 140 II Nr. 1 StPO zugrunde liegende Prognose als unrichtig herausstellt und Anklage nicht zum Landgericht oder Schöffengericht erhoben wird, sondern nur zum Strafrichter. Klausurbedeutung kann auch § 143 II 4 StPO haben, wenn der Beschuldigte aufgrund der Haftvorführung (§ 140 I Nr. 4 StPO) nicht in Haft genommen wurde, etwa weil das Amtsgericht einen bereits erlassenen Haftbefehl aufgehoben oder außer Vollzug gesetzt oder den Erlass eines Haftbefehls abgelehnt hat. In derartigen – wohl sehr seltenen – Fällen müssten Sie, sollte die Bestellung noch nicht aufgehoben worden sein, **mit der Anklageerhebung einen Antrag auf Aufhebung der Bestellung stellen**.

Schließlich kann es geboten sein, sich mit einem beantragten oder bereits erfolgten **Verteidigerwechsel** auseinanderzusetzen.

- Ist dem Beschuldigten im Laufe des Ermittlungsverfahrens eine Pflichtverteidiger bestellt worden und meldet sich anschließend ein **anderer Verteidiger als Wahlverteidiger** zur Akte, ist gem. § 143a I 1 StPO die Bestellung des Pflichtverteidigers aufzuheben. Das gilt jedoch nicht, wenn Grund zu der Besorgnis besteht, dass der Wahlverteidiger alsbald sein Mandat niederlegen und seinerseits die Bestellung zum Pflichtverteidiger beantragen wird, § 143a I 2 StPO. Damit soll vermieden werden, dass durch die Beauftragung des Wahlverteidigers missbräuchlich die Entbindung des bisherigen Pflichtverteidigers erzwungen wird. Wichtigster Fall ist die Mittellosigkeit des Beschuldigten. Der neue Verteidiger kann allerdings diese Befürchtung durch die Erklärung ausräumen, die Wahlverteidigung sei gesichert.[257]

- Auch kann es geschehen, dass der Beschuldigte gem. § 143a II 1 Nr. 3 StPO die Bestellung eines neuen Pflichtverteidigers wegen der **endgültigen Zerstörung des Vertrauensverhältnisses** zu seinem bisherigen Pflichtverteidiger oder wegen der nicht mehr gegebenen Möglichkeit einer **angemessenen Verteidigung** begehrt. Die endgültige Zerstörung des Vertrauensverhältnisses ist vom Standpunkt eines vernünftigen und verständigen Beschuldigten zu beurteilen und muss **substantiiert dargelegt** worden sein. Die nicht näher begründete Behauptung, das Vertrauensverhältnis zum bisherigen Verteidiger sei zerstört, reicht nicht aus. Sie müssten deshalb in der Abschlussverfügung die Ablehnung dieses Begehrens beantragen. Behauptet der Beschuldigte grobe Pflichtverletzungen durch den Verteidiger, wird es darum gehen, ob eine angemessene Verteidigung noch gewährleistet ist.[258]

Auch insoweit geht es nur darum, die mit der Anklageerhebung zu stellenden erforderlichen Anträge zu begründen.

IX. Nebenklage

204 Nebenklageanträge werden häufig übersehen. Denn Anträge eines Verletzten „auf Zulassung als Nebenkläger" fallen nicht unbedingt immer ins Auge. Andererseits dürfen Sie die Zulässigkeit der Nebenklage auch nur dann erörtern, wenn ein derartiger Antrag tatsächlich vorliegt. Lesen Sie den Klausursachverhalt also auch insoweit sorgfältig.

Zur Erinnerung: Die Nebenklage ist in den §§ 395 ff. StPO geregelt und räumt dem Verletzten, wiederum gilt die Definition des § 373b StPO, im Strafverfahren eine umfassende Beteiligungsbefugnis ein.

In der Klausur kann es zunächst um die Anschlussberechtigung gehen. Die Voraussetzungen des § 395 I StPO können Sie ebenso im Urteilsstil abarbeiten wie die Voraussetzungen des § 395 II StPO. Etwas genauer müssen Sie arbeiten, wenn es um einen Anschluss nach § 395 III StPO geht. Nach dem darin enthaltenen Regelungszweck sind grundsätzlich alle rechtswidrigen Taten anschlussfähig, jedoch muss der Anschluss aus besonderen Gründen, insbesondere wegen der schweren Folgen der Tat, zur Wahrnehmung der Interessen des Geschädigten geboten sein. Das wird regelmäßig Aggressionsdelikte mit körperlichen und seelischen Schäden voraussetzen. Allein das wirtschaftliche Interesse des Geschädigten an der effektiven Durchsetzung zivilrechtlicher Ansprüche wird dagegen nicht ausreichen, sodass die Tatbestände der §§ 242, 263 und 266 StGB für eine Anschlussberechtigung nicht infrage kommen.[259]

Aus § 396 I StPO ergibt sich, dass die **Anschlusserklärung die Schriftform voraussetzt**. Die wenigen Ausnahmen entnehmen Sie bitte der Kommentierung. Der Anschluss kann schon im Ermittlungsverfahren gegenüber der Staatsanwaltschaft erklärt werden, wird aber erst mit der Anklageerhebung wirksam.

Weil das Gericht die Staatsanwaltschaft zur Berechtigung des Anschlusses zwingend zu hören hätte, ist es zweckmäßig und daher geboten, sich gleich mit der Anklageerhebung dazu in Form eines Antrags zu äußern. Das ist damit auch Ihre Aufgabe in der Klausur. Der Beschuldigte muss dazu nicht vorher gehört werden, § 396 II 1 StPO. Eine Ausnahme macht § 396 II 2 StPO, wenn es um die Voraussetzungen des § 395 III StPO geht. Die Anhörung des Beschuldigten zu veranlassen, wäre aber Aufgabe des Gerichts.

205 An folgende **Besonderheiten** sollten Sie gegebenenfalls denken:

- Sollten Sie sich in der Klausur wirklich einmal dazu entschließen, einen **Strafbefehlsantrag** zu stellen, könnte die Anschlusserklärung ausnahmsweise unerwähnt bleiben, weil sie gem. § 396 I 3 StPO bis zur Anberaumung einer Hauptverhandlung oder Ablehnung des Erlas-

257 Meyer-Goßner/Schmitt/Schmitt StPO § 143a Rn. 4, 5.
258 Meyer-Goßner/Schmitt/Schmitt StPO § 143a Rn. 19 ff., 24 ff.
259 BGH NJW 2012, 2601.

ses eines Strafbefehls unwirksam wäre. Auf dieses ungewisse Ereignis müssen Sie in Ihrem Gutachten nicht eingehen. Um zu zeigen, dass Sie nichts übersehen haben, sollten Sie kurz auf die Unwirksamkeit gem. § 396 I 3 StPO hinweisen.

- Liegt eine Anschlusserklärung bereits im Ermittlungsverfahren vor, so sollten Sie wegen § 395 V StPO das Nebenklagedelikt nicht über **§ 154a StPO** aus dem Verfahren eliminieren. Denn die Beschränkung nach § 154a StPO berührt nicht die Nebenklageberechtigung, einen Antrag zur Zulässigkeit der Nebenklage müssten Sie also ohnehin stellen. Mit Zulassung des Nebenklägers entfällt eine Beschränkung nach § 154a StPO, soweit sie den Nebenkläger betrifft, ohnehin wieder. Also ist eine Beschränkung in dieser Konstellation witzlos und damit als fehlerhaft anzusehen.
- Eine entsprechende Regelung für **§ 154 StPO** gibt es nicht. § 396 III StPO räumt der Entscheidung über die Berechtigung der Nebenklage zwar Vorrang vor einer Einstellung nach § 154 II StPO ein. Das gilt aber nur für das weitere Verfahren ab Anklageerhebung.

Zum Abschluss wiederum ein Hinweis zum korrekten Sprachgebrauch: Der Verletzte stellt keinen „Antrag auf Zulassung" der Nebenklage, sondern **erklärt** seinen **Anschluss**.

X. Untersuchungshaft

Die Voraussetzungen für die Anordnung der Untersuchungshaft bereiten in der Strafrechtsklausur erstaunlicherweise immer wieder Probleme. Erstaunlich sind diese Probleme deshalb, weil der Erlass eines Haftbefehls an die Erfüllung feststehender – und zudem weniger und gut merkbarer – Merkmale geknüpft ist, die sich unmittelbar aus dem Gesetz (§ 112 I StPO) ergeben. 206

Der Erlass eines Haftbefehls ist zulässig, wenn 207

- **dringender Tatverdacht** besteht,
- ein **Haftgrund** vorliegt,
- und die U-Haft nicht **unverhältnismäßig** ist.

Doch zunächst zu den verschiedenen Ausgangskonstellationen. Aufgrund der Ergebnisse Ihres materiellen Gutachtens kann es erforderlich sein, gegen den Beschuldigten, der sich entweder noch auf freiem Fuß befindet oder bereits vorläufig festgenommen worden ist, einen Haftbefehl zu erwirken. Der Beschuldigte kann sich aufgrund des Haftbefehls eines Amtsgerichts aber auch bereits in Untersuchungshaft befinden, sodass von Ihnen in Ihrer Rolle als Staatsanwalt zu prüfen ist, ob die Voraussetzungen für den weiteren Vollzug der Untersuchungshaft noch vorliegen. Bitte lesen Sie den Sachverhalt aufmerksam durch. Ich habe schon viele Klausuren gelesen, in denen die Existenz eines Haftbefehls schlicht ignoriert wurde. Die entsprechende Information kann durchaus auch einmal in einem Vermerk eines Ermittlungsbeamten verborgen sein. Also Augen auf! 208

Zur zuletzt genannten Konstellation vorab zwei Hinweise:

- Bei bereits existierenden Haftbefehlen werden von Ihnen in der Regel keine vertieften Ausführungen zu deren Voraussetzungen erwartet, was insbesondere dann gilt, wenn Ihnen lediglich die Existenz eines Haftbefehls, nicht aber der Haftgrund mitgeteilt wird. Etwas anderes gilt lediglich dann, wenn der Sachverhalt eindeutige Hinweise enthält, die auf einen bestimmten Haftgrund hinzielen.
- Niemand sitzt wirklich in Haft! Sie müssen also nicht um jeden Preis der Rechtsstaatlichkeit zum Sieg verhelfen, sondern sollen eine Examensklausur möglichst elegant und sicher lösen! Es muss für Sie also darum gehen, einen bereits existierenden Haftbefehl mit halbwegs tragbarer Begründung zu „halten". Sie werden sonst an die sich aus § 120 III StPO ergebenden Klippen stoßen, die in einer Klausur richtig sauber kaum in den Griff zu bekommen sind. Ich werde darauf weiter unten noch eingehen.

1. Der dringende Tatverdacht

Bedenken Sie, Sie schreiben ein prozessuales *Gutachten*. Kein Korrektor wird sich also mit der schlichten Behauptung zufriedengeben, der dringende Tatverdacht liege vor. Der Leser 209

Ihrer Klausur will von Ihnen vielmehr wissen, ob Sie sich des Unterschieds zwischen **hinreichendem** Tatverdacht, der für die Anklageerhebung ausreicht, und **dringendem** Tatverdacht, der zwingende Voraussetzung für den Erlass eines Haftbefehls ist, bewusst sind. Deshalb ist von Ihnen grundsätzlich in zumindest knappem Gutachtenstil mitzuteilen, wann ein dringender Tatverdacht zu bejahen ist.

Dringender Tatverdacht ist die hohe Wahrscheinlichkeit, dass der Beschuldigte Täter oder Teilnehmer einer Straftat ist.

210 Ob darüber hinaus auch die Wahrscheinlichkeit einer Verurteilung gegeben sein muss, wird unterschiedlich beurteilt. In der Klausur ergeben sich daraus jedoch keine Konsequenzen für den konkreten Tatverdacht, weil die Verfahren ausermittelt und somit anklagereif sind. Verwenden Sie deshalb die oben genannte Definition!

Dass letzten Endes in einer Klausur die Unterscheidung zwischen hinreichendem und dringendem Tatverdacht kaum einmal zum Tragen kommen wird, weil das Bejahen des hinreichenden Tatverdachts **klausurtaktisch** auch den dringenden Tatverdacht impliziert, befreit Sie nicht von der Verpflichtung, ein kurzes Gutachten dazu zu schreiben. Argumentativ können Sie allerdings ohne Weiteres die Beweiswürdigung aus dem materiellen Gutachten aufgreifen und behaupten, dass die bereits dargestellte Beweislage auch die Annahme des dringenden Tatverdachts rechtfertige. Das mag zwar manchmal ein Etikettenschwindel sein. Darüber sollten Sie sich im Examen allerdings keine Gedanken machen, weil Sie so in aller Regel zu vertretbaren Ergebnissen kommen. Ich habe jedenfalls noch keine Klausur gesehen, in der die Annahme des dringenden Tatverdachts nicht auf diese Weise vertretbar gewesen wäre.

Formulierungsbeispiel:
Der Erlass eines Haftbefehls erfordert gem. § 112 StPO dringenden Tatverdacht, der vorliegt, wenn der Beschuldigte mit hoher Wahrscheinlichkeit Täter oder Teilnehmer einer Straftat ist. Zwar hat der Beschuldigte die Tat bestritten, ... Der dringende Tatverdacht ergibt sich jedoch aus den glaubhaften Angaben der Zeugen ... der Beschuldigte ist deshalb mit hoher Wahrscheinlichkeit Täter der ihm vorgeworfenen Straftaten.

2. Die Haftgründe

211 Die einzelnen Haftgründe ergeben sich aus den §§ 112 II, 112a StPO. **In der Klausur sind der jeweilige Haftgrund und der zugrunde liegende Prüfungsmaßstab immer zu nennen.**

a) § 112 II Nr. 1 StPO: Flucht

212 Der Haftgrund der Flucht liegt vor, wenn der Beschuldigte flüchtig ist oder sich verborgen hält.

Darauf muss aus bestimmten *Tatsachen* geschlossen werden. Es reicht aber aus, wenn für das Verschwinden des Beschuldigten eine Flucht als Erklärung näher liegt als eine andere Erklärung. Darüber werden im Klausursachverhalt regelmäßig Ermittlungsvermerke der Polizei oder auch Zeugenaussagen hinreichenden Aufschluss geben. In der Examensklausur spielt dieser Haftgrund sicher keine große Rolle, weil ein bis zum Abschluss der Ermittlungen flüchtiger Beschuldigter für eine Klausur wenig taugt.

Vorsicht ist geboten, wenn der Beschuldigte während des Ermittlungsverfahrens flüchtig war und vor Abschluss der Ermittlungen aufgrund eines auf Flucht gestützten Haftbefehls verhaftet wurde. Denn dann ist er bei Anklageerhebung eben nicht mehr flüchtig, der Haftbefehl ist damit nicht mehr auf den nunmehr einschlägigen Haftgrund, die Fluchtgefahr, gestützt und müsste streng genommen geändert werden. Die Praxis agiert in derartigen Fällen oft großzügig und ignoriert diese Änderung des Haftgrundes schlicht, weil die vorherige Flucht die Fluchtgefahr nach § 112 II Nr. 2 StPO regelmäßig indizieren wird. Es mag vielleicht noch angehen, darüber hinwegzuschreiben, wenn Sie im Examen nichts anderes anstreben als das bloße Bestehen. Eine wirklich gute Klausur sollte sich mit diesem Problem auseinandersetzen. Der Haftbefehl wäre auf den neuen Haftgrund umzustellen. Ein entsprechender Antrag wäre mit der Anklageerhebung zu stellen.

b) § 112 II Nr. 2 StPO: Fluchtgefahr

Fluchtgefahr ist der Haftgrund, um den es in den Klausuren regelmäßig gehen wird. 213
Wenn dem Beschuldigten erhebliche Straftaten vorzuwerfen sind und der Sachverhalt konkrete Angaben zum sozialen Umfeld des Beschuldigten, wie Arbeitsplatzverlust, Wohnungsverlust und/oder fehlende familiäre Bindungen des Beschuldigten usw., enthält, müssen bei Ihnen die Alarmglocken läuten! Denn diese Angaben ermöglichen Rückschlüsse: Hier kann es dem Klausurverfasser eigentlich nur um die Begründung des Haftgrundes Fluchtgefahr gegangen sein. Dieser spielt nur dann eine Rolle, wenn Sie den dringenden Tatverdacht bejahen können. Sie dürfen davon ausgehen, dass dieser dringende Tatverdacht dann nicht nur bezüglich irgendwelcher Bagatelldelikte zu bejahen sein wird. Sie haben damit also auch wichtige Hinweise auf die in Ihrem materiellen Gutachten erwarteten Ergebnisse erhalten!

Fluchtgefahr liegt vor, wenn die Würdigung der Umstände des Falles es wahrscheinlicher macht, dass sich der Beschuldigte dem Strafverfahren entziehen als sich ihm zur Verfügung stellen wird.

Zuerst einmal wird der Korrektor von Ihnen erwarten, dass Sie ihm **diesen Prüfungsmaßstab mitteilen. Das wird in den meisten Klausuren vergessen!** Daneben wird nur noch eine halbwegs vertretbare Bewertung der zur Verfügung stehenden Tatsachen erforderlich sein. Entscheidender als das Ergebnis wird sein, dass Sie sich mit den klassischen Tatsachengrundlagen, in aller Regel wird Ihnen der Klausurverfasser diese im Sachverhalt mitteilen, auseinandersetzen. Wichtige davon habe ich oben schon angerissen. Die Fluchtgefahr begründen können:

- fehlende familiäre Bindungen,
- fehlende berufliche Bindungen,
- Wohnungslosigkeit,
- Flucht in anderen Verfahrensabschnitten oder früheren Verfahren,
- Auslandsbeziehungen und gute Sprachkenntnisse.

Damit dürften die klausurrelevantesten Umstände auch schon genannt sein. Bitte beachten Sie, dass allein das Fehlen einzelner dieser Umstände die Fluchtgefahr nicht automatisch ausräumt.

Neben den bereits genannten Umständen wird in den meisten Klausuren der **Fluchtanreiz durch die Höhe der zu erwartenden Strafe** eine wesentliche Rolle spielen. Vorab: Bitte vergessen Sie nicht, dass die Höhe der zu **erwartenden Strafe** niemals allein ausschlaggebend sein darf, sondern **mit deren zunehmender Höhe lediglich die Anforderungen an die Tatsachengrundlage, auf die die Fluchtgefahr gestützt werden soll, geringer werden**. In letzter Konsequenz mag das so weit führen, dass bei zu erwartenden sehr hohen Strafen nur noch geprüft werden muss, ob Tatsachen bekannt sind, die geeignet sind, die Fluchtgefahr wieder auszuräumen. Im Übrigen werden von Ihnen sicher Ausführungen zur Begründung der Strafhöhe verlangt, weil Sie so beweisen können, dass die von Ihnen erwartete Strafhöhe nicht nur geraten ist. Das dürfte aber in der Klausur keinen zusätzlichen Aufwand mehr bedeuten, weil Sie sich zur Höhe der zu erwartenden Strafe ja bereits im Abschnitt „Zuständigkeit" – hinreichend präzise – geäußert haben sollten. Darauf dürfen Sie nun selbstverständlich Bezug nehmen.

c) § 112 II Nr. 3 StPO: Verdunkelungsgefahr

Dieser Haftgrund spielte in den Examensklausuren der letzten Jahre häufiger eine Rolle. Soll- 214
te eine Klausur darauf hinauslaufen, werden Sie die Hinweise im Sachverhalt nicht übersehen können.

Verdunkelungsgefahr liegt vor, wenn mit großer Wahrscheinlichkeit auf künftige Verdunkelungshandlungen zu schließen ist, falls der Beschuldigte nicht in Haft genommen wird.

Es hilft ein Blick in das Gesetz, denn dort ist ausdrücklich aufgezählt, was der Gesetzgeber unter Verdunkelungshandlungen versteht (§ 112 II Nr. 3a–c StPO nachlesen!).

d) § 112 III StPO: Schwerkriminalität

Haben Sie im Gutachten eine der abschließend genannten Katalogtaten des Abs. 3 (im Ernst- 215
fall sorgfältig lesen!) bejaht, muss das Fehlen eines Haftgrundes gem. § 112 II StPO dem

Erlass eines Haftbefehls nicht entgegenstehen. Diese Konstellation läuft immer auf dieselbe Frage – und diese will der Prüfer von Ihnen beantwortet haben – hinaus: Darf tatsächlich nur wegen der Schwere einer Straftat ein Haftbefehl erlassen werden? Nach dem Wortlaut des Abs. 3 wäre diese Frage eindeutig zu bejahen. Das BVerfG[260] hat jedoch entschieden, dass eine derartige Anwendung der Vorschrift zu einem Verstoß gegen das Verhältnismäßigkeitsprinzip führen würde. In Ihrer Klausur hat jetzt das Stichwort **„verfassungskonforme Auslegung"** zu fallen. Die Vorschrift ermöglicht nämlich nicht die Anordnung von U-Haft ohne jeden Haftgrund, sondern erleichtert lediglich den Prüfungsmaßstab.

Ein Haftbefehl darf erlassen werden, wenn Umstände vorliegen, die die Gefahr begründen, dass ohne Festnahme des Beschuldigten die alsbaldige Aufklärung und Ahndung der Tat gefährdet sein würde.

Mit diesem Wissen sind Sie für die Klausur ausreichend gerüstet, der Rest erfordert dann nur noch eine halbwegs vertretbare Argumentation. So wird es ausreichen, wenn nach den Umständen des Falles eine geringe oder entfernte Flucht- oder Verdunkelungsgefahr besteht oder zumindest nicht auszuschließen ist.[261]

e) § 112a I StPO: Wiederholungsgefahr

216 Neben den bisher genannten Haftgründen dürfen Sie auch die Wiederholungsgefahr als Haftgrund nicht völlig aus dem Auge verlieren. Doch Vorsicht: Der wichtigste Teil des § 112a StPO ist für Sie in der Klausur nicht der Abs. 1, in dem die Voraussetzungen für die Annahme der Wiederholungsgefahr formuliert sind, sondern die Subsidiaritätsklausel in Abs. 2!

Liegt einer der Haftgründe des § 112 StPO vor und muss der darauf gestützte Haftbefehl nicht nach § 116 I, II StPO außer Vollzug gesetzt werden, kann ein Haftbefehl nicht zugleich auf § 112a StPO gestützt werden. Die sog. **Sicherungshaft ist subsidiär**.

Das müssen Sie unbedingt verinnerlichen, denn die Annahme der Wiederholungsgefahr neben einem der anderen Haftgründe ist ein grober – wenn auch leicht vermeidbarer – Fehler. Zu Ihrer Beruhigung: Dieser Haftgrund spielt in der Examensklausur keine große Rolle. Der Klausurverfasser hätte den Sachverhalt zudem ordentlich anzufüttern, weil neben der Verwirklichung einer der genannten Katalogtaten „bestimmte" Tatsachen die Wiederholungsgefahr stützen müssen. In der Klausur werden dies nur einschlägige Vorverurteilungen sein, die wiederholte Begehung gleichartiger Straftaten im Klausursachverhalt wird selten ausreichen. Im Zweifel werden Sie also mit der Nase auf diesen Haftgrund gestoßen. Sollten Sie diesen Haftgrund in der Klausur tatsächlich einmal erkannt haben, vergessen Sie nicht die **„Subsidiaritätsfalle"**.

3. Verhältnismäßigkeit

217 **Das Stichwort „Verhältnismäßigkeit" muss in Ihrer Klausur zwingend fallen.** Probleme dürfte Ihnen dieses Merkmal allerdings nicht bereiten. In aller Regel fallen Festnahme oder Verhaftung des Beschuldigten zeitlich eng mit dem Abschluss der polizeilichen Ermittlungen und Übersendung der Akten an die Staatsanwaltschaft zusammen, sodass der Beschuldigte vor Anklageerhebung allenfalls wenige Tage Freiheitsentziehung erlitten haben wird. Selbst wenn sich aus dem Bearbeitervermerk ergeben sollte, dass die Entscheidung der Staatsanwaltschaft erst mehrere Monate nach der Aktenübersendung durch die Polizei ergeht, wird das die Verhältnismäßigkeit kaum einmal berühren. Sie werden sich also auf die folgende Feststellung beschränken können:

> **Formulierungsbeispiel:**
> Im Hinblick auf die Höhe der zu erwartenden Strafe ist der (weitere) Vollzug der Untersuchungshaft auch nicht unverhältnismäßig. Im Übrigen kann die Fluchtgefahr bei Aussetzung des Vollzugs durch weniger einschneidende Maßnahmen iSd § 116 … StPO nicht ausgeräumt werden.

260 BVerfGE 19, 342 = BeckRS 9998, 112175.
261 Meyer-Goßner/Schmitt/Schmitt StPO § 112 Rn. 37, 38.

Sollten Sie wirklich Zweifel haben, denken Sie daran, dass es bei **der Verhältnismäßigkeit nicht um eine Haftvoraussetzung geht, sondern um einen Haftausschließungsgrund**. Dieser steht der Untersuchungshaft nur entgegen, **wenn die zugrunde liegenden Tatsachen feststehen. Der Zweifelsgrundsatz gilt nicht.** 218

Zum Stichwort Verhältnismäßigkeit gehört auch § 116 StPO, von dem Sie in der Klausur aus taktischen Gründen tunlichst die Finger lassen sollten. Denn in aller Regel werden Sie mit den oben beschriebenen Mitteln zu vertretbaren Ergebnissen kommen. Will der Klausurverfasser im Einzelfall tatsächlich einmal etwas dazu hören, wird er Sie ebenfalls mit der Nase darauf stoßen, indem er Ihnen – wohl in der Einlassung des Beschuldigten – Tatsachen an die Hand gibt, die die Merkmale des § 116 StPO betreffen.

Übersehen Sie dann in der Hektik des Zeitdrucks nicht, dass

- Abs. 1 lediglich die Fluchtgefahr,
- Abs. 2 lediglich die Verdunkelungsgefahr,
- Abs. 3 lediglich die Wiederholungsgefahr

betrifft.

4. Erforderliche Schritte

Nachdem Sie die beschriebenen Merkmale (1.–3.) mit der fallabhängig gebotenen Gewichtung abgearbeitet haben, sind vier Konstellationen denkbar: 219

- Der Beschuldigte befindet sich auf freiem Fuß oder ist vorläufig festgenommen,
  - die Voraussetzungen für einen Haftbefehl sind erfüllt,
  - die Voraussetzungen für einen Haftbefehl sind nicht erfüllt.
- Der Beschuldigte befindet sich bereits aufgrund eines Haftbefehls in U-Haft,
  - die Voraussetzungen für die U-Haft sind weiterhin erfüllt,
  - die Voraussetzungen für die U-Haft sind nicht mehr erfüllt.

a) Noch kein Haftbefehl erlassen

Zur ersten Konstellation: Mit dieser Situation sollten Sie in der weiteren Klausur keine Probleme mehr haben. Sie müssen lediglich in **der Abschlussverfügung einen Haftbefehlsantrag** stellen. **Der Antrag gehört nicht in die Anklageschrift!** 220

Zur zweiten Konstellation: Auch hieraus ergeben sich keine Probleme. Weil ein Haftbefehlsantrag nicht völlig aus der Welt war (sonst hätten Sie sich in Ihrem Gutachten gar nicht damit auseinandergesetzt), sollten Sie dem Gericht, bei dem Sie anklagen, in einem kurzen Vermerk in der Abschlussverfügung die Essenz Ihrer Überlegungen mitteilen. Dieses würde nämlich seinerseits die Voraussetzungen des § 112 StPO prüfen.

Dass sich der Beschuldigte zum Zeitpunkt der Anklageerhebung noch in Polizeihaft befindet, wird kaum vorkommen. Sie werden also diesbezüglich nichts zu veranlassen haben. Anderenfalls müssten Sie in der Abschlussverfügung vermerken, dass die sofortige Freilassung des Beschuldigten bereits veranlasst worden ist.

b) Haftbefehl bereits erlassen

aa) Haftbefehlsvoraussetzungen sind erfüllt

Wiederum gibt es kaum Probleme. In der Anklage ist ein **Antrag auf Haftfortdauer** zu stellen. Zudem müssen Sie sich noch kurz zur unbedingt zu beachtenden Haftprüfungsfrist äußern. Selten werden Sie an dieser Stelle noch ein so dickes Zeitpolster im Rücken haben, dass Sie sich ausführliche Erörterungen zu dieser Frage leisten können. Ich halte es deshalb für eine lässliche Sünde, das Gutachten abzukürzen und sich auf die Mitteilung des Haftprüfungstermins in der Anklage zu beschränken. Nur, dies muss natürlich richtig berechnet sein! 221

Dazu Folgendes:

Länger als sechs Monate darf die Untersuchungshaft gem. § 121 I, II StPO wegen derselben Tat nur mit Anordnung des Oberlandesgerichts dauern.

Bei der Berechnung des Fristendes, das in der Anklageschrift als Haftprüfungstermin mitgeteilt werden soll, müssen Sie etwas aufpassen:

222 • **Für die Fristberechnung zählt nur die erlittene U-Haft.** Das heißt im Umkehrschluss, dass Freiheitsentziehung, die nicht auf einem Haftbefehl beruht – und das ist die **Zeit der vorläufigen Festnahme** – für die Berechnung der Haftprüfungsfrist **außer Betracht** bleibt. Der Tag der Festnahme zählt nur mit, wenn die Festnahme aufgrund eines bereits vorliegenden Haftbefehls erfolgte. Zur Verdeutlichung:

> **Beispiel:** Der Beschuldigte wird am 12.6. gem. § 127 StPO vorläufig festgenommen. Am 13.6. wird gegen ihn ein Haftbefehl erlassen und am gleichen Tag gegen 23.00 Uhr verkündet. Der 12.6. bleibt für die Berechnung der Haftprüfungsfrist außer Betracht.

- **Die Berechnung der Haftprüfungsfrist erfolgt nach § 43 StPO.**[262] Das hat zur Folge, dass der erste Tag der U-Haft nicht mitgezählt wird. Für den Beispielsfall ergibt sich daraus die folgende Konsequenz: Da der erste Tag der U-Haft auf den 13.6. fiel, sind sechs Monate mit dem Ablauf des 13.12. voll. An diesem Tag müssen die Akten dem OLG spätestens vorgelegt worden sein. Das ist zudem das Datum, das als Haftprüfungstermin in der Anklageschrift vermerkt wird.
- § 121 I StPO stellt auf die U-Haft wegen derselben Tat ab. Erfasst sind alle Taten des Beschuldigten von dem Zeitpunkt an, in dem sie – im Sinne eines dringenden Tatverdachts – bekannt geworden sind und in einen bestehenden Haftbefehl hätten aufgenommen werden können, und zwar unabhängig davon, ob sie Gegenstand desselben Verfahrens oder getrennter Verfahren sind. Wird ein neuer Haftbefehl lediglich auf Tatvorwürfe gestützt bzw. durch sie erweitert, die schon bei Erlass des ersten Haftbefehls – im Sinne eines dringenden Tatverdachts – bekannt waren, löst das keine neue Haftprüfungsfrist aus. **Wird ein neuer oder erweiterter Haftbefehl dagegen auf Tatvorwürfe gestützt, die erst im weiteren Lauf des Verfahrens bekannt geworden sind und für sich genommen den Erlass eines Haftbefehls tragen, wird eine neue Sechsmonatsfrist in Gang gesetzt.** Die Frist beginnt dann allerdings nicht erst mit dem Erlass des neuen/erweiterten Haftbefehls, sondern bereits in dem Zeitpunkt, in dem sich der Verdacht hinsichtlich der neuen Tatvorwürfe zu einem dringenden verdichtet hat.[263]

bb) Haftbefehlsvoraussetzungen sind nicht erfüllt

223 Kommen Sie zu diesem Ergebnis, werden Sie Schwierigkeiten haben, in der Klausur richtig zu reagieren. Klausurtaktisch kann das nur heißen, dieses Ergebnis tunlichst zu vermeiden. Warum?

Jetzt geht es um § 120 III StPO, auf den ich schon weiter oben hingewiesen habe. Gemäß § 120 I StPO ist ein Haftbefehl aufzuheben, sobald die Voraussetzungen der Untersuchungshaft nicht mehr vorliegen. Das ist eigentlich selbstverständlich. Nun wirkt sich aber die besondere Rolle der Staatsanwaltschaft im Ermittlungsverfahren aus. Der Staatsanwalt ist nämlich Herr des Ermittlungsverfahrens. Dem trägt § 120 III StPO Rechnung: Im Ermittlungsverfahren ist deshalb ein Haftbefehl auf Antrag der StA aufzuheben. Aus dem Beschleunigungsgebot folgt, dass das ohne Verzögerung zu geschehen hat. Dem Beschleunigungsgebot trägt auch § 120 III 2 StPO Rechnung, weil die StA bereits mit Antragstellung die Freilassung des Beschuldigten anordnen **kann**. Nach allgemeiner Ansicht hat die StA entgegen dem Wortlaut des Gesetzes allerdings kein Ermessen. Das „kann“ reduziert sich also auf ein **„muss“**.

Die Konsequenzen für den prozessualen Teil Ihrer Klausur sind gravierend. Die Anordnung der sofortigen Freilassung werden Sie schriftlich in einer Verfügung formulieren müssen. Die JVA wäre darüber möglichst per Fax oder gar telefonisch zu informieren. Nur, wer soll jetzt den Haftbefehl aufheben? Die richtige Antwort kann nur lauten: der zuständige Ermittlungsrichter, denn der ist – weil noch im Ermittlungsverfahren – an den Antrag der StA gebunden

262 Vgl. dazu Meyer-Goßner/Schmitt/Schmitt StPO § 121 Rn. 4 mwN, der sich abweichend von den Vorauflagen dem OLG Hamm und dem OLG Stuttgart angeschlossen hat. Weil der Kommentar von Meyer-Goßner/Schmitt für Sie in der Klausur ein wichtiges Hilfsmittel ist, habe ich die darin vertretene und auf Rechtsprechung gestützte Ansicht auch abweichend von den Vorauflagen dieses Lehrbuchs übernommen.

263 BGH NStZ-RR 2023, 349.

und **muss** den Haftbefehl aufheben. Also müsste die Akte unverzüglich mit einem Aufhebungsantrag an den Ermittlungsrichter verfügt werden. Ihre Klausur wäre an dieser Stelle fertig! Das kann nicht sein!

Damit stellt sich die Frage, ob der Aufhebungsantrag nicht zusammen mit der Anklage gestellt werden kann. Darf er nicht! Wenn der Staatsanwalt der Überzeugung ist, dass die Voraussetzungen für einen Haftbefehl nicht mehr vorliegen, darf er nicht in aller Ruhe seine Anklage diktieren und schreiben lassen und dann mit Anklageerhebung bei dem für die Hauptverhandlung zuständigen Gericht einen Aufhebungsantrag stellen und auf dessen Entscheidung warten. Auch die Anordnung der sofortigen Freilassung hilft nicht aus diesem Dilemma, weil das nunmehr zuständige Gericht nicht mehr an den Antrag der StA gebunden wäre, wir befinden uns mit Anklageerhebung im Zwischenverfahren. Schließlich wird es Sie auch nicht viel weiterbringen, in der Abschlussverfügung einen Haftsonderband mit Aufhebungsantrag an den Ermittlungsrichter zu senden, denn wie wollen Sie bei gleichzeitiger Anklageerhebung dessen Zuständigkeit im Zeitpunkt der Entscheidung sicherstellen?

Gleichwohl müssen Sie im prozessualen Gutachten aufzeigen, wie richtig zu reagieren ist. Teilen Sie dem Leser also mit, dass die Staatsanwaltschaft noch vor der Anklageerhebung die sofortige Freilassung des Beschuldigten und die umgehende Aufhebung des Haftbefehls durch den Ermittlungsrichter zu veranlassen hätte. In der nachfolgenden Abschlussverfügung reicht es aus, in einem Vermerk mitzuteilen, dass die sofortige Freilassung schon veranlasst worden sei und der Ermittlungsrichter den Haftbefehl auf entsprechenden Antrag nach § 120 III StPO bereits aufgehoben habe. Anders werden Sie diese Konstellation nicht in den Griff bekommen!

Bitte beachten Sie: Für einen Antrag auf Änderung eines bereits erlassenen Haftbefehls wird in der Klausur eher selten Raum sein. Auf welche Tatvorwürfe ein derartiger Haftbefehl gestützt wurde, wird Ihnen im Klausursachverhalt ohnehin nur selten mitgeteilt. Ist das aber ausnahmsweise doch der Fall, kann das durchaus ein Hinweis darauf sein, dass von Ihnen ein Änderungsantrag erwartet wird. Es wird, wenn die Änderungen wesentlich sind, die Aufhebung des alten und der Erlass eines neuen Haftbefehls zu beantragen sein. Wesentlich ist jede Erweiterung des Haftbefehls um weitere Taten, gegebenenfalls auch eine entsprechende Beschränkung. Auch die Anwendung einer anderen Strafvorschrift stellt eine wesentliche Änderung dar.

Kämen Sie zu einem anderen Haftgrund, sollten Sie aus klausurtaktischen Gründen Ihr Ergebnis noch einmal überprüfen. Auch hier gilt allerdings der Grundsatz, dass die Ausnahme die Regel bestätigt. Der Austausch des Haftgrundes ist eine wesentliche Änderung. 224

XI. § 111a StPO

Manche Klausur erfordert, dass Sie sich Gedanken über die Anordnung vorläufiger Maßnahmen machen. Am häufigsten dürfte es um die vorläufige Entziehung der Fahrerlaubnis nach § 111a StPO gehen, seltener um eine Beschlagnahmeanordnung oder andere Maßnahmen. 225

Weil es bei den §§ 69, 69a StGB um materielles Recht geht, sollten Sie die Entziehung der Fahrerlaubnis bereits in einem selbstständigen Abschnitt („Nebenfolgen") des materiellen Gutachtens erörtern. Sie können die Erörterung ausnahmsweise in das prozessuale Gutachten verschieben, wenn Sie diese mit der prozessualen Frage der vorläufigen Entziehung der Fahrerlaubnis gem. § 111a StPO verknüpfen. Nur dürfen Sie dann nicht vergessen, die Voraussetzungen des § 69 StGB sauber herauszuarbeiten.

Haben Sie das positiv beantwortet, werden Sie sich nur noch Gedanken über die vorläufige Entziehung der Fahrerlaubnis gem. § 111a StPO machen müssen.

1. Entziehung der Fahrerlaubnis, §§ 69, 69a StGB

Dem Beschuldigten ist gem. § 69 I StGB die Fahrerlaubnis zu entziehen, wenn sich aus der Tat ergibt, dass er **zum Führen von Kraftfahrzeugen ungeeignet ist.** 226

Die Ungeeignetheit kann sich aus körperlichen und geistigen Mängeln ergeben, in den Klausuren wird es jedoch ganz überwiegend um die **charakterliche Unzuverlässigkeit** gehen.

Ungeeignet ist der Täter, wenn eine Würdigung seiner körperlichen, geistigen und **charakterlichen** Voraussetzungen und der sie wesentlich bestimmenden objektiven und subjektiven Umstände ergibt, dass seine Teilnahme am Kraftfahrzeugverkehr zu einer nicht hinnehmbaren Gefährdung der Verkehrssicherheit führen würde.

Die Feststellung der charakterlichen Unzuverlässigkeit wird Ihnen in der Mehrheit der Fälle keine Schwierigkeiten bereiten, weil es meistens um die klassischen Straßenverkehrsdelikte geht. In diesen Fällen sind die Regelbeispiele des § 69 II StGB erfüllt. An der charakterlichen Zuverlässigkeit fehlt es danach regelmäßig, wenn der Beschuldigte folgende Straftaten begangen hat:

- **Straßenverkehrsgefährdung** gem. § 315c StGB,
- **Trunkenheit im Verkehr** gem. § 316 StGB,
- **unerlaubtes Entfernen vom Unfallort** gem. § 142 StGB, wenn der Täter weiß oder wissen konnte, dass bei dem Unfall
  - ein Mensch getötet wurde,
  - ein Mensch nicht unerheblich verletzt wurde,
  - an fremden Sachen bedeutender Schaden, den Sie ab einer Höhe von 1.300 EUR annehmen können, entstanden ist,
- **Vollrausch** gem. § 323a StGB, wenn dieser sich auf eine der vorgenannten Taten bezieht.

In der Klausur sollten Sie es bei der Regelwirkung belassen und Ausnahmen wirklich nur dann diskutieren, wenn die Einlassung des Beschuldigten oder eine Schutzschrift seines Verteidigers dazu Anlass geben.

227 **Was häufig übersehen wird:** Das Fahren ohne Fahrerlaubnis gem. § 21 StVG gehört nicht zu den Regelfällen des § 69 II StGB. Dennoch wird eine derartige Tat – **als typische Verkehrsstraftat**[264] – regelmäßig zur Verhängung einer Sperrfrist für die Erteilung einer Fahrerlaubnis (§ 69a StGB) führen müssen, denn unabhängig vom Fehlen eines Regelbeispiels ergibt sich die fehlende Eignung aus dem Tatverhalten (§ 69 I StGB). Zur Begründung dürfen Sie sich in der Klausur auf diese schlichte Behauptung beschränken.

Schwieriger ist die Rechtslage zu beurteilen, wenn der Beschuldigte ein Kraftfahrzeug zur Begehung anderer als Verkehrsstraftaten geführt hat. Während früher allgemein die Tendenz vorherrschte, erheblichen Taten der allgemeinen Kriminalität eine Indizwirkung für die Nichteignung zuzusprechen, wird § 69 I StGB mittlerweile enger ausgelegt.

Abweichend von der früheren Rechtsprechung der einzelnen Senate sieht der Große Senat für Strafsachen des Bundesgerichtshofs[265] trotz charakterlicher Mängel, die sich in der Begehung schwerwiegender und erheblicher Straftaten offenbaren, aus diesen nicht automatisch eine Gefahr für den Straßenverkehr erwachsen. Vielmehr muss die mangelnde Zuverlässigkeit des Täters in Bezug auf Verkehrssicherheitsbelange in der Tat hinreichenden Ausdruck finden. Allein die Benutzung eines Kraftfahrzeugs zur Begehung schwerer Straftaten lässt einen Rückschluss darauf nicht zu.

Eine Entziehung der Fahrerlaubnis bei schweren Straftaten ist nur zulässig, wenn die Anlasstat tragfähige Schlüsse darauf zulässt, dass der Täter bereit ist, die Sicherheit des Straßenverkehrs seinen eigenen kriminellen Interessen unterzuordnen. Dafür könnte schon risikofreudiges Fahrverhalten bei der Tat oder auf der Flucht ausreichen.

Mit der vorstehenden Begründung wird es Ihnen nicht schwer fallen, auch bei sog. Inneneingriffen gem. § 315b StGB die Eignung zum Führen von Kraftfahrzeugen zu verneinen.

264 BGH NStZ-RR 2007, 40.
265 BGH NJW 2005, 1957.

Noch ein wichtiger **Hinweis:** Einem Fahrradfahrer, der sich einer Straftat nach § 316 StGB schuldig gemacht hat, darf die Fahrerlaubnis nicht entzogen werden, weil § 69 StGB ausschließlich Pflichtverstöße beim Führen von Kraftfahrzeugen betrifft. Kraftfahrzeuge sind aber nur Fahrzeuge, die von Motorkraft angetrieben werden.

2. Vorläufige Entziehung der Fahrerlaubnis

Wenn Sie den Sachverhalt aufmerksam durchgelesen haben, wissen Sie, ob die Fahrerlaubnis bereits vorläufig entzogen wurde. Verlieren Sie auch den Bearbeitervermerk nicht aus dem Auge, der ebenfalls eine entsprechende Information enthalten kann. Ist das bereits geschehen, haben Sie nichts mehr zu veranlassen. **Anders als beim Haftbefehl ist nicht etwa die Fortdauer der Maßnahme zu beantragen.** 228

Anderenfalls haben Sie mit Anklageerhebung einen entsprechenden Antrag zu stellen, wenn denn die Voraussetzungen des § 111a StPO erfüllt sind. Dieser verlangt

- dringenden Tatverdacht
- und einen hohen Grad an Wahrscheinlichkeit, dass das Gericht den Beschuldigten für *ungeeignet* zum Führen von Kraftfahrzeugen halten und ihm die Fahrerlaubnis entziehen wird.

Den dringenden Tatverdacht haben Sie entweder schon zum Stichwort U-Haft erörtert, dann können Sie selbstverständlich Bezug darauf nehmen, oder Sie werden den Begriff hier erstmals erläutern müssen. Ich kann insoweit auf die Darstellungen zur U-Haft verweisen. Wichtig ist zu zeigen, dass Sie zwischen **hinreichendem und dringendem Tatverdacht unterscheiden** können.

Auch die Prognose bezüglich der Fahrerlaubnisentziehung sollte Sie nicht vor unüberwindliche Schwierigkeiten stellen. Denn im Rahmen des materiellen Gutachtens haben Sie entweder bereits das Vorliegen eines Regelbeispiels nach § 69 II StGB angenommen oder sich darauf festgelegt, dass der Beschuldigte aufgrund einer anderen Straftat nach § 69 I StGB zu maßregeln ist. In beiden Fällen sollten Sie, um sich nicht in Widerspruch zu Ihren bisherigen Ergebnissen zu setzen, die hohe Wahrscheinlichkeit mit einer schlichten Behauptung bejahen. Ist gar ein Regelbeispiel verwirklicht, versteht sich das von selbst. Entscheidend ist allein, dem Korrektor zu zeigen, dass Sie mit den Anforderungen des § 111a StPO vertraut sind und die richtigen Anträge formulieren können.

Die vorläufige Entziehung der Fahrerlaubnis wirkt zugleich als Beschlagnahmeanordnung bzw. Beschlagnahmebestätigung, sodass weitergehende Anträge auf Beschlagnahme nicht gestellt werden müssen. **Sie werden allenfalls zu diskutieren haben, ob zum Auffinden des Führerscheins eine Durchsuchungsanordnung erforderlich sein wird.** Das geschieht in der Praxis häufig – oft formularmäßig. Tatsächlich sollte die Durchsuchung allerdings nur beantragt und angeordnet werden, wenn konkrete Umstände vorliegen, die erwarten lassen, dass der Beschuldigte den Führerschein nicht herausgeben wird. In der Klausur werden Sie kaum auf eine derartige Konstellation stoßen. 229

Auch hierzu dürfen Sie sich wieder bedenkenlos des Urteilsstils bedienen.

> **Formulierungsbeispiel:**
> Die Fahrerlaubnis des Beschuldigten könnte gem. § 111a StPO vorläufig zu entziehen sein. Der Beschuldigte ist einer Straftat nach § 316 I StGB dringend verdächtig, weil es in hohem Maße wahrscheinlich ist, dass er aufgrund der übereinstimmenden Aussagen der Zeugen ..., die ihn als Fahrer identifiziert haben, und des Gutachtens der Staatlichen Blutalkoholuntersuchungsstelle verurteilt werden wird. Weil damit zugleich das Regelbeispiel des § 69 II Nr. 1 StGB erfüllt ist, besteht auch die hohe Wahrscheinlichkeit, dass das Gericht ihn für ungeeignet zum Führen von Kfz halten und die Fahrerlaubnis entziehen wird.
> Deshalb ist die vorläufige Entziehung der Fahrerlaubnis zu beantragen.

Keinesfalls dürfen Sie vergessen, für die Aufhebung einer bereits angeordneten Maßnahme zu sorgen, wenn Ihr Gutachten zu dem Ergebnis geführt hat, dass kein Raum für die Anwendung des § 69 StGB ist, etwa weil es an einer den Eignungsmangel begründenden Straftat fehlt. 230

- Ist der Führerschein lediglich von der Polizei sichergestellt, ist nur seine Herausgabe zu veranlassen.
- Ist die Fahrerlaubnis bereits gem. § 111a StPO vorläufig entzogen, bitte nicht die sofortige Übersendung des Führerscheins an den Beschuldigten verfügen, sondern abwarten! **Das Gericht ist – anders als beim Haftbefehl (§ 120 III 2 StPO) – im Ermittlungsverfahren nicht an den Aufhebungsantrag der StA gebunden,**[266] sondern hat den Grund für die Entziehung selbstständig zu überprüfen. Es könnte also zu einem anderen Ergebnis gelangen. Sinnvoll wird es deshalb sein, das Gericht selbst in der Abschlussverfügung für den Fall der antragsgemäßen Entscheidung um Rückgabe des Führerscheins an den Beschuldigten zu ersuchen.

Noch ein **Hinweis: Unterscheiden Sie immer sauber zwischen Fahrerlaubnis und Führerschein!** Der Führerschein dient als Dokument lediglich dem Nachweis der Fahrerlaubnis. Der Führerschein wird deshalb nicht entzogen, sondern mit der Entziehung der Fahrerlaubnis eingezogen. **Nur die Fahrerlaubnis wird entzogen!**

XII. Beschlagnahme und Herausgabe

1. Beschlagnahme

231 Eine Beschlagnahmeanordnung durch das Gericht wird nur ausnahmsweise zu beantragen sein, wenn der Sicherstellung durch die Polizei **widersprochen** worden ist.

a) Beweismittel, §§ 94, 98 StPO

232 Dass Gegenstände, die als Beweismittel in Betracht kommen, was sich aus Ihrer Beweiswürdigung im A-Gutachten ergeben sollte, beschlagnahmt werden können oder beschlagnahmt bleiben müssen, ergibt sich aus § 94 StPO.

b) Einziehungsgegenstände, §§ 111b, 111e StPO

233 Mit dem Gesetz zur Reform der strafrechtlichen Vermögensabschöpfung vom 13.4.2017 ist das Einziehungsrecht umfassend neu geregelt worden. Der Verfall ist aus dem Gesetz gestrichen worden. An seine Stelle hat der Gesetzgeber zur Erleichterung der Abschöpfung deliktischer Vermögensvorteile die Einziehung von Taterträgen gesetzt.

Auch bei den Einziehungsvorschriften der §§ 73 ff., 74 ff. StGB geht es um die Anwendung materiellen Rechts. Gleichwohl sollten Sie die Voraussetzungen der Einziehung erst im prozessualen Gutachten prüfen. Das ist schon deshalb unproblematisch, weil sich dafür fast immer ein prozessualer Aufhänger finden lässt. Steht die Frage nach der späteren Einziehung im Raum, wird es immer Anlass geben, entweder über die Beschlagnahme/den Arrest oder gegebenenfalls die Aufrechterhaltung oder Aufhebung dieser vorläufigen Maßnahmen nachzudenken.

aa) Einziehung nach den §§ 74 ff. StGB

In den §§ 74 ff. StGB ist die Einziehung von Tatmitteln, Tatprodukten und Tatobjekten geregelt. Die bisherigen Regelungen sind weitgehend erhalten geblieben. Die Einziehung steht im Ermessen des Gerichts. Besondere Bedeutung kommt insoweit dem Verhältnismäßigkeitsgrundsatz zu. In der Klausurlösung werden Sie sich fast immer mit der Feststellung, die Einziehung sei auch verhältnismäßig, begnügen dürfen, wenn die materiellen Voraussetzungen für die Einziehung vorliegen.

Dass **Tatmittel** wie Schusswaffen oder Messer eingezogen werden können, leuchtet unmittelbar ein, übersehen wird es trotzdem. Aber auch durch die Tat hervorgebrachte Gegenstände (**Tatprodukte**) können gem. § 74 I StGB eingezogen werden. Neben die Einziehung von Tatmitteln und Tatprodukten gem. § 74 I StGB hat der Gesetzgeber jetzt in § 74 II StGB ausdrücklich die von ihm als **Tatobjekte** bezeichneten Gegenstände, auf die sich eine Tat bezieht,

266 Das ist allerdings streitig, vgl. Meyer-Goßner/Schmitt/Schmitt StPO § 111a Rn. 14 mwN. Zuletzt für eine Bindung an den Antrag der Staatsanwaltschaft LG Hamburg StraFo 2017, 108.

gestellt. Diese Gegenstände, die früher als **Beziehungsgegenstände** bezeichnet wurden, können durch Sondervorschriften zu Einziehungsgegenständen werden. So kann im Rahmen der Urkundsdelikte etwa zweifelhaft sein, ob falsche oder verfälschte Urkunden, die der Beschuldigte nicht selbst hergestellt aber bei seiner Tat gebraucht hat, Tatmittel sind. Im Hinblick auf § 282 StGB müssen Sie das nicht weiter erörtern. Es genügt der Hinweis, dass diese Urkunden gem. §§ 282, 74 II StGB auch als Tatobjekte der Einziehung unterliegen.

- **Einziehungsobjekte sind also:** 234
  - **Tatmittel** (bei der Tat verwendet oder dazu bestimmt),
  - **Tatprodukte** (durch die Tat hervorgebracht),
  - **Tatobjekte** (notwendige Gegenstände der Tat selbst).
- **Die Einziehung von Tatmitteln, Tatprodukten und Tatobjekten ist nur zulässig, wenn**
  - die Einziehungsgegenstände zur Zeit der Entscheidung **dem Täter gehören** (§ 74 III StGB),
  - selbst wenn er schuldlos gehandelt hat (§ 74b I Nr. 1 StGB)
  oder
  - ihm zwar nicht gehören, der Eigentümer aber leichtfertig zur Verwendung als Tatmittel beigetragen oder sie in Kenntnis der Einziehungsfähigkeit in verwerflicher Weise erworben hat (§ 74a StGB)
  oder
  - ihm zwar nicht gehören aber entweder generell oder individuell gefährlich sind (§ 74b I Nr. 2 StGB).

Die Einziehungsvoraussetzungen nach § 74b I Nr. 1 StGB sind für die Klausur nicht relevant, weil Sie es nicht mit einem schuldlos handelnden Beschuldigten zu tun haben werden.

Ob die Einziehungsgegenstände bei Urteilsverkündung dem Tatverdächtigen noch gehören werden, können Sie nicht beurteilen. Für Sie ist deshalb der **Zeitpunkt der Anklageerhebung** maßgebend.

Behalten Sie auch im Auge, dass mit der Möglichkeit der Wertersatzeinziehung gem. § 74c I StGB ein Mittel geschaffen wurde, gegen den Beschuldigten auch die **Einziehung des Wertes** des ursprünglichen Einziehungsgegenstands anzuordnen, wenn dieser die Einziehung etwa durch Verkauf oder Verbrauch vereitelt hat. Prozessualer Aufhänger wäre dann die mögliche Anordnung eines Vermögensarrests. Dazu später.

bb) Einziehung von Taterträgen, §§ 73 ff. StGB

Anders als die frühere Anordnung des Verfalls, die in Klausuren keine Rolle spielte, wird in 235
jeder Klausur, in der es um Eigentums- und Vermögensdelikte geht, die Anordnung der Einziehung von Taterträgen nach den §§ 73 ff. StGB in Betracht kommen. Achten Sie darauf, ob der Bearbeitervermerk Anweisungen zur Anwendung der einschlägigen Vorschriften enthält oder ob die Beute, etwa nach einem Diebstahl oder einem Raub, an den Geschädigten zurückgelangt ist, was einer Einziehung gem. § 73e I StGB ebenfalls entgegenstehen würde.

Die Einziehung von Taterträgen dient der Abschöpfung von deliktisch erlangten Taterträgen. Ist der aus der Tat erlangte Gegenstand noch vorhanden, soll er im Urteil eingezogen und an den Geschädigten zurückübertragen werden. Andernfalls ordnet das Gericht die Einziehung eines Geldbetrages an, der dem Wert des ursprünglich erlangten Gegenstandes entspricht (Einziehung des Wertes des Tatertrages). Die Ansprüche der Tatgeschädigten werden grundsätzlich erst im Strafvollstreckungsverfahren befriedigt. Der eingezogene Gegenstand wird nach Rechtskraft an den Verletzten zurückübertragen oder, falls er Eigentümer geblieben ist (zB bei Diebesgut), herausgegeben (§ 459h I StPO). Um diesen Teil des Abschöpfungsverfahrens müssen Sie sich in Ihrer Klausurlösung nicht kümmern.

Zentrale materiellrechtliche Vorschriften für die Lösung der Klausur sind damit die §§ 73 und 73c StGB.

§ 73 I StGB ordnet die Einziehung des **durch die Tat Erlangten** an. Anders als die Einziehung nach § 74 StGB ist die **Einziehung nach § 73 StGB zwingend**.

Das **durch die Tat Erlangte ist die Gesamtheit der wirtschaftlich messbaren Vorteile, die dem Täter oder Teilnehmer durch, aus oder für die Tat zugeflossen sind.** Erforderlich ist, dass der Gegenstand **in irgendeiner Phase des Tatablaufs in die Verfügungsgewalt des Täters oder Tatbeteiligten** übergegangen ist und ihm so aus der Tat unmittelbar etwas messbar zugutekommt. **Eine solche Verfügungsgewalt ist jedenfalls dann gegeben, wenn der Tatbeteiligte im Sinne eines rein tatsächlichen Herrschaftsverhältnisses ungehinderten Zugriff auf den betreffenden Vermögensgegenstand nehmen kann.** Bei mehreren Beteiligten genügt zumindest eine tatsächliche Mitverfügungsmacht über den Vermögensgegenstand dergestalt, dass die Möglichkeit eines ungehinderten Zugriffs auf diesen besteht. Für die Bestimmung des Erlangten iSv § 73 I StGB kommt es allein auf eine tatsächliche Betrachtung an.[267] Zivilrechtliche Besitz- und Eigentumsverhältnisse spielen dabei keine Rolle. **Es ist also irrelevant, ob sich der Beschuldigte das Eigentum an einem Gegenstand durch Betrug verschafft hat oder ob sich der Gegenstand nach einem Diebstahl nach wie vor im Eigentum des Verletzten befindet.** Die Voraussetzungen für die Einziehung liegen gem. § 73e I 1 StGB nur dann nicht mehr vor, wenn der Anspruch des Verletzten erloschen ist. Das kommt in der Klausur eigentlich nur dann in Betracht, wenn ein Gegenstand, der nach der Tat weiterhin im Eigentum des Verletzten steht (Diebesgut), bei Anklageerhebung bereits an diesen zurückgegeben wurde.

Ist die **Einziehung eines Gegenstandes** wegen der Beschaffenheit des Erlangten oder aus einem anderen Grund **nicht möglich**, so ist gem. § 73c I 1 StGB die **Einziehung eines Geldbetrages, der dem Wert des Erlangten entspricht**, vorgesehen. Der Umfang und der Wert des Erlangten dürfen nach § 73d II StGB geschätzt werden. In der Klausur wird es einer Wertangabe des Verletzten bedürfen. Ihre Aufgabe wird nicht darin bestehen, den Wert des Erlangten zu ermitteln, sondern überhaupt zu erkennen, dass es in der späteren Hauptverhandlung auf die Einziehung des Wertersatzes hinauslaufen wird.

Die weiteren Einziehungsvorschriften wie die §§ 73 II, III, 73a (erweiterte Einziehung), 73b (Dritteinziehung) StGB werden für die Klausurlösung keine Rolle spielen.

c) Beschlagnahme und Vermögensarrest

236 Die Einziehung des durch die Tat Erlangten, von Tatmitteln, Tatprodukten und Tatobjekten und die Einziehung des Wertersatzes werden durch **Beschlagnahme** gem. § 111b I StPO und **Vermögensarrest** gem. § 111e I StPO gesichert.

Achtung: Beschlagnahme **und Vermögensarrest sollen zur Sicherung der Vollstreckung der gesetzliche Regelfall sein, wenn dringende Gründe die spätere Einziehung (§ 111b I 2 StPO) oder die spätere Wertersatzeinziehung (§ 111e I 2 StPO) sprechen.** In den übrigen Fällen soll es bei dem weiten Ermessen (kann) der Strafjustiz bleiben. Haben Sie zuvor im Zusammenhang mit der Erörterung der Voraussetzungen für Untersuchungshaft den dringenden Tatverdacht bejaht, werden Sie regelmäßig auch die dringenden Gründe nach den §§ 111b I 2, 111e I 2 StPO bejahen müssen und damit zur zwingenden Anordnung von Beschlagnahme oder Vermögensarrest kommen.

Die Anordnung von Beschlagnahme und Vermögensarrest unterliegt gem. § 111j I 1 StPO einem Richtervorbehalt. Allerdings gibt es Eilzuständigkeiten der Staatsanwaltschaft und der Polizei: Bei Gefahr im Verzug darf auch die Staatsanwaltschaft die Beschlagnahme beweglicher und unbeweglicher Gegenstände sowie den Vermögensarrest anordnen, § 111j I 2 StPO. Die Polizei darf dagegen im Rahmen ihrer Eilkompetenz nur die Beschlagnahme beweglicher Gegenstände anordnen, § 111j I 3 StPO. Haben im Klausursachverhalt die Staatsanwaltschaft oder die Polizei ihre Eilkompetenz wahrgenommen, müssen Sie prüfen, ob die richterliche Anordnung von der Staatsanwaltschaft nachträglich einzuholen ist. Das ist nur der Fall, wenn die Staatsanwaltschaft die Beschlagnahme eines unbeweglichen Gegenstandes oder Vermögensarrest angeordnet hat, § 111j II 1, 2 StPO.

Haben **Staatsanwaltschaft oder Polizei in Eilkompetenz** die Beschlagnahme einer beweglichen Sache angeordnet, müssen sie diese **anschließend nicht richterlich bestätigen lassen**. Allerdings kann der Betroffene selbst in allen Fällen die Entscheidung des Gerichts beantragen, § 111j II 3 StPO.

267 BGH NStZ-RR 2023, 315.

Zum Antrag des Betroffenen, der auf eine Herausgabeanordnung des Gerichts gerichtet sein wird, müssten Sie in der Abschlussverfügung gegebenenfalls Stellung nehmen.

Für die Vollziehung der Beschlagnahme und des Vermögensarrestes ist gem. § 111k I StPO die Staatsanwaltschaft zuständig. In der Klausur wird das kein Problem sein.

Denken Sie jedoch an § 111l I–III StPO. Denn die **Vollziehung von Beschlagnahme und Vermögensarrest muss gem. § 111l I StPO dem Verletzten mitgeteilt werden.**

Verletzter iSd § 111l StPO ist derjenige, dem ein Anspruch auf Rückgewähr des Erlangten oder auf Ersatz des Wertes des Erlangten aus einer Tat erwachsen ist, die Gegenstand der Beschlagnahme- oder der Arrestanordnung ist.

- Zudem ordnet § 111l II StPO an, dass die Staatsanwaltschaft den Verletzten nach der Beschlagnahme eines beweglichen Gegenstandes zugleich über das Herausgabeverfahren nach den §§ 111n, 111o StPO zu informieren hat. Zu diesem Verfahren gleich.
- Hat die Staatsanwaltschaft einen Vermögensarrest vollzogen, muss der Verletzte gem. § 111l III StPO zu der Erklärung aufgefordert werden, ob und in welcher Höhe er den Wertersatzanspruch, der ihm aus der Tat erwachsen ist, geltend machen wolle.

2. Herausgabe sichergestellter oder beschlagnahmter Gegenstände

Schauen Sie am Ende Ihres prozessualen Gutachtens noch einmal auf die Ergebnisse Ihrer 237
Beweiswürdigung und in den Sachverhalt. Welche Gegenstände sind bei wem sichergestellt worden (Sachverhalt) und welche dieser Gegenstände benötigen Sie als Augenscheinsobjekte und Urkunden für Ihre Beweisführung (Beweiswürdigung)? Mitunter sind Herausgabeanträge des Beschuldigten oder anderer Personen in den Sachverhalt eingebaut. Die Staatsanwaltschaft hätte zudem das Interesse, nicht benötigte Gegenstände so schnell wie möglich loszuwerden, um die Lagerkapazitäten zu schonen oder Geld zu sparen, das anderenfalls für die ordnungsgemäße Verwahrung – etwa eines sichergestellten Pkw – aufzuwenden wäre. Die folgenden Überlegungen sind deshalb von erheblicher praktischer Bedeutung und dürfen auch in Ihrer Klausur nicht völlig fehlen. Ernsthafte Probleme werden Sie damit nicht haben, hier geht es mehr um die Vollständigkeit. Deshalb werden Sie sich regelmäßig auch ohne Weiteres des Urteilsstils bedienen dürfen.

a) Herauszugebende Gegenstände

Herauszugeben sind alle Gegenstände, die nicht mehr als Beweismittel oder als Objekte der Einzie- 238
hung in Betracht kommen.

So wird regelmäßig die bei dem Beschuldigten gefundene Beute aus einem Diebstahl an den Eigentümer herauszugeben sein. Als Augenscheinsobjekte würden diese Gegenstände nämlich nur ihre eigene Existenz beweisen. Welche Gegenstände entwendet worden sind, wird der Eigentümer als Zeuge in einer polizeilichen Vernehmung geschildert haben. Das Auffinden dieser Gegenstände bei dem Beschuldigten wird ein anderer Zeuge bestätigen können. Notfalls würden Fotos von diesem Gegenstand völlig ausreichen.

Auch müssen nicht zwingend alle Gegenstände, die weiterhin als Beweismittel in Betracht kommen, im Gewahrsam der Strafverfolgungsbehörden bleiben. So kann es angezeigt sein, einzelne Urkunden, die der Berechtigte dringend benötigt, beglaubigt ablichten zu lassen und die Originale anschließend herauszugeben. Das wird in der Klausur aber regelmäßig nur auf einen ausdrücklichen Herausgabeanspruch des Berechtigten zu erörtern sein.

Natürlich müssen sichergestellte oder beschlagnahmte Gegenstände auch dann herausgegeben werden, wenn diese nicht oder nicht mehr einer konkreten Straftat zugeordnet werden können.

Noch einmal: Eine bewegliche Sache ist nach einer Beschlagnahme dann herauszugeben, wenn sie **für Zwecke des Strafverfahrens nicht mehr benötigt wird**, § 111n I StPO. Das ist der Fall, wenn sie

- keine Beweisbedeutung hat **und**
- nicht als Gegenstand einer Einziehung nach den §§ 73 ff., 74 ff. StGB in Betracht kommt.

b) Herausgabe an Beschuldigten, Verletzten oder Dritten

239 Die Herausgabe beschlagnahmter oder sichergestellter Gegenstände hat grundsätzlich an den letzten Gewahrsamsinhaber zu erfolgen, § 111n I StPO.

Das wird meist der Beschuldigte sein.

Dagegen erfolgt nach § 111n II StPO die Herausgabe von Gegenständen an den Verletzten, wenn

- **die Gegenstände für Zwecke des Strafverfahrens nicht mehr benötigt werden,**
- **diese ihm unmittelbar durch die Straftat entzogen worden sind**
- **und er bekannt ist.**

In beiden Fällen geht es nicht um das Eigentum an der Sache, sondern der Gesetzgeber hatte mit der vorläufigen Regelung des Besitzstandes allein die Gewahrsamsverhältnisse im Blick.

Gemäß § 111n III StPO kann die Herausgabe schließlich auch an einen Dritten erfolgen, wenn

- **die Gegenstände für Zwecke des Strafverfahrens nicht mehr benötigt werden,**
- **dieser einen Anspruch auf die Sache hat und**
- **er bekannt ist.**

In allen Fällen aber gilt gem. § 111n IV StPO: Die Herausgabe erfolgt nur, wenn die Voraussetzungen dafür **offenkundig** sind!

Sind die Herausgabevoraussetzungen zweifelhaft und war eine bewegliche Sache ausschließlich als Beweisgegenstand gem. § 94 StPO beschlagnahmt, erfolgt gleichwohl die Herausgabe an den letzten Gewahrsamsinhaber. Der Verletzte oder Dritte muss dann auf den Zivilrechtsweg verwiesen werden. Die Herausgabeentscheidung steht dem nicht entgegen, weil sie lediglich eine vorläufige Besitzstandsregelung enthält. In allen Fällen der Beschlagnahme zur Sicherung der Einziehung deliktisch erlangter Gegenstände gilt bei zweifelhaften Herausgabevoraussetzungen: Die bewegliche Sache wird weiterhin für Zwecke des Strafverfahrens – nämlich die dann erforderliche Einziehung – benötigt.

c) Herausgabeverfahren

240 Zuständig für die Herausgabeentscheidung ist bis zur Erhebung der öffentlichen Klage (und im Vollstreckungsverfahren) gem. § 111o StPO die Staatsanwaltschaft. Es spielt insoweit keine Rolle, ob die Gegenstände lediglich sichergestellt oder aber durch gerichtliche Anordnung beschlagnahmt wurden. In der Klausur wird die Herausgabe nicht mehr benötigter Gegenstände in der Abschlussverfügung angeordnet. **Für einen – etwa in der Abschlussverfügung zu stellenden – Antrag der Staatsanwaltschaft an das Gericht, über die Herausgabe eines Gegenstandes zu entscheiden, ist kein Raum mehr.** Eine gerichtliche Entscheidung ist nur noch auf Antrag der Betroffenen gem. § 111o II StPO zu erreichen.

241 Ist das Recht an einem herauszugebenden Gegenstand dagegen nicht offenkundig, soll die Staatsanwaltschaft entgegen der früheren Rechtslage nicht mehr die Entscheidung des Gerichts herbeiführen. Es bleibt ihr dann nur, die Herausgabe abzulehnen, weil der Gegenstand für Zwecke des Strafverfahrens weiterhin benötigt wird. Eine Ausnahme gilt – wie zuvor gezeigt – nur, wenn der Gegenstand ausschließlich als Beweismittel beschlagnahmt wurde.

XIII. Verbindung und Trennung

242 Ob Verfahren zu verbinden oder zu trennen sind, hängt davon ab, ob zwischen ihnen ein Zusammenhang besteht. Der Zusammenhang kann

- **persönlich**
  oder
- **sachlich**

sein. Ein **persönlicher Zusammenhang** besteht, wenn gegen denselben Beschuldigten wegen mehrerer selbstständiger Taten iSd § 264 StPO ermittelt wird. Beim **sachlichen Zusammen-**

hang geht es um eine Tat mehrerer Beschuldigter. Mit dem persönlichen Zusammenhang werden Sie keine Probleme haben. Bei der Erörterung des sachlichen Zusammenhangs werden Sie sich eventuell Gedanken über den Begriff des „Teilnehmers" machen müssen. Problematisch kann es werden, wenn einer der Beschuldigten der Bestechung/Vorteilsgewährung nach den §§ 334, 333 StGB und der andere der Bestechlichkeit/Vorteilsannahme nach den §§ 332, 331 StGB verdächtig ist und es dabei um dasselbe Geschehen geht. Der Begriff Teilnahme ist indes weit auszulegen:

Teilnahme iSd § 3 StPO ist jede in dieselbe Richtung zielende Mitwirkung an einem einheitlichen geschichtlichen Vorgang[268] (iSd § 264 StPO).

Das dürfte für den Bestechenden und den Bestochenen der Fall sein.

1. Verfahrensverbindung

Nicht selten enthalten prozessuale Gutachten Ausführungen zu dem vermeintlichen Problem, ob bei Ermittlungen gegen mehrere Beschuldigte „die Verfahren" miteinander verbunden werden müssten. Dieses Problem gibt es nicht! Der Aktenauszug, den Sie als Aufgabe erhalten, betrifft **ein** Verfahren, das von vornherein gegen mehrere Beschuldigte geführt wird. Für eine Verfahrensverbindung ist damit kein Raum. Allenfalls ist zu überlegen, ob eines der gemeinsam geführten Verfahren abzutrennen ist. **243**

2. Verfahrenstrennung

Ohne Zweifel gibt es in der Praxis immer wieder Konstellationen, die die Verfahrenstrennung erforderlich machen. Klassisch ist der Fall, in dem nach einem Polizeieinsatz nicht nur gegen sonstige Beschuldigte sondern auch gegen einen Polizeibeamten ermittelt werden muss. Es kann in der Klausur nicht darum gehen, dass Sie sich durch Verfahrenstrennung eines Beschuldigten entledigen und sich so das Entwerfen der Anklageschrift vereinfachen. Die Lösung kann also nur darin liegen, das Verfahren gegen den Beamten abzutrennen und anschließend beide Ermittlungsverfahren jeweils mit Abschlussverfügung und Anklage abzuschließen. Wenn abzusehen ist, dass Sie dazu keine Zeit mehr haben (klausurtaktisch denken!), bleibt Ihnen nichts anderes übrig, als die eigentlich erforderliche Abtrennung zu ignorieren. Es bleibt Ihnen der Trost, dass derartig undurchdachte Klausuraufgaben selten sind. Zuletzt war die Anfertigung von Abschlussverfügung und Anklageschrift durch den Bearbeitervermerk auf einen der Tatverdächtigen beschränkt. **244**

Im Übrigen ist, wenn Sie ganz sicher gehen wollen, ein kurzer Hinweis auf § 3 StPO nicht falsch. Damit haben Sie das Thema „Trennung" dann aber auch erschöpfend abgehandelt.

Formulierungsbeispiel:
Weil die Beschuldigten der Teilnahme an derselben Tat verdächtig sind, sind sie gem. § 3 StPO gemeinsam vor dem Schöffengericht anzuklagen.

In Einzelfällen kann es vorkommen, dass nach dem Bearbeitervermerk die Strafbarkeit von Personen, gegen die sich ebenfalls der Anfangsverdacht einer Straftat richtet, nicht geprüft werden soll. Obwohl es legitim sein dürfte, deren mögliche Strafbarkeit auch im prozessualen Teil zu ignorieren, sollten Sie, wenn die Voraussetzungen des § 3 StPO nicht erfüllt sind, das Verfahren gegen diese Personen abtrennen. Dann werden allerdings auch kurze Ausführungen zum Anfangsverdacht erforderlich sein.[269]

XIV. Mitteilungen

Mitteilungspflichten dürfen zwar nicht übersehen werden, die Erörterung etwaiger Mitteilungspflichten sollte jedoch nicht das Gutachten überlasten. Wenn Sie eine Abschlussverfügung abzufertigen haben, ist es deshalb sinnvoll, sich auf die Anordnung der erforderlichen **245**

268 BGH NStZ 1987, 513.
269 Hinweise für die Aufsichtsarbeiten der Landesjustizprüfungsämter Niedersachsen und Sachsen-Anhalt.

Mitteilungen in der Abschlussverfügung zu beschränken. Das spart zudem Zeit. In der jeweiligen Verfügung können Sie Empfänger, Art und Weise sowie Grund der Mitteilung nennen und haben damit Ihrer Pflicht Genüge getan. Der Korrektor weiß damit, was Sie zu der jeweiligen Mitteilungsanordnung bewogen hat.

Ich halte es für unumgänglich, dass Sie sich die MiStra einmal konzentriert durchlesen, um dadurch ein Gespür für die Mitteilungspflichten zu bekommen. Im Examen steht Ihnen die MiStra zwar im Kommentar von Meyer-Goßner/Schmitt (Anh. 13) zur Verfügung, Sie werden aber kaum die Zeit haben, darin lange zu suchen. Dabei müssten Sie sich – streng genommen – über die Mitteilungspflichten kaum Gedanken machen. Nr. 4 II MiStra sieht vor, dass Staatsanwälte Mitteilungen nur selbst anordnen müssen, wenn dies ausdrücklich bestimmt ist oder sie sich das vorbehalten haben. Ausdrücklich ist das aber nur in wenigen Fällen bestimmt, der Vorbehalt spielt in der Klausur keine Rolle. Im Klartext heißt das, dass Sie sich in Ihrer Rolle als Staatsanwalt auf die für die Mitteilungen zuständigen Mitarbeiter (Nr. 4 III Nr. 1 MiStra) verlassen dürften. Im Übrigen machen Sie grundsätzlich nichts falsch, wenn Sie selbst die Mitteilungsanordnung treffen, weil Abs. 2 S. 2 den Staatsanwälten derartige Mitteilungsanordnungen in jedem Fall zugesteht.

246 Die für Klausuren wichtigsten Mitteilungen nach MiStra sind:

Nr. 13:	Beschuldigter steht unter Bewährung; Anklageabschrift an das die Bewährungsaufsicht führende Gericht
Nr. 15, 16:	Beschuldigter ist Beamter oder sonst im öffentlichen Dienst (Verbrechen); Anklageabschrift an den Dienstherrn als „**Vertrauliche Personalsache**"
Nr. 32:	Beschuldigter ist Jugendlicher oder Heranwachsender; Anklageabschrift an Jugendgerichtshilfe
Nr. 43:	Beschuldigter ist U-Häftling oder Strafgefangener in einem anderen Verfahren; Anklageabschrift an JVA

Gegenüber der mit den Ermittlungen befassten Polizei besteht eine Mitteilungspflicht gem. Nr. 11 MiStra über die Anklageerhebung **nicht**. In Strafverfahren mit ausländischen Beschuldigten besteht auch keine Pflicht zur Mitteilung der Anklageerhebung an das Ausländeramt, Nr. 42 MiStra.

Sind Sie in Ihrer Klausur zu dem Ergebnis gelangt, dass ein Antrag nach § 111a StPO zu stellen ist, löst das ebenfalls keine Mitteilungspflicht aus. Die Verkehrsbehörde ist erst dann zu informieren, wenn das Gericht die vorläufige Entziehung der Fahrerlaubnis tatsächlich angeordnet hat.

247 Übersehen Sie daneben nicht die sich unmittelbar **aus § 114d II 2 StPO ergebenden Mitteilungspflichten**. Nach dieser Vorschrift erhält die **JVA** eine Ausfertigung der Anklageschrift, wenn sich der Beschuldigte im selben Verfahren in U-Haft befindet. Zugleich muss der **Haft-/Ermittlungsrichter** über die Anklageerhebung informiert werden, weil mit der Anklageerhebung die Haftkontrolle von ihm auf das erkennende Gericht übergeht.

XV. Beweismittel

248 Im Hinblick auf Nr. 111 RiStBV (lesen!), sollten Sie sich im Rahmen des prozessualen Gutachtens auch mit den in der Anklage zu benennenden Beweismitteln auseinandersetzen. In vielen Klausuren wird es eine lässliche Sünde sein, diesen Abschnitt zu überspringen. Die Frage, welche Beweismittel zu benennen sind, sollte sich zwingend aus dem von Ihnen angefertigten materiellen Gutachten heraus beantworten. Alle Beweismittel, derer Sie sich für die Beweiswürdigung bedient haben, sollten auch in der Anklageschrift als Beweismittel erscheinen. Die Erörterung der zu benennenden Beweismittel im prozessualen Gutachten wäre also eine Wiederholung des materiellen Gutachtens. Dazu haben Sie im Examen meistens keine Zeit.

Sich mit den in der Anklageschrift zu benennenden Beweismitteln auseinanderzusetzen, bietet sich jedoch an, wenn es um Urkunden iSd §§ 251, 256 StPO geht, die zur Verfahrensvereinfachung verlesen werden dürfen. In derartigen Fällen werden Sie zu überlegen haben, ob der

Sachverständige oder der Zeuge persönlich zu hören ist, oder ob die Urkundenverlesung zulässig und ausreichend ist.

§ 256 I Nr. 1a StPO: Häufig sind behördliche Zeugnisse und Gutachten einzuführen. Zum Begriff der Behörde kann auf die Ihnen vorliegende Kommentierung verwiesen werden. Diese enthält eine Vielzahl von Beispielen. 249

Bei **behördlichen Zeugnissen** geht es um Tatsachenfeststellungen und Wahrnehmungen von Behördenangehörigen, die diese in *amtlicher* Eigenschaft gemacht haben. Die Behördenangehörigen wären anderenfalls als Zeugen zu vernehmen.

Behördliches Gutachten ist jede sachverständige Äußerung der Behörde. Der Behördenangehörige hätte anderenfalls in der Hauptverhandlung mündlich ein Gutachten zu erstatten. Bei behördlichen Gutachten kann die Unterscheidung von Befund- und Zusatztatsachen von Bedeutung sein. Befundtatsachen dürfen ohne Weiteres mit verlesen werden, Zusatztatsachen nur als Behördenzeugnisse, das heißt, wenn sie in amtlicher Eigenschaft festgestellt wurden.

§ 256 I Nr. 1b StPO: Daneben dürfen auch Zeugnisse und Gutachten **allgemein vereidigter Sachverständiger** verlesen werden. Der Gesetzgeber hat dabei insbesondere an Sachverständige des Kfz-Gewerbes, des Versicherungswesens und der Schriftkunde gedacht, deren Ausführungen in der Regel von Sachautorität geprägt sind. Weil im Vereidigungsverfahren die sachliche und persönliche Befähigung des Sachverständigen geprüft wird, kommt eine Ausdehnung der eine Durchbrechung des Unmittelbarkeitsgrundsatzes gestattenden Ausnahmevorschrift des § 256 I Nr. 1b StPO auf unvereidigte Sachverständige privater Labore – zB für DNA-Gutachten – nicht in Betracht, mögen die konsultierten Institute auch vielfach von Ermittlungsbehörden beauftragt und als zuverlässig bekannt sein.[270] 250

Die obigen Ausführungen zu Befund- und Zusatztatsachen gelten entsprechend.

§ 256 I Nr. 2 StPO: Auch ärztliche Atteste über Körperverletzungsfolgen dürfen verlesen werden, diese enthalten ebenfalls regelmäßig gutachterliche Äußerungen. **Die Beschränkung auf bestimmte Tatvorwürfe ist entfallen!** 251

Beachte: Bei Tateinheit zwischen Körperverletzung und einer anderen Straftat darf ein Attest also auch dann verlesen werden, wenn dadurch gleichzeitig der Schuldumfang hinsichtlich der durch dieselbe Handlung verwirklichten anderen Tat nachgewiesen werden soll.

Gleichgültig ist, ob die Atteste Täter oder Opfer betreffen. Feststellungen, die der Arzt ohne besondere Sachkunde getroffen hat (Zusatztatsachen), dürfen jedoch keinesfalls verlesen werden. Für derartige Feststellungen muss der Arzt als Zeuge vernommen werden.

§ 256 I Nr. 2 StPO verlangt für die Verlesbarkeit keine besondere Form und deshalb auch keine eigenhändige Unterschrift des Arztes. Es muss sich lediglich um eine schriftliche Erklärung ärztlicher Herkunft handeln.[271]

Die Vernehmung des Arztes und deshalb seine Benennung als Sachverständiger in der Anklageschrift wird aber weiterhin geboten sein, wenn es nicht nur um den Nachweis körperlicher Beeinträchtigungen durch erhobene Befunde geht, sondern der Arzt weitere Angaben zu Feststellungen machen kann, die er bei Gelegenheit der Untersuchung gemacht hat. **Gleiches gilt, wenn es um Rückschlüsse wie etwa auf die Ursachen einer Verletzung geht.**

§ 256 I Nr. 4 StPO: Gutachten, mit denen Sie in Klausursachverhalten häufig konfrontiert werden, sind die Gutachten der **staatlichen Blutalkoholuntersuchungsstellen**, die Auskunft über die BAK des Beschuldigten geben. Blutalkoholuntersuchungsgutachten dürfen nach § 256 I Nr. 4 StPO selbst dann durch Verlesung eingeführt werden, wenn diese nicht behördlicher Natur sind. 252

§ 256 I Nr. 5 StPO: Nach Nr. 5 dürfen nunmehr auch von den Strafverfolgungsbehörden über **Routinevorgänge** erstellte Urkunden durch Verlesung eingeführt werden. Dazu gehören 253

270 BGH NStZ 2020, 94.
271 BGHZ NStZ 2021, 507.

Protokolle und Vermerke über Durchsuchungen und Beschlagnahmen, Sicherstellungen, Spurensicherungen, Festnahmen und andere. Denn der Beamte wird als Zeuge in der Hauptverhandlung regelmäßig ohnehin nicht mehr bekunden können als das, was er in dem Protokoll bereits schriftlich niedergelegt hat. Die Verlesbarkeit hängt nicht davon ab, dass die Urkunde eigenhändig unterschrieben wurde. Es genügt, wenn die Person des Erklärenden ersichtlich ist.[272]

Dagegen dürfen Vernehmungsprotokolle und Vermerke, in denen der Inhalt einer Vernehmung wiedergegeben wird, nicht verlesen werden. Hier bleibt es bei der Regelung der §§ 251 ff. StPO.

254 Auch wenn es um unmittelbare **Erkenntnisse aus einer Telefonüberwachung** gehen sollte, müssten Sie sich Gedanken machen, auf welchem Weg Sie den Inhalt der Telefongespräche zum Gegenstand der Hauptverhandlung machen wollen. Es gibt vier Wege, die Sie abhängig von der Aufklärungspflicht wählen können:

- Während einer Telefonüberwachung werden die Telefonate zu Beweiszwecken aufgezeichnet. Die Aufnahmen können in der Hauptverhandlung angehört werden, die Speichermedien sind dann **Augenscheinsobjekte**. Das Anhören der aufgezeichneten Gespräche ist natürlich immer der sicherste Weg, Verstöße gegen § 244 II StPO auszuschließen. Im Zweifel werden Sie in der Anklageschrift also die Speichermedien als Augenscheinsobjekte benennen.
- Die ermittelnden Polizeibeamten können den Inhalt der Gespräche niedergeschrieben haben. Die Protokolle können dann in der Hauptverhandlung als **Urkunden** verlesen werden.
- Möglich ist es auch, die überwachenden Polizeibeamten zum Inhalt der Gespräche als **Zeugen** zu vernehmen.
- Handelt es sich um Telefongespräche in einer Fremdsprache, kann deren Inhalt durch ein **Sachverständigengutachten** eines Dolmetschers eingeführt werden.

255 Ein Bedarf, sich mit den zu benennenden Beweismitteln auseinanderzusetzen, besteht außerdem, wenn eine Vielzahl gleicher Beweismittel zum selben Thema zur Verfügung steht und gem. Nr. 111 I RiStBV eine Auswahl zu treffen ist.

Die Abgrenzung von Urkundenbeweis und Augenscheinsbeweis bereitet oft Schwierigkeiten und ist in der Klausur eine häufige Fehlerquelle.

Beachte: Das Verlesen von Urkunden dient der Ermittlung des gedanklichen Inhalts eines Schriftstückes. Demgegenüber kann eine Urkunde auch Gegenstand des Augenscheinsbeweises sein, wenn es nicht auf ihren Inhalt, sondern auf ihr Vorhandensein und ihre Beschaffenheit ankommt.

Was damit gemeint ist, soll ein geradezu klassischer Klausurfall verdeutlichen:

> Der Angeschuldigte ist hinreichend verdächtig, eine Urkundenfälschung in Tateinheit mit einem Betrug begangen zu haben, wobei er eine Vertragsurkunde mit einem falschen Namen unterzeichnete. Beweisgegenstand ist natürlich der schriftliche Vertrag. Dieser wird in der Hauptverhandlung als Urkunde verlesen, wenn es darum geht, sich dessen Inhalt zu erschließen und so den Betrug nachzuweisen.
> Soll dem Angeschuldigten eine Urkundenfälschung nachgewiesen werden, ist der Vertrag in Augenschein zu nehmen, um die Verfälschungsmerkmale – die falsche Unterschrift – festzustellen. Um den gedanklichen Inhalt geht es dann nicht. Das müssen Sie für die in der Anklage zu benennenden Beweismittel sauber herausarbeiten. Können Sie allerdings absehen, dass Ihnen die Zeit davonlaufen wird, ist es sicher eine lässliche Sünde, diesen Abschnitt stark zu kürzen, wenn Sie denn in der Anklage die Beweismittel richtig aufführen.

256 Tonbänder sind ebenfalls Augenscheinsobjekte, können aber auch durch die Verlesung von Niederschriften über deren Inhalt im Wege des Urkundenbeweises eingeführt werden.

272 BGH BeckRS 2018, 19088.

Hüten Sie sich aber davor, in diesem Abschnitt die Verwertbarkeit von Beweismitteln, derer Sie sich zur Begründung des hinreichenden Tatverdachts bedient haben, wieder infrage zu stellen oder sich sonst in Widerspruch zum A-Gutachten zu setzen.

XVI. Strafkammeranklage und Besetzung in der Hauptverhandlung

Auch in der Praxis wird **Nr. 113 III RiStBV** weitgehend übersehen. Wie Sie hoffentlich wissen, entscheidet die Große Strafkammer gem. § 76 II 1 GVG bei Eröffnung des Hauptverfahrens, ob sie in der Hauptverhandlung mit zwei oder drei Berufsrichtern besetzt ist. Maßstab dafür sind Umfang und Schwierigkeit der Sache. 257

Das Schwurgericht ist in der Hauptverhandlung immer mit drei Berufsrichtern besetzt, § 76 II 2 Nr. 1 GVG. Im Übrigen soll die Besetzung mit zwei Berufsrichtern die Regel darstellen.

Nach Nr. 113 RiStBV hat der Staatsanwalt bei Anklageerhebung die Hinzuziehung des dritten Berufsrichters gegebenenfalls anzuregen. Deshalb müssen Sie sich bei einer Strafkammeranklage streng genommen auch damit auseinandersetzen. Sie dürfen sich jedoch auf einen Standardsatz beschränken:

Formulierungsbeispiel:
Eine Anregung nach Nr. 113 III RiStBV ist nicht erforderlich. Weder Umfang noch Schwierigkeit gebieten gem. § 76 II 3 Nr. 3, III GVG die Hinzuziehung eines dritten Berufsrichters.

Damit werden Sie kaum etwas falsch machen. Es ist kaum vorstellbar, dass einer der Ausnahmetatbestände nach § 76 II 3 Nr. 2 und 3, III GVG in einer Klausur greifen könnte.

Bei **Schwurgerichtsanklagen** könnte es im B-Gutachten heißen:

Formulierungsbeispiel:
Weil die Anklage zum Schwurgericht erfolgt, das gem. § 76 II 3 Nr. 1 GVG die Hauptverhandlung in der Besetzung mit drei Berufsrichtern durchführen muss, kommt eine Anregung gem. Nr. 113 III RiStBV nicht in Betracht.

XVII. Zusatzaufgaben

Eher selten werden Sie sich mit Zusatzaufgaben, die meist im Bearbeitervermerk gestellt werden, beschäftigen müssen. Die denkbaren Fragestellungen sind vielfältig und werden sich sehr häufig nach einem sorgfältigen Lesen der einschlägigen Vorschriften und einem Blick in den Kommentar beantworten lassen.

So wurde in der Vergangenheit etwa die Frage gestellt, ob und wie ein Beschuldigter gegen einen vermeintlich befangenen oder ausgeschlossenen Staatsanwalt vorgehen kann. Wenn auch Einzelheiten umstritten sind, gelten die §§ 22 ff. StPO zur Ausschließung und Ablehnung von Gerichtspersonen nach hM nicht entsprechend, sodass die Prozessbeteiligten kein Recht auf Ablehnung eines ausgeschlossenen oder befangenen Staatsanwalts haben.[273] Ihnen bliebe nur, bei dessen Dienstvorgesetzten gem. § 145 I GVG auf Ersetzung zu drängen. Anfechtbar wäre jedoch allenfalls die Mitwirkung eines „ausgeschlossenen" Staatsanwalts in der späteren Hauptverhandlung, die als relativer Revisionsgrund geltend gemacht werden müsste. Es ist Aufgabe des Staatsanwalts selbst, auf seine Ablösung zu drängen, wenn seine weitere Mitwirkung mit dem Gebot eines rechtsstaatlichen Verfahrens nicht vereinbar wäre, weil er beispielsweise mit dem Beschuldigten oder Verletzten verwandt oder verschwägert ist oder bereits in anderer Funktion an dem Strafverfahren mitgewirkt hat. Die Maßstäbe für die Befangenheit von Richtern nach § 24 StPO sind auf Staatsanwälte ohnehin nicht übertragbar. Droht ein Staatsanwalt also einem Zeugen, dessen Aussage er für falsch hält, zur Herbeiführung wahrer Angaben mit der Einleitung eines Ermittlungsverfahrens, begründet das nicht dessen Befangenheit und eine sich daraus ergebende Handlungspflicht. Der Staatsanwalt führt das Verfahren fort.

273 Meyer-Goßner/Schmitt/Schmitt StPO Vor § 22 Rn. 2–7.

B. Die Abschlussverfügung

258 In der Abschlussverfügung, sofern Sie eine schreiben müssen, gilt es nun, das Ergebnis des prozessualen Gutachtens in ein praxisgerechtes Ergebnis umzusetzen. Die Abschlussverfügung muss nicht nur sprachlich bestimmt und korrekt sein, sondern sollte auch im äußeren Erscheinungsbild dem entsprechen, was dem Korrektor aus der Praxis bekannt ist.

Die Abschlussverfügung gehört vor die Anklageschrift. Achten Sie beim Ordnen Ihrer Arbeit darauf.

In der Praxis bauen die Staatsanwälte ihre Abschlussverfügungen meist zweiteilig auf, indem sie einem Einstellungsteil (Abtrennungs-, Einstellungsentscheidungen und ähnliches) einen Anklageteil folgen lassen. Getrennt werden beide Teile durch den Abschluss der Ermittlungen. Diesem Aufbau soll hier gefolgt werden. Einstellungs- und Anklageteil werden **nicht mit** entsprechenden **Überschriften** versehen!

Im Einstellungsteil würde in der Praxis in Form eines Vermerks auch mitgeteilt werden, aus welchem Grund in Betracht kommende tateinheitliche Gesetzesverletzungen nicht mit angeklagt werden. Das haben Sie dem Leser aber bereits in Ihrem A-Gutachten mitgeteilt, sodass Sie aus Zeitgründen davon absehen sollten, die Gründe dafür noch einmal in Vermerkform niederzulegen.

I. Ermittlungshandlungen

259 Lediglich wenn dem Sachverhalt noch keine Erkenntnisse über Vorstrafen der oder des Beschuldigten zu entnehmen sind, sollte die Einholung der Registerauszüge angeordnet werden.

> **Formulierungsbeispiel:**
> Auszug aus dem Bundeszentralregister bzgl. ... erfordern.

II. Verfahrenstrennung

260 Sollten Sie ausnahmsweise einmal eine Verfahrenstrennung für erforderlich halten, sollten Sie diese ebenfalls vor dem Abschluss der Ermittlungen anordnen und wie folgt formulieren:

> **Formulierungsbeispiel:**
> Das Verfahren gegen ... wird abgetrennt.
> Beglaubigte Abschrift dieser Verfügung mit Ablichtungen Bl. ... d.A. als neue Js-Sache wegen ... in Abteilung ... eintragen und vorlegen. Aktenzeichen des abgetrennten Verfahrens hier vermerken.

Eventuell sind in einem Vermerk kurze Ausführungen zum Anfangsverdacht zu machen.

III. Verfahrenseinstellung gem. § 170 II StPO

1. Einstellungsentschließung

261 Als nächstes empfiehlt es sich, gegebenenfalls erforderliche Teileinstellungen nach § 170 II StPO vorzunehmen. Zur Begründung der Einstellung kann auf den Inhalt eines nachfolgenden Einstellungsbescheides Bezug genommen werden. **Die Teileinstellung ist eine Entschließung der Staatsanwaltschaft und darf deshalb nicht im Rahmen eines Vermerks** erfolgen. Lediglich zur Begründung einer Einstellungsentscheidung dürfen Sie sich auf den Inhalt eines Bescheids oder eines Vermerks beziehen. **Bevor Sie sich an die Formulierung eines Teileinstellungsbescheids machen, lesen Sie unbedingt den Bearbeitervermerk, denn in modernen Klausuren ist diese Aufgabe häufig erlassen.**

Die Einstellung erfolgt in sprachlich eindeutiger und bestimmter Form. Es darf nicht etwa heißen „soll eingestellt werden" oder „ist einzustellen", weil das die Entschließung selbst noch nicht beinhaltet. Grundsätzlich ist bei jeder Einstellung die Vorschrift, auf der die Einstellung beruht, zu nennen.

Formulierungsbeispiel:
Das Verfahren gegen ... wegen ... wird gem. § 170 II StPO aus den Gründen des Bescheides zu Nr. ... dieser Verfügung eingestellt.

2. Einstellungsbescheid und Einstellungsnachricht

Anschließend ist der Antragsteller bzw. der Verletzte gem. §§ 171, 172 StPO zu bescheiden. 262
Bedenken Sie, dass viele Korrektoren auf diesen Teil der Abschlussverfügung großen Wert legen und dieser in älteren Klausuren vereinzelt sogar einen Schwerpunkt der Arbeit darstellte.

Ist eine Beschwerdebelehrung zu erteilen, so ist auch diese von Ihnen auszuformulieren.

Ein Einstellungsbescheid ist erforderlich, wenn Sie bezüglich einzelner prozessualer Taten

- **den hinreichenden Tatverdacht abgelehnt haben,**
- **kein öffentliches Interesse an der Verfolgung gesehen haben,**
- **gem. § 154 I StPO von der Verfolgung abgesehen wird.**

Der Inhalt des Bescheides richtet sich nach Nr. 89 RiStBV (unbedingt lesen!). Die Begründung darf sich nicht auf Floskeln beschränken, sondern muss in einer auch dem Laien verständlichen Sprache die Gründe für die Einstellung nachvollziehbar darlegen. Dies wird – abhängig vom Einzelfall – eine kurze Zusammenfassung der Beweislage und eine Darstellung der Rechtslage erforderlich machen. Von den Möglichkeiten der Verkürzung, die Nr. 89 II 3 RiStBV eröffnet, sollten Sie nur zurückhaltend Gebrauch machen.

Hinweis: Der Staatsanwalt soll den Antragsteller mit seinem Bescheid überzeugen, um Einstellungsbeschwerden zu vermeiden.

a) Adressaten

Zu bescheiden sind 263

- der **Antragsteller** gem. § 171 S. 1 StPO,
- der anzeigende **Verletzte** gem. §§ 171, 172 StPO,
- der **Beschuldigte** gem. § 170 II StPO.

Antragsteller ist jeder, der mit dem erkennbaren Willen, die Strafverfolgung zu veranlassen, 264
eine Straftat iSd § 158 StPO anzeigt.

Verletzter ist jeder, der durch die behauptete Tat unmittelbar in einem Rechtsgut verletzt 265
wäre. Hier hilft ein Blick auf das Rechtsgut, das durch die angezeigte Tat verletzt worden wäre. Der Begriff des Verletzten ist jedoch im Interesse der Sicherung des Legalitätsprinzips weit auszulegen. Der Ihnen im Examen vorliegende Kommentar enthält eine Vielzahl von Beispielen.[274]

- Der *Antragsteller* ist regelmäßig zu bescheiden. Nur in Ausnahmefällen kann davon abgesehen werden. Klausurrelevant dürfte nur der Fall des erkennbaren **Verzichts** auf die Benachrichtigung sein.
  - Dieser Verzicht kann **ausdrücklich** erklärt werden.
  - Er kann auch im **Verhalten des Antragstellers** gesehen werden. So wird in der bereits mehrfach geschilderten Konstellation, in der eine Geschädigte gegen ihren Lebensgefährten Anzeige wegen einer gegen sie gerichteten Straftat erstattet und sich anschließend auf ein Zeugnisverweigerungsrecht aufgrund Verlöbnisses beruft, in der Zeugnisverweigerung ein Verzicht auf einen Einstellungsbescheid liegen.
- Auch der *Verletzte* ist regelmäßig zu bescheiden. Die Ausnahmefälle sind bereits zum Stichwort Antragsteller genannt.
- Beim *Beschuldigten* ist zu unterscheiden:
  - Ihm ist die Einstellung des Verfahrens (sog. **Einstellungsnachricht**) mitzuteilen, wenn er Kenntnis von dem gegen ihn geführten Verfahren hat (§ 170 II StPO), was meist der Fall sein wird. Daran wird es in der Klausur jedoch fehlen, wenn Sie im Gutachten

274 Meyer-Goßner/Schmitt/Schmitt StPO § 172 Rn. 9–12.

Handlungen des Beschuldigten auf ihren strafrechtlichen Gehalt hin geprüft haben, die der Klausurverfasser als strafrechtlich irrelevant eingeschätzt hat und zu denen der Beschuldigte deshalb nicht vernommen worden ist.

- Daneben kann von seiner Benachrichtigung abgesehen werden, wenn diese wegen der Anklageerhebung im Übrigen untunlich ist. Das wird der Fall sein, wenn bei großer Nähe der prozessualen Taten die Einstellungsbenachrichtigung bei dem Beschuldigten für Verwirrung sorgen könnte. Weil Sie es in der Klausur allein mit Teileinstellungen zu tun haben werden, sollte das Absehen von der Benachrichtigung aus diesem Grund der Regelfall sein!
- Für eine Einstellungsbenachrichtigung im Rahmen der von Ihnen zu fertigenden Abschlussverfügung ist vor allem dann **kein Raum, wenn der Antragsteller als zugleich Verletzter die Möglichkeit der Einstellungsbeschwerde (§ 170 I StPO) binnen zwei Wochen hat**. Dann sollte mit der Benachrichtigung des Beschuldigten bis nach Ablauf der Beschwerdefrist gewartet werden. Das ist allerdings streitig, sodass auch die sofortige Benachrichtigung des Beschuldigten vertretbar ist. Sie sollten sich am besten an dem Brauch der Staatsanwaltschaft orientieren, bei der Sie Ihre Ausbildung erhalten haben.
- Der Beschuldigte ist aber jedenfalls zu bescheiden, wenn sich seine Unschuld positiv feststellen ließ, Nr. 88 RiStBV.

b) Inhalt eines Einstellungsbescheids

266 Der Inhalt der Bescheide an den Antragsteller und den Antragsteller, der zugleich Verletzter ist, unterscheiden sich nur durch die dem Verletzten zu erteilende Beschwerdebelehrung.

Diese Bescheide sind einschließlich Beschwerdebelehrung zu formulieren. Möglicherweise werden Sie sich an dieser Stelle angesichts fortgeschrittener Zeit die klausurtaktische Frage stellen müssen, ob Sie einen Teil der Ihnen verbliebenen Restzeit für die Formulierung eines Bescheides oder lieber für die der Anklage einsetzen. Auf die Bedeutung der Bescheide habe ich oben schon hingewiesen. Dennoch wird in aller Regel das Abfassen einer ordentlichen Anklage wichtiger sein. Die erforderliche Risikoabwägung kann Ihnen jedoch niemand abnehmen. Sie müssen sich auf Ihr Gespür und Ihre Erfahrung aus hoffentlich vielen Übungsklausuren verlassen. Geht es um die Einstellung wichtiger Verfahrenskomplexe oder gar die vollständige Einstellung der Verfahren gegen einzelne Beschuldigte und gibt es einen Verletzten mit Beschwerderecht, sollten Sie auf keinen Fall von der Formulierung eines Einstellungsbescheides absehen. Geht es um die Einstellung eher unwichtiger und am Rande liegender Verfahrenskomplexe und gibt es keinen Verletzten, sondern nur einen Antragsteller, wird das Fehlen eines vollständig ausformulierten Einstellungsbescheides weniger schwer ins Gewicht fallen.

267 Der Einstellungsbescheid beginnt mit einem Betreff und der persönlichen Anrede des Anzeigenden/Verletzten. Der weitere Inhalt kann von Bundesland zu Bundesland und Staatsanwaltschaft zu Staatsanwaltschaft differieren. Es beginnt schon mit der Frage, ob der Inhalt der Anzeige eingangs kurz zu wiederholen ist. Davon sollten Sie schon aus Zeitgründen absehen, es sei denn, die Einstellung bezieht sich nicht auf alle von dem Anzeigenden/Verletzten erhobenen Vorwürfe. Dann kann es angezeigt sein, den einzustellenden Tatvorwurf kurz zu skizzieren.

268 Mit klaren und verständlichen Worten müssen Sie dem Anzeigenden/Verletzten sodann erklären, aus welchen tatsächlichen oder rechtlichen Gründen Sie den Tatverdacht verneint haben. Dabei ist auf den Empfängerhorizont abzustellen. Machen Sie sich in Ihrer Rolle als Staatsanwalt nicht angreifbar, **schildern Sie nicht den von Ihnen festgestellten Sachverhalt**. Es geht lediglich darum, dem Empfänger mitzuteilen, welches Tatbestandsmerkmal aus welchen Gründen nicht erfüllt ist. Hat sich der Anzeigende/Verletzte eines Rechtsanwalts bedient, darf der Text juristischer klingen. Rechtsprobleme sollten Sie allerdings ebenso wenig aufwerfen wie schwierige Beweisfragen. Der Bescheid sollte auf die tragenden Gründe gestützt werden.

Den Wortlaut der an den Verletzten gerichteten Beschwerdebelehrung müssen Sie auswendig gelernt haben, um nicht in der Klausur wertvolle Zeit mit dessen Zusammenstellung zu verlieren. Haben Sie zum Ausformulieren der Beschwerdebelehrung keine Zeit mehr, bedienen Sie sich zumindest eines kleinen Kunstgriffs und ordnen sie die Übersendung eines entsprechenden Vordrucks an.

Der Bescheid an den Verletzten löst die zweiwöchige Beschwerdefrist aus und müsste deshalb eigentlich zugestellt werden. Nr. 91 II 2 RiStBV sieht eine Zustellung aber nur für den Ausnahmefall einer zu erwartenden Beschwerde vor. Gehen Sie deshalb in der Klausur vom Regelfall aus. 269

In Ihrer Abschlussverfügung könnte es also beispielhaft wie folgt heißen:

Formulierungsbeispiel:
Einstellungsbescheid an Anzeigenden Bl. ... d.A. – **formlos** –

Ihre Strafanzeige vom ... gegen ... wegen ...

Sehr geehrter Herr ...,

auf Ihre Anzeige vom ... teile ich Ihnen mit, dass ich das Strafverfahren gegen ... mangels hinreichenden Tatverdachts eingestellt habe. Der Tatbestand der Untreue (§ 266 StGB) erfordert ... Dies lässt sich dem ... nicht nachweisen, denn der ... hat sich eingelassen, ... Diese Einlassung wird durch den Inhalt des Schreibens vom ... gestützt. Ferner ...
Das Verfahren musste deshalb eingestellt werden.
Mögliche zivilrechtliche Ansprüche werden von dieser Verfahrenseinstellung nicht berührt.
Gegen diesen Bescheid können Sie binnen zwei Wochen nach Bekanntgabe Beschwerde bei dem Generalstaatsanwalt in ... einlegen. Die Frist wird durch Einlegung der Beschwerde bei der Staatsanwaltschaft ... gewahrt.

Wollen oder müssen Sie die Beschwerdebelehrung nicht ausformulieren, könnte die Verfügung wie folgt lauten: 270

Formulierungsbeispiel:
Schreiben an Anzeigenden Bl. ... d.A. mit Beschwerdebelehrung – formlos –

Ihre Strafanzeige ...

Haben Sie sich im prozessualen Gutachten dazu entschlossen, bei einem **Privatklagedelikt** iSd § 374 StPO das öffentliche Verfolgungsinteresse abzulehnen, ist das Verfahren ebenfalls nach § 170 II StPO einzustellen. Dem Verletzten wird dann allerdings keine Beschwerdebelehrung erteilt, weil er auf den Privatklageweg verwiesen werden muss. Der Einstellungsbescheid wird in den meisten Fällen sehr ähnlich klingen können:

Formulierungsbeispiel:
Einstellungsbescheid an Anzeigenden Bl. ... d.A. – formlos –

Ihre Strafanzeige vom ... gegen ... wegen ...

Sehr geehrter Herr ...,

die von Ihnen angezeigten Äußerungen des ... stellen eine Beleidigung gem. § 185 StGB dar. Die Beleidigung kann von dem Verletzten im Wege der Privatklage nach § 374 StPO verfolgt werden. Die Erhebung der öffentlichen Klage durch die Staatsanwaltschaft ist gem. § 376 StPO nur im öffentlichen Interesse zulässig. Dieses darf die Staatsanwaltschaft nur bejahen, wenn der Rechtsfrieden über den Lebenskreis des Verletzten hinaus gestört und die Strafverfolgung ein gegenwärtiges Anliegen der Allgemeinheit ist. Das ist nicht der Fall, weil die Äußerungen ihren Hintergrund in einer Grenzstreitigkeit zweier Nachbarn haben. Das Verfahren musste daher eingestellt werden.
Es bleibt Ihnen jedoch unbenommen, gegen den Beschuldigten im Wege der Privatklage vorzugehen. Die Erfolgsaussichten einer Privatklage und zivilrechtliche Ansprüche werden von dieser Einstellung nicht berührt.

Achtung: Haben Sie den angezeigten Sachverhalt sowohl aus dem Blickwinkel eines Offizialdelikts als auch eines Privatklagedelikts beleuchtet und jeweils den hinreichenden Tatverdacht aus tatsächlichen oder rechtlichen Gründen abgelehnt, ist das Klageerzwingungsverfahren zulässig, wenn für das Offizialdelikt die übrigen Voraussetzungen des § 172 StPO erfüllt sind. Dann ist eine Beschwerdebelehrung zu erteilen. 271

Anders sieht es wiederum aus, wenn bezüglich des Offizialdelikts ein hinreichender Tatverdacht fehlt, bezüglich des Privatklagedelikts jedoch nur das öffentliche Interesse verneint worden ist, der Tatverdacht im Übrigen aber besteht. **Der Verletzte/Privatkläger hat hier die Wahl zwischen Klageerzwingungsverfahren und Privatklage.**[275] Er ist auch über die Möglichkeit der Vorschaltbeschwerde zu belehren, weil das Verfahren nicht „ausschließlich" ein Privatklagedelikt zum Gegenstand hat.

c) Inhalt einer Einstellungsnachricht

272 In aller Regel wird der Beschuldigte nur formlos über die Einstellung in Kenntnis gesetzt. Eine Begründung ist also nicht erforderlich.

Formulierungsbeispiel:
Einstellungsnachricht an Beschuldigten Bl. ... d.A.

Noch einmal der Hinweis: Weit verbreitet ist die Praxis, von einer Einstellungsmitteilung an den Beschuldigten abzusehen, bis die Frist für die Vorschaltbeschwerde abgelaufen ist.

Bei einer Einstellung des Verfahrens wegen einzelner selbstständiger Tatvorwürfe gegen denselben Beschuldigten kann regelmäßig von der Benachrichtigung über eine Teileinstellung abgesehen werden, weil diese angesichts der Anklageerhebung wegen der übrigen Tatvorwürfe Verwirrung stiften könnte.

Formulierungsbeispiel:
Einstellungsnachricht an Beschuldigten untunlich, weil Anklage im Übrigen.

Eine begründete Einstellungsmitteilung ist ausnahmsweise aufgrund eines Antrags des Beschuldigten erforderlich, Nr. 88 I 1 RiStBV. Hat sich im Verfahren zudem die Unschuld des Beschuldigten herausgestellt, hat er einen Anspruch darauf, dass ihm das bescheinigt wird (s. Nr. 88 I 2 RiStBV).

Formulierungsbeispiel:
Schreiben an den Beschuldigten Bl. ... d.A.

Sehr geehrter Herr ...,

das gegen Sie wegen ... geführte Verfahren habe ich eingestellt, weil sich Ihre Unschuld mittlerweile erwiesen hat.

273 Verlieren Sie auch nicht aus dem Auge, den Beschuldigten über das **Entschädigungsverfahren** zu belehren, sollte ausnahmsweise einmal ein entschädigungspflichtiger Tatbestand nach § 2 StrEG vorliegen. Der Inhalt der nur bei ausdrücklicher Weisung im Bearbeitervermerk auszuformulierenden Belehrung ergibt sich aus § 9 I 5 StrEG. Denken Sie daran, dass der Entschädigungsantrag des Beschuldigten **fristgebunden** ist und daher die Einstellungsmitteilung samt Belehrung **förmlich zugestellt** werden muss.

Formulierungsbeispiel:
Einstellungsnachricht mit Belehrung nach § 9 StrEG an Beschuldigten Bl. ... d.A. – ZU –

274 In der Praxis wird der Staatsanwalt zudem in einem zusätzlichen Vermerk die Gründe dafür darlegen, warum er den hinreichenden Tatverdacht für sich aufdrängende Delikte, die mit einem anzuklagenden Delikt in Tateinheit stehen würden, nicht bejaht hat.[276] Diese Fragen haben Sie jedoch bereits im materiellen Gutachten eingehend erörtert. Haben Sie die Ergebnisse Ihres Gutachtens nun also in Vermerkform zu wiederholen? Die Antwort auf diese Frage wird Ihnen im Examen Ihre Uhr geben! Alles, was noch zu erledigen ist, ist wichtiger als ein derartiger Vermerk. Nur wenn Sie absolut sicher sind, mit der zur Verfügung stehenden Zeit auszukommen, machen Sie sich zur Abrundung Ihrer Klausur auch noch an diese Arbeit.

---

275 Löwe/Rosenberg/Hilger StPO § 374 Rn. 23; Meyer-Goßner/Schmitt/Schmitt StPO § 374 Rn. 3.
276 Vgl. → Rn. 258.

IV. Opportunitätsentscheidungen

Anschließend folgen die Einstellungs- und Beschränkungsentscheidungen nach den §§ 154, 154a StPO. Noch einmal: Zumindest das Absehen von der Verfolgung nach § 154 StPO darf nicht im Rahmen eines Vermerks erfolgen. In Vermerkform darf allenfalls die Begründung dieser Entscheidung niedergelegt werden. Doch ist es in der Praxis üblich, die Begründung in einem Halbsatz der Entscheidung anzufügen. Zur Begründung brauchen Sie lediglich den Gesetzeswortlaut – ergänzt um die konkreten Tatvorwürfe – zu zitieren. Im Hinblick darauf, dass eine Verfahrensbeschränkung nach § 154a StPO keine Einstellung ist und lediglich aktenkundig gemacht werden muss, mag es angehen, diese in Form eines Vermerks niederzulegen. 275

Beachten Sie, dass es bei § 154 I StPO dem Gesetzeswortlaut nach nicht um eine *„vorläufige Einstellung“* des Verfahrens geht, diese erfolgt gem. § 154 II StPO durch das Gericht. Die Staatsanwaltschaft *sieht von der Verfolgung einer Tat ab.*

Formulierungsbeispiel:
Von der Verfolgung der fahrlässigen Brandstiftung (§ 306d I StGB) … wird gem. § 154 I Nr. 1 StPO abgesehen, weil die wegen dieser Tat zu erwartende Strafe neben der für den Raub (§ 249 StGB) zu erwartenden Strafe nicht beträchtlich ins Gewicht fällt.

Sie sehen also, dass Ihnen diese Verfügung in der Klausur nicht die geringsten Schwierigkeiten bereiten sollte. 276

Denken Sie unbedingt daran, dass auch in den Fällen des Absehens von der Verfolgung gem. § 154 I StPO der Antragsteller nach § 171 S. 1 StPO zu bescheiden ist. Eine Beschwerdebelehrung wird ihm jedoch auch dann nicht erteilt, wenn er zugleich Verletzter ist, weil das Klageerzwingungsverfahren gem. § 172 II 3 StPO unzulässig ist.

Häufig sind in Klausuren die Beschränkungsentscheidungen nach § 154a StPO zu beanstanden, weil die Kandidaten sprachliche Fehler machen. Wie Sie sich erinnern werden, habe ich bereits zum prozessualen Gutachten darauf hingewiesen, dass gem. § 154a StPO nicht etwa eine Tat *„herausbeschränkt“* oder „eine *Tat beschränkt*“ wird, sondern das Verfahren ausschließlich auf die übrigen Teile einer Tat oder eine Gesetzesverletzung beschränkt werden darf.

Formulierungsbeispiel:
Das Verfahren wird gem. § 154a I Nr. 1 StPO auf den anzuklagenden Raub beschränkt. Die für die während der Bedrohung gegen den Geschädigten ausgesprochene tateinheitliche Beleidigung (§ 185 StGB) zu erwartende Strafe fällt neben der für den Raub zu erwartenden Strafe nicht ins Gewicht.

Eine derartige Formulierung müssen Sie für die Klausur parat haben, um nicht überflüssig Zeit zu verlieren. Sollte Ihnen die Zeit ohnehin schon weggelaufen sein, könnten Sie sich damit zur Not auch Ausführungen im prozessualen Gutachten ersparen, weil Sie dort kaum mehr Informationen anbieten könnten. Gegebenenfalls wären im B-Gutachten nur Ausführungen zum prozessualen Tatbegriff zu machen, damit der Leser versteht, warum Sie sich für § 154 StPO bzw. § 154a StPO entschieden haben.

V. Herausgabe beschlagnahmter oder sichergestellter Gegenstände

Vergessen Sie nicht, die Herausgabe der für das Verfahren nicht mehr bedeutsamen Gegenstände zu verfügen. Es ist ausreichend, die Rückgabe des Gegenstands an eine bestimmte Person anzuordnen. Denken Sie allerdings daran, für einen Nachweis der Rückgabe (zB Empfangsbestätigung, Einschreiben mit Rückschein) zu sorgen. 277

Formulierungsbeispiel:
Sichergestellte … (Beschreibung der Schriftstücke) an den Beschuldigten senden – Einschreiben mit Rückschein –

Zur Übersendung dieser Gegenstände gehört sicher auch ein Anschreiben, das Sie sich im Hinblick auf die Kürze der Ihnen zur Verfügung stehenden Zeit aber sparen sollten.

VI. Abschluss der Ermittlungen

278 Sodann sind gem. § 169a StPO die Ermittlungen abzuschließen. Dies gilt aber nur für den Fall, dass Anklage erhoben werden soll. Die Vorschrift müssen Sie in der Verfügung nicht nennen, das wirkt anfängerhaft. Jedoch sollten Sie sich – wie immer – möglichst eng an den Wortlaut des Gesetzes halten, das vom *Abschluss* der Ermittlungen spricht.

Formulierungsbeispiel:
Die Ermittlungen sind abgeschlossen.

Die nachfolgend dargestellte Reihenfolge der Verfügungen ist sicher nicht zwingend. **So werden in der Praxis insbesondere Einstellungen und Abtrennungen häufig noch vor dem Abschluss der Ermittlungen verfügt.** Weil das Klausurverfahren aber als ausermittelt anzusehen ist, ist das nicht zwingend.

Den Abschluss der Ermittlungen dürfen Sie nicht vergessen, weil damit das Recht des Verteidigers auf uneingeschränkte Akteneinsicht entsteht (§ 147 II StPO).

VII. Vermerke

279 In Vermerkform sollten Sie die Begründungen für etwa zu stellende Anträge niederlegen. So können Sie es vermeiden, die Anträge selbst mit Begründungen zu überlasten.

Im Rahmen eines derartigen Vermerks können Sie so einen Haftbefehls- oder Haftfortdauerantrag begründen. Auch die Begründung für einen Antrag auf vorläufige Entziehung der Fahrerlaubnis, die zu beantragende Beschlagnahme oder Freigabe könnte so geliefert werden.

Schließlich ist es in der Praxis üblich, kurz zu begründen, warum der hinreichende Verdacht für einen sonst tateinheitlich oder innerhalb derselben prozessualen Tat tatmehrheitlich begangenen Straftatbestand nicht angenommen wurde. Aus den bereits an anderer Stelle[277] genannten Gründen lassen Sie das.

Beachten Sie für die Klausur aber unbedingt: Fassen Sie sich kurz! Ob es nun um materiellrechtliche oder um prozessuale Probleme geht, Sie haben diese alle bereits in einem Gutachten erörtert. Sie sollen jetzt nur noch zeigen, dass Sie wissen, wie man diese Fragen im Rahmen einer Verfügung abarbeitet.

VIII. Prüfungssache

280 Mitunter lese ich in Abschlussverfügungen die Anordnung, das Verfahren als Prüfungssache zu notieren. Lassen Sie das! Auch wenn diese Anordnung in der Sache richtig sein mag, könnte mancher Prüfer das Gefühl haben, auf den Arm genommen zu werden.

IX. Fertigung der Anklageschrift

281 In fast keiner Klausur, die ich gelesen habe, haben die Verfügungen zur Anfertigung der Anklageschrift nebst Ablichtungen gefehlt. Dabei dürfte die Bedeutung dieser Verfügungen für die Benotung einer Klausur unwichtig sein. Trotzdem sollten Sie diese Standardverfügungen nicht vergessen.

Wenn Sie im Rahmen Ihrer Verfügung schon die Anzahl der zu fertigenden Abschriften oder neuer Mehrfertigungen genau beziffern, achten Sie darauf, dass Sie nicht weniger Ablichtungen/Mehrfertigungen fertigen lassen, als Sie für die Handakten, die Mitteilungen und die Hauptakten benötigen würden. Es muss für die Zustellung an jeden Beschuldigten und jeden

277 Vgl. → Rn. 258, 274.

Verteidiger ein Exemplar übersandt werden. Zudem ist es üblich, dem Gericht mit den Hauptakten weitere zwei oder drei Ablichtungen zu überlassen. Deren Übersendung wird jedoch nicht ausdrücklich verfügt. Ausreichend sind also folgende Verfügungen:

> **Formulierungsbeispiel:**
> Anklage nach anliegendem Entwurf in Reinschrift fertigen.
> Zwei Mehrfertigungen der Anklage sowie Mehrfertigung dieser Verfügung und Abl. Bl. ... d.A. zu den Handakten nehmen.

X. Mitteilungen

Die Formulierung der jeweiligen Verfügung sollte Ihnen keine Probleme bereiten. Aufpassen 282
müssen Sie nur bei der Form der Mitteilung. Aufschluss wird Ihnen Nr. 6 IV MiStra geben (lesen!), denn in der Klausur kann es für Sie in aller Regel nur um die Mitteilung der Anklageerhebung **durch Übersendung einer Anklageabschrift** gehen. Deshalb sei auch nur am Rande auf Nr. 6 VII MiStra (lesen!) hingewiesen, in dem es um die Mitteilung des Verfahrensausgangs bei Einstellung des Verfahrens geht.

Die Mitteilung erfolgt also durch die Übersendung einer Anklageschrift oder einer vergleichbaren Antragsschrift. Aus meiner Sicht empfiehlt es sich, die Mitteilungsanordnungen möglichst präzise auszugestalten.

> **Formulierungsbeispiel:**
> Mehrfertigung der Anklageschrift gem. Nr. 13 MiStra an AG Lübeck zu ... Ls .../03 wegen der dort laufenden Bewährungsfrist.
> Mehrfertigung der Anklageschrift gem. Nr. 15 MiStra verschlossen als „vertrauliche Personalsache" an ...
> Mehrfertigung der Anklageschrift gem. Nr. 43 MiStra an JVA ... zu Gefangenenbuch-Nr. ...

Übersehen Sie nicht, dass die Mitteilungspflicht nach Nr. 43 MiStra nur ausgelöst ist, wenn der Angeschuldigte in anderer Sache in Haft ist. Eine Mitteilungspflicht bei U-Haft in derselben Sache sieht die MiStra nicht vor. Trotzdem muss die JVA Kenntnis vom aktuellen Stand der Anschuldigungen haben und wissen, wer für Haftentscheidungen zuständig ist. Die JVA erhält deshalb eine Abschrift der Anklage. Das ergibt sich aus § 114d II 2 StPO.

Von der Anklageerhebung ist bei U-Gefangenen auch der zuständige Haftrichter beim Amtsgericht zu informieren (§ 114d II 2 StPO), weil mit der Anklageerhebung die sog. **Haftkontrolle** auf das erkennende Gericht übergeht. Anders als mitunter zu lesen, erhält der Haftrichter jedoch keine Abschrift der Anklage, sondern eine schlichte Mitteilung. Denn der Inhalt der Anklage ist für ihn uninteressant, weil seine Zuständigkeit endet.

> **Formulierungsbeispiel:**
> Mitteilung von Anklageerhebung an Haftrichter wegen des Übergangs der Haftkontrolle.

XI. Wiedervorlagefrist

Jede Abschlussverfügung hat eine Wiedervorlagefrist zu enthalten. Es lässt sich trefflich dar- 283
über streiten, ob diese Frist vor die Übersendungsverfügung oder dahinter gehört. In der Praxis werden Sie heute beides sehen. Doch die Praxis ist im Examen nicht immer ein guter Ratgeber. Während für die Station gilt, es so zu machen, wie Ihr Ausbilder es am liebsten haben möchte, sollten Sie im Examen auf die klassische Verfügungstechnik zurückgreifen. Die Gründe dafür habe ich oben bereits aufgezeigt. Klassische Verfügungstechnik bedeutet hier, dass die Frist vor die Übersendungsverfügung gehört, weil die Verfügung die Arbeitsabläufe abbilden sollte. Und auf der Geschäftsstelle wird die Frist eben notiert, bevor die Akte versandt wird. Nur am Rande sei angemerkt, dass sich die Frist nicht auf die Wiedervorlage der Hauptakten, sondern auf die der Handakten bezieht.

Zumindest außergewöhnliche Fristen sollten mit einem kleinen Zusatz versehen werden, in dem stichwortartig zu bezeichnen ist, aus welchem Grunde die Wiedervorlage erfolgen soll.

Der Staatsanwalt erleichtert sich damit die Arbeit, weil er bei Wiedervorlage der Handakte auf den ersten Blick weiß, worauf er zu achten hat.

284 Die Dauer der Wiedervorlagefrist hängt vom jeweiligen Einzelfall ab:

- Die Praxis der verschiedenen Staatsanwaltschaften ist unterschiedlich. Ist die Sache nicht besonders eilbedürftig und sind keine Fristen zu überwachen, werden Sie sicher mit einer Wiedervorlagefrist von drei Monaten nie falsch liegen. Sind Sie sich sicher, dass an „Ihrer" Staatsanwaltschaft andere Fristen verfügt werden, nehmen Sie diese.
- Anders sieht es aus, wenn die Sache eilbedürftig ist und Sie Fristen zu überwachen haben. Der wichtigste Fall ist die Vollstreckung von U-Haft. Nicht nur die Gerichte, sondern auch die Staatsanwaltschaften haben die Einhaltung der Haftprüfungsfristen zu gewährleisten. Zur Berechnung der Haftprüfungsfristen sei auf die obigen Darstellungen verwiesen. Sie haben mit der Wiedervorlagefrist also dafür Sorge zu tragen, dass die Handakten rechtzeitig vor dem nächsten Haftprüfungstermin vorgelegt werden würden. **Achten Sie bei der Berechnung der Wiedervorlagefrist darauf, dass die Bearbeitervermerke manchmal Hinweise darauf enthalten, wann die Entscheidung der Staatsanwaltschaft ergeht.** Rechtzeitig bedeutet im Übrigen nicht, dass die Handakten punktgenau zum Haftprüfungstermin vorgelegt werden, sondern so frühzeitig, dass die rechtzeitige Haftprüfung durch das jeweils zuständige Gericht noch veranlasst werden kann. Müssen die Hauptakten zur Sechsmonatsprüfung über die Staatsanwaltschaft dem Oberlandesgericht vorgelegt werden, sollten schon zwei Wochen Luft zum Haftprüfungstermin sein.
- Eine kürzere Frist kann auch erforderlich sein, wenn der Beschuldigte bei Anklageerhebung aufgrund einer Anordnung nach § 111a StPO schon längere Zeit seine Fahrerlaubnis entbehrt, sodass wegen des Zeitablaufs eine endgültige Entziehung der Fahrerlaubnis unwahrscheinlich wird. Das wird aber ein Ausnahmefall sein.

285 Regelmäßig wird die Verfügung also lauten:

> WV: 3 Monate

Zur Überwachung von Haftprüfungsfristen wird es heißen:

> WV: 5 Wochen (Haftprüfung § 121 StPO)

Noch besser ist es natürlich, in Haftsachen genaue Fristen zu setzen. Mit dem Zusatz „genau" erreicht der Staatsanwalt, dass die Handakten ihm taggenau vorgelegt werden.

> **Formulierungsbeispiel:**
> WV: am 6.6.2024 genau

Teilweise ist es üblich, keine Wochen- und Monatsfristen zu setzen, sondern die Wiedervorlage grundsätzlich taggenau zu bestimmen. Ferner wird regional gefordert, die Wiedervorlageanordnung mit einem Hinweis darauf zu versehen, dass es sich um eine Frist für die Wiedervorlage der Handakte handelt. Haben Sie das während ihrer Ausbildung so gelernt, sollten Sie davon in der Examensklausur nicht abweichen.

XII. Übersendungsverfügung

286 Auf die Frist folgt die sog. Übersendungsverfügung, die mit dem berühmten „**U.m.A.**" beginnt, was bekanntlich „Urschriftlich mit Akten" heißt und bedeutet, dass die Verfahrensakten mit dem Original der Verfügung an den genannten Empfänger übersandt werden. Einer Erweiterung bedarf dieser Teil der Verfügung nur, wenn Gegenstände mit übersandt werden, die nicht Bestandteil der Hauptakten geworden sind. Wichtigster Fall ist die Übersendung von Asservaten, die auf diese Weise ausdrücklich verfügt werden muss. In der Praxis wird es daneben häufig um die Übersendung von Beiakten gehen.

Einzelne Urkunden, die als Beweismittel in Betracht kommen, müssen nicht ausdrücklich mit übersandt werden, weil Sie in der Praxis fast ausnahmslos – oft in Hüllen – zur Akte selbst genommen werden. In Ihrer Klausurakte sind Urkunden ebenfalls immer Aktenbestandteile. Das gilt auch für sichergestellte oder beschlagnahmte Führerscheine, die sich ebenfalls regelmäßig in der Akte befinden.

Sie sollten das zu übersendende Asservat im Übrigen so genau wie möglich bezeichnen und sich nicht auf die zu unbestimmte Bezeichnung als Asservat beschränken.

Formulierungsbeispiel:
U.m.A. mit einem Gasrevolver ... und 3 Bänden Beiakten (720 Js ...)

Daran schließt sich der Adressat Ihrer Übersendungsverfügung an. In einer Anklageklausur können die Akten entweder an das Amtsgericht oder das Landgericht und dort an den Vorsitzenden des zuständigen Spruchkörpers gehen. Hier kommen der „**Strafrichter**", der „**Vorsitzende des Schöffengerichts**" oder der „**Vorsitzende der Großen Strafkammer**" in Betracht. Wird dem Angeschuldigten eine Katalogtat nach § 74 II GVG vorgeworfen, ist die Verfügung an den „**Vorsitzenden des Schwurgerichts**" zu richten.

In der Praxis werden die Akten oft dem „Schöffengericht" oder der „Großen Strafkammer" 287
übersandt. Natürlich kommen diese Akten ebenfalls beim richtigen Empfänger an. Doch streng genommen sind diese Bezeichnungen nicht richtig. Denn das Schöffengericht existiert als solches zum Zeitpunkt der Anklageerhebung als Spruchkörper nicht. Schöffen wirken lediglich in der Hauptverhandlung mit. Außerhalb der Hauptverhandlung gibt es in entscheidender Funktion nur den Vorsitzenden des Schöffengerichts.

Etwas anders sieht die Begründung bei der großen Strafkammer aus. Diese gibt es zwar auch außerhalb der Hauptverhandlung, weil ihr drei Berufsrichter angehören, die außerhalb der Hauptverhandlung auch in dieser Besetzung entscheiden. Der Vorsitzende bekommt die Akte allerdings vorgelegt und veranlasst alle nötigen Schritte wie etwa die Zustellung der Anklage. Sind Entscheidungen vorzubereiten, verfügt er die Akten gegebenenfalls an den sog. Berichterstatter.

Wieder gilt: Viele Prüfer mögen die ungenaue Adressierung akzeptieren, keinesfalls werden das alle tun. Also orientieren Sie sich an dem, was für alle akzeptabel ist und das ist die Verfügung an den Vorsitzenden. Diese kann man **geschlechtsneutral mit „Vors." abkürzen.**

Es sollte also heißen:

U.m.A.
dem Amtsgericht ...
– Vors. des Schöffengerichts –

(oder:)

U.m.A.
dem Landgericht
– Vors. der Großen Strafkammer –

Häufig wird es ausreichen, auf den in der Anklage gestellten Antrag, das Hauptverfahren zu 288
eröffnen oder gegebenenfalls die Anträge – das Hauptverfahren zu eröffnen und zusätzlich Haftfortfortdauer anzuordnen – Bezug zu nehmen. Diese sind nicht zu wiederholen. Die vollständige Verfügung lautet dann:

U.m.A.
dem Amtsgericht
– Vors. des Schöffengerichts –

unter Bezugnahme auf den in der Anklageschrift gestellten Antrag übersandt.

Natürlich sind in der Übersendungsverfügung mitunter auch Anträge zu formulieren. In Be- 289
tracht kommen an dieser Stelle die Anträge,

- einen Haftbefehl zu erlassen,
- dem Angeschuldigten einen Pflichtverteidiger zu bestellen,
- dem Angeschuldigten die Fahrerlaubnis vorläufig zu entziehen,
- einen Verletzten als Nebenkläger zuzulassen,
- einen Gegenstand zu beschlagnahmen,

- die Herausgabe eines Gegenstandes an den Verletzten anzuordnen
- und andere, über die vor der Eröffnung zu entscheiden ist.

290 Mit Bedacht habe ich den Antrag, die Fortdauer der Untersuchungshaft anzuordnen, bislang nicht genannt, denn dieser gehört an das Ende der Anklageschrift. Das Gericht soll nämlich über die Fortdauer der Untersuchungshaft gem. **§ 207 IV StPO** gemeinsam mit der Eröffnung des Hauptverfahrens entscheiden. Entsprechendes gilt wegen § 76 II 1 GVG für den Antrag gem. **Nr. 113 III RiStBV**. Alle anderen Anträge – auch der auf Erlass eines Haftbefehls – sollen vorab beschieden werden und gehören deshalb in die Abschlussverfügung.

Achtung: In der Praxis sieht man mittlerweile häufig, dass nicht mehr sauber zwischen den Anträgen, die in der Anklage zu stellen sind, und denen, die in die Abschlussverfügung gehören, unterschieden wird. Am Ergebnis ändert das natürlich nichts, es wird nur nicht jeden Korrektor zufrieden stellen.
Für die Ausbildung in der Station gilt wiederum, dass Sie den Wünschen Ihres Ausbilders entsprechen.

Um die Übersendungsverfügung nicht zu überlasten, sollten Sie umfangreichere Begründungen (etwa für einen Haftbefehlsantrag, einen Antrag nach § 111a StPO oder einen Beschlagnahmeantrag) Ihrer Anträge zuvor in Vermerken niedergelegt haben und auf diese abschließend nur noch Bezug nehmen. Für Anträge auf Pflichtverteidigerbestellung oder Zulassung als Nebenkläger reicht es aus, die jeweils einschlägige Norm zu nennen.

Eine vollständige Übersendungsverfügung könnte also die folgenden Anträge enthalten:

U.m.A. und sichergestelltem Gasrevolver
dem Amtsgericht
– Vors. des Schöffengerichts –

unter Bezugnahme auf den in der Anklage gestellten Antrag und mit den weiteren Anträgen übersandt,
den Angeschuldigten jeweils einen Pflichtverteidiger gem. § 140 I Nr. 2 StPO zu bestellen,
gegen den Angeschuldigten H ... aus den Gründen des Vermerks zu 5. und nach Maßgabe des Anklagesatzes einen Haftbefehl zu erlassen,
den Haftbefehl des Amtsgerichts ... vom ... aufzuheben und aus den Gründen des Vermerks zu 5. und nach Maßgabe des Anklagesatzes einen neuen Haftbefehl zu erlassen,
dem Angeschuldigten T ... gem. § 111a StPO aus den Gründen des Vermerks zu 6. die Fahrerlaubnis vorläufig zu entziehen,
die Geschädigte M ... auf Ihre Anschlusserklärung vom ... Bl. ... d.A. gem. § 395 I Nr. 2 StPO als Nebenklägerin zuzulassen,
gem. § 111b I StPO die Beschlagnahme ... anzuordnen.

XIII. Unterschrift

291 Eine Übersendungsverfügung muss vom Staatsanwalt unterschrieben werden. Unterschreiben Sie diese aber keinesfalls mit Ihrem eigenen Namen und gar noch dem Zusatz Staatsanwalt. Die Examensklausur darf keinen Hinweis auf die Identität des Verfassers enthalten.

In der Klausur sollte es schlicht heißen:

Ort, Datum
Staatsanwaltschaft ...
Unterschrift
Staatsanwalt

C. Die Anklageschrift

Nirgendwo in Ihrer Klausur wird sich der Anspruch, eine praxisgerechte Lösung zu schaffen, so weit von der Wirklichkeit lösen, wie in der Anklageschrift. Denn vieles, was Sie vielleicht von Ihrem Ausbilder in der Station gelernt haben, sollten Sie für die Formulierung einer Klausuranklage wieder vergessen. Manche Formulierungen, die aufgrund des hohen Belastungsdrucks in der deshalb großzügigen Praxis üblich sind, entsprechen nicht dem klassischen Anklagestil. Mag mancher Korrektor auch großzügig sein, weil Sie vielleicht die Formulierung getroffen haben, die er selbst in der Praxis wählt, müssen Sie doch damit rechnen, auf Korrektoren zu stoßen, die es noch anders gelernt haben und viel kleinlicher an Ihre Arbeit herangehen. Während für die Ausbildung in der Station also noch gilt, dass Sie alles so machen sollten, wie Ihr Ausbilder es wünscht, heißt es in der Klausur, den Weg des geringsten Widerstandes zu gehen. Das ist der klassische Anklagestil, der jedem Anspruch gerecht wird. Ich werde Sie im Folgenden immer wieder auf die sich daraus ergebenden Tücken hinweisen. 292

Der Inhalt einer Anklageschrift ist entscheidend – er ist aber nicht alles. Das Auge des Praktikers erwartet die ihm vertraute äußere Form und ist schnell verwirrt, wenn es auf eine Anklageschrift im Fließtext ohne jede Struktur stößt. Auch die Anklageschrift in der Examensklausur sollte äußerlich also etwa das Aussehen einer echten Anklageschrift haben. Nur dann kann diese § 200 I StPO und Nr. 110 I RiStBV entsprechen, der neben Verständlichkeit auch Klarheit und Übersichtlichkeit fordert. Das bedeutet für Sie keinerlei Mehrarbeit. Beginnen Sie die Anklageschrift bitte auch auf einem neuen Blatt.

An den Inhalt der von Ihnen zu fertigenden Anklageschrift werden von Bundesland zu Bundesland andere Anforderungen gestellt. Dabei ist zu unterscheiden zwischen einem **„norddeutschen“**[278] und einem **„süddeutschen“**[279] **Anklagetyp**, deren wesentliches Unterscheidungsmerkmal die Reihenfolge von Abstraktum, das im norddeutschen Anklagetyp vorangeht, und Konkretisierung, die im süddeutschen Anklagetyp voranzustellen ist, im Anklagesatz ist. Im Detail gibt es auch innerhalb der jeweiligen Anklagetypen regional so viele Besonderheiten, dass nicht auf alle eingegangen werden kann, weil das den Rahmen dieses Buches sprengen würde.

Gleich, ob im Anklagesatz das Abstraktum vor der Konkretisierung genannt wird oder ob das anders herum oder sogar abschichtend geschieht:

Maßstab sind § 200 I StPO und Nr. 110 RiStBV, sodass die Anforderungen an die wesentlichen Teile der Anklageschrift dieselben sind.

Sowohl § 200 I StPO als auch Nr. 110 RiStBV bezeichnen den Tatverdächtigen im Zusammenhang mit der Anklageschrift bereits als **Angeschuldigten**. Diese Bezeichnung ist deshalb für Sie jedenfalls dann Pflicht, wenn Sie sich nicht absolut sicher sind, dass es in Ihrem Bundesland **Beschuldigter** heißen soll.

Die folgende Darstellung orientiert sich zunächst an der norddeutschen Praxis, bevor in einem weiteren Abschnitt auf Besonderheiten der süddeutschen Praxis eingegangen wird.

I. Rubrum

Die anklagende Staatsanwaltschaft und das Aktenzeichen der Staatsanwaltschaft gehören nach oben links, Ort und Datum der Anklageerhebung rechts daneben. 293

Formulierungsbeispiel:
Staatsanwaltschaft bei dem Landgericht … …, 1. November 2024
… Js …/…

278 Diese ist mit Unterschieden im Detail in Schleswig-Holstein, Hamburg, Bremen, Niedersachsen, Mecklenburg-Vorpommern, Nordrhein-Westfalen, Hessen, Rheinland-Pfalz, Berlin, Brandenburg und Sachsen-Anhalt gebräuchlich.

279 In der süddeutschen Form werden – ebenfalls mit Unterschieden im Detail – Anklageschriften in Sachsen, Thüringen, Baden-Württemberg und im Saarland verfasst.

In vielen Bundesländern gehört auf die linke Seite unter das Aktenzeichen der Adressat, während andere darauf verzichten, weil die Anklageschrift durch die Übersendungsverfügung ausreichend adressiert ist. Adressat ist in der Klausur entweder das Amts- oder das Landgericht. Abweichend von der Übersendungsverfügung ist die Kammeranklage aber nicht an den Vorsitzenden zu richten, sondern an die Kammer,[280] die über die Eröffnung zu entscheiden hat. Anders als das Schöffengericht, das als Kollegialgericht nur in der Hauptverhandlung existiert, ist die große Strafkammer auch außerhalb der Hauptverhandlung als Kollegialgericht mit drei Berufsrichtern besetzt. Wenn verschiedentlich vertreten wird, die Anklage sei nur an die „Strafkammer" zu richten, weil es eine große Strafkammer nur in der Hauptverhandlung gebe, wenn die Schöffen mitwirkten, ist dies im Hinblick auf § 76 I und II GVG unzutreffend. Aus Abs. 2 dieser Vorschrift ergibt sich sogar ausdrücklich, dass die Eröffnungsentscheidung durch die „große Strafkammer" ergeht. Sprechen Sie im prozessualen Gutachten und in der Anklage nur von der Strafkammer, wird der Korrektor vielleicht sogar glauben, das sei nur geschehen, weil Sie die Zuständigkeiten der großen und kleinen Strafkammern nicht zu unterscheiden wissen.

Haben Sie in Ihrer Ausbildungsstaatsanwaltschaft gelernt, eine Anklageschrift enthalte keinen Adressaten, bleiben Sie bitte bei dieser Praxis. Auch die Praxis, eine Anklageschrift schlicht an die „Strafabteilung" eines Amts- oder Landgerichts zu adressieren, behalten Sie unbedingt bei.

294 Wird dem Angeschuldigten eine Katalogtat nach § 74 II GVG vorgeworfen, ist die Anklage an das **Schwurgericht** zu richten.

Formulierungsbeispiel:
An das
Landgericht …
– Große Strafkammer –

(oder:)

An das
Amtsgericht
– Vors. des Schöffengerichts[281] –

295 Keinesfalls vergessen dürfen Sie die Hinweise auf den Vollzug von Haft und den noch anstehenden Haftprüfungstermin, die rechts oben auf die erste Seite gehören.

Formulierungsbeispiel:

Haft!
Haftprüfungstermin gem. § 121 StPO: 13.12.2024

296 Werden mehrere Angeschuldigte angeklagt, die sich seit unterschiedlichen Zeitpunkten in U-Haft befinden, sind die Haftprüfungstermine jeweils gesondert zu nennen. Auf einen anstehenden Haftprüfungstermin wird teilweise auch erst im Anschluss an die Angaben zu laufenden Freiheitsentziehungen[282] hingewiesen.

Nach der Überschrift „Anklage", besser sollte es „**Anklageschrift**" heißen, folgen die Personalien des oder der Angeschuldigten. Zu diesen gehören Name, Vorname, Geburtsname, Geburtstag, Geburtsort, Anschrift, Beruf, Familienstand und Nationalität (Nr. 110 II b RiStBV). Der Beruf wird meistens vor den Namen gestellt. Natürlich verbieten sich „Berufsbezeichnungen" wie „Einbrecher" oder „Dieb". Auch Bezeichnungen wie „Zuhälter" oder „Prostituierte" sollten vermieden werden, im Zweifel wird der oder die Angeschuldigte einen anderen Beruf genannt haben.

Formulierungsbeispiel:
Der Kraftfahrer Ralf Müller, geboren am 30.9.1963 in Hannover, wohnhaft … Hannover, Meierstraße 1, ledig, deutscher Staatsangehöriger,
…

280 Anders Meyer-Goßner/Schmitt/Meyer-Goßner StPO § 200 Rn. 3: an den Vorsitzenden.
281 Wie hier für Schöffengerichtsanklage: Meyer-Goßner/Schmitt/Schmitt StPO § 200 Rn. 3.
282 Vgl. → Rn. 298.

Sind mehrere Angeschuldigte anzuklagen, sollte der älteste zuerst genannt werden, weil sich in den meisten Geschäftsverteilungsplänen der Gerichte die Zuständigkeit in Strafsachen nach dem ersten Buchstaben des Nachnamens des ältesten Angeschuldigten richtet. Die Angeschuldigten werden meistens mit Nummern untereinander angeordnet, die Nummerierung ist allerdings nicht zwingend. Sollte ein Angeschuldigter Jugendlicher oder Heranwachsender sein, wäre dieser zuerst zu nennen, weil durch ihn die Zuständigkeit des Jugendgerichts begründet wird. Bei Minderjährigen sind die Erziehungsberechtigten zu nennen.

Angaben zu Vorstrafen im Rubrum der Anklageschrift sieht die RiStBV nicht vor, diese gehören in das wesentliche Ergebnis der Ermittlungen. Nur wenn es in Ihrem Bundesland üblich ist, an dieser Stelle auf Vorstrafen oder gar einschlägige Vorstrafen einzugehen, sollten Sie das tun.

An die Personalien schließen sich die Angaben zur Untersuchungshaft (Nr. 110 IV RiStBV) 297
an, wenn sich der Angeschuldigte bereits in Untersuchungshaft befindet. Gleiches gilt, wenn er vom Vollzug der U-Haft verschont ist oder ein Haftbefehl wieder aufgehoben wurde.

Formulierungsbeispiel:
in dieser Sache seit dem 13.6.2024 aufgrund des Haftbefehls des Amtsgerichts ... vom gleichen Tage in Untersuchungshaft in der JVA ...

Derartige Angaben sind auch erforderlich, wenn sich der Angeschuldigte in der vorläufigen Unterbringung oder sich in anderer Sache in U-Haft bzw. Strafhaft befindet. Diese Fälle sind jedoch wenig klausurrelevant.

Von großer Bedeutung ist indes die Frage, ob das Datum der **vorläufigen Festnahme** vor Er- 298
lass eines Haftbefehls mitgeteilt werden muss. **Das Datum der vorläufigen Festnahme nicht zu nennen, weil es für die Berechnung der Haftprüfungsfrist ohne Bedeutung ist, dürfte unzutreffend sein.** Denn auch U-Haft und Strafhaft in anderer Sache sind für die Haftprüfungsfristen meist irrelevant. Dennoch fordert Nr. 110 IV RiStBV, dass neben den Daten der Untersuchungshaft auch die Daten anderer Freiheitsentziehung zu nennen sind. Zudem ist im Rahmen der Anrechnung nach § 51 StGB völlig unstreitig, dass zum Merkmal Freiheitsentziehung auch die vorläufige Festnahme nach § 127 StPO gehört. Damit muss es heißen:

Formulierungsbeispiel:
in dieser Sache am 12.6.2024 vorläufig festgenommen und seit dem 13.6.2024 aufgrund des Haftbefehls des Amtsgerichts ... vom gleichen Tage in Untersuchungshaft in der JVA ...

Danach ist der Verteidiger zu nennen, wenn der Angeschuldigte bereits einen Verteidiger hat. 299
Der Verteidiger ist so genau wie möglich zu bezeichnen. Die Unterscheidung zwischen Wahl- und Pflichtverteidiger ist nach Nr. 110 RiStBV nicht erforderlich und auch nicht üblich.

Formulierungsbeispiel:
Verteidiger: Rechtsanwalt H. ..., 23... Lübeck, ...straße 1

Richtet sich die Anklage gegen mehrere Angeschuldigte mit jeweils einem oder mehreren Verteidigern, sind diese dem jeweiligen Angeschuldigten eindeutig zuzuordnen. Teilweise werden daneben auch Fundstellenangaben zur Vollmacht oder zur Beiordnung gefordert.

II. Anklagesatz

Es folgt der sog. Anklagesatz. **Die inhaltlichen Anforderungen an diesen ergeben sich aus** 300
§ 200 StPO und ergänzend aus Nr. 110 II c RiStBV.

Der Anklagesatz mit den gesetzlichen Merkmalen der Straftaten und der Konkretisierung gehört zu den Hauptfehlerquellen. Damit Ihnen die Darstellung des Anklagesatzes gelingt, sollten Sie sich immer wieder an Aufgaben und Funktionen einer Anklageschrift orientieren.

Hinweis: Die Anklage soll den Angeschuldigten in klaren und verständlichen Worten über die gegen ihn erhobenen Vorwürfe informieren (**Informationsfunktion**) und zugleich den Prozessstoff festlegen (**Umgrenzungsfunktion**).

Regionale Unterschiede und örtliche Gewohnheiten beim Abfassen der Anklageschrift, die nicht alle im Rahmen dieser Ausführungen erörtert werden können, sind vom Gesetz her nicht zu beanstanden[283] und sollten im Rahmen Ihrer Ausbildung und Examensklausuren unbedingt von Ihnen berücksichtigt werden.

301 Der Anklagesatz wird – abhängig vom jeweiligen Bundesland – mit den Worten

> wird angeklagt,
>
> (oder:)
>
> klage ich an, ...

eingeleitet. Teilweise soll es auch **„angeschuldigt"** heißen.

302 Am einfachsten ist es, den nach Nr. 110 II e, 101a III RiStBV erforderlichen Hinweis auf Verfolgungsbeschränkungen gleich an dieser Stelle unterzubringen. Diesen Hinweis können Sie auch nach den angewendeten Vorschriften geben, er darf nur nicht vergessen werden. So könnte es dann heißen:

> wird – unter Beschränkung gem. § 154a StPO – angeklagt, ...

303 Es folgen die Angaben zu Tatzeit und Tatort. Hier muss, insbesondere bei einer Vielzahl von Taten und verschiedenen Orten, nicht jeder Tatort einzeln genannt werden. Es genügt, den Tatort zu nennen, der die örtliche Zuständigkeit des Gerichts (wenn Sie denn darauf die Zuständigkeit stützen) begründet. Im Übrigen sind Sie bei der Formulierung sehr frei. Auch muss nicht jede Tatzeit genau genannt sein, es ist ausreichend, den Tatzeitraum zu umreißen. Dabei können Sie umso großzügiger vorgehen, je mehr Taten Sie anklagen. Bei nur einer Tat sollte es ganz präzise heißen:

> am 12. Juni 2024
> in Lübeck

Dagegen kann es bei einer Vielzahl von Taten angebracht sein, wie folgt zu formulieren:

> in der Zeit vom ... bis zum ... in Lübeck und andernorts
>
> (oder:)
>
> in den Monaten Juli, August und Dezember 2024 in Lübeck, Hamburg und Bremen

Ob zuerst die **Tatzeit oder zuerst der Tatort** zu nennen ist, mag heftig umstritten sein, in der Sache ist es ohne Bedeutung. Orientieren Sie sich an dem, was Sie gelernt haben. § 200 I StPO und Nr. 110 II c RiStBV sprechen jedenfalls von „Zeit und Ort".

304 Anschließend sollte die Anzahl der jeweils selbstständigen Handlungen (hier geht es um Tatmehrheit und nicht etwa um den prozessualen Tatbegriff) eines jeden Angeschuldigten genannt werden. Ausnahmen sind aus Gründen der Verständlichkeit jedoch zulässig. Gehen Sie beim Zählen gewissenhaft vor, denn die Zahlen müssen sich mit dem Ergebnis Ihres Gutachtens unter Berücksichtigung der Einstellungen nach § 154 StPO decken. Immer wieder kommt es in Klausuren hier zu leicht vermeidbaren Fehlern.

> **Formulierungsbeispiel:**
> durch drei selbstständige Handlungen

Die Anzahl der selbstständigen Handlungen muss gegebenenfalls für jeden von mehreren Angeschuldigten getrennt genannt werden. Auf gar keinen Fallen dürfen Sie die aufsummierte Anzahl der selbstständigen Handlungen aller Angeschuldigten nennen!

> **Formulierungsbeispiel:**
> der Angeschuldigte M ... durch drei selbstständige Handlungen,
> der Angeschuldigte D ... durch zwei selbstständige Handlungen

283 Löwe/Rosenberg/Stuckenberg StPO § 200 Rn. 8.

(oder:)

die Angeschuldigten durch jeweils vier selbstständige Handlungen

Aus Gründen der Übersichtlichkeit kann es bei mehreren Angeschuldigten auch angebracht sein, die Anzahl der selbstständigen Handlungen erst vor den dem jeweiligen Angeschuldigten vorgeworfenen Straftatbeständen zu nennen.

Teilweise ist es auch üblich, nicht von selbstständigen Handlungen, sondern schlicht von Straftaten zu sprechen.

Formulierungsbeispiel:
der Angeschuldigte durch ... **Straftaten**

Auch wird teilweise nicht von *selbstständigen* Handlungen sondern von *tatmehrheitlichen* Handlungen gesprochen.

1. Gesetzliche Merkmale der Tat

Im Abschnitt „gesetzliche Merkmale der Straftat“ (Abstraktum) sind alle gesetzlichen Merkmale zu nennen, die erforderlich sind, damit das Gericht im Falle des Erwiesenseins der erhobenen Vorwürfe den Angeschuldigten ohne weitere rechtliche Hinweise nach § 265 StPO verurteilen könnte. 305

Gleichgültig, ob Sie den eher in Norddeutschland gebräuchlichen Aufbau beginnend mit dem abstrakten Gesetzestext oder den eher in Süddeutschland gebräuchlichen Aufbau beginnend mit der Konkretisierung gelernt haben, bleiben Sie dabei. Die nachfolgenden Hinweise zum Inhalt der jeweiligen Abschnitte der Anklageschrift gelten wegen § 200 StPO für jede Art der Darstellung.

a) Ein Angeschuldigter/ein Straftatbestand

Zu den gesetzlichen Merkmalen der Tat gehören zunächst einmal die objektiven und subjektiven Tatbestandsmerkmale des jeweils verwirklichten Straftatbestandes. Dabei sind die Worte des Gesetzes zu wählen. Wird dem Angeschuldigten ein Diebstahl gem. § 242 StGB vorgeworfen, heißt es: 306

Formulierungsbeispiel:
... eine fremde bewegliche Sache einem anderen in der Absicht weggenommen zu haben, sich die Sache rechtswidrig zuzueignen ...

Es dürfen jeweils nur die Tatbestandsmerkmale aufgeführt werden, die Sie in Ihrem Gutachten auch tatsächlich bejaht haben.

Achtung: Enthält ein Tatbestand mehrere Alternativen oder Modalitäten dürfen diese nicht etwa alternativ mit einem „oder“ verbunden werden. Das Wort „oder“ ist einzig und allein der Wahlfeststellung vorbehalten. Wollte der Angeschuldigte in dem obigen Beispiel die Sache für sich behalten, darf es auf gar keinen Fall heißen: „... sich *oder* einem Dritten ...“. Das wird in Klausuren häufig falsch gemacht. Werden die verschiedenen Alternativen oder Modalitäten dagegen kumulativ verwirklicht, sind diese auch kumulativ aufzuführen.

Sind Sie in Ihrem Gutachten zu dem Ergebnis gekommen, dass der Angeschuldigte einen selbstständigen Qualifikationstatbestand erfüllt hat, so sind neben den Merkmalen des Grunddelikts auch dessen Merkmale so genau wie möglich zu bezeichnen. 307

Formulierungsbeispiel:
... eine fremde bewegliche Sache einem anderen in der Absicht weggenommen zu haben, sich die Sache rechtswidrig zuzueignen und dabei ein gefährliches Werkzeug bei sich geführt zu haben ...

Hier hätte es also nicht verkürzt heißen dürfen: „*einen Diebstahl begangen* und dabei ...“. Das Merkmal „anderes“ sollte weggelassen werden, weil dem nicht juristisch vorgebildeten Leser die Formulierung „anderes gefährliches Werkzeug“ ohne Bezug auf die Waffe nicht verständlich wäre. Dann müssten Sie nämlich vollständig formulieren: „... *anderes gefährliches Werkzeug als eine Waffe* ...“. Die „vereinfachte Form“ ist nach Nr. 110 II c RiStBV zulässig.

Ein typischer Klausurtatbestand ist auch § 315b I Nr. 3 StGB, der häufig wie folgt zitiert wird: „... *er einen ähnlichen, ebenso gefährlichen Eingriff vorgenommen ...*“. Das klingt so isoliert nicht nur merkwürdig, sondern ist auch unvollständig. Vollständig muss es heißen:

> ... einen dem Hindernisbereiten ähnlichen, ebenso gefährlichen Eingriff vorgenommen ...

Wiederum ist nach Nr. 110 II c RiStBV auch die vereinfachte Form zulässig.

> **Formulierungsbeispiel:**
> ... einen gefährlichen Eingriff vorgenommen ...

308 **Ein geradezu klassischer und zugleich schwerwiegender Fehler ist es, die Schuldform nicht mitzuteilen,** wenn das Gesetz sowohl die vorsätzliche als auch die fahrlässige Begehung unter Strafe stellt. Beispielhaft seien hier die §§ 223 und 229, 316 I und 316 II sowie 315c I und 315c III StGB genannt.

> **Formulierungsbeispiel:**
> ... **vorsätzlich** eine andere Person körperlich misshandelt zu haben ...
>
> (oder:)
>
> ... **fahrlässig** im Verkehr ein Fahrzeug geführt zu haben, obwohl ...

309 In diesem Zusammenhang bergen die §§ 315 ff. StGB eine besondere Fehlerquelle, weil sie bezüglich Tathandlung und Taterfolg verschiedene Kombinationen beider Schuldformen zulassen. Die Kombination muss in der Anklage zum Ausdruck kommen.

> **Formulierungsbeispiel:**
> ... **vorsätzlich** im Straßenverkehr ein Fahrzeug geführt zu haben, obwohl er infolge des Genusses alkoholischer Getränke nicht in der Lage war, das Fahrzeug sicher zu führen und dadurch **fahrlässig den** Leib eines anderen Menschen ...

Ich habe in dem obigen Beispiel den Artikel „den“ hervorgehoben, weil dieser in Klausuren häufig fehlt. Es ist dann davon die Rede, dass der Angeschuldigte „fahrlässig Leib eines anderen Menschen“ gefährdet habe. Es muss Ihnen beim Niederschreiben der Klausur einfach auffallen, dass das nicht richtig sein kann. Zu diesen sprachlichen Ungeschicklichkeiten kommt es auch bei anderen Tatbeständen, wenn sich die Tathandlung entweder gegen **den** Leib oder **das** Leben des Geschädigten richtet (etwa §§ 240, 249 StGB).

> **Achtung:** Der äußerst klausurrelevante § 315b I, III iVm § 315 III StGB stellt einen Verbrechenstatbestand dar, der Vorsatz des Täters sowohl hinsichtlich der Tathandlung als auch hinsichtlich des Taterfolgs erfordert. Damit entfällt in dieser Ausnahmekonstellation des § 315b StGB die Verpflichtung, die Schuldform zu nennen.

310 Zu den gesetzlichen Merkmalen gehören aber nicht nur die Tatbestandsmerkmale, sondern auch die Täterschaftsformen, die verschiedenen Teilnahmeformen und der Versuch.

Die **Mittäterschaft** wird durch die Worte *„gemeinschaftlich mit“* kenntlich gemacht. Hat der Angeschuldigte als mittelbarer Täter gehandelt, wird ihm die Tatbegehung *„durch einen anderen“* vorgeworfen. Beim **Unterlassungstäter** ist es aus Gründen der Verständlichkeit nicht erforderlich, den gesamten Wortlaut des § 13 StGB (Nr. 110 II c RiStBV: „in vereinfachter Form“) zu zitieren. Sie sollten sich vielmehr auf die Worte *„durch Unterlassen“* beschränken.

> **Formulierungsbeispiele:**
> ... **durch einen anderen** eine fremde bewegliche Sache einem anderen ...
> ... vorsätzlich **durch Unterlassen** einen anderen Menschen an der Gesundheit ...

311 Die Praxis bei **Anstiftung und Beihilfe** ist sehr unterschiedlich. Überwiegend wird gefordert, dass beide Teilnahmeformen jeweils durch das vollständige Zitat des Wortlauts der §§ 26 und 27 StGB und daran anschließend des Wortlauts des verletzten Straftatbestandes kenntlich zu machen sind. Achten Sie dabei jeweils auf den „doppelten Vorsatz“.

Formulierungsbeispiele:
… **vorsätzlich einen anderen dazu bestimmt zu haben**, einen anderen Menschen vorsätzlich körperlich misshandelt zu haben …
… **vorsätzlich einem anderen Hilfe geleistet zu haben**, mit Gewalt gegen eine Person einem anderen eine fremde bewegliche Sache in der Absicht weggenommen zu haben, …

Vergessen Sie im ersten der beiden Beispiele nicht das hervorgehobene Wort „vorsätzlich". Es ist zur Kennzeichnung der Schuldform der Haupttat erforderlich, zudem kann nur zu vorsätzlichen Taten Beihilfe geleistet werden.

Wegen der sich aus Nr. 110 II c RiStBV ergebenden Vereinfachungsmöglichkeit muss es auch zulässig sein, sich bei Anstiftung und Beihilfe auf die Worte **„angestiftet zu haben"** und **„geholfen zu haben"** zu beschränken.

Teilweise wird es als ausreichend angesehen, die Haupttat nur abstrakt zu bezeichnen.

Formulierungsbeispiel:
… vorsätzlich einen anderen zu dessen vorsätzlich begangener rechtswidriger Tat, einem Diebstahl, bestimmt zu haben …

Wird dem Täter ein **Versuch** vorgeworfen, genügt es im Hinblick auf Nr. 110 II c RiStBV zu 312
dessen Kennzeichnung, den verwirklichten Tatbestandsmerkmalen *„versucht zu haben"* voranzustellen. Ebenfalls ist es zulässig, diese Worte in den Wortlaut der verletzten Norm einzufügen. Achten Sie unbedingt darauf, korrekt zu formulieren. Das misslingt gerade beim versuchten Betrug häufig.

Formulierungsbeispiel:
… in der Absicht, sich einen rechtswidrigen Vermögensvorteil zu verschaffen, **versucht zu haben**, durch Vorspiegelung falscher Tatsachen einen Irrtum zu erregen und dadurch das Vermögen eines anderen zu beschädigen …

Sie sehen, dass sich durch eine kleine Umstellung des Wortlauts des § 263 StGB alle Schwierigkeiten aus dem Weg räumen lassen. Wenn Sie bei der Formulierung des versuchten Betruges Schwierigkeiten haben, lernen Sie diesen Satz auswendig!

Häufig wird sich Ihnen die Frage stellen, ob Umstände, die ausschließlich für die Rechtsfolgen der Tat von Bedeutung sind, in den Anklagesatz gehören. Für die Klausur bedeutungsvoll sind hier Regelbeispiele wie § 243 StGB, vertypte Strafmilderungsgründe wie § 21 StGB und unbenannte Strafmilderungsgründe wie § 249 II StGB.

Nach der Rechtsprechung des BGH[284] berührt das Fehlen derartiger Strafzumessungsumstände nicht die Wirksamkeit der Anklage und des Eröffnungsbeschlusses. Jedoch gehören die **Strafzumessungsmerkmale zur Information des Angeschuldigten und zu dessen sachgerechter Vorbereitung der Verteidigung in den Anklagesatz.**[285]

Außerdem können durch das Aufführen von Strafzumessungsumständen auch Zuständigkeiten geklärt werden. Klagt die Staatsanwaltschaft einen schweren Raub gem. § 250 II StGB vor dem Schöffengericht an, wird das auf den ersten Blick verständlich, wenn sie zugleich mitteilt, dass die Schuldfähigkeit des Angeschuldigten erheblich vermindert war und der Leser daraus schließen kann, dass die Staatsanwaltschaft von einer Strafrahmenverschiebung ausgeht. Wiederum gilt: Haben Sie während Ihrer Ausbildung etwas anderes gelernt, bleiben Sie dabei! So kann auf die Bezeichnung der Merkmale des Regelbeispiels in den gesetzlichen Merkmalen verzichtet werden, wenn die der Anwendung des Regelbeispiels zugrunde liegenden Tatsachen jedenfalls in der Konkretisierung genannt werden. Dann wäre auch die Hinweispflicht nach § 265 II StPO nicht ausgelöst.

Bei unbenannten Strafmilderungs- und Strafschärfungsgründen ist die Praxis unterschiedlich. 313
Aus Klarstellungsgründen sollten auch diese genannt werden. Das gilt jedenfalls dann, wenn

284 BGHSt 16, 47 = BeckRS 9998, 115586; BGHSt 29, 274 = BeckRS 9998, 104453.
285 Wie hier unter anderem KK-StPO/Schneider § 200 Rn. 15 f.; Löwe/Rosenberg/Stuckenberg StPO § 200 Rn. 32.

erst aufgrund der Strafrahmenverschiebung die Zuständigkeit des Gerichts begründet werden kann.

Formulierungsbeispiel:
… in der Absicht weggenommen zu haben, sich die Sache rechtswidrig zuzueignen **und zur Ausführung der Tat in ein Gebäude eingebrochen zu sein** …

… **im Zustand erheblich verminderter Schuldfähigkeit** vorsätzlich einen anderen Menschen körperlich misshandelt …

… **in einem minder schweren Fall** mit Gewalt gegen eine Person eine fremde bewegliche Sache einem anderen in der Absicht …

314 Hat Ihr Gutachten zur **Wahlfeststellung** geführt, wird Ihnen deren Darstellung im Rahmen der gesetzlichen Merkmale keinerlei Schwierigkeiten bereiten. Die wahlweise anzuklagenden Tatbestände sind durch ein schlichtes „oder" zu verbinden.

Formulierungsbeispiel:
… in der Absicht weggenommen zu haben, sich die Sache rechtswidrig zuzueignen

(oder:)

eine Sache, die ein anderer gestohlen hat, angekauft zu haben, um sich zu bereichern …

Nach der Rechtsprechung des BGH ist es zulässig, bei einer Wahlfeststellung im Urteil im Schuldspruch lediglich das mildere Gesetz zu nennen. Das lässt sich auf die Anklage nicht übertragen, weil die Anklage sonst ihrer Informationsfunktion nicht gerecht werden würde. Deshalb sind die verletzten Gesetze stets alternativ zu bezeichnen.

315 Hat der Angeschuldigte in der einen Variante ein Regelbeispiel verwirklicht (§ 259 StGB oder §§ 242, **243 I Nr. 1** StGB), so ist in dieser Variante der Wahlfeststellung auch das Regelbeispiel anzuklagen. Denn der Zweifelsgrundsatz gebietet nicht den Rückgriff auf das jeweils verwirklichte Grunddelikt, sondern führt lediglich dazu, dass die Strafe dem mildesten Gesetz zu entnehmen ist.

Formulierungsbeispiel:
… in der Absicht weggenommen zu haben, sich die Sache rechtswidrig zuzueignen und **zur Ausführung der Tat in ein Gebäude eingebrochen zu sein**

(oder:)

eine Sache, die ein anderer gestohlen hat, angekauft zu haben, um sich zu bereichern …

316 Sehr uneinheitlich ist die Praxis, wenn es um die eine Maßregel begründenden Umstände (wichtigster Fall: fehlende Eignung iSd § 69 StGB) geht. In einigen Bundesländern ist es üblich, diese bereits im Zusammenhang mit den gesetzlichen Merkmalen der die Fahrerlaubnisentziehung begründenden Norm zu nennen.

Formulierungsbeispiel:
… vorsätzlich im Verkehr ein Fahrzeug geführt zu haben, obwohl er infolge des Genusses alkoholischer Getränke nicht in der Lage war, das Fahrzeug sicher zu führen
und sich dadurch als zum Führen von Fahrzeugen ungeeignet gezeigt zu haben, …

In anderen Bundesländern wird dieser Hinweis dagegen erst in der Konkretisierung oder an deren Ende erteilt.

b) Ein Angeschuldigter/mehrere Straftatbestände

317 Neben den gesetzlichen Merkmalen sind auch die Konkurrenzen aufzuführen, Nr. 110 II c RiStBV.

In Tateinheit begangene Delikte werden nach dem klassischen Anklagestil durch die Worte *„und durch dieselbe Handlung"* verbunden. Mittlerweile sieht man in der Praxis so häufig den Begriff „tateinheitlich", dass dessen Verwendung kaum noch zu ernsthaften Beanstandungen führen wird. Dennoch ist die klassische Formulierung vorzuziehen, weil diese auch für den Laien verständlicher ist.

Formulierungsbeispiel:
… **durch dieselbe Handlung**

a. mit Gewalt gegen eine Person eine fremde bewegliche Sache einem anderen in der Absicht weggenommen zu haben, sich die Sache rechtswidrig zuzueignen und
b. vorsätzlich einen anderen Menschen körperlich misshandelt zu haben …

(oder:)

a. mit Gewalt gegen eine Person eine fremde bewegliche Sache einem anderen in der Absicht weggenommen zu haben, sich die Sache rechtswidrig zuzueignen

und durch dieselbe Handlung

b. vorsätzlich einen anderen Menschen körperlich misshandelt zu haben …

Stehen mehr als zwei Delikte in Tateinheit, empfiehlt es sich, dies aus Gründen der Klarheit gleich einleitend mitzuteilen. Bei ungleichartiger Tateinheit ist es üblich, tateinheitlich begangene Delikte jeweils mit kleinen lateinischen Buchstaben zu versehen.

Gleichartige Tateinheit wird durch die Verwendung des Plurals für die Tatopfer oder die Tatobjekte gekennzeichnet.

Dass dem Angeschuldigten **tatmehrheitlich** begangene Delikte vorgeworfen werden, ergibt sich schon aus der Einleitung des Anklagesatzes, in der Sie die genaue Anzahl der selbstständigen Handlungen zu nennen haben (dazu oben). Die einzelnen tatmehrheitlich begangenen Delikte sind dann nur noch mit arabischen Zahlen versehen mitzuteilen.

Einer besonderen Erwähnung bedarf dann nur noch die gleichartige Tatmehrheit: Die genaue Anzahl der Fälle wird dem Wortlaut des verletzten Gesetzes vorangestellt.

Formulierungsbeispiel:
1. …

2.–10. **in neun Fällen**

mit Gewalt gegen eine Person eine fremde bewegliche Sache einem anderen in der Absicht weggenommen zu haben, sich die Sache rechtswidrig zuzueignen …

Im Übrigen ist es in der Klausur Ihre Aufgabe, die Konkurrenzverhältnisse durch eine schlüssige und konsequente Gliederung der Anklage abzubilden.

Mit großer Sorgfalt müssen Sie vorgehen, sobald es in der Klausur um **mehr als zwei selbstständige Handlungen und um gleichzeitig tateinheitlich verwirklichte Delikte** geht. 318

Vermeiden Sie es unbedingt, eine Arbeit abzuliefern, in der der Anklagesatz durch das Streichen ganzer Passagen, Verschieben ganzer Abschnitte (etwa durch Klammern, Sternchen oder gar Pfeile) oder Wiederholungen unleserlich und auch unverständlich geworden ist.

Folgende Grundregeln sind – mit Ausnahme regionaler Besonderheiten – zu beachten:

- **Die einzelnen selbstständigen Handlungen sollen möglichst in der richtigen zeitlichen Reihenfolge dargestellt werden. Nur ein besonders schweres Delikt sollte vorangestellt werden.**
- Die einzelnen Tatbestände werden, wenn diese nicht durch ein „und“ verbunden sind, durch Kommata und keinesfalls durch Punkte getrennt.
- **In Tatmehrheit stehende Delikte sind durch arabische Zahlen zu kennzeichnen, tateinheitlich begangene Delikte – soweit überhaupt – mit kleinen lateinischen Buchstaben.** Wenn Sie bei mehreren selbstständigen Handlungen den tateinheitlich begangenen Delikten Buchstaben zuordnen, sollten Sie der besseren Übersichtlichkeit wegen die Worte „durch dieselbe Handlung“ – hinter der arabischen Zahl – voranstellen.

Formulierungsbeispiel:

1. a. mit Gewalt gegen eine Person eine fremde bewegliche Sache einem anderen in der Absicht weggenommen zu haben, sich die Sache rechtswidrig zuzueignen

und durch dieselbe Handlung

b. vorsätzlich einen anderen Menschen körperlich misshandelt zu haben,

(oder schöner:)

... und

2. durch dieselbe Handlung

a. fahrlässig im Straßenverkehr ein Fahrzeug geführt zu haben, obwohl er infolge des Genusses alkoholischer Getränke nicht in der Lage war, das Fahrzeug sicher zu führen,

b. vorsätzlich im Verkehr ein Fahrzeug geführt zu haben, obwohl er die dazu erforderliche Fahrerlaubnis nicht hatte ...

Hinweis: Um Wiederholungen zu vermeiden, sind die anzuklagenden Tatbestände so straff wie möglich zusammenzufassen. Das darf allerdings nicht auf Kosten der Verständlichkeit gehen.

Formulierungsbeispiel:
durch drei selbstständige Handlungen

1.–2. in zwei Fällen
mit Gewalt gegen eine Person eine fremde bewegliche Sache einem anderen in der Absicht weggenommen zu haben, sich die Sache rechtswidrig zuzueignen

im ersten Fall eine Waffe bei sich geführt zu haben,

im zweiten Fall durch dieselbe Handlung
vorsätzlich einen anderen Menschen körperlich misshandelt zu haben, ...

3. durch Drohung mit Gewalt ...

319 Wird dem Angeschuldigten in zwei Fällen die Verletzung desselben Gesetzes jeweils in Tateinheit mit anderen Gesetzesverletzungen vorgeworfen, darf es nicht etwa heißen: „*1. durch dieselbe Handlung a. vorsätzlich einen anderen Menschen körperlich misshandelt zu haben, b. ..., c. ... und durch eine weitere selbstständige Handlung 2. durch dieselbe Handlung a. eine weitere Tat wie 1a begangen zu haben, b, ...*“.

Der Vorwurf der zweifachen Körperverletzung ist zusammenzufassen. Der Hinweis auf eine weitere selbstständige Handlung ist überflüssig. Dass es um mehrere selbstständige Handlungen geht, müssen Sie schon in der Einleitung mitgeteilt haben. Der Rest ergibt sich zwingend aus der Gliederung.

Formulierungsbeispiel:
durch drei selbstständige Handlungen

1.–2. in zwei Fällen
vorsätzlich einen anderen Menschen körperlich misshandelt zu haben,

im ersten Fall durch dieselbe Handlung
einen Menschen rechtswidrig mit Gewalt zu einer Handlung genötigt und
einen anderen beleidigt zu haben,

im zweiten Fall durch dieselbe Handlung,
einen Menschen mit der Begehung eines gegen ihn gerichteten Verbrechens bedroht zu haben,

3. durch Drohung mit Gewalt ...

In den beiden oben genannten Fällen sind kleine Buchstaben zur Untergliederung der tateinheitlich begangenen Delikte wenig sinnvoll. Ob Sie nun tateinheitlich verwirklichte Delikte untergliedern oder nicht, Sie müssen konsequent sein und das die ganze Anklage durchhalten.

Behalten Sie auch immer die regionalen Besonderheiten im Auge: Gliedern Sie die Anklage im Zweifel so, wie Sie es bei Ihrem Ausbilder gelernt haben.

c) Mehrere Angeschuldigte/mehrere Straftatbestände

Noch komplizierter kann die Darstellung der gesetzlichen Merkmale werden, wenn mehrere Beschuldigte jeweils mehrere Straftatbestände verwirklicht haben. Beherzigen Sie den Rat, den Aufbau zu skizzieren, dann werden Sie auch an dieser Aufgabe nicht scheitern. 320

Es ist üblich, bei der Untergliederung nach einzelnen Angeschuldigten jeweils römische Zahlen voranzustellen. Den jeweiligen Angeschuldigten sollten Sie weiterhin mit seinem Nachnamen bezeichnen, das ist für den Leser einfacher.

Formulierungsbeispiel:
die Angeschuldigten durch jeweils zwei selbstständige Handlungen

I. der Angeschuldigte M ...
  1. durch dieselbe Handlung
    a. mit Gewalt gegen eine Person eine fremde bewegliche Sache ...,
    b. vorsätzlich einen anderen Menschen körperlich ...,
  2. in der Absicht sich einen rechtswidrigen Vermögensvorteil zu verschaffen, ...,

II. der Angeschuldigte H ...
  1. eine Urkunde, welche ihm überhaupt nicht gehört, ...,
  2. die ihm durch Rechtsgeschäft eingeräumte Befugnis, über fremdes Vermögen ...,

Die jeweils selbstständigen Handlungen sind mit arabischen Zahlen zu nummerieren. Keinesfalls dürfen diese fortlaufend über die Darstellung der Straftaten mehrerer Angeschuldigter beziffert werden. Im obigen Beispiel dürfen Sie also **nicht** wie folgt nummerieren: I 1, I 2, II 3, II 4.

Haben mehrere Angeschuldigte als Mittäter gehandelt, so sind die gegen diese Mittäter erhobenen Vorwürfe möglichst zusammengefasst darzustellen. Denken Sie daran, die Anzahl der jeweils selbstständigen Handlungen vor die Klammer zu ziehen. 321

Formulierungsbeispiel:
der Angeschuldigte M ... durch fünf selbstständige Handlungen,

der Angeschuldigte H ... durch sechs selbstständige Handlungen,

I. die Angeschuldigten gemeinschaftlich
  1.–3. in drei Fällen
    einen Menschen mit Gewalt gegen eine Person zu einer Handlung genötigt und dadurch dem Vermögen des Genötigten einen Nachteil zugefügt zu haben, um sich zu Unrecht zu bereichern
    und der Angeschuldigte M ... im zweiten Fall eine Waffe bei sich geführt zu haben,

II. der Angeschuldigte M ...
  1. durch dieselbe Handlung
    a. mit Gewalt gegen eine Person eine fremde bewegliche Sache ...,
    b. vorsätzlich einen anderen Menschen körperlich ...,
  2. in der Absicht sich einen rechtswidrigen Vermögensvorteil zu verschaffen, ...,

III. der Angeschuldigte H ...
  1. eine Urkunde, welche ihm überhaupt nicht gehört, ...,
  2. die ihm durch Rechtsgeschäft eingeräumte Befugnis, über fremdes Vermögen ...
  3. rechtswidrig eine fremde Sache beschädigt ...,

In derartigen Fällen kann die Konkretisierung leicht unübersichtlich werden, wenn diese den Aufbau der gesetzlichen Merkmale abbilden soll. Oft empfiehlt es sich, beim historischen Aufbau der Konkretisierung zu bleiben, den konkretisierten Taten eine der zeitlichen Abfolge entsprechende **Fallnummer zuzuordnen** und diese auch den gesetzlichen Merkmalen ergänzend zuzuordnen. Der bereits zuvor zitierte Anklagesatz würde dann wie folgt aussehen:

Formulierungsbeispiel:
der Angeschuldigte M ... durch fünf selbstständige Handlungen,

der Angeschuldigte H ... durch sechs selbstständige Handlungen,

I. die Angeschuldigten gemeinschaftlich
 1.–3. in drei Fällen **(Fälle 1, 3 und 7)**
 einen Menschen mit Gewalt gegen eine Person zu einer Handlung genötigt und dadurch dem Vermögen des Genötigten einen Nachteil zugefügt zu haben, um sich zu Unrecht zu bereichern
 und der Angeschuldigte M ... im zweiten Fall eine Waffe bei sich geführt zu haben,

II. der Angeschuldigte M ...
 1. durch dieselbe Handlung **(Fall 2)**
  a. mit Gewalt gegen eine Person eine fremde bewegliche Sache ...,
  b. vorsätzlich einen anderen Menschen körperlich ...,
 2. in der Absicht sich einen rechtswidrigen Vermögensvorteil zu verschaffen, ..., **(Fall 5)**

III. der Angeschuldigte H ...
 1. eine Urkunde, welche ihm überhaupt nicht gehört, ..., **(Fall 4)**
 2. die ihm durch Rechtsgeschäft eingeräumte Befugnis, über fremdes Vermögen ..., **(Fall 6)**
 3. rechtswidrig eine fremde Sache beschädigt ..., **(Fall 8)**

322 Häufig werden mehrere Angeschuldigte auch im Verhältnis Täter/Teilnehmer stehen. Dann stellt sich regelmäßig die Frage, ob bei den gesetzlichen Merkmalen der Anstiftung oder der Beihilfe auf die Darstellung der Haupttat Bezug genommen werden darf. Das ist zu bejahen, wenn die Verständlichkeit des Anklagesatzes darunter nicht leidet.

Formulierungsbeispiel:
I. der Angeschuldigte M ...
 mit Gewalt gegen eine Person eine fremde bewegliche Sache ...,

II. der Angeschuldigte H ...
 ihm zu dieser Tat vorsätzlich Hilfe geleistet zu haben.

Formulierungsbeispiel:
I. der Angeschuldigte M ...
 1. durch dieselbe Handlung
  a. mit Gewalt gegen eine Person eine fremde bewegliche Sache ...,
  b. vorsätzlich einen anderen Menschen körperlich ...,
 2. in der Absicht sich einen rechtswidrigen Vermögensvorteil zu verschaffen, ...,

II. der Angeschuldigte H ...
 1. einen Menschen mit Gewalt gegen eine Person zu einer Handlung genötigt und dadurch dem Vermögen des Genötigten einen Nachteil zugefügt zu haben,
 2. **den Angeschuldigten M vorsätzlich zu dessen Raub (I.1.a.)** bestimmt zu haben.

Die Bezeichnung der Haupttat mit der gesetzlichen Überschrift wie im vorstehenden Beispiel sollten Sie jedoch unbedingt vermeiden, wenn sich die von Ihnen zu verfassende Anklage nur gegen den Teilnehmer richtet, weil der Täter in einem anderen Verfahren verfolgt wurde. Dann ist auch der Straftatbestand, an dessen Verwirklichung der Angeschuldigte teilnahm, voll auszuformulieren.

Bei einer Anklage wegen eines mittäterschaftlich begangenen Delikts sollten Sie den Mittäter des Angeschuldigten immer so genau wie möglich bezeichnen. Ist dieser bekannt, jedoch nicht mit anzuklagen, ist er als „gesondert verfolgt" zu bezeichnen.

Formulierungsbeispiel:
... der Angeschuldigte **gemeinschaftlich mit dem gesondert verfolgten** ...

Ist der Mittäter nicht identifiziert, muss das ebenfalls kenntlich gemacht werden.

Formulierungsbeispiel:
... mit einem bislang unbekannten Mittäter ...

2. Die Konkretisierung

In der Konkretisierung wird der Angeschuldigte darüber unterrichtet, durch welches tatsächliche Geschehen die gesetzlichen Merkmale der angeklagten Straftatbestände erfüllt worden sein sollen. Daneben hat die Konkretisierung eine entscheidende Bedeutung für die sog. **Umgrenzungsfunktion** der Anklage, weil durch sie die tatsächlichen Grenzen der angeklagten Tat (im Sinne des prozessualen Tatbegriffs) abgesteckt werden. Das müssen Sie sich bei deren Formulierung jeweils vor Augen halten. 323

Die Art der Darstellung kann sich von Bundesland zu Bundesland unterscheiden. Klassisch schließt sich die Konkretisierung mit „indem" an die gesetzlichen Merkmale an. Dieser Aufbau hat bei einfachen Sachverhalten den Vorteil, dass Sie zur Präzision und Kürze angehalten werden. Denn ausufernde Darstellungen lässt das nicht zu. Bei etwas komplexeren Sachverhalten werden Sie aber feststellen, wie schwierig es sein wird, das gesamte tatsächliche Geschehen in diesem einen „Indem"-Satz zu schildern. Damit die Formulierung verständlich bleibt, werden Sie mit entsprechendem Aufwand daran feilen müssen. Wie die Erfahrung zeigt, misslingt das häufiger als es gelingt. Je komplexer der Sachverhalt wird, desto eher wird die Verständlichkeit der Darstellung leiden. Deshalb wird es Ihnen in der Regel leichter fallen, den Sachverhalt ohne direkten Anschluss an die gesetzlichen Merkmale in geschlossenen Blöcken zu schildern. Auch wenn das die Gefahr ausufernder Darstellungen in sich birgt, halte ich diese Darstellung für einfacher. Beide Anklagetypen sind gleichermaßen zulässig. Jedoch sollten Sie unbedingt die länderspezifischen Eigenarten beachten. Diese können es auch erforderlich machen, die Konkretisierung dem Abstraktum voranzustellen.

In anderen Bundesländern haben Konkretisierungen grundsätzlich mit der folgenden Einleitung zu beginnen:

Formulierungsbeispiel:
Dem Angeschuldigten wird Folgendes zur Last gelegt:

Schließlich ist auch zulässig, die Konkretisierung ohne eine einleitende Formel zu beginnen.

Die Sachverhaltsschilderung, erfolgt grundsätzlich im **Imperfekt**. Müssen Sie auf die Vorvergangenheitsform zurückgreifen, sollten Sie Ihre Darstellung überdenken. Denn dann wäre es sehr wahrscheinlich eleganter gewesen, das betreffende Geschehen – im Imperfekt – in der Gesamtdarstellung weiter vorne zu schildern.

Vermeiden Sie im Übrigen die Verben „begeben" und „verbringen". Zum Tatort kann ein Angeschuldigter viel besser „gehen", „laufen" oder „fahren", die Beute wird „gebracht", „abtransportiert" oder „weggetragen". Das gilt jedoch nicht nur für Tätigkeiten des Angeschuldigten, sondern auch Polizeibeamte und andere Personen sollten sich nicht „begeben" und nichts „verbringen". Hatten Polizeibeamte etwa die Beute an sich genommen und auf die Wache gebracht, reicht es völlig aus festzustellen, dass sie die Beute „sicherstellten".

Achten Sie beim Aufbau der Konkretisierung zudem auf Kongruenz mit dem Aufbau der gesetzlichen Merkmale. Das soll heißen, dass die Gliederung der Konkretisierung der Gliederung der gesetzlichen Merkmale entsprechen soll. Immer lässt sich das jedoch nicht durchhalten. Insbesondere wenn Sie bei den gesetzlichen Merkmalen Fälle in gleichartiger Tatmehrheit zusammenfassen, können Sie Schwierigkeiten bekommen. Versuchen Sie aber jedenfalls, das tatsächliche Geschehen durch den Aufbau und entsprechende Verweise auf die Gliederungspunkte der gesetzlichen Merkmale diesen eindeutig zuzuordnen.

Im Übrigen ist es in der Konkretisierung Ihre Aufgabe, alle im ersten Teil des Anklagesatzes genannten objektiven und **subjektiven** Tatbestandsmerkmale mit Sachverhalt zu füllen.

Das wird in der Klausur für Sie immer der Schwerpunkt der Aufgabe sein. Seltener wird es darum gehen, den Sachverhalt so zu beschreiben, dass er in Abgrenzung zu ähnlichen Sachverhalten unverwechselbar feststeht. Wenn auch eins mit dem anderen untrennbar verbunden ist, so steht die Abgrenzungsproblematik eher bei Serienstraftaten im Vordergrund, mit denen Sie es in der Klausur nicht zu tun haben werden.

324 **Tatort und genaue Tatzeit müssen zumindest dann noch einmal im Rahmen jeder Tatbeschreibung genannt werden, wenn es sich um mehrere Taten handelt und die einleitenden Angaben damit zu ungenau sind.** Nur wenn es sich um lediglich eine Tat handelt, deren Zeit und Ort bereits präzise bezeichnet sind, dürfen Sie auf die erneute Mitteilung verzichten.

Achtung: Sehr häufig werden in der Konkretisierung gerade die **subjektiven** Tatbestandsmerkmale vergessen. Fertigen Sie eine kurze stichwortartige Liste der einzelnen Tatbestandsmerkmale an und machen Sie jeweils einen Vollständigkeitscheck, damit Ihnen dieser ärgerliche Fehler nicht unterläuft.

In einfachen Fällen kann es also wie folgt heißen:

Formulierungsbeispiel:
(§ 242 StGB)
indem
er im Kaufhaus ... eine Flasche Korn zum Preis von 8,99 EUR in die Innentasche seines Mantels steckte, das Kaufhaus wie von vornherein beabsichtigt, ohne die Flasche zu bezahlen, verließ und diese anschließend austrank.

(§ 263 StGB)
Der Angeschuldigte bestellte am Abend im Restaurant ... ein Menü zum Preis von 29 EUR, ohne zur Zahlung willig und in der Lage zu sein. Im Vertrauen auf die spätere Bezahlung erhielt er von dem Zeugen ... das bestellte Menü und verzehrte es. Als der Zeuge sich kurzzeitig in der Küche aufhielt, verließ der Angeschuldigte unbemerkt und ohne zu bezahlen das Lokal.

(§ 315c I Nr. 1a, III Nr. 1 StGB)
Nachdem der Angeschuldigte am Tattag so viel Alkohol zu sich genommen hatte, dass er fahruntüchtig war, was er wusste, befuhr er in ... die ...-Straße. Infolge des genossenen Alkohols übersah er die Zeugin, die gerade auf einem Fußgängerüberweg die ...-Straße überquerte, was der Angeschuldigte hätte erkennen können und müssen. Er konnte nicht mehr rechtzeitig bremsen und fuhr ungebremst in die Zeugin hinein.
Die Zeugin erlitt ...

Zu den unverzichtbaren Angaben zur Tat gehören auch der Wert der Beute, die Höhe des Schadens und die Folgen für den körperlich Verletzten.

325 Vor einem sehr häufigen und schweren Fehler bei der Formulierung der Konkretisierung möchte ich Sie ebenfalls warnen. Immer wieder wird in Klausuren trotz vollendeten Delikts der Eintritt des Taterfolges nicht geschildert. Dieser Fehler unterläuft den Kandidaten besonders oft im Zusammenhang mit der schweren räuberischen Erpressung. So heißt es beispielsweise: *„Der Angeschuldigte hielt die Waffe durch das geöffnete Fenster des Taxis, forderte dessen Fahrer zur Herausgabe des Geldes und anschließend auf zu verschwinden. Danach drehte sich der Angeschuldigte um und lief davon, worauf der Taxifahrer zur nächsten Polizeiwache fuhr.“* Hat die Drohung des Angeschuldigten nun zum gewollten Erfolg geführt? Der Leser erfährt es nicht, kann das allenfalls vermuten.

Richtig hätte die Konkretisierung lauten müssen:

Der Angeschuldigte hielt das Messer durch das geöffnete Fenster des Taxis und forderte dessen Fahrer zur Herausgabe des Geldes auf. **Aus Angst um sein Leben übergab dieser dem Angeschuldigten seine Tageseinnahmen von 230,60 EUR**. Der Angeschuldigte konnte mit dem Geld, das er anschließend ausgab, entkommen.

326 Oft wird es erforderlich sein, genauere Angaben zur Verwirklichung eines Tatbestandsmerkmals zu machen, weil eine pauschale Beschreibung nicht ausreicht. Zur Verdeutlichung will ich auf das häufige Klausurproblem der Anwendbarkeit des § 250 II Nr. 1 StGB beim Gaswaffeneinsatz zurückgreifen. Keinesfalls genügt es bei der Darstellung des Raubes sich auf folgende Mitteilung zu beschränken: *„... und forderte ihn unter Vorhalten seines Gasrevolvers zur Herausgabe seines Geldes auf.“* Denn nicht jeder Gasrevolver ist eine Waffe im Sinne der Vorschrift, der Revolver muss nach vorne entladen und zudem geladen sein. Präziser müsste es also heißen:

... und hielt dabei, um seiner Forderung Nachdruck zu verleihen, seinen funktionsfähigen und geladenen Gasrevolver, der durch den Lauf nach vorne entlädt, an den Kopf des ...

Wenn **Kausalzusammenhänge** nicht offensichtlich sind, sind diese zu beschreiben.

Formulierungsbeispiel:
... **infolge** des Alkoholgenusses fuhr der Angeschuldigte in der Rechtskurve ungebremst geradeaus und gegen ...

Häufig habe ich in letzter Zeit am Ende umfangreicher Ausführungen zum Tatgeschehen folgenden Satz gelesen: „*Dabei handelte er in Kenntnis und mit Wissen und Wollen aller Tatumstände.*" Ein derartiger Satz sollte nur der letzte Rettungsanker sein. Abgesehen davon, dass viele Tatbestände über den Vorsatz hinaus weitere subjektive Merkmale verlangen, die dann häufig übersehen werden, ist diese Formulierung alles andere als gelungen. Denn oft ergibt sich der Vorsatz schon aus dem objektiven Geschehen heraus. Es ist völlig klar, dass derjenige, der seinem Opfer mit einer Bierflasche auf den Kopf schlägt, auch Verletzungsvorsatz hat. Jedes weitere Wort erübrigt sich dann. Völlig anders kann es mit dem Tötungsvorsatz aussehen, wenn der Täter dem Opfer ein Messer in den Bauch stößt. In dieser Konstellation ist es nicht selbstverständlich, dass der Täter mit zumindest bedingtem Tötungsvorsatz handelt. Dann gehört die subjektive Tatseite aber auch unmittelbar zum objektiven Geschehen. 327

Formulierungsbeispiel:
... und stieß der Geschädigten das Messer in den oberen rechten Bauchraum, wobei er den Tod der Geschädigten billigend in Kauf nahm. Durch den Messerstich erlitt ...

Ein klassisches Darstellungsproblem, an dem viele Kandidaten scheitern, ergibt sich, wenn Haupttäter und Teilnehmer zusammen anzuklagen sind. Im Abschnitt „gesetzliche Merkmale" werden Sie Haupttat und Teilnahmetat in verschiedenen Abschnitten getrennt nach Angeschuldigten dargestellt haben. Häufig werden anschließend in der Konkretisierung die Tatbeiträge von Haupttäter und Angeschuldigtem getrennt. Darüber hinaus wird die Haupttat zuerst dargestellt, womöglich durch mehrere andere Geschehensabschnitte von der Anstiftungs- oder Beihilfehandlung getrennt. Tatsächlich sollten Sie auch in dieser Konstellation historisch aufbauen und beim Anstiftungsvorwurf die Anstiftungshandlung der Haupttat voranstellen, bei der Beihilfe eine für das Verständnis der Tat vorangegangene Verabredung auch der Tatbeschreibung voranstellen und die eigentliche Beihilfehandlung an die passende Stelle in das Tatgeschehen einbinden. Das wird in den meisten Fällen zu schaffen sein. 328

Formulierungsbeispiel:
... Bei einem Treffen der Angeschuldigten am ... forderte der Angeschuldigte A ... den Angeschuldigten B ... auf, den C ... zusammenzuschlagen, weil dieser ... Der Angeschuldigte A ... versprach dem Angeschuldigten B ... dafür 1.000 EUR. B ... nahm das Angebot an.
Am ... lauerte der Angeschuldigte B dem C ... vor dessen Haustür auf und versetzte ihm mehrere Faustschläge gegen den Kopf, sodass ...

Bei der Darstellung der **Beihilfe** sind Sie freier. 329

Formulierungsbeispiel:
... Am ... kaufte der Angeschuldigte A ... eine Maske, die er dem Angeschuldigten B ... übergab, der sich damit, wie der Angeschuldigte A ... wusste, bei einem Überfall auf die ...-Bank maskieren wollte. Er erhielt dafür von dem Angeschuldigten B ... 500 EUR.
Am ... betrat der maskierte Angeschuldigte B ... mit vorgehaltenem Revolver ...

Formulierungsbeispiel:
... hebelte der Angeschuldigte B ... ein Fenster auf, stieg in das Haus ein und entwendete aus einem von ihm aufgeschweißten Tresor Schmuck im Wert von 200.000 EUR, den er später veräußerte.
Der Angeschuldigte A, dem der Angeschuldigte B dafür 100 EUR gegeben hatte, sichert während der Tatausführung durch den Angeschuldigten B den Tatort, bei dem ...

Müssen Sie eine **mittäterschaftliche** Tatbestandsverwirklichung darstellen, werden Sie sich oft mit den folgenden Formulierungen behelfen können: 330

... in bewusstem und gewolltem Zusammenwirken ...

... entsprechend dem zuvor gefassten gemeinsamen Tatplan ...

331 Haben Sie eine **versuchte Tat** zu konkretisieren, müssen Sie unbedingt – wie auch im Gutachten – **mit** der Darstellung **der subjektiven Tatseite beginnen**, bevor Sie das unmittelbare Ansetzen schildern. Die Darstellung eines nicht zu einem Taterfolg führenden objektiven Geschehens, zu dem die Tätervorstellung erst nachgereicht wird, ist fast immer schwer verständlich oder sogar unverständlich.

Formulierungsbeispiel:
... Als der Angeschuldigte die Zeugin mit der auffällig großen Handtasche sah, entschloss er sich, ihr diese zu entreißen, weil er vermutete, darin einen größeren Geldbetrag zu finden. Er rannte ihr hinterher und versuchte, sie am Arm festzuhalten. Der Zeugin gelang es jedoch, sich ihm zu entwinden...

Um es zu verdeutlichen, hier noch einmal der Sachverhalt ohne die vorangestellte subjektive Tatseite, wie ich ihn in einer Klausur gelesen habe: *„Am ... rannte der Angeschuldigte hinter der Zeugin her, die ihn bemerkte und weglief. Der Angeschuldigte konnte zwar kurzzeitig einen Arm der Zeugin festhalten, dieser gelang es jedoch, sich ihm zu entwinden und zu fliehen."* Für den Leser war es am Ende dieser Passage völlig unklar, was dem Angeschuldigten eigentlich vorgeworfen wurde. Der Phantasie des Lesers waren kaum Grenzen gesetzt. Wollte der Angeschuldigte die Zeugin sexuell belästigen oder meinte er nur, eine alte Bekannte begrüßen zu müssen, irrte sich dabei aber in der Person? Auf einen versuchten Raub kam der Leser nicht zwangsläufig.

Selbstverständlich muss sich aus der Tatbeschreibung unzweifelhaft ergeben, dass es nicht zur Vollendung gekommen ist. Gleichfalls müssen die Gründe dafür mitgeteilt werden, damit er erkennt, dass nicht etwa ein freiwilliger Rücktritt vorliegt.

332 Verinnerlichen Sie auch, dass in der Konkretisierung in der Regel **keine Rechtsbegriffe** verwendet werden dürfen. Davon ausgenommen sind nur gebräuchliche und allgemein verständliche Rechtsbegriffe wie etwa Kaufvertrag, Mietvertrag und Darlehen. Keinesfalls dürfen in Ihrer Konkretisierung Tatbestandsmerkmale wörtlich übernommen werden.

333 Ganz wichtig ist es auch, dass Ihre Konkretisierung **keine Beweiswürdigung** enthält. Das haben Sie ebenfalls schon im Einführungskurs bei der Staatsanwaltschaft gelernt. Sie werden deshalb kaum auf die Idee kommen, in der Konkretisierung die Beweislage ausdrücklich zu würdigen. Das ist auch nicht das Problem. Ein häufiger Fehler ist vielmehr die „versteckte Beweiswürdigung". Dazu einige Beispiele:

Wenn ein Angeschuldigter einen Vertrag mit einem falschen Namen unterzeichnete, darf es in der Konkretisierung nicht heißen: *„Aus dem schriftlichen Vertrag vom ... ergibt sich, dass der Angeschuldigte mit dem Namen ... unterschrieb."* Vielmehr haben Sie festzustellen:

Der Angeschuldigte unterzeichnete den schriftlichen Vertrag mit dem Namenszug ...

Falsch ist auch der folgende Satz: *„Die Zeugin beobachtete, wie der Angeschuldigte die Brieftasche aus der Jacke des Geschädigten entwendete."* Richtig müsste es vielmehr heißen:

Der Angeschuldigte entwendete die Brieftasche aus der Jacke des Geschädigten.

334 Zu den Fällen „versteckter Beweiswürdigung" gehört das folgende Beispiel: *„Der Angeschuldigte trank am Nachmittag sechs Flaschen Bier, drei Gläser Schnaps und mehrere Gläser Wein. Anschließend setzte er sich, obwohl er sich müde fühlte, in sein Fahrzeug und fuhr ...".* Weil damit die absolute Fahruntüchtigkeit berechnet nach Trinkmengenangaben und Vorsatz bezüglich der Fahruntüchtigkeit beschrieben werden sollte, hätte es richtig heißen müssen:

Am Nachmittag nahm der Angeschuldigte so viel Alkohol zu sich, dass er, als er ... befuhr, eine Blutalkoholkonzentration von 1,7 ‰ hatte. Der Angeschuldigte wusste, dass er nicht mehr in der Lage war, sein Fahrzeug ...

Ein weiteres Beispiel für „versteckte Beweiswürdigung": *„Der Angeschuldigte B ... zwinkerte dem Angeschuldigten F ... zu und äußerte, dieser wisse schon, was er an ihm habe. Er wisse, dass F ... Geldsorgen habe, ihn die Forderung von ... drücke und er könne ihm helfen, wobei er den Bauantrag über den Tisch schob."* Der Kandidat wollte damit eine Bestechung darstellen. Richtig und konkreter hätte es heißen müssen:

> Der Angeschuldigte B ... bot dem Angeschuldigten F ... als Belohnung für die Bewilligung des Bauantrages, die, wie beide wussten, nicht erfolgen durfte, die Zahlung von ... an.

Ein letztes Beispiel für diesen häufigen Fehler: Der angetrunkene Angeschuldigte floh vor der Polizei und stieß dabei infolge überhöhter Geschwindigkeit gegen ein am Fahrbahnrand abgestelltes Fahrzeug. *„Nach dem Anstoß bremste der Angeschuldigte kurz ab und fuhr anschließend weiter“*. Der Kandidat wollte damit ausdrücken, dass der Beschuldigte den Unfall bemerkte und das, zusammen mit dem Entschluss weiterzufahren, eine Zäsur darstellte. Richtig hätte es also heißen müssen:

> Der Angeschuldigte bemerkte den Aufprall und entschloss sich, seine Flucht vor der ihn verfolgenden Polizei fortzusetzen.

Sind Sie im Gutachten zu einer **Wahlfeststellung** gekommen, muss es in der Konkretisierung heißen: 335

> Entweder entwendete der Angeschuldigte in der Nacht zum ... die Stereoanlage des Geschädigten im Wert von ...EUR, indem ..., oder er erwarb die Stereoanlage, in dem Wissen, dass die aus einem Diebstahl stammte, von einem bislang nicht ermittelten ...

Denken Sie daran, dass die alternativ vorgeworfenen Handlungen immer auch zu beschreiben sind. Durch die Konkretisierung wird der Verfahrensgegenstand festgelegt. Fehlt in der Anklageschrift eine der Handlungsvarianten, wird eine Verurteilung nicht möglich sein, wenn es sich im prozessualen Sinne um eine andere Tat handelt.

Regional unterschiedlich wird die Darstellung der §§ 69, 69a StGB gehandhabt. Die Feststellung, der Angeschuldigte habe sich durch sein Verhalten als zum Führen von Kraftfahrzeugen ungeeignet erwiesen, kann bereits hinter die gesetzlichen Merkmale der entsprechenden Strafvorschrift gesetzt werden (dazu bereits oben). Das ist unschön, wenn tatmehrheitlich mehrere Straftatbestände verwirklicht worden sind, die zu den Regelbeispielen des § 69 II StGB gehören. Die Feststellung kann auch an das Ende der jeweiligen Tatkonkretisierung gehängt werden, was aus den bereits genannten Gründen ebenfalls unschön sein kann. Der Satz kann ebenfalls an das Ende der Konkretisierung gehängt werden. Dann sollte bei einer Vielzahl von Fällen aber kenntlich gemacht werden, auf welche Tatvorwürfe sich dieser bezieht. Schließlich kann dieser Satz auch im Anschluss an die angewendeten Vorschriften aufgeführt werden. Auch dann sollte bei einer Vielzahl von Fällen kenntlich gemacht werden, auf welche Tatvorwürfe sich dieser bezieht. Denken Sie immer daran, dass die Anklage für den Angeschuldigten verständlich sein soll. 336

> **Formulierungsbeispiel:**
> Durch sein Verhalten in den Fällen 2 und 3 hat sich der Angeschuldigte als zum Führen von Kraftfahrzeugen ungeeignet erwiesen.

3. Anzuwendende Strafgesetze und sonstige Hinweise

Schließlich folgen die **anzuwendenden Vorschriften**. 337

Es ist üblich, die sich aus § 12 StGB ergebende **Deliktsnatur** voranzustellen. Denken Sie immer daran, dass eine prozessuale Tat durch die Verwirklichung eines Verbrechenstatbestands insgesamt zu einem Verbrechen wird.

Danach werden zunächst die verwirklichten **Straftatbestände in aufsteigender Reihenfolge** genannt. Vertretbar dürfte es auch sein, die Verbrechenstatbestände vor den Vergehen zu nennen. Sie sollten sich jedoch an die Ihnen bekannte Übung Ihrer Ausbildungsstaatsanwaltschaft halten. 338

Die Straftatbestände sind so genau wie möglich zu bezeichnen. Es sind also gegebenenfalls Absatz, Satz, Variante, Nummer und Buchstabe zu nennen. Beim Versuch ist auch die Norm oder der Absatz aufzuführen, aus der sich die Versuchsstrafbarkeit ergibt. Zu nennen sind ferner die Rauschtat bei § 323a StGB und Vorschriften, aus denen sich das Erfordernis eines Strafantrages ergibt. Ferner sind die für die Rechtsfolgen relevanten Vorschriften wie die minder schweren Fälle oder Regelbeispiele aufzuführen. Wahlweise verwirklichte Vorschriften werden in die Reihenfolge eingefügt.

Machen Sie es sich zur Regel, bei mehreren Angeschuldigten die jeweiligen Vorschriften getrennt nach Angeschuldigten aufzuführen. Eine Ausnahme ist allenfalls dann erlaubt, wenn die für alle Angeschuldigten anzuwendenden Vorschriften bis auf das letzte Komma identisch sind.

> **Formulierungsbeispiel:**
> Verbrechen und Vergehen, strafbar
> für den Angeschuldigten A gem. §§ ...,
> für den Angeschuldigten B gem. §§ ...
>
> (oder:)
>
> Anzuwendende Strafvorschriften:
> §§ ...

339 Es folgen die **Vorschriften des Allgemeinen Teils**. Zu nennen sind unter anderem Täterschaftsformen wie § 13 StGB und § 25 I Var. 2 StGB, Versuchsvorschriften wie §§ 22, 23 I und II StGB, Teilnahmeformen wie §§ 25 II 26, 27 StGB, ferner §§ 20, 21, 17 StGB. Auch Vorschriften wie § 49 StGB dürfen Sie nicht vergessen. Abschließend folgen die **Konkurrenzvorschriften** §§ 52, 53 StGB.

340 Danach sind noch die verwirklichten Tatbestände aus den **strafrechtlichen Nebengesetzen** zu nennen.

Die §§ 69, 69a StGB können Sie bei den Vorschriften des allgemeinen Teils einfügen. Zulässig ist es aber auch, diese an die angewendeten Vorschriften anzuhängen.

> **Formulierungsbeispiel:**
> ..., zu maßregeln nach §§ 69 I 2 Nr. 2, 69a StGB.

341 Wiederum sollten Sie sich an der bei Ihrem Bundesland gebräuchlichen Übung orientieren.

Ähnlich verhält es sich, wenn Gegenstände einzuziehen sind. Sie können die §§ 73 ff., 74 ff. StGB bei den angewendeten Vorschriften nennen. Schöner ist es jedoch, wenn Sie den einzuziehenden Gegenstand gleich ganz konkret bezeichnen.

> **Formulierungsbeispiel:**
> Das von dem Angeschuldigten A ... bei der Tat verwendete Messer unterliegt der Einziehung gem. § 74 I StGB.
>
> Die von dem Angeschuldigten erlangten ... unterliegen der Einziehung gem. § 73 I StGB.
>
> Der Angeschuldigte hat durch die ihm zur Last gelegte Tat ... *(erlangter Vermögensgegenstand)* im Wert von ... erlangt. In Höhe dieses Betrages ist gem. §§ 73 I, 73c I StGB die Einziehung des Wertes des Erlangten anzuordnen.

Einen entsprechenden Antrag – wie auch einen Antrag im Hinblick auf die Maßregel nach den §§ 69, 69a StGB – bereits in der Anklage anzukündigen, ist in den meisten Bundesländern nicht üblich, wird aber vereinzelt gefordert. Dann sollte es beispielsweise heißen:

> In der Hauptverhandlung wird gem. § 74 I StGB die Einziehung des von dem Angeschuldigten A ... bei der Tat verwendeten Messers beantragt werden.

342 Keinesfalls dürfen Sie bereits in der Anklageschrift einen konkreten Antrag zur Strafhöhe stellen.

Schließlich ist es Ihre Aufgabe, abschließend auch noch auf eventuell gestellte **Strafanträge** hinzuweisen. Dabei sollten Sie sich nicht auf die schlichte Mitteilung beschränken, dass ein Strafantrag gestellt worden sei, sondern gleich ganz präzise Angaben machen.

> **Formulierungsbeispiel:**
> Der Geschädigte hat am ... den für die Verfolgung der fahrlässigen Körperverletzung erforderlichen Strafantrag gestellt.

Denken Sie auch hier wieder daran, die Aktivform zu verwenden. Der Bezug auf einen konkreten Straftatbestand ist nur erforderlich, wenn dem Angeschuldigten mehrere Straftaten zur Last gelegt werden.

Hat der Geschädigte bei einem relativen Antragsdelikt keinen Strafantrag gestellt, haben Sie sich aber entschieden, das besondere öffentliche Interesse an der Strafverfolgung zu bejahen und das Delikt anzuklagen, müssen Sie gem. Nr. 110 II d RiStBV in der Anklageschrift vermerken, dass ein Einschreiten von Amts wegen geboten ist.

Formulierungsbeispiel:
Das besondere öffentliche Interesse an der Verfolgung der ... wird bejaht.

(oder:)

Der Verfolgung der ... liegt im besonderen öffentlichen Interesse.

Dagegen fordert Nr. 110 II d RiStBV die Feststellung des öffentlichen Interesses an der Strafverfolgung iSd § 376 StPO nicht. Die hM geht denn auch davon aus, dass ein derartiger Hinweis in der Anklageschrift nicht vorgeschrieben und auch nicht angezeigt ist.[286] Die Annahme des öffentlichen Interesses ergibt sich aus dem Umstand der Anklageerhebung. Im Übrigen unterliegt das öffentliche Interesse auch **nicht der gerichtlichen Überprüfung, weil** dessen Annahme **keine Verfahrensvoraussetzung** ist. 343

III. Beweismittel

In der Anklageschrift sind die zur Aufklärung des Sachverhalts **erforderlichen** Beweismittel zu nennen. Es sei denn, Ihnen ist dieser Teil der Anklageschrift, wie in manchen Bundesländern, erlassen. Der Staatsanwalt hat also nicht alle überhaupt in Betracht kommenden Beweismittel aufzuführen, sondern sich auf die notwendigen zu beschränken. Gegebenenfalls müssen auch die Lebensumstände des Angeschuldigten aufgeklärt werden. Das spielt in der Klausur normalerweise aber keine Rolle, sodass Sie sich auf die Tataufklärung konzentrieren können. Auch das wird Sie vor keine großen Hürden stellen, denn, worauf ich oben schon hingewiesen habe, die Beweismittel, die zu benennen sind, ergeben sich fast zwingend aus dem materiellen Gutachten. Alle Beweismittel, auf die Sie dort zurückgegriffen haben, sollten in der Anklageschrift auftauchen. Im Übrigen greifen Sie auf das Ergebnis ihrer Beweismittelauswahl im B-Gutachten zurück. Es ist erforderlich, die Beweismittel nach ihrer Art zusammenzufassen und diesen römischen Zahlen zuzuordnen. 344

Zur Auswahl der Beweismittel gibt auch **Nr. 111 RiStBV** Anhaltspunkte an die Hand (unbedingt nachlesen!).

1. Einlassung des Angeschuldigten

Unbestritten ist die Einlassung des Angeschuldigten kein Beweismittel im eigentlichen Sinn. Es ist deshalb nicht ganz unstreitig, ob sie als Beweismittel benannt werden muss, insbesondere wenn der Angeschuldigte die Tatvorwürfe bestreitet. Hier sollten Sie sich wieder an den regionalen Gepflogenheiten orientieren. Hat der Angeschuldigte die Tat ganz oder teilweise gestanden ist es jedoch üblich, dies zu vermerken. 345

Denken Sie daran, zwischen Geständnissen und geständigen Einlassungen zu unterscheiden.

Formulierungsbeispiel:
I. Einlassung des Angeschuldigten

(oder:)

I. Geständige Einlassung des Angeschuldigten

(oder:)

I. Geständnis des Angeschuldigten

Abschließend folgender Hinweis: In vielen Anklageschriften liest man, wenn der Angeschuldigte sich nicht eingelassen hat, vor den Beweismitteln: *„Dem Angeschuldigten ist rechtliches*

286 Meyer-Goßner/Schmitt/Schmitt StPO § 376 Rn. 7.

Gehör gewährt worden." Auf diesen Satz sollten Sie verzichten, wenn er nicht in Ihrem Bundesland zum Standard gehört, denn er gilt manchen Prüfern als überflüssig, weil die Gewährung rechtlichen Gehörs vor der Anklageerhebung zwingend ist. Andere Prüfer halten den Hinweis aus demselben Grund sogar für falsch. Auch wenn Sie damit zum Ausdruck bringen wollen, dass sich der Angeschuldigte nicht zur Sache eingelassen hat, ist er nicht nötig. Denn das ergibt sich aus der folgenden Beweismittelaufstellung, in der die Einlassung des Angeschuldigten dann nicht auftaucht. Im Übrigen kann es nicht falsch sein, noch vor der Aufzählung der Beweismittel mitzuteilen, dass der Angeschuldigte sich nicht zur Sache eingelassen habe.

2. Zeugen

346 Die Auswahl der in der Anklageschrift zu benennenden Beweismittel sollten Sie in der Beweisstation des B-Gutachtens bereits erläutert haben. Achten Sie in der Hektik der letzten Minuten darauf, dass die beiden Abschnitte deckungsgleich werden.

Die Zeugen sollten am besten in der Reihenfolge ihrer Wichtigkeit aufgeführt werden. Sie werden mit arabischen Zahlen aufgelistet. Denken Sie daran, dass es nur selten erforderlich sein wird, alle mit den Ermittlungen befassten Polizeibeamten zu benennen, Sie sich vielmehr auf das Benennen der wichtigsten zu beschränken haben. Richter können neben dem Vernehmungsprotokoll, das als Urkunde aufgeführt wird, als Zeugen benannt werden. Auch Zeugen, die sich auf Zeugnisverweigerungsrechte berufen haben, sollten benannt werden, weil die Gerichte in der Regel die Zeugnisverweigerung in der Hauptverhandlung feststellen wollen. Auf das Verwandtschaftsverhältnis sollten Sie nur hinweisen, wenn Sie das als erforderlich gelernt haben. Im Übrigen darf nach § 200 I 3 StPO nur der Wohn- oder Aufenthaltsort, nicht jedoch deren vollständige Anschrift angegeben werden.[287] Die Angabe der vollständigen Anschrift ist nicht mehr erforderlich. Die Anklageschrift sollte allerdings auf die Fundstelle der vollständigen Anschrift verweisen. Bei Angehörigen des öffentlichen Dienstes, die Beobachtungen in amtlicher Eigenschaft gemacht haben, hat die Ladung immer über den Dienstsitz zu erfolgen. Bei jugendlichen Zeugen sind die gesetzlichen Vertreter zu nennen.

Formulierungsbeispiel:
II. Zeugen
1. Alfred Z ..., 20... Hamburg, (Bl. ... d. A.)
2. POK Müller, zu laden über 3. Revier, ...
3. ...

Fehlt Ihnen in der Klausur die Zeit, ist es sicher kein Beinbruch, wenn Sie die Anschriften durch Punkte oder besser durch die Blattzahl der Fundstelle im Klausursachverhalt ersetzen.

3. Sachverständige

347 Unterscheiden Sie bitte immer sauber zwischen dem Gutachten, das der Sachverständige in der Hauptverhandlung mündlich erstattet und dem schriftlichen Gutachten, das er zur Akte reicht. Beweismittel ist nämlich regelmäßig der Sachverständige mit dem mündlichen Gutachten in der Hauptverhandlung. Das schriftliche Gutachten ist oft nicht mehr als ein Entwurf, der beweisrechtlich keine Rolle spielt. Regelmäßig wird das schriftliche Gutachten nicht durch Verlesung in die Hauptverhandlung eingeführt, sodass das Gutachten beweisrechtlich keine Urkunde ist. Ausnahmsweise können jedoch behördliche Gutachten und Sachverständigengutachten iSd § 256 I Nr. 1a–c, 2–4 StPO durch Verlesung eingeführt werden. Dann wird das schriftliche Gutachten als verlesbare Urkunde ausreichendes Beweismittel sein, Nr. 111 III 2 RiStBV.

Der Sachverständige ist wie der Zeuge mit Anschrift zu benennen.

287 Meyer-Goßner/Schmitt/Schmitt StPO § 200 Rn. 16a.

Formulierungsbeispiel:
III. Sachverständige
1. Prof. Dr. med. M …, Direktor des Instituts für Psychiatrie, Universität …, Robert-Koch-Straße …, …
2. …

4. Urkunden

Vergessen Sie die Urkunden nach § 256 StPO nicht! Zu den Urkunden gehören im Übrigen auch Beiakten. 348

Formulierungsbeispiel:
IV. Urkunden
1. schriftlicher Kaufvertrag vom …
2. Gutachten der Staatlichen Blutalkoholuntersuchungsstelle vom …
3. Attest des Arztes Dr. med. W …, Oberweg …, vom …
4. …

5. Augenschein

Das Beweismittel Augenscheinseinnahme dürfte Ihnen keine Probleme bereiten. Hier werden regelmäßig Augenscheinsobjekte wie Tatwerkzeuge und ähnliches zu benennen sein. Die Voraussetzungen, unter denen Urkunden als Augenscheinsobjekte in Betracht kommen, habe ich bereits oben dargestellt. 349

Bevor Sie ein Augenscheinsobjekt benennen, stellen und beantworten Sie sich die Kontrollfrage, was Sie damit beweisen wollen. Geht es um beim Angeschuldigten sichergestellte Tatwaffen, ist das völlig klar. Hat der Angeschuldigte sich aber etwa durch einen Betrug in den Besitz eines Autos gebracht, so ist es ein schwerer Fehler, dieses Auto als Augenscheinsobjekt zu benennen. Was sollte das Auto an sich beweisen?

Formulierungsbeispiel:
V. Objekte des richterlichen Augenscheins
1. Revolver der Marke …
2. Scheck vom … über 500 EUR, Nr. …
3. …

IV. Wesentliches Ergebnis der Ermittlungen

In den meisten Bundesländern und den meisten Klausuren sind die Kandidaten vom Anfertigen eines wesentlichen Ermittlungsergebnisses befreit. Dennoch auch dazu einige Hinweise: 349a

Gemäß § 200 II 1 StPO soll in jeder Anklage das wesentliche Ergebnis der Ermittlungen dargestellt werden. In der Praxis wird davon gem. § 200 II 2 StPO nur bei Strafrichteranklagen – dort aber regelmäßig – abgesehen. Anders als der übrige Anklageinhalt wird der Inhalt des wesentlichen Ermittlungsergebnisses in der RiStBV leider nicht näher geregelt, sodass Sie dort keine Hilfestellung finden.

In diesem Abschnitt sollen dem Gericht insbesondere die Beweisgrundlage und auf die Person des Angeschuldigten bezogenen Rechtsfolgenumstände mitgeteilt werden. Die Mitteilung der Beweisgrundlage ist gleichzeitig Basis für das dem Angeschuldigten gem. § 201 I StPO zu gewährende rechtliche Gehör und soll ihm eine wirksame Verteidigung vor und nach Eröffnung des Hauptverfahrens ermöglichen.

1. Beweisgrundlage

In der Klausur ist hier darzustellen, woraus sich der hinreichende Tatverdacht ergibt. Weil Sie dazu bereits im Rahmen des A-Gutachtens eingehend Stellung genommen haben, können Sie 349b die Beweislage in straffer Form darstellen. Ausgangspunkt der Darstellung muss jedoch die Einlassung beziehungsweise das Einlassungsverhalten des Angeschuldigten sein.

2. Rechtsfolgenrelevante Umstände

349c Darzustellen sind ferner die wesentlichen Tatsachen, die für die zu erwartende Rechtsfolge eine Rolle spielen. Dazu gehören insbesondere die Umstände, die nicht unmittelbar tatbestandsrelevant sind. Mitzuteilen ist etwa eine gedrängte Zusammenfassung

- **des Lebenslaufs des Angeschuldigten,**
- der **Vorgeschichte der Tat** und
- des **Nachtatverhaltens des Angeschuldigten.**
- Darzustellen sind in diesem Zusammenhang auch etwaige **Vorstrafen.**

Naturgemäß werden Sie in Klausursachverhalten zu diesen Umständen nur wenige Informationen erhalten, sodass dieser Abschnitt sehr kurz gefasst werden kann.

V. Anträge

350 Regional sehr unterschiedlich ist die Praxis bei der Formulierung der abschließenden Anträge.

Streng am Wortlaut des § 200 I StPO orientiert, ist lediglich das Gericht zu benennen, vor dem die Hauptverhandlung stattfinden soll. Das ist letztendlich schon durch die Adressierung geschehen, denn es ist selbstverständlich, dass die Staatsanwaltschaft eine Anklage an das Gericht adressiert, vor dem die Hauptverhandlung stattfinden soll. So gesehen wäre der Antrag, das Hauptverfahren zu eröffnen, völlig ausreichend.

Doch sollten Sie sich besser an der Praxis orientieren, die zumindest Gericht und konkreten Spruchkörper noch einmal bezeichnet und sich damit an den Wortlaut des **Nr. 110 III RiStBV** hält.

> **Formulierungsbeispiel:**
> Es wird beantragt, das Hauptverfahren vor dem Landgericht – Schwurgericht – zu eröffnen.

In anderen Bundesländern ist es dagegen üblich, darüber hinaus einen Antrag auf Anberaumung der Hauptverhandlung zu stellen.

> **Formulierungsbeispiel:**
> Es wird beantragt, das Hauptverfahren vor dem Amtsgericht – Strafrichter – zu eröffnen und Termin zur Hauptverhandlung anzuberaumen.
>
> (oder:)
>
> Es wird beantragt,
> das Hauptverfahren zu eröffnen
> und Termin zur Hauptverhandlung vor dem
> Amtsgericht ..., Abt. ...
> – Strafrichter –
> anzuberaumen.

351 Welche weiteren Anträge in der Anklage zu stellen sind, wird von der Praxis ebenfalls sehr unterschiedlich beantwortet. Dazu sei zunächst auf die Darstellung zur Übersendungsverfügung verwiesen. Unstreitig ist zumindest der **Antrag auf Haftfortdauer** bei bereits bestehendem Haftbefehl **in der Anklageschrift zu stellen,** weil das Gericht über die Haftfortdauer gem. § 207 IV StPO zugleich mit der Eröffnung des Hauptverfahrens zu beschließen hat. Außerdem ergibt sich das unmittelbar aus **Nr. 110 IV 2 RiStBV.** Auch die Anregung, bei einer Strafkammeranklage in der Hauptverhandlung einen dritten Berufsrichter hinzuziehen, gehört, wie sich aus Nr. 113 III RiStBV ergibt, in die Anklage.

Alle anderen Anträge sollten Sie in der Übersendungsverfügung stellen. Denn über diese soll im Zweifel bereits vorab entschieden werden.

Formulierungsbeispiel:
Es wird beantragt, das Hauptverfahren vor dem Landgericht – Schwurgericht – zu eröffnen und die Fortdauer der Untersuchungshaft anzuordnen.

Eines derartigen Antrages bedarf es nur, wenn der Haftbefehl auch tatsächlich vollzogen wird. Nach hM ist eine Entscheidung nach § 207 IV StPO nur geboten, wenn der Haftbefehl nicht außer Vollzug gesetzt ist. Gleichwohl empfiehlt es sich aus Klarstellungsgründen dann folgenden Antrag zu stellen: 352

Formulierungsbeispiel:
Es wird beantragt,
das Hauptverfahren zu eröffnen,
Hauptverhandlung vor dem Landgericht – Große Strafkammer – anzuberaumen,
und den Haftbefehl vom … nebst Außervollzugsetzungsbeschluss vom … aufrecht zu erhalten.
Wegen der Schwierigkeit der Sach- und Rechtslage wird angeregt, die Hauptverhandlung in der Besetzung mit drei Berufsrichtern durchzuführen.

VI. Unterschrift

Eine Anklageschrift muss vom Staatsanwalt unterschrieben werden. Unterschreiben Sie die Anklage aber keinesfalls mit Ihrem eigenen Namen und gar noch dem Zusatz Staatsanwalt. Die Examensklausur darf keinen Hinweis auf die Identität des Verfassers enthalten. 353–356

In der Klausur sollte es schlicht heißen:

Formulierungsbeispiel:
Unterschrift des
Staatsanwalts

(oder:)

Unterschrift
Staatsanwalt

VII. Süddeutsche Anklageform

Auch die süddeutsche Anklageschrift sieht nicht überall gleich aus, von Bundesland zu Bundesland gibt es vielmehr kleinere Besonderheiten.

Ob im Kopf der Anklageschrift ein Adressat zu nennen ist, hängt vom jeweiligen Bundesland ab. Wird der Adressat nicht aufgeführt, folgen der Überschrift „Anklageschrift" meist die Worte „in der Strafsache gegen".

Hinführend auf die Konkretisierung, die in der süddeutschen Anklageform dem Abstraktum vorangeht, heißt es üblicherweise:

Formulierungsbeispiel:
Die Staatsanwaltschaft legt aufgrund ihrer Ermittlungen dem/den Angeschuldigten folgenden Sachverhalt zur Last:

Kürzer kann es auch heißen:

Formulierungsbeispiel:
… wird folgender Sachverhalt zur Last gelegt:

Danach folgt die **Konkretisierung**, die nach den bereits dargestellten Regeln zu formulieren ist. In Baden-Württemberg wird die Konkretisierung zum Teil auch im Konjunktiv mit den Worten begonnen:

Formulierungsbeispiel:
Der Genannte wird angeschuldigt (oder angeklagt), er habe …

Die gesamte Konkretisierung wird nach dieser Einleitung im Konjunktiv gehalten.

Teilweise wird unmittelbar im Anschluss an die Konkretisierung bereits auf die fehlende Eignung zur Teilnahme am Straßenverkehr (§ 69 StGB), gestellte Strafanträge oder die Bejahung des besonderen öffentlichen Interesses hingewiesen.

Es folgt der **abstrakte Anklagesatz**. Dieser wird teilweise wie folgt überschrieben:

Formulierungsbeispiel:
Der Angeschuldigte wird daher beschuldigt (oder angeschuldigt), …

Haben Sie die Konkretisierung im Konjunktiv geschrieben, wird der Gebrauch des Konjunktivs auch im Abstraktum fortgesetzt:

Formulierungsbeispiel:
Er wird deshalb beschuldigt (oder angeschuldigt), er habe …

Vergessen Sie nicht, die Anzahl der selbstständigen Handlungen zu nennen! Anschließend ist im abstrakten Anklagesatz die **Wortlaut** der **verletzten Vorschriften** aufzuführen. **Dazu gehören natürlich auch die einschlägigen Vorschriften aus dem Allgemeinen Teil des StGB. Vergessen Sie auch die Schuldform nicht**, wenn diese mitgeteilt werden muss.

Noch innerhalb desselben Satzes wird die Liste der anzuwendenden Strafvorschriften angefügt.

Formulierungsbeispiel:
…, strafbar als …

Die Deliktsnatur (Vergehen oder Verbrechen) kann vor diesen einleitenden Worten oder unmittelbar mit der Bezeichnung des verwirklichten Tatbestands genannt werden.

Formulierungsbeispiel:
…, Vergehen und Verbrechen, strafbar …
…, strafbar als Verbrechen des … und Vergehen des …

Üblicherweise sind dann – noch einmal zusammen mit den Konkurrenzverhältnissen – zunächst die gesetzlichen Überschriften der verwirklichten Straftatbestände zu nennen.

Formulierungsbeispiel:
…, strafbar als Vergehen der Beleidigung und Vergehen der Bedrohung in Tateinheit mit …

Achten Sie bei dieser Art der Darstellung darauf, dass bei Tateinheit von Verbrechens- und Vergehenstatbestand insgesamt ein Verbrechen vorliegt.

Ganz einheitlich ist die Praxis auch insoweit nicht, die Aufzählung der gesetzlichen Überschriften ist nicht überall geboten. Dann ist die einleitende Bezeichnung der Deliktsnatur ausreichend. Die auf jeden Fall erforderliche Paragraphenkette, für die wiederum die allgemeinen Regeln gelten, beginnt mit dem Wort „gemäß“.

Denken Sie an den Hinweis auf mögliche Verfolgungsbeschränkungen nach § 154a I StPO. Dieser muss spätestens im Anschluss an die Paragraphenkette auf die bereits gezeigte Weise erfolgen. Dieser Hinweis darf der Paragraphenkette auch in einem Halbsatz folgen.

Formulierungsbeispiel:
…, worauf das Verfahren gem. § 154a StPO beschränkt worden ist.

Es haben dann noch Hinweise auf eine Maßregel nach § 69 StGB bzw. eine Einziehungsentscheidung zu folgen.

Formulierungsbeispiel:
Gemäß § 74 StGB kommt die Einziehung des … in Betracht.

An dieser Stelle würde das wesentliche Ermittlungsergebnis folgen.

Überwiegend wird im Anschluss daran das Gericht bezeichnet, das die Staatsanwaltschaft für die Durchführung der Hauptverhandlung zuständig hält. Zugleich werden die Vorschriften zur örtlichen und sachlichen Zuständigkeit genannt.

Formulierungsbeispiel:
Zur Aburteilung ist nach den §§ 7–13 StPO, §§ 24 I, 25 Nr. 2 GVG das Amtsgericht … – Strafrichter – zuständig.

Daran schließen sich die **üblichen auf die Eröffnung des Hauptverfahrens gerichteten Anträge** an.

Formulierungsbeispiel:
Ich erhebe die öffentliche Klage und beantrage, das Hauptverfahren zu eröffnen.

Gegebenenfalls haben weitere zu stellende Anträge zu folgen. Die in der Anklageschrift zu formulierende Anträge beschränken sich in der süddeutschen Praxis aber nicht nur auf die auf die Eröffnung des Hauptverfahrens gerichteten und den Haftfortdauerantrag, sondern weitgehend werden alle Anträge, die zum Zeitpunkt der Anklageerhebung erforderlich sind, in der Anklageschrift gestellt.

Die Aufzählung der **Beweismittel** folgt bei dieser Form der Anklage – **teilweise ohne Angaben zum Aussageverhalten des Angeschuldigten** – erst im Anschluss an die Anträge. Anstelle der schlichten Überschrift „Beweismittel" heißt es auch:

Formulierungsbeispiel:
Als Beweismittel bezeichne ich …

VIII. Anhang: Kurze Anklagebeispiele

Norddeutsche Form: Schleswig-Holstein, Niedersachsen, Nordrhein-Westfalen und andere.

[Anklagende StA mit Az] [Datum]

An das
Amtsgericht – Strafrichter –

Haft!
Haftprüfungstermin …

Anklageschrift

Der …,

Verteidiger: Rechtsanwalt …,

wird angeklagt

am … in …
durch … selbstständige Handlungen

1. …
2. …

Zu 1: Am … suchte der Angeschuldigte …

Zu 2: Anschließend …

Vergehen, strafbar nach … .
Zu maßregeln gemäß … .
[Hinweis auf § 154 a StPO]

Beweismittel:

I. Geständnis …
II. Zeugen …

Es wird beantragt, das Hauptverfahren vor dem Amtsgericht – Strafrichter – zu eröffnen und Termin zur Hauptverhandlung anzuberaumen.

[Unterschrift, Dienstbezeichnung]

Norddeutsche Form: Hamburg

[Anklagende StA mit Az] [Datum]

Haft!
Haftprüfungstermin …

Anklageschrift

Der …,
vorbestraft,

Verteidiger: Rechtsanwalt …,

wird angeklagt

am … in …
durch … selbstständige Handlungen
1. …
2. …
indem
der Beschuldigte …

Vergehen, strafbar nach …

In der Hauptverhandlung wird beantragt werden, dem Beschuldigten gem. § 69 StGB …
[Hinweis auf § 154 a StPO]

Beweismittel:

I. Geständnis …
II. Zeugen …

Es wird beantragt, das Hauptverfahren zu eröffnen und Termin zur Hauptverhandlung vor dem Amtsgericht …, Abt. …,– Strafrichter – anzuberaumen.

[Unterschrift, Dienstbezeichnung]

Süddeutsche Form: Sachsen, Thüringen, Baden-Württemberg, Bayern und andere.

[Anklagende StA mit Az] [Datum]

Haft!
Haftprüfungstermin ...

Anklageschrift

In der Strafsache
gegen

Personalien,
Verteidiger: Rechtsanwalt ...,

Die Staatsanwaltschaft legt dem Angeschuldigten aufgrund ihrer Ermittlungen folgenden Sachverhalt zu Last:

1. ...
2. ...

Der Angeschuldigte wird daher beschuldigt, ..., strafbar als Verbrechen ... gem. §§ ...
[Hinweis auf § 154a StPO]

Zur Aburteilung ist das Amtsgericht – Strafrichter – zuständig (§§ ...).

Ich erhebe die öffentliche Klage und beantrage:

das Hauptverfahren zu eröffnen und die Anklage zur Hauptverhandlung zuzulassen,
Termin zur Hauptverhandlung anzuberaumen.

Als Beweismittel bezeichne ich: ...

[Unterschrift, Dienstbezeichnung]

D. Besonderheiten des Jugendverfahrens

Jugendliche und Heranwachsende als Beschuldigte sind in den Examensklausuren die Ausnahme, weil nach den Prüfungsordnungen regelmäßig keine vertieften Kenntnisse des Jugendverfahrens gefordert werden. Gleichwohl will ich Sie auf von Ihnen zu beachtende prozessuale Besonderheiten hinweisen. 357

Das Verfahren gegen Jugendliche und Heranwachsende ist bekanntlich im Jugendgerichtsgesetz geregelt, das jedoch, soweit dort nichts Abweichendes bestimmt ist, auf die Vorschriften der StPO verweist (§ 2 II JGG).

Ausgangspunkt für die Anwendung des JGG ist das **Alter des Beschuldigten zur Tatzeit** 358
(§ 1 II JGG):

- **Jugendlicher** ist der strafmündige Beschuldigte (vierzehn Jahre alt), bis er das achtzehnte Lebensjahr vollendet hat.
- **Heranwachsender** ist der Beschuldigte von der Vollendung des achtzehnten bis zur Vollendung des einundzwanzigsten Lebensjahrs.
- Lassen sich Zweifel daran, ob der Beschuldigte zur Tatzeit das 18. Lebensjahr vollendet hatte, nicht – mit zur Tatschwere in angemessenem Verhältnis stehendem Aufwand – beheben, so sind die für Jugendliche geltenden Verfahrensvorschriften anzuwenden, § 1 III JGG.

Verfehlungen, von denen das JGG spricht, **sind rechtswidrige Taten iSd § 12 StGB.**

Besonderer Erwähnung bedürfen die auch nach dem JGG vorgesehenen Rechtsfolgen, denn 359
die Verhängung von Geld- oder Freiheitsstrafen kommt bei der Anwendung materiellen Jugendstrafrechts nicht in Betracht. Das JGG, in dem der Erziehungsgedanke im Vordergrund steht, unterscheidet zwischen

- **Erziehungsmaßregeln**, § 9 JGG,
  - Weisungen, § 10 JGG,
  - Anordnung der Hilfe zur Erziehung, § 12 JGG,
- **Zuchtmitteln**, § 13 JGG,
  - Verwarnung, § 14 JGG,
  - Auflagen, § 15 JGG,
  - Jugendarrest, § 16 JGG,
    - Freizeitarrest, § 16 II JGG,
      eine bis zwei Freizeiten (zwei Tage),
    - Kurzarrest, § 16 III JGG,
      zusammen zu vollstreckende Freizeitarreste,
    - Dauerarrest, § 16 IV JGG,
      eine Woche bis vier Wochen,
- **Jugendstrafe**, § 17 JGG.
  Das Mindestmaß der Jugendstrafe beträgt **sechs Monate, das Höchstmaß fünf Jahre**. Bei Verbrechen, für die eine Freiheitsstrafe von mehr als zehn Jahren angedroht wird, beträgt das Höchstmaß **ausnahmsweise zehn Jahre**, § 18 JGG.
  Im Verfahren gegen Heranwachsende kann stets Jugendstrafe bis zu zehn Jahren verhängt werden, § 105 III 1 JGG. Reicht bei einem Mord das Höchstmaß von zehn Jahren wegen der besonderen Schwere der Schuld nicht aus, so erhöht sich das Höchstmaß auf 15 Jahre, § 105 III 2 JGG.

I. B-Gutachten

1. Zuständigkeit der Jugendgerichte

Im Jugendverfahren sind gem. § 33 I, II JGG die Jugendgerichte der Amts- und Landgerichte 360
zuständig. Das sind die

- **Jugendrichter,**
- **Jugendschöffengerichte,**
- **Jugendkammern.**

Ist der Beschuldigte Heranwachsender müssen Sie sich immer darüber Gewissheit verschaffen, ob nicht abweichende Zuständigkeitsregeln gelten. Aufmerksamkeit ist auch dann erforderlich, wenn sich das Verfahren gegen mehrere Beschuldigte verschiedener Altersstufen richtet.

a) Jugendrichter

361 Die sachliche Zuständigkeit der Jugendrichter ist in § 39 JGG bestimmt. **Sie richtet sich nach der zu erwartenden Rechtsfolge.** Unabhängig von der Rechtsfolgenerwartung, die für die Anklageerhebung maßgebend ist, ist die Rechtsfolgenkompetenz des Jugendrichters auf die Verhängung von **Jugendstrafe** bis zu einem Jahr begrenzt (§ 39 II JGG), wenn es zur Anwendung des Jugendrechts kommt.

aa) Verfahren gegen Jugendliche

362 Die Jugendrichter sind zuständig

- bei Verfehlungen,
- wenn nur Erziehungsmaßregeln, Zuchtmittel, nach dem JGG zulässige Nebenstrafen und Nebenfolgen oder die Entziehung der Fahrerlaubnis zu erwarten sind.

§ 39 II JGG eröffnet dem Jugendstaatsanwalt kein Wahlrecht für die Anklageerhebung. **Die Anklage muss vielmehr vor dem Jugendrichter erhoben werden, wenn die zuvor genannten Voraussetzungen erfüllt sind,** es sei denn, die Sach- und Rechtslage wäre schwierig.

bb) Verfahren gegen Heranwachsende

363 Auch im Verfahren gegen Heranwachsende ist der Jugendrichter zuständig, wenn

- gem. § 108 I JGG
  - die Anwendung von **Jugendstrafrecht** in Betracht kommt
  - und nur Erziehungsmaßregeln, Zuchtmittel, nach dem JGG zulässige Nebenstrafen und Nebenfolgen oder die Entziehung der Fahrerlaubnis zu erwarten sind.
- Der Jugendrichter ist gemäß 108 II JGG ferner zuständig,
  - wenn die Anwendung von **Erwachsenenstrafrecht** in Betracht kommt,
  - und der Strafrichter gem. § 25 GVG zuständig wäre. Die Rechtsfolgenkompetenz des Jugendrichters erlaubt dann die Verhängung von **Freiheits**strafen bis zu vier Jahren (§ 108 III JGG, § 24 II GVG).

cc) Verbundene Verfahren

Soll in einem verbundenen Verfahren gegen Jugendliche und Heranwachsende gemeinsam Anklage vor dem Jugendrichter erhoben werden, gibt es keine Besonderheiten zu beachten, wenn gegen den Heranwachsenden ebenfalls Jugendstrafrecht anzuwenden ist und die zu erwartenden Rechtsfolgen nicht die Anklage vor einem höheren Gericht gebieten.

Soll vor dem Jugendrichter neben einem Jugendlichen ein Erwachsener oder ein Heranwachsender, auf den Erwachsenenstrafrecht anzuwenden ist, angeklagt werden, ist der Jugendrichter nur zuständig, wenn für das Erwachsenenverfahren die Zuständigkeit des Strafrichters begründet wäre (§§ 39 I 2, 108 II JGG).

b) Jugendschöffengericht

364 Die sachliche Zuständigkeit der Jugendschöffengerichte ist in § 40 JGG festgelegt. Das Jugendschöffengericht hat **im Jugendverfahren die allgemeine sachliche Zuständigkeit**, die lediglich dann eingeschränkt ist, wenn nach den Sondervorschriften (§§ 39, 41 JGG) die Zuständigkeit des Jugendrichters oder der Jugendkammer begründet ist. Deshalb hat das Jugendschöffengericht auch die **volle Rechtsfolgenkompetenz** und kann **Jugendstrafen bis zu zehn Jahren** (§ 18 JGG) verhängen.

Im Jugendverfahren hat das Jugendschöffengericht die allgemeine sachliche Zuständigkeit.

aa) Verfahren gegen Jugendliche

Für das Verfahren gegen Jugendliche bedeutet das, die Zuständigkeit des Jugendschöffengerichts ist begründet, wenn 365

- die Verhängung von Jugendstrafe (§ 17 II JGG) zu erwarten ist,
- nach allgemeinen Vorschriften nicht die Zuständigkeit des Schwurgerichts begründet wäre.

bb) Verfahren gegen Heranwachsende

Auch die Zuständigkeit des Jugendschöffengerichts im Verfahren gegen Heranwachsende regelt § 108 JGG. 366

- Gemäß § 108 I JGG ist das Jugendschöffengericht zuständig, wenn
  - die Anwendung des **Jugendstrafrechts** zu erwarten ist
  - und die Zuständigkeit im Verfahren gegen Jugendliche (§ 40 I JGG) gegeben wäre.
- Gemäß § 108 II JGG ist die Zuständigkeit des Jugendschöffengerichts begründet, wenn
  - die Anwendung von **Erwachsenenstrafrecht** zu erwarten ist,
  - die Zuständigkeit im Verfahren gegen Erwachsene gem. § 25 GVG (keine Strafrichterzuständigkeit) begründet wäre,
  - eine zu erwartende Freiheitsstrafe vier Jahre nicht übersteigt, weil die **Rechtsfolgenkompetenz** des Jugendschöffengerichts bei Anwendung von **Erwachsenenstrafrecht** nur Freiheitsstrafen von bis zu **vier Jahren** umfasst.

cc) Verbundene Verfahren

Soll in einem verbundenen Verfahren gegen Jugendliche und Heranwachsende gemeinsam Anklage vor dem Jugendschöffengericht erhoben werden, gibt es keine Besonderheiten zu beachten, wenn gegen den Heranwachsenden ebenfalls Jugendstrafrecht anzuwenden ist und die zu erwartenden Rechtsfolgen nicht die Anklage vor einem höheren Gericht gebieten. 367

Soll neben einem Jugendlichen ein Erwachsener oder ein Heranwachsender, auf den Erwachsenenstrafrecht anzuwenden ist, angeklagt werden, ist das Jugendschöffengericht zuständig, wenn auch für das Erwachsenenverfahren seine Zuständigkeit begründet wäre (§ 108 III 1 JGG). Es gilt auch dann die Rechtsfolgenkompetenz von bis zu vier Jahren.

c) Jugendkammer

Die sachliche Zuständigkeit der Jugendkammern ergibt sich aus § 41 JGG. 368

aa) Verfahren gegen Jugendliche

Im Verfahren gegen Jugendliche folgt die sachliche Zuständigkeit der Jugendkammern gem. § 41 I Nr. 1 JGG der Zuständigkeit des Schwurgerichts. Die Jugendkammern sind also zuständig, wenn eine **Katalogtat nach § 74 II GVG** anzuklagen ist. 369

bb) Verfahren gegen Heranwachsende

Im Verfahren gegen Heranwachsende ist die Jugendkammer zuständig, wenn 370

- gem. §§ 108 I, 41 I Nr. 1 JGG, § 74 II GVG die Zuständigkeit des Schwurgerichts gegeben wäre, wobei es keine Rolle spielt, ob Jugend- oder Erwachsenenstrafrecht zur Anwendung kommen wird,
- bei Anwendung von Erwachsenenstrafrecht eine Freiheitsstrafe von mehr als vier Jahren zu erwarten ist, § 108 III 2 JGG.

cc) Verbundene Verfahren

Soll in einem verbundenen Verfahren gegen Jugendliche und Heranwachsende Anklage erhoben werden, gibt es keine Besonderheiten zu beachten, wenn gegen den Heranwachsenden ebenfalls Jugendstrafrecht anzuwenden ist. 371

Soll neben einem Jugendlichen ein Erwachsener oder ein Heranwachsender, auf den Erwachsenenstrafrecht anzuwenden ist, angeklagt werden, ist die Jugendkammer auch dann zuständig, wenn im Erwachsenenverfahren die Zuständigkeit einer allgemeinen Strafkammer oder des Schwurgerichts begründet wäre (§§ 103 II, 108 III 2 JGG). Die besonderen Regelungen für Zuständigkeiten nach den §§ 74a, 74c GVG spielen in Klausuren keine Rolle.

2. Verfahrenstrennung

372 Ist neben einem Jugendlichen oder Heranwachsenden auch ein Erwachsener anzuklagen, mag in der Praxis die Abtrennung des Verfahrens gegen diesen durchaus in Betracht kommen. Sie werden in der Klausur jedoch kaum die Zeit haben, die dann erforderliche zweite Abschlussverfügung und zweite Anklageschrift zu schreiben. Die Beschuldigten können jedoch ohne Weiteres aufgrund des § 103 I JGG gemeinsam angeklagt werden, wenn die Ihnen bereits bekannten Voraussetzungen des § 3 StPO erfüllt sind. Daran wird es nur in ganz seltenen Fällen fehlen.

3. Besondere Verfahrensarten

373 Vergessen Sie bitte nicht, dass die §§ 79–81 JGG im Verfahren gegen Jugendliche verschiedene Verfahrensarten ausschließen. Im Verfahren gegen Heranwachsende gelten die Vorschriften über § 109 II JGG nur sehr eingeschränkt.

- **Unzulässig** ist gegen einen Jugendlichen das **Strafbefehlsverfahren,** § 79 I JGG.
  Gegen Heranwachsende ist das Strafbefehlsverfahren nur dann unzulässig, wenn gegen sie materielles Jugendrecht gem. § 105 JGG angewendet wird.
- **Unzulässig** ist gegen Jugendliche auch das **beschleunigte Verfahren,** § 79 II JGG.
  Diese Einschränkung gilt im Verfahren gegen Heranwachsende nicht.
- Gegen einen Jugendlichen kann **Privatklage** nur als Widerklage erhoben werden, § 80 I, II JGG. **Jedoch hat die Staatsanwaltschaft die Möglichkeit, Privatklagedelikte von Jugendlichen unter erweiterten Voraussetzungen im Offizialverfahren zu verfolgen.** Neben das öffentliche Interesse iSd § 376 StPO treten nämlich das **Erziehungsinteresse** und das **berechtigte Interesse des Verletzten** (§ 80 I 2 JGG), die unabhängig vom Vorliegen des öffentlichen Interesses die Verfolgung von Privatklagedelikten ermöglichen.
  § 80 JGG findet auf Heranwachsende keine Anwendung, sodass eine Privatklage zulässig wäre.
- Auch die Möglichkeit, sich dem Verfahren als **Nebenkläger** anzuschließen, ist im Verfahren gegen Jugendliche gem. § 80 III 1 Nr. 1–3 JGG auf schwere Katalogtaten **beschränkt. Achten Sie darauf, dass das auch in verbundenen Verfahren gegen mitverfolgte Erwachsene oder Heranwachsende gilt,** weil anderenfalls der sich aus § 80 III JGG ergebende Schutz des Jugendlichen unterlaufen werden könnte.
  Gegen Heranwachsende ist die Nebenklage uneingeschränkt zulässig, weil § 80 JGG nicht anwendbar ist.
- Ferner ist das Adhäsionsverfahren unzulässig, § 81 JGG.
  Gegen Heranwachsende ist dagegen auch ein Adhäsionsverfahren zulässig.

4. Notwendige Verteidigung

374 Zur notwendigen Verteidigung enthält das JGG zwar in § 68 eine zum Teil eigenständige Regelung. Für die Klausurlösung wird vor allem § 68 Nr. 1 JGG von Bedeutung sein, der auf die Regelung in § 140 StPO verweist. Deshalb ist wie im Erwachsenenverfahren auch ein Pflichtverteidiger zu bestellen, wenn eine **Anklage zum Landgericht oder zum (Jugend-)Schöffengericht zu erwarten oder erhoben ist, dem Beschuldigten ein Verbrechen vorgeworfen wird oder der Beschuldigte zu einer Haftentscheidung vorzuführen ist. § 68 Nr. 5 JGG stellt jetzt klar, dass ein Fall notwendiger Verteidigung auch dann vorliegt, wenn die Verhängung einer Jugendstrafe (§ 17 II JGG) zu erwarten ist.**

Wie in einem Erwachsenenverfahren könnte auch in einem Jugendverfahren auf Beanstandung des Verteidigers die Verwertbarkeit von Beschuldigtenangaben von Ihnen zu prüfen sein, wenn der Beschuldigte, obwohl ein Verteidiger nicht anwesend war, vernommen wurde. **Die entsprechenden Erörterungen würden zwingend bereits in das A-Gutachten gehören!** Die §§ 68a, 68b JGG tragen den Besonderheiten des Jugendverfahrens im Hinblick auf den Zeitpunkt der Bestellung eines Pflichtverteidigers Rechnung. Es gilt die Regel (§ 68a I 1 JGG), dass in Fällen notwendiger Verteidigung der Pflichtverteidiger **spätestens vor einer Vernehmung oder einer Gegenüberstellung mit dem Beschuldigten und immer von Amts wegen** zu bestellen ist. § 68 I 2 regelt einen nicht klausurrelevanten Sonderfall. **Wie im Er-**

wachsenenverfahren dürfen gem. § 68b JGG Vernehmungen ohne vorherige Bestellung eines Pflichtverteidigers in Fällen besonderer Eilbedürftigkeit durchgeführt werden. Bei der Entscheidung ist auch das Wohl des Jugendlichen zu berücksichtigen. Ergänzend sieht § 70c IV JGG die Verschiebung oder Unterbrechung einer Vernehmung/Gegenüberstellung für angemessene Zeit vor, **wenn ein Fall notwendiger Verteidigung erkennbar ist, die Voraussetzungen des § 68b JGG nicht vorliegen und ein Verteidiger nicht anwesend ist.** Steht auch nach Ablauf der angemessenen Wartefrist kein Verteidiger zur Verfügung, darf die Vernehmung durchgeführt werden. Die Vernehmung/Gegenüberstellung muss dagegen nicht verschoben werden, wenn der Verteidiger auf seine Mitwirkung verzichtet hat (§ 70c IV 2 JGG). Wird in einem Fall notwendiger Verteidigung eine nichtrichterliche Vernehmung ausnahmsweise in Abwesenheit des Verteidigers durchgeführt, muss die fehlende Unterstützung durch den Verteidiger während der Vernehmung durch eine Aufzeichnung der nichtrichterlichen Vernehmung in Bild und Ton kompensiert werden.[288] Über die zuvor genannten Besonderheiten des Jugendverfahrens ist der Beschuldigte unverzüglich nach Maßgabe des § 70a I 2 Nr. 2 JGG zu belehren. § 70a JGG regelt darüber hinaus eine Vielzahl weiterer Belehrungspflichten, die aber für Klausurlösungen keine Bedeutung haben werden.

Ob nach Verstößen gegen die genannten Vorschriften die erlangten Vernehmungsergebnisse unverwertbar sein können, werden Sie wiederum mithilfe der Abwägungslehre beantworten müssen. Ein selbstständiges Verwertungsverbot findet sich im Gesetz nicht.

5. Besondere Mitteilungen

In § 70 JGG sind besondere Mitteilungspflichten formuliert, die jedoch für die Klausurlösungen weitgehend keine Rolle spielen, weil die Mitteilungspflichten nicht an den Zeitpunkt der Anklageerhebung geknüpft sind. In § 70 II JGG hat der Gesetzgeber klargestellt, dass die Unterrichtung der Jugendgerichtshilfe von der Verfahrenseinleitung spätestens mit der Ladung des Beschuldigten zu seiner ersten Vernehmung oder zumindest unverzüglich danach zu erfolgen hat. **Bei Anklageerhebung muss der Jugendgerichtshilfe nach wie vor eine Abschrift der Anklageschrift übersandt werden, Nr. 32, 6 IV MiStra.** 375

6. Einstellungen

Fehlt es am hinreichenden Tatverdacht bzgl. einer selbstständigen prozessualen Tat hat die Staatsanwaltschaft das Verfahren gem. § 170 II StPO, § 2 JGG einzustellen. **Auch gegen Jugendliche und Heranwachsende ist das Klageerzwingungsverfahren zulässig**, weil das Legalitätsprinzip durch den Erziehungsgedanken nicht berührt wird. Dem verletzten Antragsteller ist deshalb ein **Bescheid mit Belehrung über die Möglichkeit der Vorschaltbeschwerde** zu erteilen. 376

Auch die §§ 154, 154a StPO gelten im Verfahren gegen Jugendliche und Heranwachsende über § 2 JGG uneingeschränkt.

Mit **§ 45 JGG hat der Jugendstaatsanwalt ein weiteres Mittel zur Verfahrenseinstellung,** das über die Einstellungsmöglichkeiten im Erwachsenenverfahren weit hinausgeht, in der Klausur aber keine Rolle spielt.

7. Untersuchungshaft

Die Voraussetzungen für die Verhängung von Untersuchungshaft sind im Verfahren gegen Jugendliche gem. § 72 JGG erheblich eingeschränkt. 377
Gegenüber Heranwachsenden gelten die Einschränkungen des § 72 JGG dagegen nicht (§ 109 I 1 JGG).

Die Einschränkungen liegen in

- der **Subsidiarität der U-Haft**, § 72 I 1 JGG,
- **besonderen Anforderungen an die Verhältnismäßigkeit**, § 72 I 2 JGG,
- **besonderen Anforderungen an den Haftgrund**, § 72 II JGG.

288 BT-Drs. 19/13837, 68.

In der Klausurlösung werden Sie freilich in der gewohnten Reihenfolge prüfen müssen: dringender Tatverdacht, Haftgrund, Verhältnismäßigkeit und zuletzt Subsidiarität.

- Beim dringenden Tatverdacht gibt es natürlich keine Besonderheiten.
- Den **Subsidiaritätsgrundsatz**, der sich aus § 72 I 1 JGG ergibt, sollten Sie gegebenenfalls zwar erwähnen. Eine echte Rolle dürfte dieser in der Klausur jedoch nicht spielen, weil die Beurteilung vertiefte Kenntnisse über die vorrangig anzuwenden Maßnahmen erfordert, die von Ihnen nicht verlangt werden.
- Der Grundsatz der Verhältnismäßigkeit gebietet es, dass **U-Haft nur angeordnet** wird, **wenn sie im Hinblick auf die Bedeutung der Sache und die erwartete Rechtsfolge angemessen erscheint**. Damit kommt U-Haft gegen Jugendliche regelmäßig nur dann in Betracht, wenn die Verhängung von Jugendstrafe zu erwarten ist.
- Der Haftgrund der **Fluchtgefahr** ist durch Abs. 2 eingeschränkt, der fordert, dass der Beschuldigte
  - sich dem Verfahren bereits entzogen hat oder Anstalten dazu trifft,
  - **oder** keinen festen Wohnsitz oder Aufenthalt im Geltungsbereich des Gesetzes hat.

II. Abschlussverfügung

378 In der Abschlussverfügung sind nach dem zuvor Gesagten fast keine Besonderheiten zu beachten. Denken Sie an die Mitteilungspflicht gegenüber dem Jugendamt.

III. Anklageschrift

379 Auch beim Anfertigen der Anklageschrift haben Sie ebenfalls nur wenige Besonderheiten zu beachten. **Denken Sie daran, dass die Unterscheidung zwischen nord- und süddeutscher Anklageform auch im Jugendverfahren gilt.**

1. Rubrum

380 Soll Anklage zu einem der Jugendgerichte erhoben werden, ist wie im Erwachsenenverfahren zu unterscheiden, ob ein einzelner Richter oder ein Kollegialgericht über die Eröffnung entscheidet.

> **Formulierungsbeispiel:**
> An
> das Amtsgericht
> **– Jugendrichter –**
>
> (oder:)
>
> An
> das Amtsgericht
> **– Vors. des Jugendschöffengerichts –**
>
> (oder:)
>
> An
> das Landgericht
> **– Jugendkammer –**

Richtet sich das Verfahren auch gegen einen Jugendlichen, müssen im Rubrum im Anschluss an dessen Personalien die gesetzlichen Vertreter genannt werden.

> **Formulierungsbeispiel:**
> Der Schüler Ralf Müller, geboren am 30. September … in Hannover, wohnhaft … Hannover, Meierstraße 1, ledig, deutscher Staatsangehöriger
>
> **gesetzliche Vertreter: H. und B. Müller, wohnhaft** …

Gesetzliche Vertreter werden Sie natürlich nur dann nennen, wenn der Angeschuldigte auch zum Zeitpunkt der Anklageerhebung noch nicht volljährig ist. Achten Sie darauf!

2. Anklagesatz

a) Abstraktum

Bevor Sie den Wortlaut der verletzten Straftatbestände nennen, müssen Sie dem Leser mitteilen, ob der Beschuldigte oder einer der Beschuldigten die Tat als Jugendlicher oder als Heranwachsender begangen hat. Das geschieht mit wenigen Worten. Bei Beschuldigten, die zur Tatzeit das 18. Lebensjahr noch nicht vollendet hatten, sollte es heißen: 381

> ... wird angeklagt
> als **Jugendlicher mit Verantwortungsreife** ...
>
> (oder schlicht:)
>
> als **Jugendlicher** ...

Hatte der Beschuldigte zur Tatzeit das 18. aber noch nicht das 21. Lebensjahr vollendet, heißt es:

> ... wird angeklagt
> als **Heranwachsender** ...

Weitere Besonderheiten gibt es nicht zu beachten.

b) Konkretisierung

Die Konkretisierung formulieren Sie wie gewohnt, aus der Anklageerhebung vor einem Jugendgericht ergeben sich keine Besonderheiten. 382

c) Anzuwendende Vorschriften

Beim Aufzählen der anzuwendenden Vorschriften dürfen Sie die wenigen Vorschriften, aus denen sich die Anwendbarkeit des Jugendstrafrechts ergibt, nicht vergessen. 383

Bei einer Anklage gegen einen Jugendlichen muss es deshalb heißen:

> ... StGB, §§ **1, 3 JGG**

Geht es dagegen um einen Heranwachsenden, heißt es:

> ... StGB, §§ **1, 105 ff. JGG**

3. Anträge

Auch die abschließenden Anträge werden Ihnen keine Schwierigkeiten bereiten, weil Sie den Anträgen im Verfahren gegen Erwachsene entsprechen. Es ist von Ihnen lediglich das zuständige Jugendgericht zu benennen. 384

> **Formulierungsbeispiel:**
> Es wird beantragt, das Hauptverfahren vor dem Landgericht – **Jugendkammer** – zu eröffnen.
>
> (oder:)
>
> Es wird beantragt, das Hauptverfahren vor dem Amtsgericht – **Jugendrichter** – zu eröffnen und Termin zur Hauptverhandlung anzuberaumen.

4. Wesentliches Ermittlungsergebnis

Nur der Vollständigkeit halber sei hier abschließend noch auf § 46 JGG hingewiesen, der bestimmt, dass das Ermittlungsergebnis so abgefasst werden muss, dass die Kenntnis des Angeschuldigten von diesem keine Nachteile für seine Erziehung verursacht. Die Vorschrift dürfte für die Klausurlösung keine Relevanz haben. 385

E. Abschließende Arbeiten

386 Wenn Sie Anklage und Abschlussverfügung fertig gestellt haben, müssen Sie den praktischen Teil unbedingt noch einmal aufmerksam durchlesen. Haben Sie in der Abschlussverfügung alles veranlasst, was zu veranlassen war? Decken sich Anklageinhalt und Ergebnis des materiellen Gutachtens? Ist die Gliederung der Anklage schlüssig? Sind in der Konkretisierung alle subjektiven Merkmale mit Sachverhalt ausgefüllt?

Erst danach dürfen Sie Ihre Arbeit abgeben!

Stichwortverzeichnis

Die aufgeführten Zahlen bezeichnen Randnummern.